TERESA DE ÁVILA
Y LA ESPAÑA DE SU TIEMPO

BIOGRAFÍA

Joseph Pérez (1931, Laroque d'Olmes (Ariège), Francia) es uno de los hispanistas más reconocidos y prestigiosos internacionalmente.

Fue profesor en la Universidad de Burdeos III, así como presidente de la misma Universidad (1978-1983) y director de la Casa de Velázquez (1989-1996). Es miembro correspondiente de la Real Academia de la Historia de Madrid, de la Real Academia de Bellas Artes y Ciencias Históricas de Toledo y de la Academia Colombiana de la Historia y Académico de Mérito de la Academia Portuguesa de la Historia.

Entre los múltiples galardones que ha recibido, cabe destacar: Premio Nebrija 1991 de la Universidad de Salamanca, doctor *honoris causa* de la Universidad de Valladolid (2005), Oficial de la Legión de Honor francesa, Oficial de la Orden Nacional del Mérito, Gran Cruz de la Orden Española de Alfonso X el Sabio, Comendador de la Orden Española de Isabel la Católica, Comendador de la Orden Portuguesa de Enrique el Navegante y Premio Príncipe de Asturias de Ciencias Sociales.

Entre su extensa y rica obra destacamos los siguientes títulos: *La Revolución de las Comunidades de Castilla (1520-1521); Los movimientos precursores de la emancipación en Hispanoamérica; Isabel y Fernando. Los Reyes Católicos, Historia de una tragedia; La expulsión de los judíos de España; Historia de España; Carlos V; La España de Felipe II; La España del siglo XVI; Los comuneros; Crónica de la Inquisición en España; Los judíos en España, Cisneros, el cardenal de España y Mitos y tópicos de la historia de España y América*, publicado en esta misma colección.

JOSEPH PÉREZ

TERESA DE ÁVILA
Y LA ESPAÑA DE SU TIEMPO

MADRID - MÉXICO - BUENOS AIRES - SAN JUAN - SANTIAGO
2015

© 2007. Joseph Pérez
© 2007. De esta edición, ALGABA Ediciones, S. L.
© 2007. De esta traducción, Tomás Onaindia Gascón
Diseño de portada: Departamento editorial de EDAF

EDITORIAL EDAF, S. L. U.
Jorge Juan, 68. 28009 Madrid
http://www.edaf.net
edaf@edaf.net

ALGABA EDICIONES, S. A. DE C. V.
Calle 21, Poniente 3323, entre la 33 Sur y la 35 Sur
Puebla 72180. México
522222111387
edafmexicoclien@yahoo.com.mx

EDAF DEL PLATA, S. A.
Chile, 2222
1227 Buenos Aires, Argentina
edafdelplata@edaf.net

EDAF CHILE, S. A.
Coyancura, 2270, oficina 914
Santiago, Chile
edafchile@edaf.net

EDAF ANTILLAS, INC
Local 30 A-2
Zona Portuaria Puerto Nuevo
San Juan PR 00920
(787) 707-1792

Queda prohibida, salvo excepción prevista en la ley, cualquier forma de reproducción, distribución, comunicación pública y transformación de esta obra sin contar con la autorización de los titulares de propiedad intelectual. La infracción de los derechos mencionados puede ser constitutiva de delito contra la propiedad intelectual (art. 270 y siguientes del Código Penal). El Centro Español de Derechos Reprográficos (CEDRO) vela por el respeto de los citados derechos.

Primera edición: abril, 2007
Cuarta edición: abril, 2015

Depósito legal: M-19.589-2007
ISBN.: 978-84-96107-80-9

PRINTED IN SPAIN   IMPRESO EN ESPAÑA

Gráficas Cofás, S. A. - Pol. Ind. Prado de Regordoño - Móstoles (MADRID)

Índice

		Págs.
Introducción		11
I.	LOS AÑOS DE INFANCIA Y ADOLESCENCIA (1515-1535)	15
	El medio social	15
	El medio familiar	31
	La infancia	35
	La adolescencia	36
II.	LA ENCARNACIÓN (1535-1562)	45
	Las enfermedades de Teresa	46
	El carmelo de la Encarnación	53
	La conversión	57
III.	LA REFORMA DEL CARMELO (1562-1582)	61
	La fundación del carmelo de San José	61
	La reforma carmelitana	68
	La aventura de las fundaciones	72
	La red de carreteras del reino de Castilla	74
	Sociología de las fundaciones	79
	Las fundaciones	82
	I. Las primeras fundaciones	83
	Medina del Campo	83
	Malagón	86
	Valladolid	88
	Toledo	90
	Pastrana	94
	Salamanca	100
	Alba de Tormes	102

			Págs.
II.	El intermedio de la Encarnación		104
III.	La segunda serie de fundaciones (1574-1576)		107
		Segovia	107
		Beas del Segura	109
		Sevilla	110
		Caravaca	113
		Madrid	114
IV.	Querellas en el Carmelo		114
V.	Las últimas fundaciones		116
		Villanueva de la Jara	116
		Palencia	118
		Soria	119
		Burgos	120
		Conclusión	122

IV.	LETRA Y ESPÍRITU DE LA REFORMA	125

V.	LA MUERTE DE TERESA	139
	La novela de Edmond Cazal	148

VI.	TERESA DE ÁVILA Y SUS CONTEMPORÁNEOS	151
	El clero	151
	Las clases dirigentes	174
	Teresa de Ávila y la política	182
	El lugar de la mujer en la sociedad	185

VII.	LA CULTURA DE SANTA TERESA	191
	Las lecturas	191
	1) Vidas de Cristo, vidas de los santos y libros de devoción	199
	2) Tratados de espiritualidad	201
	3) Tratados de teología mística	204
	Los escritos de santa Teresa	210
	La autobiografía	210
	El *Camino de perfección*	214
	Las *Moradas del alma*	215
	Relaciones y mercedes. Exclamaciones	216
	Las *Fundaciones*	216
	Conceptos del amor de Dios	218
	Escritos varios	218
	Correspondencia	218

		Págs.
	Poesías	219
	Teresa escritora	220
VIII.	TERESA DE ÁVILA Y LA EXPERIENCIA MÍSTICA	227
	La experiencia mística	235
	Los estados místicos	248
	Mística y sexualidad	253
	Teresa de Ávila y la Inquisición	259
IX.	LA GLORIA PÓSTUMA DE TERESA DE ÁVILA	269
	La canonización	270
	Santa Teresa en Francia	275
	Port-Royal	283
	Pascal, lector de santa Teresa	287
Conclusión		291
Bibliografía		295
Cronología		298
Índice Onomástico		305

Introducción

ESTE libro no es una nueva biografía de Teresa de Jesús. Lo que el autor se propone es reinstalar a la carmelita de Ávila en la España de su tiempo. ¿Cómo pudo imponerse una mujer en un mundo masculino que tan receloso se mostraba ante las ideas y las prácticas religiosas que se apartaban de la norma común? El éxito de Teresa se debe a su personalidad y al rechazo a dejarse encerrar en el marco mental de una sociedad dinámica, pero inquieta. Nos ocuparemos solo accesoriamente de las razones que condujeron al papa Pablo VI, el 27 de septiembre de 1970, a proclamar a santa Teresa Doctora de la Iglesia universal; dejamos estos aspectos a la apreciación de los católicos, pero nos interesaremos en las lecciones que se pueden sacar de esta experiencia. Teresa de Ávila tenía un elevado concepto de sí misma; se creía llamada a grandes empresas; rechazaba la mediocridad. Veremos cómo esta ambición no es incompatible, según ella, con la virtud de la humildad. Teresa de Ávila invita a sus contemporáneos y, aún más allá, a los lectores del siglo XXI, a un esfuerzo de inteligencia, de lucidez y de voluntad.

Teresa no era rica, pero era guapa. Y lo sabía. Hubiera podido casarse, ocuparse de su hogar y de sus hijos y convertirse en esa «perfecta casada» que en 1583 fray Luis de León propondrá como modelo a las mujeres del mundo. Teresa no se resignó con ese destino. Prefirió ingresar en un convento. Fue una elección dolorosa; por poco le cuesta la vida y arruinó su salud definitivamente. En el carmelo de la Encarnación, la regla está mitigada, es decir, que no se aplica. Sin duda, las religiosas asisten a los oficios y a las horas canónicas; están enclaustradas, pero disponen de celdas que pueden acondicionar para recibir amigas; no tienen prohibido salir, por ejemplo, para acudir en ayuda de un familiar enfermo o para hacerle compañía a una dama que acaba de perder a su marido; también pueden recibir visitas y charlar en el locutorio picoteando dulces... Teresa se rebeló contra la mediocridad de esta existencia. Se ha entregado a Dios y se propone asumir esa decisión en todo su rigor. Se «descalza»; obtiene de las autoridades el permiso para reformar el Carmelo; convence a otras religiosas para que la sigan. Hubiese podido contentarse con eso y vivir lejos del mundo una experiencia espiritual de una calidad excepcional, pero la mística de Teresa de Ávila es más exigente que el futuro quietismo de la señora Guyon. La reformadora se revela mujer de acción. Quiere que la espiritualidad carmelitana irradie; es su contribución a la renovación de la vida religiosa en la España de Felipe II.

El régimen franquista le hizo un flaco favor a santa Teresa al proclamarla «santa de la raza». El régimen perpetró un secuestro parecido confiscando a Isabel la Católica, convertida, muy a su pesar, en el símbolo de la nueva España. Tras la muerte de Franco, la izquierda española no se atrevió a cuestionar y denunciar estas amalgamas que vinieron a interrumpir una tradición muy distinta. Hasta 1936, en efecto, los liberales y sus herederos —la izquierda republicana, por ejemplo—, incluso cuando eran ferozmente anticlericales, nunca dejaron de admirar a Isabel la Católica y a Teresa de Ávila. Veían en la primera a la soberana que había metido en vereda a los señores feudales, que había preparado la unidad de la Península y convertido a España en una potencia europea y mundial; gracias a estos méritos, le perdonaban la creación de la Inquisición y la expulsión de los judíos. Estos mismos liberales admiraban a santa Teresa como intelectual y como a uno de los escritores españoles más profundos. Durante más de un siglo se podía, pues, ser de izquierda sin creerse obligado a denigrar a los Reyes Católicos y a santa Teresa[1]. Tras la muerte de Franco, los herederos espirituales del liberalismo asumieron esta situación; no creyeron que debían denunciar una identificación abusiva entre una ideología política y unos personajes históricos que nada tenían que ver con ella. Solo cabe lamentarlo[2].

---

[1] Algunos hispanistas franceses de izquierda comparten este punto de vista; Jean Cassou, muy comprometido al lado de los republicanos españoles y, hasta 1950, compañero de viaje del Partido Comunista francés, le puso a sus dos hijas nombres significativos: Teresa, en honor de Teresa de Ávila, e Isabel, en razón de su admiración por Isabel la Católica.

[2] No son estos los únicos efectos perversos del franquismo. Franco también logró desacreditar la idea de la unidad nacional a la que la izquierda republicana, antes de 1936, era tan sensible.

En la vida de Teresa de Ávila se distinguen tres periodos de duración casi idéntica: «veinte años de juventud mundana» (1515-1535); «veintisiete años de retiro religioso en el convento de la Encarnación» (1535-1562); «veinte años de campaña espiritual» consagrada a la reforma del Carmelo (1562-1582)[3].

---

[3] G. Etchegoyen, *L'Amour divin*, p. 63.

Capítulo Primero

Los años de infancia y adolescencia 1515-1535

El medio social

Teresa nació el miércoles 28 de marzo de 1515. Su padre, que llevaba una especie de crónica familiar, señaló la hora: «hacia las cinco de la mañana», pero no el lugar. Durante mucho tiempo se pensó que solo podía tratarse de Ávila, pero existe la posibilidad de que el acontecimiento tuviese lugar en la casa de campo de Gotarrendura, a unos veinte kilómetros al norte. Sin embargo, sí es seguro que la niña fue bautizada en Ávila, en la iglesia de san Juan, unos días más tarde. La llamaron Teresa, como su abuela materna, Teresa de las Cuevas, aunque en aquella época no hubiera ninguna santa de ese nombre[4]. Los padrinos fueron María del Águila, hija de Francisco Pajares, un amigo de la familia, y Vela Núñez; tal vez se trate de Francisco Vela Núñez, hermano de Blasco Vela Núñez, primer virrey de Perú[5].

---

[4] Se ignora el origen del nombre. En la biografía de Teresa de Ávila que empezó a escribir, fray Luis de León da una explicación que suscita más preguntas de las que resuelve: «Sus padres […] pusiéronle nombre Teresa, guiados, a lo que entiendo, por Dios, que savía los milagros y maravillas que en ella avía de hacer y por ella, porque Teresa es Tarasia —nombre antiguo de mugeres y griego— que quiere decir milagrosa». El diccionario latín-francés de Gaffiot hace referencia, en efecto, a *Tarasia, ae*, «nombre de mujer»; parece que existe una carta de san Agustín a Paulino y a cierta Therasia. Algunos autores piensan que *Tarasia* podría designar a una mujer originaria de Tarento. Plinio el Joven habla de una isla situada entre Lípari y Sicilia, que antaño llamaban Therasia y hoy Hira. Por último, la etimología griega sugerida por fray Luis de León es la más convincente: en griego, *teras, teratos*, significa: señal maravillosa, prodigio, cosa maravillosa; resulta tentador entrever: milagro.

[5] Un virrey desdichado. Carlos V contaba con él para aplicar las Leyes Nuevas, la legislación inspirada por Las Casas que prohibía el trabajo forzoso de los indios;

Durante siglos, la hagiografía ha cultivado una leyenda: Teresa de Ávila habría nacido en el seno de una familia de la pequeña nobleza que se habría destacado luchando contra los moros durante los combates de la Reconquista. Algunos autores llegaban incluso a citar el documento que, en los archivos de la Cancillería de Valladolid, fijaba de forma oficial la condición de hidalgo de Alonso Sánchez de Cepeda, padre de la santa [6].

Alonso Sánchez de Cepeda era hidalgo, en esto no cabe ninguna duda. ¿Qué significa eso? En la Castilla de la época había tres categorías de hidalgos, es decir, no eran nobles, hablando con propiedad, sino privilegiados exentos de impuestos [7]:

1. Aquellos cuyo privilegio está justificado por el feudo que poseen (hidalgos de solar conocido); es la categoría de más prestigio.

2. Los que llevan un apellido célebre: La Cerda o Manrique, por ejemplo; en este caso, la notoriedad equivale a hidalguía.

3. Los hidalgos de ejecutoria. A veces se piensa que se trata de hombres que compraron un título de hidalguía; el caso, en efecto, puede darse [8], pero una ejecutoria no es un privilegio que se compra —¡al menos en

---

muy aislado, Vela Núñez fue desposeído de sus funciones por los oidores de la Audiencia de Lima y encarcelado el 18 de septiembre de 1544; dos años más tarde, Gonzalo Pizarro lo mandó decapitar.

[6] Ver, por ejemplo, Miguel Mir, *Santa Teresa de Jesús*. En 1914, en la segunda edición de una *Historia de Tordesillas* publicada en Valladolid, Eleuterio Fernández Torres contaba a su manera los orígenes de santa Teresa: hacia 1366, un tal Blasco Vázquez de Cepeda, caballero originario de la región de León, habría venido a instalarse a Tordesillas con toda su familia. De ese personaje descenderían entre otros Juan Vázquez de Cepeda, obispo de Segovia; Martín Vázquez de Cepeda, «caballero de fuerzas hercúleas»... y también santa Teresa: en efecto, el abuelo paterno de esta, Juan Sánchez de Cepeda, se habría desposado con Inés de Cepeda, descendiente de tan ilustre linaje; prueba de ello sería el escudo de armas de Alonso Sánchez de Cepeda, padre de la santa: en uno de los cuarteles aparece un león rodeado por ocho ramas, signo distintivo de los Cepeda.

[7] Hablando con propiedad, un hidalgo es lo contrario de un contribuyente (pechero). Desde este punto de vista, todos los nobles son hidalgos, pero lo opuesto no es forzosamente cierto: se podía disfrutar de un privilegio fiscal por diversas razones; bien es verdad que, a la larga, la posesión ininterrumpida del privilegio terminaba por conferir nobleza.

[8] En el siglo XVI, la Corona recurrió a este procedimiento para procurarse dinero: puso en venta títulos de hidalguía, es decir, exenciones de impuestos; a cambio de una cantidad a tanto alzado, los beneficiarios se veían dispensados, ellos y sus descendientes, del pago del impuesto.

principio!—; es una decisión de justicia. Los hidalgos de ejecutoria tuvieron que litigar para que los tribunales reconocieran su condición de privilegiados; si llegaron a ese extremo, es porque se ponía en duda su condición de hidalgo; así que planteaban el asunto ante la Cancillería de Valladolid, competente en este tipo de litigios; al término de un proceso entre partes, una vez agotados todos los recursos posibles, la corte declara que la sentencia debe considerarse definitiva y que es ejecutoria; por tanto, el término *ejecutoria* no significa más que eso.

Esta categoría de hidalgos es la de menor prestigio. Si la Cancillería se vio obligada a pronunciarse sobre la hidalguía de Alonso Sánchez, es que la cosa no era tan evidente: fue necesario probar que, en efecto, poseía un privilegio, en resumen, exponerse a la humillación —y a los peligros— de un proceso público.

La leyenda de una santa Teresa nacida en una familia de la pequeña nobleza se basaba en un documento conservado en los archivos de la Cancillería de Valladolid, pero nadie lo había estudiado con detenimiento. Todo cambió hacia 1940. Narciso Alonso Cortés era un erudito interesado en los personajes célebres de su ciudad natal, Valladolid; le debemos muchas informaciones sobre los autores y la vida literaria en el Siglo de Oro, todas basadas en documentos de archivo de la Cancillería de Valladolid. Un día que había terminado una serie de indagaciones, se le ocurrió, para aprovechar el tiempo hasta la hora de cierre de los archivos, solicitar información del documento referido a Alonso Sánchez. Le trajeron un grueso expediente que se dispuso a examinar. De inmediato se dio cuenta de que allí había material para desechar los lugares comunes sobre la familia de santa Teresa: la Cancillería había admitido, en efecto, que Alonso Sánchez de Cepeda no tenía por qué pagar los impuestos directos, por tanto, era un hidalgo, pero esta decisión era la conclusión de una larga encuesta, apoyada en numerosos testimonios que, todos, probaban de manera indiscutible que Alonso Sánchez era hijo de un judío converso de Toledo condenado por la Inquisición. En la España de 1940, que se creía amenazada por los judíos y por los francmasones —«¡la conspiración judeomasónica!»—, donde la Sección Femenina del partido único, la Falange, tenía como patrona a la reformadora del Carmelo [9] y donde el caudillo le profesaba una devoción especial a santa

---

[9] La Sección Femenina había sido fundada en fecha tan temprana como 1934. Fue constantemente dirigida por Pilar Primo de Rivera, hermana de José Antonio,

Teresa[10], esta revelación hubiese supuesto un escándalo: nadie se atrevió a informar del hecho[11]; durante cerca de cuarenta años, el documento comprometedor resultó «imposible de encontrar»: a los investigadores que deseaban examinarlo, les respondían que había desaparecido[12]... Pero era demasiado tarde. Algunas revistas especializadas habían hablado del tema[13]. Hubo que admitir el hecho: Teresa de Ávila era de origen judío. ¿Cómo se pudo ignorar el dato durante tanto tiempo, cuando los documentos estaban al alcance de la mano, en unos archivos abiertos al público, y cuya existencia conocían los biógrafos puesto que citaban la referencia? Esos biógrafos no habían leído el expediente; no habían pasado del primer folio, donde estaba sucintamente resumida la conclusión de los jueces: sentencia definitiva —sentencia ejecutoria— para establecer que Alonso Sánchez debía ser considerado exento del pago del impuesto, por tanto, considerado hidalgo. Solo Narciso Alonso Cortés había leído la totalidad del expediente. Este caso no es por desgracia único; demuestra que toda prudencia es poca: ocurre que un historiador cita un documento que no ha leído y le hace decir lo contrario de lo que contiene; el lector de buena fe, engañado por la referencia erudita, persistirá en el error hasta que un historiador más escrupuloso le abra los ojos.

---

fundador de la Falange. En la época de apogeo del franquismo reivindicaba tener doscientas cincuenta mil adherentes. También en tiempos de Franco, una revista femenina llevaba por título *Teresa* y, como subtítulo: *Una revista para todas las mujeres*.

[10] Durante la Guerra Civil, tras la caída de Málaga en su poder, las tropas franquistas encontraron en un hotel el brazo de santa Teresa —en realidad, se trata de la mano izquierda—; le fue enviada a Franco, que no se separó de ella hasta su muerte. Volveremos sobre este episodio.

[11] El padre Efrén de la Madre de Dios lo admite en 1968 (Efrén de la Madre de Dios y Otger Steggink, *Tiempo y Vida*, p. 4, nota 11): en 1951, en la primera edición de un libro que sin embargo rompe afortunadamente con la hagiografía tradicional (*Tiempo y vida de Santa Teresa*, en *Obras Completas de Santa Teresa*, BAC, Madrid), «en la primera edición disimulamos esta condición [de una Teresa de Ávila hija y nieta de conversos] por mitigar el efecto moral de la noticia en muchos lectores sorprendidos».

[12] Digamos que el documento se «encontró» en 1986; fue publicado por Teófanes Egido, *El linaje judeoconverso de santa Teresa*. Ed. de Espiritualidad, Madrid, 1986.

[13] Narciso Alonso Cortés, «Pleitos de los Cepedas», en *Boletín de la Real Academia Española*, XXV (1946), pp. 85-110; Homero Seris, «Nueva genealogía de Santa Teresa», en *Nueva Revista de Filología Hispánica*, X, 1956, pp. 365-384.

Del proceso de Valladolid, mencionaremos lo siguiente: el 19 de julio de 1520, el escribano de la Inquisición de Toledo Francisco Pérez, llamado a declarar ante la Cancillería de Valladolid en el litigio de Alonso Sánchez de Cepeda, da cuenta de un documento: una lista de personas reconciliadas por el Santo Oficio de Toledo en la que figura el nombre del padre del encausado, Juan Sánchez. En junio de 1485, este se había presentado espontáneamente ante los inquisidores de Toledo y «dixo e confesó haver fecho e cometido muchos e graves crímenes y delictos de herejía y apostasía contra nuestra santa fee católica»; tras esta declaración, los inquisidores de Toledo, el licenciado Costana y D. Busto Ramírez de Ribera, lo condenaron, el 22 de junio de 1485, a acudir durante siete viernes seguidos a las diversas iglesias de Toledo vestido con la túnica infamante, el tristemente famoso sambenito.

Estos son los hechos. ¿Qué podemos concluir? Juan de Toledo —así es como se hacía llamar por aquellos años Juan Sánchez, abuelo paterno de la futura santa Teresa— era un rico mercader de Toledo, casado con Inés de Cepeda, residente en la parroquia de San Leocadio, que, desde 1440, comerciaba con paños y sederías y también recaudaba impuestos y tasas por cuenta de la Hacienda real y de las autoridades eclesiásticas. Era de origen judío; sus padres o sus abuelos debían formar parte de los judíos que se convirtieron al catolicismo tras las masacres de 1391 o durante la campaña de evangelización de los primeros años del siglo XV. Sabemos que, una vez pasada la tormenta, algunos de estos neófitos volvieron subrepticiamente a la fe de sus antepasados; llevaban una doble vida: en público hacían profesión de catolicismo; en la intimidad de sus hogares se esforzaban por conservar lo esencial de la religión mosaica: ayunos, oraciones, respeto del *sabat* y de las principales fiestas; de ellos se decía que judaizaban. La sociedad cristiana consideraba a estos malos cristianos apóstatas susceptibles de poner en peligro la cohesión del cuerpo social fundado sobre la unidad de la fe. Es para acorralar y castigar a los judaizantes que en 1478 los soberanos solicitaron y obtuvieron del Papa el derecho de nombrar inquisidores en sus reinos.

Juan de Toledo, alias Juan Sánchez, ¿era judaizante? Cabe hacerse la pregunta estudiando detalladamente la cronología de los acontecimientos. Hasta 1485 en Toledo no hubo Inquisición; la diócesis estaba incorporada al distrito de Ciudad Real, creado en septiembre de 1483. Es en mayo de 1485 cuando los inquisidores de Ciudad

Real, el licenciado Pedro Díaz de la Costana, canónigo de Burgos, y Vasco Ramírez de Ribera, arcediano de Talavera, son transferidos a Toledo. Un documento anónimo aporta valiosas informaciones sobre las primeras actividades del nuevo tribunal [14]. Según era costumbre, los inquisidores empezaron publicando un edicto de gracia. ¿Lo hicieron nada más llegar, durante el sermón pronunciado por Pedro Díaz el 24 de mayo, o unos diez días más tarde? Las fuentes no son muy precisas sobre este punto. Solo nos dicen que unos conversos planeaban asesinar a los inquisidores y rebelarse el día del Corpus (2 de junio), pero el corregidor Gómez Manrique, al tanto del complot, manda ahorcar a seis de los conjurados el 1 de junio. Es entonces, al parecer, cuando empieza a correr el plazo de cuarenta días para permitir a los que hubiesen judaizado denunciarse espontáneamente si querían ser «reconciliados» sin exponerse al castigo. Después de algunas vacilaciones, nos cuenta Lea en su *Historia de la Inquisición en España* [15], muchos conversos aprovecharon estas disposiciones, más por temor a la hoguera que por convicción. Los resultados no fueron los esperados ya que, al expirar el primer plazo, los inquisidores tuvieron que amenazar con la excomunión a los que, estando al tanto de manifestaciones de herejía, no las denunciasen en un plazo, primero de sesenta días, luego de noventa días. Tampoco parece que estas medidas produjesen el efecto esperado. Los inquisidores recurrieron entonces a un procedimiento más eficaz: obligaron a los rabinos, bajo amenaza de muerte, a ordenar un interdicto sobre las sinagogas y a no levantarlo hasta que los judíos no denunciasen a los judaizantes que conocieran [16]. Solo entonces —no antes de finales de julio o, lo más probable, en agosto— se produjeron numerosas denuncias y se procedió a los primeros arrestos. Los primeros autos de fe

---

[14] Este texto (manuscrito 9175 de la Biblioteca Nacional de Madrid), transcrito y anotado por Sebastián de Horozco, fue publicado por el padre Fita, «La Inquisición toledana. Relación contemporánea de los autos y autillos que celebró desde el año 1485 hasta el de 1501», en *Boletín de la Real Academia de la Historia*, XI, 1887, pp. 289-322.

[15] Citamos la traducción española: Henry C. Lea, *Historia de la Inquisición española*, Fundación Universitaria Española, Madrid, 1983, t. I, pp. 193-195.

[16] Recordemos que la Inquisición solo tenía competencia sobre los judíos bautizados, no sobre los que no se habían convertido. Los judíos no serán expulsados de España hasta siete años más tarde, en 1492; en 1485 el judaísmo todavía tenía existencia legal.

no se organizaron hasta 1486: el 12 de febrero comparecen setecientos cincuenta acusados, novecientos el 2 de abril, setecientos cincuenta el 4 de junio[17].

Juan Sánchez fue «reconciliado» el 22 de junio de 1485, es decir, mucho antes de que expirase el primer plazo de cuarenta días fijado por el edicto de gracia[18]. Forma parte de los escasos conversos que se denunciaron de inmediato, actitud que les valió la indulgencia del tribunal. Cabe pensar también que Juan Sánchez solo había «judaizado» de forma superficial, por ejemplo, permaneciendo fiel a ciertas prácticas de la vida cotidiana aprendidas en la infancia, pero que no implicaban forzosamente un regreso a la ley de Moisés. De otra forma es difícil explicar la moderación de la condena que le imponen. Estamos, en efecto —no conviene olvidarlo—, en el periodo de instalación de la Inquisición, el más mortífero de toda la historia del Santo Oficio, marcado por un rigor y una crueldad que se prolongan hasta finales del siglo XV. En Toledo, entre 1486 y 1500, las condenas a muerte se cuentan por miles[19]. Salir del paso, como Juan Sánchez, con una simple penitencia equivale casi a ser absuelto. Esto tendería a probar que no fue acusado del delito de herejía. Juan de Toledo no era judaizante.

¿Cómo la Cancillería, tras haber constatado que Juan de Toledo era un converso «reconciliado» por la Inquisición, pudo declarar que sus hijos debían ser considerados hidalgos?

---

[17] I. S. Révah —*Antonio Enríquez Gómez. Un écrivain marrane (v. 1600-1663)*. Ed. de Carsten L. Wilke, Chandeigne, París, 2003, p. 117— escribe que Hernando de Mora, tatatarabuelo de Antonio Enríquez Gómez, tendero en Alcázar de Consuegra —en la actualidad, Alcázar de San Juan—, se presentó el 12 de abril de 1486, durante el «periodo de gracia», ante los inquisidores toledanos, para confesar su criptojudaísmo y para expresar su arrepentimiento; «fue reconciliado —añade Révah— junto con 5.200 cristianos nuevos del arzobispado de Toledo (entre los que figuraba el abuelo paterno de santa Teresa de Ávila) en el transcurso de espectaculares penitencias públicas que tuvieron lugar en 1486 y a comienzos de 1487». Las fechas no coinciden; el asunto del abuelo de santa Teresa se sitúa en junio de 1485, no en 1486.

[18] El edicto de gracia fue publicado, como muy pronto, el 24 de mayo de 1485, tal vez después del 2 de junio; por lo tanto, expiraba a finales de junio o a mediados de julio.

[19] «Antes del año 1500 se enviaba a un judaizante a la hoguera casi con la misma rapidez que más tarde a un blasfemador a misa: los juicios son apenas más largos» (Jean-Pierre Dedieu, «Les causes de foi de l'Inquisition de Tolède (1483-1820). Essai statistique», en *Mélanges de la Casa de Velázquez*, XIV, 1978, p. 157).

Juan de Toledo había sido condenado a una simple penitencia, pero el asunto debió causar un buen revuelo; es difícil pasar desapercibido cuando acudes a las iglesias de Toledo, durante siete viernes seguidos, vestido con el sambenito. Se entiende que Juan haya preferido abandonar la ciudad. Hacia 1493 se instala en Ávila con toda su familia, pero durante algún tiempo sigue viajando a Toledo, donde mantenía algunas actividades, y también a Salamanca donde estaba en tratos con el arzobispo de Santiago de Compostela, Alonso de Fonseca. Ahora se hace llamar Juan Sánchez y con ese nombre abre «una tienda rica de paños y sedas», en la calle del Endrino; un testigo recordará a los dos vendedores que trabajaban en ella. Al mismo tiempo, se ocupa de recaudar impuestos y tasas por cuenta de la Hacienda real, de la municipalidad y de las autoridades eclesiásticas; también compra tierras en Ortigosa de Rioalmar, una aldea que depende de la municipalidad de Manjabálago, a unos treinta kilómetros al oeste de Ávila, en plena montaña, a 1.150 metros de altitud. Juan Sánchez se convierte así en explotador agrícola. Poco después del año 1500 parece que renunció a la labor de mercader para vivir únicamente de las ganancias que le procuran sus tierras, y sobre todo de las que obtiene de sus actividades fiscales y parafiscales; sin duda juzgó que ganaba en respetabilidad lo que podía perder en beneficios comerciales. Incluso se las arregló para no quedar inscrito en la lista de los contribuyentes —el padrón de pecheros—; de esta forma, ya no pagaba impuestos; por tal razón, pasaba por hidalgo. Esta operación data de la época en que Juan Sánchez aún no había fijado definitivamente su residencia en Ávila y viajaba con frecuencia a Toledo, donde permanecía una temporada. Es lo que se puede deducir de un proceso entablado ante la Cancillería de Ciudad Real y que habría terminado, en 1500, con una sentencia ejecutoria que le reconocía a Juan Sánchez el privilegio de la exención de impuestos. Si el proceso se hubiese entablado una vez que Juan Sánchez hubiese fijado su domicilio en Ávila, es la Cancillería de Valladolid la que habría sido competente puesto que tenía jurisdicción sobre los territorios situados al norte del Tajo; al sur del Tajo la competencia ya le correspondía a la Cancillería de Ciudad Real[20].

Juan Sánchez pertenece a la buena sociedad de Ávila. Viudo desde 1504, ha renunciado a la «mercancía», pero sigue cobrando impuestos

---

[20] La Cancillería de Ciudad Real, creada en 1495, será transferida a Granada en 1505.

por cuenta de la Hacienda real o de las municipalidades[21]. Vela por la educación de sus hijos: Pero, Alonso, Ruy y Francisco. Estos han añadido al apellido de su padre el de su madre: Cepeda; al igual que su padre, se ocupan de asuntos fiscales y de explotaciones agrícolas; se casan con hijas de notables e incluso de regidores. Gracias a estas relaciones, y también en virtud del privilegio que ya gozaba su padre desde 1500, los hermanos Cepeda se las arreglan para no quedar registrados en la lista de los contribuyentes; ellos también, por lo tanto, quedan asimilados a la condición de hidalgos y, como tales, figuran en la lista de los que pueden ser sorteados para ocupar determinados cargos municipales (fieldades); al igual que los caballeros, tienen caballos de batalla y pertrechos militares: cascos, grebas, coseletes, guantes, lanzas, escudos, ballestas, espadas, puñales, caballos, mulas[22]... En 1512, el rey de Aragón, que gobernaba Castilla en nombre de su hija Juana, decide invadir Navarra; le pide a los caballeros del reino que estén listos para partir a la guerra; con este motivo, vemos pertrecharse a Alonso Sánchez, elegir un buen caballo y mulas para transportar armas y bagajes y responder a la llamada del soberano como todos los hidalgos. En resumen, los hijos de Juan Sánchez «viven todos como escuderos y hombres de pro». Muy pronto no dudarán en mandar esculpir su escudo de armas sobre la puerta de sus moradas.

Lo que caracteriza a los hidalgos es que no pagan impuestos. Es el caso de los hermanos Cepeda. Por eso se indignan, el 6 de agosto de 1519, al saber que la municipalidad de Manjabálago los ha incluido en la lista de contribuyentes y les exige cien maravedís a cada uno. La cantidad es modesta, pero, por principio, los Cepeda se niegan a pagar, lo que obliga a la municipalidad a llevar el asunto ante la Cancillería de Valladolid. El proceso se inicia unos meses más tarde; deparará sorpresas. El doctor Villarroel, fiscal del caso, se extraña primero de que la municipalidad de Manjabálago les reclame unos impuestos a los Cepeda, que no están domiciliados en Manjabálago sino en Ávila. Tampoco comprende por qué todos los testigos citados por la municipalidad declaran que los Cepeda nunca han pagado impuestos y siempre han sido considerados hidalgos: la municipalidad quiere demostrar que los Cepeda no son hidalgos, ¡pero todos los testigos que cita dicen lo contrario!

---

[21] «Repartimientos de los pechos reales y concejiles, arrendamientos de pan, cosas de iglesias, tercias reales, votos y otras rentas.»

[22] Es lo que se desprende de una inspección realizada en 1507 en el domicilio de Alonso Sánchez de Cepeda, el hijo mayor.

El fiscal tiene la sensación de estar ante un asunto amañado: todo transcurre como si la municipalidad y los hermanos Cepeda estuviesen en connivencia; estos, que siempre se las han arreglado para no pagar impuestos, son hidalgos de hecho; lo que buscan es consagrar esta situación de derecho; por eso han ideado esta estratagema: sugerirle a la municipalidad de Manjabálago que les reclame unos impuestos, lo que servirá de detonante para la acción judicial. El 16 de noviembre de 1520, la corte solo puede plegarse ante los hechos: desde que viven en esa región, los Cepeda siempre han sido considerados hidalgos; no hay razón para cuestionar ese privilegio; la Cancillería falla en ese sentido, sentencia confirmada por la audiencia territorial, el 26 de agosto de 1522, salvo por un matiz: los Cepeda deben ser considerados como poseedores del privilegio de hidalguía, pero solo en la ciudad de Ávila y en las aldeas de Ortigosa y de Manjabálago. Poco importa semejante restricción. En lo esencial, los hermanos Cepeda han obtenido lo que querían: que se reconociese de derecho su condición de hidalgos. El 16 de noviembre de 1523 la Cancillería de Valladolid les expide una carta ejecutoria de hidalguía, que no es más, conviene recordarlo, que un documento dando fe que la corte, tras un proceso público, ha constatado la hidalguía de los interesados; una vez agotadas todas las vías de recursos posibles, la sentencia se convierte en ejecutoria: la hidalguía de los Cepeda ya se beneficia de la autoridad de la cosa juzgada; nadie podrá discutirla.

De este asunto se puede sacar una primera conclusión: en el primer cuarto del siglo XVI la pureza de sangre aún no se ha convertido en una obsesión. Los hermanos Cepeda son de origen judío; es un oficial de justicia quien lo afirma, pruebas en mano. Los testigos citados están al corriente de las circunstancias que empujaron a Juan de Toledo y a sus hijos a dejar Toledo; y, sin embargo, nadie se indigna al ver a los hermanos Cepeda vivir como gentilhombres y disfrutar del privilegio de hidalguía; nadie se escandaliza. Está claro, pues, que en esa época la pureza de sangre aún no se utilizaba para obstaculizar las ambiciones sociales de los cristianos nuevos.

Los hermanos Cepeda pudieron eludir el pago de los impuestos y hacerse pasar por hidalgos porque tenían relaciones en las élites locales. La Cancillería no lo ignora; se deduce del expediente. Y sin embargo, le hace justicia a las pretensiones de los demandantes; se inclina ante la situación: desde hace unos veinte años, la sociedad considera que los Cepeda son hidalgos; la corte acepta el hecho consumado. A principios del siglo XVI Castilla es una sociedad abierta; esta es la segunda conclusión que se puede sacar del proceso. El reconocimiento social ha precedido a la consagración jurídica del privilegio: los Cepeda vivían como nobles; poseían caballos de batalla; tenían armas; si se solicitaba su concurso, estaban listos para servir al soberano y unirse a su ejército. Este caso no es aislado[23].

En el siglo XVI el privilegio fiscal no es privativo de una casta cerrada; se concede con bastante prodigalidad a todos aquellos que se han distinguido de una u otra forma, que han prestado o que son susceptibles de prestar un servicio a la sociedad. La hidalguía aparece como su signo de éxito social; los burgueses y los hombres de leyes intentan obtenerla; muchos lo consiguen.

La riqueza es susceptible de llevar a la hidalguía de igual manera que el saber o los méritos, pero no basta; también se necesita la consideración social y esta se le niega a determinadas profesiones. Los oficios bajos, el trabajo manual e incluso algunas formas de comercio son incompatibles con una vida noble. Cuando se aspira a la nobleza, lo conveniente es abandonar las actividades remuneradas y vivir de las rentas. Es lo que hacen los hermanos Cepeda que, a partir de 1510, renuncian progresivamente a las actividades comerciales y se dedican a sus tierras y a sus explotaciones agrícolas. La exención fiscal así adquirida señala el comienzo de la asimilación a la nobleza, que no será completa hasta la segunda o tercera generación. Esto es lo que significa la diferencia entre hidalgos de privilegio e hidalgos de nacimiento; solo los segundos se benefician del prestigio atribuido a la nobleza verdadera, pero los primeros van por buen camino: a la larga, la hidalguía de privilegio se transforma en hidalguía de cuna; esta, a decir verdad, no es más que una nobleza de privilegio que se remonta demasiado lejos en el tiempo como para que se guarde memoria del acto fundador. La movilidad geográfica facilita el cambio de condición. En el siglo XVII, una novela de Quevedo, *El buscón*, denuncia las pretensiones de un aventurero que intenta transformarse en gentilhombre. Tras muchos sinsabores, el héroe se va a vivir a un país donde nadie lo

---

[23] Por la misma época, otros conversos notorios ven reconocida su condición de hidalgos: la familia de los hermanos Valdés, de Cuenca, por ejemplo. Ver Miguel Jiménez Monteserín, «El erasmismo de los hermanos Valdés», en Juan Luis Castellano Castellano y Francisco Sánchez-Montes González, coord., *Carlos V. Europeísmo y universalidad*. Sociedad Estatal para la conmemoración de los centenarios de Felipe II y Carlos V, Madrid, 2001, vol. V, p. 350.

conoce, pero, y es la última frase del libro, «nunca mejora de estado quien muda solamente de lugar, y no de vida y costumbres». La promoción social de los Cepeda sigue esta norma: se marchan de Toledo a Ávila; renuncian al comercio; viven noblemente, con caballos y armas...

La futura santa Teresa tenía entre cuatro y ocho años cuando la Cancillería de Valladolid examinó el pasado de su familia. ¿Le contaron por entonces que su abuelo Juan de Toledo —al que no conoció, murió siete años antes de su nacimiento— había sido reconciliado por la Inquisición de Toledo? Probablemente no. Juan de Toledo era converso, pero no judaizante; su conversión al catolicismo fue sincera; se había casado con Inés de Cepeda, una cristiana de antigua data de Tordesillas, una cristiana vieja, como se decía; de esta unión nació Alonso que, él también, se desposó sucesivamente con dos cristianas viejas de Ávila, primero con Catalina del Peso, y luego con una prima de esta, Beatriz de Ahumada, madre de la futura santa Teresa.

Teresa de Ávila nació en una familia cristiana; recibió una educación cristiana. Sus padres, según escribe ella misma en su *Vida**, «eran virtuosos y temerosos de Dios». Habla de su padre como de un hombre de una devoción ilustrada que amaba las buenas lecturas y se esforzaba por transmitirle esa afición a sus hijos. Gracias al inventario realizado en 1507, tras el fallecimiento de su primera esposa, conocemos el título de algunos de los libros que tenía: *Retablo de la vida de Cristo*, de Juan de Padilla; las poesías religiosas de Fernán Pérez de Guzmán; un tratado sobre la misa —tal vez se trate del *Tratado sobre la excelencia del sacrificio de la ley evangélica*, de fray Diego de Guzmán— y un libro sin identificar: los *Siete pecados*. Cabe señalar la ausencia de toda Biblia, incluso en forma de fragmentos elegidos. Pero es que la lectura e incluso el simple hecho de tener una Biblia en una familia de conversos era interpretado por los inquisidores como indicio de adhesión al judaísmo. El tío de Teresa, Pedro Sánchez de Cepeda, al que la futura carmelita visitaba a menudo, compartía las mismas inclinaciones; le prestaba tratados de contemplación como el *Tercer Abecedario* de Osuna, que debía marcar hondamente a la carmelita.

Enlaces con cristianas de buena cepa, la educación católica dada a los hijos, todo sugiere en los padres la voluntad de adhesión al catolicismo sin reservas. En estas circunstancias, es poco probable que el

---

* *Libro de la vida*, Edaf, Madrid, 2014

padre haya evocado ante sus hijos el origen judío de la familia. En Ávila, en 1520, todo el mundo sabía a qué atenerse. Cuarenta años más tarde, cuando Teresa empezó a dar que hablar, cuando personas malintencionadas creyeron descubrir en sus enseñanzas y en sus libros indicios de iluminismo, a nadie se le ocurrió desacreditarla mencionando su condición de conversa, que hubiese sido el medio más eficaz para perjudicarla. Hay que pensar que todo estaba olvidado. Incluso hoy en día, sin el descubrimiento fortuito del expediente de la Cancillería de Valladolid, ¿quién hubiese podido imaginar que el abuelo de Teresa había sido «reconciliado» por la Inquisición?

Desde que Américo Castro llamó la atención sobre el fenómeno de los «conversos», algunos de sus discípulos practican una curiosa sociología literaria: la vena épica, el romancero, la novela de caballerías, el teatro de Lope de Vega... serían géneros cultivados de preferencia por cristianos viejos; los conversos, por su parte, se especializarían en la novela picaresca, la sátira, la introspección, el espíritu crítico... Esos mismos discípulos tienen tendencia a convertir el inconformismo en la señal, si no la prueba, de una ascendencia judía: marginados, discriminados, perseguidos, los conversos habrían expresado su angustia existencial («vivir desviviéndose») en unas formas que un observador perspicaz descubre sin dificultad. En el caso de santa Teresa, su afán de analizar sus estados de alma también sería revelador de una ascendencia judía. Este racismo al revés causa perplejidad, como si los genes decidieran de antemano la modalidad literaria y estética de una obra: un autor cristiano viejo solo podría celebrar y justificar el orden establecido y la ortodoxia religiosa; ¡la originalidad y la contestación serían privativas de los conversos! No vemos nada, en la obra de santa Teresa, que confirme este determinismo, nada, en particular, que se pueda asimilar con la angustia de una mujer que se cree víctima de la discriminación racial. El hecho de que tuviese relaciones de negocios o de amistad con notorios conversos no demuestra nada; en España había muchos conversos; no tenía nada de raro codearse con ellos en la vida cotidiana. Como ya veremos, la reformadora dirige una mirada crítica a la sociedad contemporánea; esa no es *a priori* una razón para deducir que habla como los conversos. Todo lleva a creer que su abuelo y su padre habían abrazado el catolicismo sin ánimo de dar marcha atrás; no se puede ver en ellos, y aún menos en su nieta e hija, a unos «desarraigados del judaísmo», como decía Marcel Bataillon pensando en autores como Vives que realmente tuvieron que sufrir, ellos y sus familias, la discriminación y los prejuicios anticonversos. La asimilación de los Cepeda era mucho más profunda; la familia no había conservado nada del judaísmo ancestral. Teresa es representativa de la civilización española del siglo XVI, no de una cultura judaica de la que nada sabía.

Teresa nació en una familia de hidalgos acomodados cuya fortuna periclita en unos veinte años. Cuando se casa con Catalina del Peso, en 1505, Alonso Sánchez puede regalarle joyas —entre las que figura un collar de oro valorado en treinta mil maravedís—, vestidos, ropa blanca, guantes, zapatos...; por su lado, su prometida recibe una dote de trescientos cincuenta mil maravedís en metálico y en trajes, así como títulos de renta y propiedades[24]. En noviembre de 1505 el matrimonio compra por ochenta mil maravedís la antigua Casa de la Moneda, muy cerca de la iglesia de Santa Escolástica y enfrente de la iglesia de Santo Domingo[25]. Era una morada muy grande —en muy mal estado, bien es verdad, en el momento de la compra—, pero ubicada en el barrio aristocrático de Ávila.

Al quedarse viudo, Alonso Sánchez se vuelve a casar, en 1509, con Beatriz de Ahumada, una rica heredera de Olmedo, cuyo padre poseía numerosas fincas, especialmente en Gotarrendura, fincas que Alonso Sánchez completa comprando, entre otras cosas, un palomar y más de dos mil cabezas de ganado: borregos, ovejas, corderos... Por entonces Alonso era considerado un hombre rico. Agranda la casa comprada en 1505 adquiriendo una casa vecina, dotada de jardines y con un pozo privado. Tiene muebles magníficos y muchos criados —al menos una decena, sin contar los obreros agrícolas—, pero no tiene esclavos: siempre se negó a tenerlos, nos dice Teresa; el hecho lo horrorizaba[26].

---

[24] A título de comparación, a comienzos del reinado de Carlos V, el corregidor mejor pagado —el de Toledo— ganaba 300.000 maravedís al año, profesores universitarios renombrados —Nebrija, Hernán Núñez...— 40.000 al año, mientras que una lavandera ganaba 50 maravedís al día, un barbero 16, un cocinero 7. Los zapatos que llevaba Alonso Sánchez de Cepeda el día de la boda de su hermano le habían costado 119 maravedís...

[25] Es en este lugar donde se construyó, en 1636, el convento Santa Teresa porque se pensaba —erróneamente— que la reformadora del Carmelo había nacido allí.

[26] En la España del siglo XVI los esclavos rara vez se utilizaban como mano de obra en las labores agrícolas o en las manufacturas; servían sobre todo como criados; era un lujo que se permitían las familias acomodadas, un lujo que salía caro: los esclavos mejor valorados eran los bereberes, luego los mulatos y en último lugar los negros. Las mujeres y los jóvenes, entre once y treinta años, eran los más solicitados. Los esclavos blan-

Hacia 1510, Alonso Sánchez de Cepeda, que ya había renunciado al comercio para integrarse mejor en las capas privilegiadas, abandona también sus actividades fiscales. Ahora obtiene lo esencial de sus ingresos de las tierras que explota en los alrededores de Ávila, en Ortigosa o en Olmedo, pero, en esa región, la tierra no es demasiado fértil. Esas altiplanicies pedregosas —se decía que Ávila producía «cantos y santos»— no se prestaban a los cultivos rentables, los cereales, como en Tierra de Campos, alrededor de Palencia, o a los viñedos, como en la región de Valladolid. Según la costumbre del país y de la época, los arriendos se pagaban no en metálico —salvo excepciones—, sino en especie: los explotadores estaban obligados a entregarle al propietario una parte de la cosecha, casi siempre la mitad en trigo, la mitad en cebada, más algunos cánones anexos: productos lácteos, lana, aves, cabezas de ganado... Eso bastaba para alimentar a una familia, incluso numerosa, puesto que no hacía falta comprar pan, ni carne, ni leche, ni quesos, pero el excedente que se podía vender no debía ser muy importante. Al renunciar al comercio y a la recaudación de ciertos impuestos y tasas, los hermanos Cepeda habían perdido mucho; los ingresos en metálico cada vez eran más aleatorios. Ahora bien, Alonso Sánchez tenía doce hijos a su cargo: dos de su primer matrimonio ¡y diez del segundo! Bien es cierto que, en 1531, Alonso Sánchez todavía tenía recursos para dotar convenientemente a su hija María cuando esta se casa con Martín de Guzmán y Barrientos: doscientos mil maravedís, pero tuvo que pedir prestado e hipotecar unas tierras. Alonso Sánchez muere el 24 de diciembre de 1543. Al abrirse su testamento, se descubre que el difunto deja muchas deudas —se cuentan unos cincuenta acreedores—; había vendido los bienes que sus dos esposas aportaron como dote —bienes dotales[27]. En esa época, los

---

cos a menudo tenían la cara marcada con la letra S seguida del dibujo de un clavo, lo que se leía: ese clavo = esclavo. El 21 de febrero de 1525, en Valladolid, se pone a la venta a una joven esclava de veintitrés a veinticuatro años, llamada Magdalena; piden por ella 9.300 maravedís, pero precisando bien que no tiene defectos: no bebe, no tiene enfermedades de la piel, no es epiléptica, no se orina en la cama, no se fuga, no es ladrona... La repugnancia del padre de Teresa a poseer esclavos es más bien excepcional; nos inclinaríamos a interpretarla como una reacción de cristiano si, como ocurría a menudo, los esclavos domésticos estaban bautizados.

[27] Los herederos impugnan el testamento; el proceso aún seguía en 1561 por culpa de la obstinación del yerno del difunto, Martín de Guzmán, de los hijos del primer matrimonio y de María Cepeda, hija del segundo.

verdaderos aristócratas —los grandes y los nobles titulados— poseen dominios inmensos; sus ingresos provienen de las tierras, de los rebaños, de las inversiones bancarias, comerciales e incluso industriales, ya que, contrariamente al lugar común, los nobles distaban mucho de desinteresarse de las actividades económicas. Otra categoría de nobles, los que en Francia se llamarían los «encumbrados y poderosos señores» y que en Castilla se designan bajo el nombre de «señores de vasallos», sin ser tan ricos como los primeros, no por ello dejan de vivir en la opulencia, a juzgar por la lista de sus tierras, de sus aldeas, de sus burgos y de los cánones casi soberanos que sacan de los hombres y las tierras. A su lado, los simples caballeros, como Alonso Sánchez, hacían mal papel. Leyendo en las obras de su hija y, en su correspondencia, las alusiones a litigios de familia a propósito de sucesiones impugnadas, adivinamos que a nuestro hidalgo le costaba estar a la altura de su rango. El ejemplo literario del *Lazarillo de Tormes* está ahí para recordárnoslo: los esfuerzos de un hidalgo pobre para salvar las apariencias y conservar la reputación de un hombre de honor lo ponen en ridículo a ojos de todo el mundo [28].

¿Padeció Teresa la situación que obligaba a su padre a hacer malabarismos para vivir como un gentilhombre cuando ya carecía de medios para ello? Es probable. A menudo se ha subrayado la respuesta que le dio al padre Jerónimo Gracián de la Madre de Dios cuando un día le preguntaba por sus antepasados: «Me basta ser una hija de la Iglesia católica, y más me turbaría haber cometido un pecado venial que descender de los más bajos y viles hombres de la tierra». ¿Debe tomarse la frase como el reconocimiento discreto de saberse nieta de converso? Es posible, pero no seguro. A Teresa pudo molestarle la pregunta del padre Gracián, nieto de Jan von Höfen, apodado Dantisco, poeta y diplomático, embajador de Polonia ante Carlos V, obispo de Warmia, luego arzobispo de Ermland, e hijo del humanista y hombre de letras Diego Gracián de Alderete; los padres de Teresa llevaban una existencia mucho más modesta. Se puede interpretar en el mismo sentido la advertencia que Teresa le dirige a su hermano Lorenzo

---

[28] Lo mismo ocurre en Francia. En sus *Commentaires sur la noblesse et sur le droit des aînés* (la edición latina aparece en París en 1549), André Tiraqueau se pregunta si la pobreza conlleva la pérdida de la nobleza: «Reconozco... que la nobleza es objeto de burla si va unida a la pobreza». Ver Arlette Jouanna, *La France du XVIe siècle*, PUF, París, 1996.

que, al regresar de Perú, anteponía la partícula «Don» a su nombre; era la comidilla en Ávila. Hasta fines del siglo XVI, la partícula estaba reservada a un grupo social restringido: los miembros de la nobleza titulada; los simples hidalgos no podían invocar ese privilegio.

Sin duda son los recuerdos de infancia y de adolescencia los que alimentan las reflexiones de Teresa sobre los valores de un mundo que siempre asocia honor y dinero: «Unas personas que hay muy honradas, que aunque mueran de hambre, lo quieren más que no que lo sientan los de fuera», escribe en las *Fundaciones*[29]. En esta reflexión y en otras que descubrimos en sus obras y sobre las que volveremos, se percibe la amargura; Teresa no está pensando en su ascendencia judía, sino probablemente en su adolescencia en el seno de una familia que se obstinaba en mantener las apariencias de una holgura desvanecida.

El medio familiar

Teresa pertenecía a una familia que contaba con tres hermanas y nueve hermanos. En 1505, su padre, Alonso Sánchez, se había casado con Catalina del Peso, muerta el 8 de septiembre de 1507, arrebatada por la epidemia de peste que asoló España ese año[30]. Dos hijos habían nacido de ese primer matrimonio: María, nacida en 1506, y Juan Vázquez, nacido al año siguiente. En 1509, Alonso Sánchez se casa con Beatriz de Ahumada. Esta tenía apenas quince años; era prima en tercer grado de su primera esposa; al casarse sin dispensa, Alonso había incurrido en una falta que suponía su excomunión; le fue levantada el 17 de octubre de 1509. Diez hijos nacen de esta unión: antes de Teresa, nació Fernando y luego, en 1513, Rodrigo; después de ella vendrán Juan (1517), Lorenzo (1519), Antonio (1520), Pedro (1521), Jerónimo (1522), Agustín (1527) y, por último, Juana (1528). La madre muere en 1528, a la edad de treinta y tres años, puede que tras el nacimiento de su última hija.

---

[29] *Fundaciones*, cap. XII.
[30] En Toledo, anota el cronista Alcocer, se contabilizaban cada día más de ochenta decesos; la cosecha había sido mala y el poco trigo que se encontraba se vendía a precios muy elevados; como sucedía a menudo en aquella época, la hambruna se sumaba a la epidemia. El abuelo paterno de Teresa, Juan Sánchez, probablemente murió, él también, ese mismo año, de la misma epidemia de peste.

La hermana mayor de Teresa, María de Cepeda, hija del primer matrimonio, se casa, en enero de 1531, con Martín de Guzmán y Barrientos; muere en 1562. La otra hermana de Teresa, Juana de Ahumada, se convierte en la esposa de Juan de Ovalle; el matrimonio nunca conoció la opulencia y Teresa pasó mucho tiempo reprendiendo o consolando a su hermana. Los varones —salvo Juan de Ahumada, del que no se sabe casi nada: tal vez ingresó en un convento— serán todos soldados. Juan Vázquez, el hijo del primer matrimonio, irá a África; los otros se embarcarán rumbo a América. Fernando es el primero que parte; ignoramos la fecha[31]. Rodrigo, el hermano favorito de Teresa, figura en la lista de pasajeros que parten hacia el Río de la Plata, el 3 de agosto de 1535; había renunciado a su parte de la herencia en favor de su hermana Teresa; se une a la expedición de Pedro de Mendoza que zarpa de Sevilla tres semanas más tarde; morirá el 10 de agosto de 1557, peleando contra los araucanos de Chile. Teresa lo consideraba un mártir, puesto que había muerto en defensa de la fe. Antonio morirá violentamente el 20 de enero de 1546 en Iñaquito, en lo que hoy es Ecuador, luchando contra Pizarro, alzado en armas contra el rey. Pedro formará parte de las expediciones que, con base en las Antillas, se organizarán rumbo a Florida y América del Norte. Jerónimo participará en las luchas que enfrentarán, en Perú, al clan de los Pizarro contra el clan de los Almagro. Tras la muerte de su mujer, había contemplado la posibilidad de entrar en los jesuitas, pero era demasiado viejo; no tenía un céntimo y su hermano Lorenzo lo mantendrá; su hermana Teresa pensaba que estaba loco; será el último superviviente de la familia, puesto que muere el 19 de febrero de 1589. Agustín, considerado como uno de los mejores soldados de su tiempo, pasará años guerreando en Chile; muere poco después de haber obtenido el cargo de gobernador de Tucumán.

El único que realmente alcanzó su propósito fue Lorenzo. Es probable que abandonase España en 1540, para volver treinta y cuatro años más tarde, el 12 de agosto de 1575. El 12 de noviembre de ese mismo año expone ante el Consejo de Indias su hoja de servicios: ha servido bajo las órdenes de los dos primeros virreyes de Perú,

---

[31] No hay que confundirlo con Fernando de Cepeda, conocido como el capitán Cepeda, al que se menciona en la correspondencia de santa Teresa; este capitán no es su hermano, sino su primo; participó en la conquista de Perú con Pizarro y en la captura de Atahualpa en Cajamarca.

Blasco Núñez Vela y Pedro de la Gasca; ejerció las funciones de corregidor en varias de las ciudades fundadas en la región y las defendió contra los ataques de los indios; se le concedió una encomienda, es decir, un contingente de indios para que trabajasen sus propiedades, pero considera estos ingresos insuficientes y solicita que le abonen una pensión para educar a sus hijos. Dos días más tarde, el Consejo de Indias rechazaba la petición: «no ha lugar». Su esposa había muerto el 14 de noviembre de 1567, dejándole tres hijos: Francisco, que tenía quince años en 1575; Lorenzo, trece años, y la pequeña Teresa, de nueve años, a la que su tía se llevará con ella al carmelo: no dejaba de hablar de América, del Pacífico, de las tormentas; sabía un poco de quechua; todo el mundo la escuchaba maravillado. A pesar de sus declaraciones ante el Consejo de Indias, Lorenzo había vuelto de América con dinero; el Carmelo sale ganando; su familia también. Compró una propiedad en La Serna, en los alrededores de Ávila. Allí muere en junio de 1580. Su hijo mayor, Francisco, había tenido la veleidad de entrar en los carmelitas descalzos; finalmente se casa con una joven de la alta aristocracia emparentada con los duques de Alburquerque y del Infantado y con el marqués de Las Navas. El más pequeño, Lorenzo, vuelve a Perú para ocuparse de la encomienda; deja en España una hija natural de la que Teresa de Ávila se hará cargo. La hija, Teresa, permanece en el convento con su tía.

El destino de estos muchachos confirma lo que decíamos anteriormente sobre la situación social de su padre. Se trata de una familia que se ha empobrecido y que ya no cuenta con medios suficientes para vivir de sus rentas y estar a la altura de su rango; como se decía por entonces, de forma muy gráfica: «sustentar la honra». Los hermanos de santa Teresa no tienen relaciones en la corte o en la buena sociedad; por lo tanto no tienen la oportunidad de entrar al servicio de un grande en calidad de «criados», es decir, no como domésticos en el sentido que tiene hoy la palabra, sino como «alimentados», como escuderos y miembros de su casa; como tal, tenías un techo, comida, vestido, más raramente una paga, y compartías la vida del señor; formabas parte de su séquito; lo acompañabas en sus desplazamientos; era una forma de aprender buenos modales y practicar los ejercicios de los caballeros: equitación, caza, torneos..., mientras encontrabas una ocupación más o menos remunerada, pero compatible con tu rango. Los hijos Cepeda, cuya condición social no se presta a estas facilidades, no se resignan sin embargo a la mediocridad; la idea del trabajo manual les repugna; no les queda más recurso que emigrar y partir a la conquista del Nuevo Mundo.

Todos los conquistadores que conocemos se parecen a los hermanos de Teresa de Ávila. No tienen fortuna personal; vienen de medios sociales modestos; algunos se dicen hidalgos; ninguno es noble. Su afán es elevarse por encima de su condición («medrar, valer más») y hacer fortuna. Las Casas denunció su codicia [32]. El juicio es severo. Habría que matizarlo: para los conquistadores, el dinero no es un fin en sí mismo; es un medio para adquirir un prestigio social al que no podrían aspirar en la Península. Con la toma de Granada (1492) se interrumpió el movimiento que, durante siglos, había permitido a tantos jóvenes obtener al mismo tiempo riqueza y honores («honra y provecho»). Los que parten hacia las Indias, en el siglo XVI, van en busca de un prestigio social que les es inaccesible en la Península. La aventura colonial vino a prolongar en ultramar el espíritu y los métodos de la Reconquista —las expediciones recuerdan las «entradas» y las cabalgadas de antaño—, lo que explica determinadas características de la colonización española, como la prioridad que se le dio a las minas sobre la agricultura y la importancia de la encomienda, forma rejuvenecida del régimen señorial. Al igual que los hermanos de Teresa, a fin de cuentas, muy pocos conquistadores alcanzaron su meta. Muchos pudieron conseguir tierras e indios que las trabajasen (encomiendas); otros entraron en la administración colonial, pero pronto fueron sustituidos por agentes más entendidos llegados de la Península; solo dos alcanzaron títulos nobiliarios: Hernán Cortés y Pizarro... La sociedad española rechazó a los conquistadores; vio en ellos a unos aventureros sin escrúpulos, hombres que tenían las manos manchadas de sangre [33]. En la Castilla del siglo XVI, que, ya lo hemos dicho, es una sociedad abierta, es posible acceder a la hidalguía, pero hay que pagar un precio y hace falta tiempo para conseguirlo; los conquistadores tenían demasiada prisa...

Otra razón empuja a los hermanos de santa Teresa a partir hacia América: no han estudiado; no tienen ese título de bachiller o de licenciado, incluso de doctor, que permite hacer carrera en la administración, en una profesión liberal o en el clero. Al estarles cerrada la vía de

---

[32] «Insaciable codicia y ambición que han tenido.»

[33] «Los motejaban de villanos en España y Corte, y no merecedores de tanta parte y riquezas, y no digo entonces, pero antes y después lo acostumbraban decir los que no van a las Indias: ¿hombres que por ventura merecen lo que tienen?» (Gómara).

las letras —entiéndase, los estudios—, solo les quedaba probar suerte en el ejército. Sin embargo, no eran incultos; habían recibido una instrucción elemental, al igual que sus hermanas: sabían leer y escribir. Es probable que su madre les enseñara.

La infancia

Volveremos sobre las lecturas de santa Teresa. En su infancia y en su adolescencia, se dedicó sobre todo a las novelas de caballerías y a las vidas de los santos. La pequeña Teresa se exalta ante el heroísmo de los santos que prefieren morir antes que renegar de su fe. Les envidia haber merecido así una eternidad de gloria en el cielo y haberse salvado al mismo tiempo de los sufrimientos del infierno, que también son eternos. La idea de que el paraíso o el infierno nunca tienen fin obsesiona a Teresa. Con su hermano Rodrigo, dos años mayor que ella, repite estas palabras: «Para siempre, siempre, siempre». A fuerza de leer sobre las hazañas de los caballeros, al héroe de Cervantes se le metió en la cabeza imitarlos; salió a la aventura, con el propósito de defender a las viudas, a los huérfanos y a todas las causas perdidas. Teresa no llega tan lejos, a menos que interpretemos su escapada fallida a tierra de moros, en busca del martirio, como una forma sublimada del espíritu caballeresco. Convence a su hermano para que la acompañe; quieren que les corten la cabeza «en tierra de moros». ¿Por qué en tierra de moros? Para Teresa, al igual que para todos los españoles, el infiel por excelencia no es ni el musulmán, ni el árabe, ni el turco[34], sino el norteafricano, el que vive al otro lado del estrecho de Gibraltar. A ojos de los españoles, el moro a veces representa el exotismo —la morofilia literaria y el arte mudéjar—, pero sobre todo representa el peligro. Los invasores del año 711 llegaron de África del norte. Es contra los moros con quien los cristianos han peleado durante siglos, con la ayuda del apóstol Santiago, «Santiago Matamoros». Los moros fueron expulsados en 1492, pero los corsarios berberiscos no dejan de efectuar incursiones en el litoral, saqueando los bienes y raptando a hombres, mujeres y niños

---

[34] En 1527, las Cortes de Castilla se niegan a financiar una expedición destinada a defender Hungría del ataque de los turcos. En 1532, en las Cortes de Segovia, los diputados de Burgos son tajantes: España no tiene el menor interés en enfrentarse a los turcos. A partir de Lepanto (1571) se nota una sensible evolución.

para venderlos como esclavos en África del norte[35]. Los dos candidatos al martirio se ponen en marcha. Por precaución, se llevan algunas provisiones; cuando se les acaben, esperan vivir de limosnas. Según la tradición, su tío Francisco Álvarez de Cepeda los alcanzó cerca del calvario llamado de los Cuatro Postes, ubicado en una altura desde donde se tiene una hermosa perspectiva de las murallas de Ávila[36]. En realidad, parece que los niños no salieron de la ciudad; los encontraron cuando se disponían a cruzar el puente sobre el Adaja. Los devuelven a casa, donde reciben una severa regañina. Rodrigo, cobardemente, le echa toda la culpa a su hermana: ¡fue ella la que lo planeó todo! Sin duda tenía razón. Una vez cerrada la vía del martirio, Teresa busca otras formas de ganar el cielo. Ella, sus hermanos y sus primos imaginan que se retiran para hacer penitencia en soledad; en el vasto jardín de la casa de campo de Gotarrendura amontonan piedras y construyen ermitas que se derrumban al momento...

La adolescencia

Teresa pierde a su madre a fines del año 1528[37]. Tiene trece años y medio. Está muy afectada. Le suplica a la Virgen María que sea su

---

[35] Sobre la imagen negativa de los moros en el inconsciente colectivo de los españoles, ver Eloy Martín Corrales: *La imagen del magrebí en España; una perspectiva histórica. Siglos XVI-XX*. Bellaterra, Barcelona, 2002. La invasión del año 711 y la larga Reconquista forjan el estereotipo del moro infiel, traidor, cruel, lascivo... y la figura reconfortante del apóstol Santiago. Entre el siglo XVI y el siglo XVIII, el corsario berberisco se convierte en una especie de espantajo. Al calor de las guerras coloniales de los siglos XIX y XX se vuelve al tema del moro cruel y pérfido. Para los partidos de izquierda, los moros son los tabores marroquíes que, entre 1936 y 1939, le permitieron a Franco aplastar a la República; es también el régimen autoritario de Hassan II; en el momento de la Marcha Verde, los militares españoles se mostrarán favorables a defender las reivindicaciones de los saharauis. La actualidad más reciente no contribuye a modificar esta perspectiva; no hay más que ver los problemas planteados por las zonas de pesca, la inmigración clandestina, la «caza del moro» que emprendieron, durante cuatro días, en febrero de 2000, los habitantes del pueblo de El Ejido, no lejos de Almería... El incidente diplomático sobre el islote de Perejil, en 2002, sería ridículo si no viniese a confirmar el profundo malentendido entre las dos naciones.

[36] El calvario actual, consagrado a san Sebastián, data de 1566.

[37] Se ignora la fecha exacta. Beatriz de Ahumada murió en la casa de campo de Gotarrendura tras un parto difícil, el de su hija Juana. Hizo su testamento el 24 de

madre a partir de entonces. Vuelve, sin embargo, a sus juegos y a sus lecturas, a sus novelas de caballerías que, escribirá más tarde, tuvieron sobre ella muy mala influencia: su devoción se volvía menos ferviente, sus preocupaciones más frívolas. Teresa pasa también mucho tiempo con sus hermanos y hermanas, sus primos, sus amigos. Además de las diversiones propias de su edad —paseos, fiestas familiares o locales—, estos jóvenes dedican su tiempo a juegos de sociedad entre los que ocupa un lugar destacado el ajedrez[38]. Teresa nunca perderá su interés por el ajedrez. En el *Camino de perfección* (cap. XXIV) se disculpa ante las religiosas por poner un ejemplo de un juego que no tiene cabida en un convento, aunque, en determinadas circunstancias, añade ella, no está prohibido practicarlo: para jugar bien, hay que saber mover las piezas con habilidad; poner en jaque al rey contrario es todo un arte; también en la vida espiritual se trata de poner en jaque al Rey de los cielos a fin de apropiárselo definitivamente; en el ajedrez, la dama es la pieza más capaz de poner a las otras en aprietos; pero hay que saber moverla en el momento oportuno; en la vida espiritual es lo mismo: la humildad ocupa de alguna manera el lugar que, en el ajedrez, desempeña la dama; hay que saber cómo usarla[39].

La personalidad de Teresa empieza a afirmarse. Sus rasgos se precisan. Tiene la tez pálida, ojos negros, cabellos del mismo color. En el lado izquierdo de su rostro, tres pequeños lunares encantadores: uno bajo la nariz, el segundo entre la nariz y la boca, el tercero bajo el labio inferior. Le gustan las galas. Cuida bien sus manos y su pelo; se maquilla; se perfuma; utiliza todo lo que puede inventar la moda, esa moda española

---

noviembre; por lo tanto, se puede pensar que la muerte se produjo poco después. Conforme a sus deseos, Beatriz fue enterrada en la iglesia de San Juan de Ávila; en su lápida no figura ningún nombre.

[38] Este juego, de origen indio, fue introducido en España por los árabes; desde España se extendió por toda Europa y hacia finales del siglo XV adquiere su forma definitiva: la dama entra en escena y ve acrecentado su poder; el elefante y los infantes dejan paso al alfil y al peón. El ajedrez hacía furor en la sociedad española del siglo XVI.

[39] Hacia 1510, en los salones del duque de Alba, las partidas tenían una espectadora atenta: la hermana María de Santo Domingo, llamada la beata de Piedrahíta, terciaria de la Orden de las Dominicas que, desde su convento de Ávila, ejercía un magisterio espiritual sobre toda Castilla. Esta religiosa, una de las primeras «alumbradas» de España, observaba con interés el movimiento de las piezas sobre el tablero; le recordaba el itinerario del hombre hacia Dios gracias a la penitencia.

que marca la tónica en toda Europa hasta mediados del siglo XVII. Hacia 1532 —por entonces tiene diecisiete años—, su elegancia no pasa desapercibida en Ávila; una monja de la Encarnación se acordará, mucho más tarde, de la hermosa muchacha que a veces iba de visita al convento con su falda anaranjada con ribetes de terciopelo negro. Teresa comparte, en resumidas cuentas, los gustos de sus compatriotas y de la sociedad castellana del siglo XVI. Ávila no era una ciudad demasiado grande —tenía alrededor de diez mil habitantes en 1530—, pero por sus actividades agrícolas y manufactureras —dedicadas a la industria textil— ocupa un lugar más que digno en la economía del país; a juzgar por la cantidad y calidad de las casas que, todavía hoy, llaman la atención del turista, podemos imaginar lo que debió ser la riqueza de la aglomeración urbana en los buenos tiempos de la prosperidad. Los que contaban con medios suficientes se hacían construir ricos y hermosos palacetes, se vestían con atildamiento, multiplicaban los gastos suntuarios. Es un error imaginar a la Castilla de la época de Carlos V como una sociedad presa de dificultades y forzada a la austeridad. Desde finales del siglo XV, al menos, los documentos no pueden ser más explícitos y los textos literarios confirman la tendencia al gasto y al consumo. La tragicomedia de la *Celestina*, que aparece en 1499, es indicativa de las preocupaciones y costumbres de la época; pone en escena una sociedad extrañamente moderna, sensible a las innovaciones, a la moda, al lujo; en ella se evocan las pinzas de depilar que las mujeres utilizan para hacerse las pestañas, los productos para teñirse el cabello y parecer rubia... Los moralistas denuncian la frivolidad de los castellanos, siempre dispuestos a seguir la última moda, tanto en la forma de vestir como en la conversación[40]; las mujeres llevan las cosas al extremo: basta que otra lleve el mismo vestido para querer uno más original: se busca lo que resulta elegante y hermoso, lo que cuesta caro; la tela debe proceder de tal región, el brocado de tal otra; es preciso tener ámbar para perfumar los guantes —una especialidad de Segovia que se exporta a toda Europa, especialmente a Francia—, e incluso los zapatos deben tener adornos de oro; todo a la última moda; se compra un vestido hoy; se lleva mañana; se arroja pasado mañana...[41].

Teresa es guapa; ella lo sabe. Con cincuenta años cumplidos, le confesará a un carmelita: «Sabed, padre, que, en mi juventud, me dirigían tres clases de cumplidos; decían que era inteligente, que era una

---

[40] A. de Torquemada, *Manual de escribientes* (1569).
[41] Fray Luis de León, *La perfecta casada* (1584).

santa y que era hermosa; en cuanto a hermosa, a la vista está; en cuanto a discreta, nunca me tuve por boba; en cuanto a santa, solo Dios lo sabe...»[42] Hacia 1530 Teresa tiene quince años. Ya no piensa en el martirio; ve mucho a sus primos, especialmente a Vasco, Francisco y Diego, los hijos de su tía Elvira de Cepeda y de Hernando de Mejía, apenas mayores que ella: nacieron, respectivamente, en 1507, en 1508 y en 1513. Los jóvenes charlan, juegan, salen, asisten a fiestas que, en Ávila al igual que en el resto de España, son numerosas: justas, mascaradas, iluminaciones, representaciones teatrales, corridas de toros, ceremonias religiosas... Cualquier pretexto es bueno para festejos públicos: victorias militares, grandes acontecimientos políticos o religiosos, nacimientos y bodas de príncipes... Las visitas de los soberanos son especialmente celebradas. En 1531 Ávila disfruta de una estancia prolongada, de mayo a septiembre, de la emperatriz Isabel; Carlos V está por entonces de viaje lejos de la Península. El 24 de mayo la población se apiña para recibirla. La emperatriz desciende de su litera; lleva de la mano al príncipe heredero, Felipe, que tiene cuatro años. Acompañada por el duque de Gandía —el futuro san Francisco de Borja—, precedida por los regidores, entra en la catedral, allí se recoge durante unos instantes y luego se instala enfrente, en los apartamentos que le han reservado en el palacio de los Gómez Dávila[43]. En la plaza se ofrece un espectáculo de danzas tradicionales. Los festejos se prolongan durante todo el verano. El 26 de julio, en el curso de una ceremonia que se celebra en el monasterio de Santa Ana, el futuro Felipe II se despoja de la ropa que usaba hasta ese momento y que le hacía parecer una niña para vestirse con ropa masculina: jubón, calzas y calzas atacadas. Así se presenta ante la multitud que lo aclama.

Teresa debió de asistir con sus primos a estos festejos, pero no a la ceremonia del 26 de julio; desde hacía diez días, en efecto, estaba interna en un convento. ¿Qué había pasado?

---

[42] Por esos días, a sus más de cincuenta años, su primer biógrafo, Ribera, la describe como una mujer de estatura media a la que no le faltaba donaire («parecía harto bien»), aunque había engordado un poco («el cuerpo abultado»). Por esa época, el padre Juan de la Miseria, alias Giovanni Narducci —un italiano que, al parecer, había sido alumno de Alonso Sánchez Coello—, se dejó convencer para pintar el retrato de la reformadora. Es el único retrato auténtico que nos ha quedado de santa Teresa; se conserva en el carmelo de Sevilla. El resultado fue decepcionante; Teresa no pudo menos que señalárselo: no se creía tan fea...

[43] En la actualidad es el Hotel Palacio de los Velada.

En el pequeño grupo de amigos de Teresa destaca una parienta lejana cuyo nombre no se nos dice —tal vez se trate de una prima, Elvira—; solo se nos dice que tenía mala reputación por culpa de sus compañías («de livianos tratos»). Las dos jóvenes se ven mucho y pasan la mayor parte del tiempo juntas. Imaginamos largas conversaciones, salidas, encuentros con otros amigos, especialmente con un muchacho del que nada se sabe, excepto que estaba enamorado de Teresa, que no era indiferente a la corte que le hacía. Este episodio se ha glosado mucho; incluso es el tema de una novela[44]. Lo que es seguro es que empezó a tramarse una intriga con la complicidad de la prima y de algunas criadas. No pasó nada; Teresa era demasiado orgullosa para actuar contra su honor. El muchacho en cuestión pertenecía a su mismo medio social[45]. El confesor de Teresa y las personas que estaban al tanto no veían ninguna malicia en una relación que hubiese podido terminar en boda; la edad no era obstáculo; en el siglo XVI las chicas se casaban muy jóvenes; la madre de Teresa tenía apenas quince años cuando se casó con Alonso de Cepeda. Fue Teresa la que desechó esta solución. Por esa época estaba muy lejos de pensar en el convento; incluso era totalmente hostil a la idea. Lo que la detiene es una repugnancia instintiva a casarse. Más adelante le dirá a las carmelitas que son afortunadas por vivir en un convento; así se libran de la esclavitud que es el matrimonio.

«Temía el casarme»[46]. Esta revelación lo dice todo. En las sociedades de la época la mujer apenas si cuenta con medios para afirmar su personalidad; está relegada a posiciones inferiores y subordinada al hombre en cualquier circunstancia. Puede elegir entre dos soluciones, el matrimonio o el convento.

En la cristiandad del siglo XVI, muchos son los que rechazan el matrimonio —empezando por los hombres—. Este rechazo puede explicarse por dos razones: bien porque se considera que la virginidad —o al menos el celibato— es un estado superior, bien porque se ve el matrimonio como un obstáculo para alcanzar la plenitud personal. La Iglesia católica ha santificado el matrimonio —lo ha convertido en un sacramento—, pero considera el celibato, y en particular la vida monástica,

---

[44] José Luis Olaizola, *Los amores de Teresa de Jesús*, Planeta, Barcelona, 1992.

[45] ¿Quién era ese joven que pudo cambiar el destino de Teresa de Ávila? Sin duda, era uno de los tres hijos de Elvira de Cepeda y de Hernando de Mejía: Vasco, Francisco o Diego.

[46] *Vida*, cap. III.

como un estado superior. En los Evangelios se puede leer: «Pues cuando resuciten de entre los muertos, ni ellos tomarán mujer ni ellas marido, sino que serán como ángeles en los cielos» (Marcos 12, 25). En el Nuevo Testamento, en varias oportunidades, el celibato es presentado como una anticipación de la «vida angelical». Los llamamientos a la virginidad son muy numerosos en los escritos de los Padres de la Iglesia; la vida contemplativa, tal como se pone en práctica en los monasterios, aparece como la solución más segura. La Edad Media había endurecido aún más sus posiciones en nombre de una misoginia que se estaba convirtiendo en una obsesión; la mujer era presentada casi sistemáticamente como un instrumento del demonio y una fuente de pecados. En el siglo XVI, bien es verdad, los humanistas se esfuerzan en rehabilitar el matrimonio. Erasmo alaba la vida conyugal. Vives, que estaba casado, escribe un tratado, *Sobre la formación de la mujer cristiana*, que es un alegato a favor del matrimonio. Bajo el reinado de Carlos V, el benedictino Alonso de Virués es condenado por la Inquisición por haber afirmado que el estado del matrimonio conducía más eficazmente a la salvación que el estado eclesiástico. Muchos letrados, en efecto, siguen pensando que el matrimonio es incompatible con la vida intelectual. En 1537, por mucho que Luis Vives le explica al canónigo Juan de Vergara, helenista de talento, que después de tres años de casado no tiene la sensación de que las tareas familiares y domésticas lo hayan apartado de sus estudios, su corresponsal sigue escéptico. Los estatutos del Colegio trilingüe de Salamanca prevén que el vicerrector y los dos profesores que forman el equipo de dirección deberán ser solteros.

Semejantes prejuicios explican por qué muchos letrados rechazan casarse. ¿Qué decir entonces de las mujeres? Para ellas, casarse equivale a renunciar a toda vida personal. Las alumbradas de la región de Toledo, hacia 1525, expresan brutalmente esta opinión. María Cazalla, por ejemplo, quiere ahorrarles estas humillaciones a sus hijas. ¿Casarlas? Eso es tanto como encerrarlas en un burdel («no es más casarlas agora que ponerlas a la putería»). ¿Meterlas en un convento? No será allí donde se acercarán a Dios; un monje se lo había advertido: «Antes fuesen putas que monjas»...

Sin ir tan lejos, el matrimonio, para una mujer, significa permanecer encerrada en el domicilio conyugal, del que solo saldrá raras veces y con la autorización de su marido. *La perfecta casada*, que fray Luis de León —gran admirador de santa Teresa— escribe para su sobrina María Varela Osorio y que publica en 1585, no dirá nada distinto. Semejante perspectiva no suscita gran entusiasmo. Una personalidad como la de Teresa de Ávila solo podía rebelarse contra ese destino. Su obra futura —volveremos sobre ello— es de lo más explícita: «Ansí como dicen ha de hacer la mujer, para ser bien casada, con su marido, que si está triste, se ha de mostrar ella triste, y si está alegre, aunque nunca lo esté, alegre. ¡Mirad de qué sujeción os habéis librado, hermanas!»[47].

Teresa rechaza el matrimonio, pero no tiene ningún deseo de meterse a monja («enemiguísima de ser monja»). ¿Qué hacer entonces? Estamos en julio de 1531. Su padre se preocupa por el futuro de su hija. Teme no poder velar por su educación y preservarla de las tentaciones mundanas, tanto más cuanto que la casa familiar se va quedando vacía poco a poco: la hermanastra de Teresa, María, se ha casado; ella y su marido dejan la ciudad para irse a vivir al campo, a Castellanos de la Cañada; los varones hablan de marcharse a América. Alonso de Cepeda toma una decisión para ganar tiempo: ingresa a su hija como pupila en las agustinas de Nuestra Señora de Gracia. El convento es de reciente fundación. El 28 de septiembre de 1508, una viuda, doña Mencía López, había obtenido una bula del papa Julio II autorizándola a fundar un convento. En 1510, la pequeña comunidad había comprado una casa, al pie del alcázar, y la había transformado en un monasterio que, en 1523, contaba con trece monjas, incluida la fundadora. En este pensionado las jóvenes aprendían labores de bordado y ejercicios piadosos a la espera de casarse, pero no estaban aisladas del mundo exterior; en su autobiografía, Teresa evoca los mensajes que le hacían llegar. Muy pronto, sin embargo, la directora de las novicias y de las pupilas, María de Briceño, restableció una disciplina más estricta; había tomado el hábito en 1514, con dieciséis años. La influencia de esta monja fue beneficiosa para Teresa que, bajo su dirección, se inicia en la oración y en la vida espiritual; percibe un mundo muy distinto al de las novelas; se da cuenta, todavía confusamente, de que se le puede dar otro sentido a la vida.

Teresa pasó sin transición de la vida en sociedad al rigor del convento. No soporta el cambio de régimen. Cae enferma al cabo de dieciocho meses. Nada sabemos de esta enfermedad, salvo que parece lo bastante grave como para que la devuelvan a su casa y luego le prescriban una convalecencia en el campo, en casa de su hermana María de Cepeda, en Castellanos; hace el trayecto en litera, lo que nos lleva

---

[47] *Camino de perfección*, cap. XLII.

a pensar que no tiene fuerzas para sostenerse sobre una montura y aún menos para andar. Por el camino se detiene varios días en Ortigosa, donde vive uno de sus tíos, Pedro Sánchez de Cepeda, que distrae sus horas de recreo leyendo «buenos libros»; le pide a Teresa que le lea y así es cómo ella descubre las *Epístolas* de san Jerónimo. Teresa permanece quince días en casa de su hermana, luego vuelve a casa de su padre, en Ávila.

Es en el curso de su estancia en Nuestra Señora de Gracia, y luego durante su convalecencia, cuando Teresa reflexiona en el camino que debe tomar en la vida. El capítulo III de su *Vida* resume la evolución de Teresa entre 1531 y 1535. En Nuestra Señora de Gracia, merced a María de Briceño, se da cuenta de la vanidad del mundo; se aficiona a la espiritualidad; le pide a Dios que la ilumine a la hora de elegir su forma de vida; no quería casarse; el convento no la atraía, pero, poco a poco, impresionada por el ejemplo de María de Briceño, sus reticencias disminuían. Terminó decidiéndose: será monja. En la mañana del 2 de noviembre de 1535 empuja la puerta del carmelo de la Encarnación: «Como me vi mujer y ruin e imposibilitada de aprovechar en lo que yo quisiera en el ser servicio del Señor, [...] determiné a hacer eso poquito que era en mí, que es seguir los consejos evangélicos con toda la perfección que yo pudiese» (*Camino*, I, II). Esta resolución tiene todo el cariz de ser un mal menor; tenemos la sensación de que Teresa elige la solución que le parece menos mala: su vocación religiosa no es muy firme; Teresa prefiere el convento al matrimonio. Marcelle Auclair ha dado con las palabras justas: al entrar en el Carmelo, Teresa se resigna a una especie de matrimonio de conveniencia; tardará veinte años en transformarlo en un matrimonio por amor.

Teresa sospecha que su padre no estará de acuerdo. Sin embargo, le comunica su resolución: se conoce bien a sí misma y sabe que a partir del momento en que haya anunciado su intención, nada la hará cambiar de parecer; su amor propio y un punto de honor la obligarán a llegar hasta el final. Alonso Sánchez lo comprende; solo le sugiere que espere hasta su muerte antes de realizar su proyecto. Teresa fuerza las cosas; se marcha sin decir nada. Unos diez años antes, cuando soñaba con el martirio, había convencido a su hermano Rodrigo para que la acompañase[48]. También esta vez convence a otro de sus hermanos,

---

[48] Cabe destacar que Teresa espera hasta la marcha de Rodrigo (agosto de 1535) para ingresar a su vez en el convento.

Juan, para que se marche con ella: él entrará en los dominicos, ella en las carmelitas. Los hermanos abandonan la casa familiar a escondidas, el 2 de noviembre de 1535, al amanecer[49]. El padre, informado unas horas después, logra traer de vuelta a su hijo, pero Teresa se queda definitivamente en el Carmelo. Tiene veinte años.

---

[49] Los historiadores no se ponen de acuerdo sobre la fecha exacta. Todos coinciden en el día, el 2 de noviembre, pero de qué año, ¿1535 ó 1536? Seguimos las conclusiones de Efrén de la Madre de Dios y de Otger Steggink, que parecen razonables y tienen el mérito de dar cuenta de las divergencias observadas en los documentos: Teresa huyó de su casa el 2 de noviembre de 1535; de conformidad con la Regla, pasa un año en la Encarnación como postulanta; y es el 2 de noviembre de 1536 cuando toma el hábito y empieza su noviciado; profesa un año más tarde, el 3 de noviembre de 1537.

Capítulo II

La Encarnación
1535-1562

Teresa ya está en el carmelo de la Encarnación. Su decisión parece definitiva. Así lo confirma tras un año de noviciado. Alonso Sánchez terminó resignándose y, con su consentimiento, su hija toma el hábito el 2 de noviembre de 1536. Tres días antes, el 31 de octubre, Alonso Sánchez se había comprometido a abonar una dote para el sustento de su hija y a entregarle al Carmelo, todos los años, veinticinco fanegas de cereales —la mitad en trigo, la mitad en cebada— de la cosecha de sus tierras de Gotarrendura, o, a falta de cereales, doscientos ducados [50]; también se compromete a suministrar la ropa de cama necesaria: una colcha, una manta blanca, seis sábanas de lino, seis fundas de almohada, dos colchones, una alfombrilla de cama, dos cojines, y, además, todo lo necesario para confeccionar dos hábitos de paño fino [51], tres faldas —de las que una debía ser escarlata y otra blanca—, dos capas —una escarlata y otra en estameña—, una pelliza, tocas, camisas, zapatos, y los libros que deben tener las religiosas; también prometió brindarle una colación al convento y cirios, y, además, el día de la toma del velo, otra colación y un almuerzo, y también una cofia para cada monja, como era costumbre en el convento de la Encarnación.

Hasta que profese sus votos definitivos, Teresa comparte la vida de las novicias bajo la dirección de una religiosa encargada de instruirla en las reglas del Carmelo: cómo comportarse en cualquier circunstancia de la vida conventual y ante la priora y las otras hermanas.

---

[50] La fanega es una medida de capacidad para granos; en Castilla equivalía a poco más de cincuenta y cinco litros. El ducado es una moneda de oro equivalente a trescientos setenta y cinco maravedís; su peso era de 3,52 g y su ley de 23 quilates 3/4.

[51] En el contrato se precisa la calidad del paño: velarte y veintidoseno, es decir, de lo mejor que se hacía, en aquella época, en los talleres de Segovia.

Teresa se toma en serio estas prescripciones y se esfuerza en observar la letra y el espíritu; se aplica, en concreto, en practicar la humildad y la penitencia. Está decidida a quedarse en el Carmelo y sus superioras no se oponen a su deseo. El 3 de noviembre de 1537 hace solemnemente su profesión.

Sin embargo, Teresa no es feliz. Su comportamiento suscita comentarios poco amables. Le gusta la soledad y en ocasiones la ven llorar; concluyen que echa de menos el mundo y la critican. Teresa sufre por ello: «Pasé grandes desasosiegos con cosas que en sí tenían poca importancia; mas culpábanme sin tener culpa hartas veces» (*Vida*, V). Teresa añade: «Era aficionada a todas las cosas de religión, mas no a sufrir ninguna que pareciese menosprecio. Holgábame de ser estimada».

Las enfermedades de Teresa

Teresa teme haberse equivocado sobre su vocación. Las penitencias que se impone la debilitan. Pierde el apetito. Termina cayendo seriamente enferma. Un día que va a verla al locutorio, su padre se asusta. Los médicos de Ávila parecen impotentes; son incapaces de curar a Teresa; ni siquiera saben qué mal la aqueja. ¿Es justo el descrédito que nos merecen los médicos de la época? ¿Eran tan ignorantes como se afirma? Su formación estaba minuciosamente reglamentada. En la corona de Castilla, un organismo central estaba encargado de hacer respetar dicho reglamento: el protomedicato; fue instituido en 1477 y reformado en 1588 por una pragmática de Felipe II que describía con mucha precisión sus tareas. La carrera de medicina requería tres años de estudios después del bachillerato; las clases se consagraban, el primer año, al estudio de Avicena, el segundo año, a Hipócrates y, el tercero, a Galeno. Las universidades expedían los grados y el protomedicato daba la autorización para ejercer. Los que habían salvado estas barreras no debían ser tan ineficaces como se afirma puesto que las municipalidades procuraban asegurarse por contrato el concurso de varios médicos, que estaban obligados a prestar asistencia gratuita en los hospitales públicos; podían percibir honorarios —a un precio fijado—, pero solo en las visitas a domicilio; les estaba prohibido alejarse de la ciudad.

Alonso Sánchez está desesperado. Le hablan de una curandera que obra prodigios en un pueblo a unos cien kilómetros al sudoeste de Ávila, Becedas. ¿Por qué no ir a verla? El hecho de recurrir a un curandero no tiene nada de extraño. La medicina estaba reservada a las clases privilegiadas —nobleza y burguesía— y a los habitantes de las ciudades que podían disfrutar de las instituciones de caridad y de los hospitales. En el campo, curanderos, ensalmadores y brujos ofrecían sus servicios a los enfermos. La Iglesia no se ofuscaba al respecto, al menos mientras estos empíricos no afirmasen deberle sus dones a potencias ocultas o demoníacas. Un tratado contra las supersticiones y la hechicería, publicado en 1530, así lo demuestra, el de Pedro Ciruelo, *Reprouación de las supersticiones y hechizerías*, que conoció numerosas reimpresiones en el siglo XVI[52]. El autor había enseñado matemáticas y cosmografía en Salamanca y en París. En 1508 el cardenal Cisneros lo llamó a Alcalá de Henares para que ocupase una cátedra de teología tomista. En cuestión de supersticiones, Ciruelo tiende a buscar explicaciones racionales, por ejemplo, cuando propone remedios contra la rabia y los venenos. Aconseja ponerse en manos de los hombres de ciencia —médicos, cirujanos, farmacéuticos...—, pues el cristiano está obligado a respetar el orden natural de las cosas. Dicho esto, Ciruelo recomienda indulgencia con las supersticiones: la Iglesia a veces transige con determinados errores de la plebe y del vulgo; también tendrá que hacer la vista gorda con ciertas prácticas; no hay que mostrarse demasiado exigente con el pueblo. La Inquisición tomó en cuenta estas recomendaciones; no se considera que se haya mostrado severa con los curanderos, al menos con los que no invocaban a los demonios. En julio de 1590, por ejemplo, arresta en El Escorial a un clérigo aragonés, Mosén Jaime Manobel, que iba de aldea en aldea con un cuaderno donde había anotado recetas de todo tipo: contra la caspa, las piernas hinchadas, las quemaduras, las hemorroides, las úlceras, el ántrax, las enfermedades del hígado y del bazo...; se trata sobre todo, como puede verse, de enfermedades de la piel; mientras utilizaba plantas para sanar, los inquisidores no intervenían, pero otras medicinas sí les inquietaban, las que se hacían a base de palomas, lagartos, tortugas o cuervos.

La curandera de Becedas solo utilizaba remedios sencillos. Por lo tanto, no había inconveniente en ir a consultarle. En el otoño de 1538 Alonso Sánchez decide llevar a su hija hasta ella. Se organiza un pequeño grupo para acompañar a Teresa: su padre, claro, pero también una

---

[52] Existen al menos dos reediciones modernas: Madrid, 1952 (colección Joyas Bibliográficas), y Albatros Ediciones, Hispanófila, 1978.

monja de la Encarnación, Juana Suárez, más algunos amigos. El viaje es largo y penoso para la enferma, a la que deben llevar en litera; también tienen que pensar en hacer etapas cortas. Primero se detienen en Ortigosa, donde Pedro de Cepeda, a punto de retirarse en los jerónimos de Guisando, le regala a su sobrina un libro que tendrá una profunda influencia sobre ella: el *Tercer Abecedario*, del franciscano Francisco de Osuna[53]. De camino a Becedas les informan de que la curandera no trabaja en invierno, pues trata a los enfermos con plantas que no salen hasta la primavera. Deciden, pues, esperar el momento adecuado en Castellanos de la Cañada, en casa de la hermana mayor de Teresa, María de Cepeda. El grupo se pone nuevamente en marcha a mediados de abril de 1539 y hace etapa en Piedrahíta; Teresa y la hermana Juana Suárez pasan la noche en el carmelo. Al día siguiente cruzan el Tormes en Barco de Ávila y por fin llegan a Becedas. Teresa se instala en una posada; allí permanecerá tres meses.

Becedas era por entonces una aldea de trescientas familias, enfrente de la Sierra de Gredos. Teresa pronto conoce al cura, Pedro Hernández, un buen hombre, más instruido que la mayoría de los curas de pueblo de la época. El sacerdote se encariña con ella: no todos los días podía relacionarse con penitentas de semejante condición. Se confía a Teresa: desde hacía unos siete años mantenía una relación con una de sus parroquianas, lo que no le impedía decir misa; en el pueblo, todo el mundo estaba al tanto, pero nadie se atrevía a decir nada. Teresa lo justifica en parte; no toda la culpa era suya; su amante lo obligaba a llevar un amuleto de cobre para así tenerlo bajo su sujeción; el infeliz no se atrevía a deshacerse de él. Teresa logra convencerlo para que le entregue el amuleto; luego ella se apresura y lo arroja a un torrente. El cura rompe de inmediato con su amante; morirá un año más tarde.

Teresa comienza su cura. Creen que padece una enfermedad de corazón —por entonces se designaba con ese nombre una forma de epilepsia—. Ahora bien, la ensalmadora es especialista en intestinos y atiende a su paciente en consecuencia; le administra un tratamiento de choque: una purga diaria durante un mes con toda clase de hierbas y también pociones que incluyen uñas de rana, alas de mosca pulverizadas y excrementos de culebra. Con este régimen, el estado de Teresa empeora; ya no se tiene en pie; no puede tragar nada sólido; la fiebre

---

[53] Se trata probablemente de la edición *princeps* de esta obra, impresa en Toledo en 1527.

no baja. Al cabo de tres meses, a mediados de julio de 1539, su padre la lleva de nuevo a Ávila. Alonso Sánchez recurre otra vez a la medicina tradicional, pero sin resultado. Piensan que Teresa está tuberculosa; juzgan su estado desesperado. El 15 de agosto de 1539 sufre un síncope; le dan la extremaunción; ponen un espejo junto a su boca: ni rastro de vaho; deducen que ha muerto y le ponen cera sobre los ojos, tal como se acostumbraba para evitar que, tras la muerte, los ojos permanecieran entreabiertos; la envuelven en un sudario; en la puerta de la casa familiar, cuelgan un crespón fúnebre; se oficia una misa de difuntos en un convento de los alrededores, probablemente el de San Pablo de la Moraleja, cerca de Villanueva del Aceral, donde su tío Lorenzo de Cepeda era sacerdote; cavan su tumba.

En esa época la costumbre era enterrar a los difuntos casi inmediatamente. El sínodo de Astorga, en 1553, determinó que era un abuso reprensible esperar dos o tres días antes de enterrar a un muerto. La norma era proceder a la inhumación antes de transcurridas veinticuatro horas, salvo en caso de muerte súbita; entonces esperaban un día más. Esta costumbre tenía un inconveniente: se corría el peligro de enterrar a alguien que no estuviese muerto, solo en síncope[54]. Alonso Sánchez debió sentir un temor parecido. No puede creer que su hija esté muerta; se niega a que la entierren: «Esta hija no es para enterrar». Transcurren dos o tres días. Una noche, Lorenzo, que velaba junto al lecho de su hermana, se duerme; una vela prende fuego a las mantas; Lorenzo se despierta; al mismo tiempo, Teresa recupera el conocimiento. Le quitan la cera de sus ojos.

Teresa aún vive, pero su estado es lamentable: tiene la lengua hecha pedazos porque la mordía constantemente, la garganta seca,

---

[54] Hay un célebre ejemplo: la madre del cardenal Espinosa, María de Arévalo, sufrió un ataque de catalepsia hacia el final del embarazo; la creen muerta y se disponen a enterrarla; pero durante el oficio de difuntos vuelve en sí; poco después da a luz al futuro cardenal. En 1571, el propio cardenal Espinosa, al saber que ha caído en desgracia ante el rey, tiene un ataque de congestión cerebral; lo creen muerto y se preparan a embalsamarlo, pero el escalpelo revela que aún vive; de hecho, morirá unos instantes más tarde. Ver A. González Palencia y E. Mele, *Vida y obras de D. Diego Hurtado de Mendoza*, tomo II, Madrid, 1942, p. 365 y nota. El temor a ser enterrado vivo estaba muy extendido. En 1656, la gaceta de Barrionuevo da cuenta en estos términos de la muerte de la condesa de Benavente: había solicitado en su testamento que dejasen pasar al menos tres días antes de enterrarla, pues a menudo perdía el conocimiento durante largos momentos.

no puede tragar nada, ni siquiera agua; no puede mover ni los pies, ni las manos, ni la cabeza: para cambiarla de postura, hacen falta dos personas y levantar la sábana donde yace; esta manipulación le acarrea horribles dolores. Sin embargo, a fines del mes de agosto de 1539 insiste en que la lleven al carmelo. A partir de la Pascua Florida del año siguiente mejora ligeramente, pero aún deberá permanecer en cama tres años. No retoma la vida conventual hasta el mes de abril de 1542, pero, al principio, solo puede desplazarse a gatas. Pasará mucho tiempo antes de que pueda llevar una vida casi normal. En 1555 sufre una recaída que la obliga de nuevo a dejar el convento para instalarse durante algún tiempo en casa de una de sus allegadas, sin duda Mencía del Águila, y luego, durante tres años, en casa de una viuda de Ávila, Guiomar de Ulloa. En el curso de esta última estancia hay al menos dos desplazamientos, uno a Alba de Tormes, a casa de su hermana Juana de Ahumada; el otro, durante un mes, a Villanueva del Aceral, donde se aloja en casa de un primo que era el cura del pueblo. Cada vez se trataba explícitamente de sanar sus crisis de «gota coral», es decir, de epilepsia.

Teresa quedará marcada toda su vida por las secuelas de esta larga y misteriosa enfermedad: su brazo izquierdo sufre una parálisis parcial; padece continuamente catarros, migrañas, fiebre; a menudo le duele la garganta, el hígado, los riñones, el estómago, el corazón... Durante veinte años, casi todas las mañanas, sufre de vómitos; no puede comer nada antes del mediodía; por la noche, a menudo se ve obligada a provocarse ella misma el vómito con una pluma para evitar los dolores de estómago. Deben sangrarla varias veces. Teresa tendrá que resignarse a una salud profundamente estragada, eso sin contar los accidentes fortuitos, como la caída de una escalera en la Nochebuena de 1577 en el convento de San José de Ávila: se disloca el brazo izquierdo[55]; esto no es más que un ligero inconveniente comparado con todo lo demás. Ella bromea a menudo cuando le piden noticias de su salud: «Estoy mejor —le escribe a un amigo el 30 de mayo de 1574—; iva a decir buena, porque cuando no tengo más de los males ordinarios, es mucha salud».

---

[55] No será hasta mayo de 1578 cuando la priora del carmelo de Medina del Campo mande buscar a una curandera que, en un santiamén, recoloca el miembro en su sitio; el dolor es intenso, pero Teresa siente un alivio inmediato: de nuevo puede mover la mano y levantar el brazo.

¿Qué enfermedad padecía Teresa? En su *Vida*, para explicar la crisis de 1537, señala que «la mudanza de la vida y de los manjares me hizo daño a la salud»[56]. La explicación no resulta demasiado convincente; cuando estaba en Nuestra Señora de Gracia, ya presentaba los mismos síntomas: languidez y desmayos, a los que ahora se suman crisis de epilepsia («mal de corazón») y convulsiones. ¿Teresa seguía un régimen porque estaba enferma o acaso este régimen es, al contrario, la causa de su enfermedad? Casi no dormía; se levantaba todos los días a las cinco para ir al coro y nunca se acostaba antes de la una de la mañana, a veces incluso a las dos o las tres. Comía poco: huevos o pescado —por ejemplo, una sardina—, verduras, lentejas; por la noche, un poco de fruta; en general, vomitaba dos horas después; nunca bebía vino. No se puede excluir que los trastornos nerviosos y las enfermedades orgánicas que aquejaban a Teresa se debiesen en parte a la voluntad de alejarse del mundo. Como escribe Marcel Lépée: «No transformas tan bruscamente no ya tu alimentación sino tu vida, impunemente [...]. Su enfermedad [...] debió de ser ante todo el signo de una adaptación difícil»[57]. También es posible que el clima de la meseta castellana haya agravado las cosas con sus inviernos largos y rigurosos y sus veranos cortos y ardientes; «nueve meses de invierno y tres de infierno», reza el dicho. La propia Teresa afirma que se sentía mucho mejor en Andalucía o en Toledo.

A partir de estos síntomas, tal como podemos describirlos según los testimonios que nos han dejado la misma santa Teresa y las monjas que la conocieron, se ha constituido toda una biblioteca con pretensiones médicas cuyas diferentes hipótesis resumía Maxime de Montmorand con precisión y claridad hace casi un siglo[58]. Se ha hablado de infección tuberculosa con complicaciones del sistema nervioso, de paludismo mal curado que se volvió crónico, de gastritis aguda... Los neurólogos piensan más bien en una neurosis. René Fülöp-Miller duda entre la histeria y la epilepsia, una epilepsia neurótica[59]. Recientemente, el doctor Esteban García-Albea, jefe del servicio de Neurología del Hospital de Alcalá de Henares, ha retomado la hipótesis de la epilepsia[60]: los arrobamientos de

---

[56] *Vida*, cap. IV.
[57] Marcel Lépée, *op. cit.*, pp. 42-44.
[58] Maxime de Montmorand, *Psychologie des mystiques*, Félix Alcan, París, 1920.
[59] René Fülöp-Miller, *Teresa de Ávila, la santa del éxtasis*, Espasa Calpe, Madrid, 1964 (col. Austral).

la carmelita serían de origen epiléptico; la patología sería parecida a la que sufrió Dostoievski en su tiempo y que también habrían padecido personajes tan diversos como Juana de Arco o Teresa de Lisieux. El doctor Pierre Vercelleto, médico honorario de los hospitales de Nantes, es de la misma opinión. Descarta la hipótesis de la histeria, pero, al igual que a otros neurólogos, le llama la atención los términos empleados tanto por los epilépticos como por los místicos durante sus éxtasis: sensación de alegría, de beatitud, de armonía universal, de trascendencia... Así llega a la conclusión de la epilepsia en el caso de santa Teresa; la crisis de 1537, en concreto, se parecería mucho a una crisis epiléptica grave; más adelante, los éxtasis y los arrobamientos no habrían sido más que la manifestación de secuelas de este episodio a nivel de los dos lóbulos temporales[61].

Falta saber si Teresa fue una mística *porque* estaba enferma; también puede ser que la enfermedad la haya vuelto más sensible a las realidades espirituales. Cabe señalar que la enfermedad más grave que padeció la santa, la que por poco la lleva a la tumba, precedió en casi veinte años a sus éxtasis místicos; estaba repuesta desde hacía mucho tiempo cuando alcanzó esas cimas y no es razonable interpretarlas como el reverso de un estado patológico. En segundo lugar, su mala salud debería haber predispuesto a Teresa a sumirse en la tristeza y la melancolía. Pero es todo lo contrario. Posee una vitalidad excepcional. Se enfrenta con una sonrisa a las dificultades que encuentra todos los días, con motivo de la reforma del Carmelo, cuando se ve obligada a desplazarse sin importar las inclemencias por todo el reino y a lidiar con los personajes más variopintos, desde los grandes de este mundo hasta con arrieros y posaderos, sin perder jamás su humor; en cualquier circunstancia, pone de manifiesto un sentido común a toda prueba; deslumbra a sus parientes, a sus amigos, a sus relaciones con una conversación que no por abordar casi siempre temas serios deja de ser jovial; le gusta reír, bromear, cantar, escribir poesías y coplas en los claustros, en los salones, en los

---

[60] En un libro que no he podido consultar: *Teresa de Jesús: Una ilustre epiléptica* (Ed. Huerga y Fierro). Utilizo la reseña que publicó el diario *El Mundo* el 15 de junio de 2002. El doctor Esteban García-Albea es el autor de una *Historia de la epilepsia* y de una *Historia de la jaqueca*.

[61] Ver Pierre Vercelletto, *Épilepsie et état mystique: la maladie de Sainte Thérèse d'Avila*, Éd. de la Bruyère, París, 2000, y Pierre Vercelletto y Michel Bonduelle, *Épilepsie et état mystique: la maladie de Sainte Thérèse d'Avila*, Éditions La Bruyère, París, 2000.

caminos y contagia su buen humor a los que la rodean. ¿Por qué ha de ir la devoción de la mano con la tristeza? Leemos con interés esta recomendación: «En la vida espiritual, procúrese andar con alegría y libertad, que hay algunas personas que parece se les ha de ir la devoción si se descuidan un poco. Bien es andar con temor de sí para no ponerse en ocasión de adonde suele ofender a Dios»; y sigue afirmando que en muchas circunstancias está permitido distraerse, aunque solo sea «para tornar a la oración más fuertes. En todo es menester discreción» (*Vida*, XIII). ¿Quién puede pensar en ella como en una persona gravemente enferma? En su caso, unos trastornos físicos particularmente serios no parecen haber afectado su psique; hasta su muerte, Teresa exhibirá una sorprendente salud mental.

El carmelo de la Encarnación

En 1542 Teresa no está curada del todo —nunca lo estará—, pero vuelve a ocupar su lugar en el carmelo de la Encarnación. Este convento aún existe. Está situado fuera del recinto amurallado, al norte de la ciudad. Solo el pórtico es original (1515), el resto ha sido profundamente reformado. La celda que ocupaba Teresa se ha transformado en una capilla presidida por una réplica de la *Transverberación* de Bernini. El monasterio primitivo se construyó sobre el emplazamiento de un beaterio fundado en 1479 por una tal Elvira González de Medina. El beaterio estaba situado cerca de una sinagoga que, en 1492, tras la expulsión de los judíos, fue transformada en capilla. Unos años más tarde, en 1512, una beata, Beatriz Higuera, tuvo la idea —y la ambición— de fundar un verdadero convento. Entabló un proceso contra sus padres para reclamar su dote; después, compró un terreno adyacente —tal vez el antiguo cementerio judío— y allí mandó construir el monasterio de la Encarnación. La comunidad recién fundada adoptó la regla del Carmelo, una regla que, por los días que Teresa ingresó, estaba mitigada, pero no tan relajada como se piensa. Las religiosas pronunciaban los votos de castidad, pobreza y obediencia. Del 14 de septiembre hasta Semana Santa solo comían carne tres veces por semana; los otros días no hacían más que una comida; ayunaban en Cuaresma y en Adviento. En el refectorio se leía la vida de los santos, homilías o libros espirituales. La regla del silencio era de rigor en la capilla, en el coro, en el refectorio y en el dormitorio común. Las monjas estaban obligadas a realizar labores en las salas comunes, presididas por la priora o por su representante.

¿Por qué eligió Teresa la Encarnación para consagrarse a la vida conventual? Tal vez, sencillamente, porque allí contaba con amigas, en especial, con Juana Suárez, que siempre estará a su lado. Un dominico, el padre Vicente Barrón, que era el confesor de su padre, había aprobado su proyecto. Cuando Teresa vuelve al convento después de su enfermedad, han pasado cuatro años desde que profesó; según la regla, ya no está sometida a la tutela de la maestra de novicias; dispone de mayor autonomía. Ha abandonado la enfermería para instalarse no en una celda ordinaria, sino en un pequeño apartamento de dos habitaciones superpuestas comunicadas por una escalera de madera: abajo estaba lo que ella llamaba su oratorio y arriba la estancia donde se retiraba para dormir y meditar; todo el conjunto daba a un pequeño jardín interior. Este alojamiento era lo bastante grande como para que Teresa pudiera hospedar a algunos familiares, a veces para estancias bastante prolongadas. En diciembre de 1543, su hermana Juana, que por entonces tenía quince años, se instala con ella durante algún tiempo tras la muerte de su padre. Hacia 1560, Teresa acoge a una sobrina, Beatriz de Cepeda, hija de Francisco de Cepeda, con la que sabemos compartía su celda, y tal vez también a otra sobrina, María de Ocampo. Otras allegadas, como sus sobrinas Leonor de Cepeda, Isabel de San Pablo y María de Cepeda, o primas como Inés de Tapia y Ana de Tapia, también residían en la Encarnación, pero eran monjas. Todas se reunían a menudo en el apartamento de Teresa, lo que, hay que admitirlo, no parece nada propicio al recogimiento que se espera encontrar en un convento.

Esta situación no tenía nada de particular. Ya hemos mencionado que el carmelo de la Encarnación, sin ser de los más relajados, había dejado de observar la regla en todo su rigor. Allí se acogían auténticas vocaciones, pero también a jóvenes con una dote que no les alcanzaba para poder casarse de acuerdo con su rango, pero sí para cubrir los gastos de pensión del convento. En esa época aún había viudas, no necesariamente mayores, que deseaban retirarse del mundo... ¿Cómo exigirle a unas muchachas o a unas mujeres jóvenes, que se han metido a monjas en estas condiciones, que se sometan a una disciplina que era aceptable solo para aquellas que la habían elegido libremente? De hecho, de las ciento ochenta monjas que había, no todas vivían en celdas; muchas, como Teresa, disponían de un pequeño apartamento; otras, la mayoría, dormían en un dormitorio común. Es esta conjunción bajo un mismo techo de monjas y de pupilas o mujeres retiradas lo que suponía un problema. El segundo grupo intentaba, naturalmente, recrear en el convento una atmósfera no demasiado alejada de la del mundo exterior. Las mujeres que formaban parte de esta categoría recibían visitas, trababan lazos de amistad con personas del exterior y el locutorio terminaba pareciéndose a un salón mundano. En su *Vida*, Teresa evoca en varias ocasiones «esas conversaciones», «esas visitas», «esas amistades», como otros tantos obstáculos para una espiritualidad auténtica. Las supcrioras y los confesores no veían ningún inconveniente en estas idas y venidas, al contrario, las alentaban, pues los visitantes a menudo eran generosos y el convento demasiado pobre para despreciar unos ingresos adicionales. Entre estos visitantes hay que evocar al personaje ya proverbial del «galán de monjas»[62]. En su novela *El buscón*, Quevedo describe las contorsiones que tienen que hacer estos pretendientes frustrados para poder vislumbrar a su amada a través de la reja de la clausura; luego salen del locutorio para acudir a vísperas; al caer la noche, están junto a los muros del convento acechando las ventanas enrejadas tras las que intentan descubrir un rostro conocido. Así se daban casos de amistades que evolucionaban hacia el amorío.

Las monjas de la Encarnación no se limitaban a recibir en el locutorio. La regla, en efecto, se había suavizado en un punto importante: las religiosas no estaban sometidas a la clausura[63]; podían salir con permiso de la superiora. Cualquier pretexto servía: ir a ver a un pariente, asistir a una fiesta familiar... A veces, incluso, era la superiora la que le pedía a una monja que fuese a visitar a personas de renombre a las que no se les podía negar nada porque hacían favores y se mostraban generosas... El convento no era rico; autorizar a las monjas a pasar temporadas en casa de parientes, amigos o relaciones era una forma de economizar en comida. ¿Cabe ir más allá e imaginar salidas no autorizadas? Un pasaje de la *Vida* así podría darlo a entender: «Me daban tanta y más libertad que a las muy antiguas y tenían gran seguridad de mí. Porque tomar yo libertad ni hacer cosas sin licencia, digo por agujeros o paredes o de noche, nunca me parece lo pudiera acabar conmigo en monasterio hablar de esta suerte, ni lo hice, porque me tuvo

---

[62] En el libro de proverbios de Hernán Núñez (1556) encontramos el siguiente: «Amor de monja y fuego de estopa y viento de culo, todo es uno».

[63] Ver santa Teresa: «En la casa que era monja no se prometía clausura» (*Vida*, VII).

el Señor de su mano» (*Vida*, VII). Hay que rendirse a la evidencia: según el testimonio de santa Teresa, en la Encarnación había hermanas que se escapaban de noche para ir al encuentro de sus amigos...

Teresa disfrutó en muchas ocasiones de estas posibilidades de salida. Le permiten, como no podía ser de otra forma, que vaya a ocuparse de su padre que había caído gravemente enfermo perdiendo su autonomía: había que levantarlo, vestirlo, darle de comer...[64]. Además de esta circunstancia excepcional, a Teresa no le faltaron oportunidades para dejar el convento durante periodos más o menos largos. Y es que estaba muy solicitada y sus superioras aceptaban de buen grado que fuese a pasar varios días, varias semanas, ¡incluso varios años en casa de ricos benefactores! Ya hemos visto que, en 1555, una recaída la había llevado a instalarse durante algún tiempo en casa de un pariente. Es entonces cuando conoce a Guiomar de Ulloa, joven viuda de veintiocho años. Esta, hija del capitán Pedro de Ulloa, se había casado con un rico propietario de Salobrejo, Francisco Dávila, que murió cuando ella tenía apenas veinticinco años. El duelo supone un cambio radical en su vida. Ella, cuyas extravagantes galas daban mucho que hablar en Ávila, ahora se viste modestamente y se entrega a la devoción. Se volvió una santa, escribe el teólogo Domingo Báñez. Su hermana y dos de sus hijas —tenía cuatro hijos a la muerte de su marido— están en la Encarnación. Guiomar le ofrece a Teresa instalarse en su casa; allí se quedará la carmelita ¡tres años!, hasta 1558. En 1561, para vigilar los trabajos de acondicionamiento del futuro convento de San José sin llamar la atención, Teresa se instalará de nuevo en casa de Guiomar de Ulloa, también esta vez con el permiso de su superiora.

En la Navidad de 1561 Teresa es requerida para un nuevo desplazamiento. El provincial del Carmelo, el padre Ángel de Salazar, le solicita que vaya a Toledo para hacerle compañía a Luisa de la Cerda, una dama de la aristocracia que acaba de perder a su marido y parece a punto de caer en una depresión. La dama en cuestión ha oído hablar de la religiosa de Ávila, de sus virtudes, de sus méritos, de sus éxtasis, y exige tenerla a su lado durante algún tiempo; por otra parte, lo ha previsto todo; unos carromatos esperan para transportar a Teresa y a los que deben acompañarla: su cuñado Juan de Ovalle, la hermana Juana Suárez, que nunca se separa de su amiga, y algunas criadas. Es pleno invierno, uno de esos inviernos rigurosos de la meseta castellana. El viaje

---

[64] Alonso de Cepeda muere el 24 de diciembre de 1543.

requiere tres días y dos noches durmiendo en posadas lastimosas. Ya volveremos sobre Luisa de la Cerda. Teresa va a pasar seis meses en su palacio de Toledo, observando con curiosidad las costumbres de los grandes de este mundo, pero esforzándose al mismo tiempo para recogerse en el cuarto que le hace las veces de celda y donde empieza a escribir la historia de su vida. ¿Sabía que acababa de pasar seis meses en la ciudad natal de su abuelo, donde sufrió la humillación de una penitencia pública impuesta por la Inquisición? Teresa no hace la menor alusión. En junio de 1562, el padre provincial considera que ya ha hecho bastante y le da la posibilidad de permanecer en Toledo o volver a la Encarnación de Ávila. Teresa elige volver al convento. Lo abandona casi inmediatamente para ir a cuidar a su cuñado Juan de Ovalle ¡que se ha resfriado y está en cama! Así, justo cuando estaba inmersa en las diligencias para fundar una orden nueva, una de cuyas particularidades sería la aplicación estricta de la regla de clausura, ¡Teresa no paraba de abandonar su convento con los pretextos más diversos!

La conversión

En Nuestra Señora de Gracia, la directora de las pupilas, María de Briceño, le había enseñado a Teresa que la devoción no se reducía a asistir a los oficios y a recitar oraciones. Entonces la joven comprendió que no bastaba con creer para ser cristiano; únicamente la vida interior podía dar sentido a la fe. Su tío de Ortigosa la ayudó a ratificarse en estas disposiciones cuando ella se alojó en su casa, durante su primera convalecencia; le había aconsejado unas lecturas y prestado algunos libros. Durante su segunda visita a Ortigosa, su tío le regaló una obra que acababa de aparecer, el *Abecedario* de Osuna, uno de los mejores tratados de espiritualidad de la época. La enfermedad había interrumpido esta iniciación a la vida interior, pero en cuanto se sintió mejor, Teresa retomó sus meditaciones y sus lecturas. A los libros que ya conocía se sumaban otros que ella se procuraba con mucho discernimiento; como veremos más adelante, estas obras eran las más apropiadas para avanzar en la vida espiritual.

Teresa nunca había renunciado a la contemplación, pero la existencia que llevaba en la Encarnación desde que volvió al convento después de su enfermedad no era nada propicia para tal fin. Algunas monjas se extrañaban: la escuchaban hablar de los méritos de la oración y la veían disiparse en conversaciones mundanas. Su padre sospechaba algo; ya no la visitaba tan a menudo; cuando acudía, no se quedaba mucho tiempo, como si tuviese la sensación de estar de más; su hija, que lo había iniciado en la oración, ahora parecía abandonarla. Y, en efecto, Teresa, cada vez más ocupada con sus conversaciones y sus visitas, había terminado renunciando a ella: «Ya yo no tenía oración». Teresa se da cuenta de que va por mal camino: «Deseaba vivir, que bien entendía que no vivía, sino que peleaba con una sombra de muerte» (*Vida*, VIII). Tiene mala conciencia, por ejemplo, a propósito de un visitante particularmente asiduo con el que se complace charlando; eso provoca habladurías. Hacia 1543, cree ver a Cristo, que le reprocha su conducta. Otro día, es un sapo enorme el que avanza hacia ella. La imagen la perturba, pero se tranquiliza pensando que su comportamiento no tiene nada de malo: la mayoría de las hermanas no hacen nada distinto; su mala salud puede ser una disculpa. Sin embargo, no se engaña: «Aunque con ocasiones y aun enfermedad algunos ratos impida para muchos ratos de soledad, no deja de haber otros que hay salud para esto; y en la misma enfermedad y ocasiones es la verdadera oración, cuando es alma que ama, en ofrecer aquello y acordarse por quién lo pasa y conformarse con ello y mil cosas que se ofrecen. Aquí ejercita el amor, que no es por fuerza que ha de haberla cuando hay tiempo de soledad, y lo demás no ser oración. Con un poquito de cuidado, grandes bienes se hallan en el tiempo que con trabajos el Señor nos quita el tiempo de la oración, y así los había yo hallado cuando tenía buena conciencia» (*Vida*, VII). Lo que la amenazaba por entonces era la tentación de la mediocridad, contra la que, más adelante, pondrá en guardia a las carmelitas: siempre hay que tener ambición; creerse incapaz de grandes cosas es falsa humildad. Teresa apreciaba mucho a un dominico, el padre Vicente Barrón, que había sido el confesor de su padre. Se pone en contacto con él en el otoño de 1544 y le pide que sea su director espiritual; Barrón acepta, no sin reticencias, pues el convento de la Encarnación tenía sus confesores habituales que veían con muy malos ojos la llegada de un intruso. Barrón le aconseja a su penitenta que retome la oración. Teresa obedece, pero sigue pasando horas y horas en el locutorio. No ha perdido su gusto por la espiritualidad, pero parece complacerse en la mediocridad. Nunca dejaba de escuchar un sermón, por ejemplo, «incluso los peores», pero cuando rezaba, era de forma maquinal: «Tenía más cuenta con desear se acabase la hora que tenía por mí de estar, y escuchar cuándo daba el reloj, que no en otras cosas buenas».

La «conversión» de Teresa se sitúa en 1555. Dos años antes, en 1553, había sentido una conmoción ante un cuadro que acababan de traer con motivo de alguna festividad; este cuadro representaba a un Cristo cubierto de llagas: «En mirándola [la imagen de Cristo], toda me turbó de verle tal, porque representaba bien lo que pasó por nosotros. Fue tanto lo que sentí de lo mal que había agradecido aquellas llagas, que el corazón me parece se me partía, y arrojéme cabe Él con grandísimo derramamiento de lágrimas, suplicándole me fortaleciese ya de una vez para no ofenderle» (*Vida*, IX). Unos meses después, sin duda durante la Cuaresma de 1554, le prestan las *Confesiones* de san Agustín; esta lectura la trastorna: «Cuando llegué a su conversión y leí cómo oyó aquella voz en el huerto, no me parece sino que el Señor me la dio a mí» (*ibídem*). Teresa decide cambiar de vida. Retoma los ejercicios espirituales que había descuidado hasta entonces, la meditación, por ejemplo.

Teresa tiene cuarenta años cuando decide entregarse por entero a Dios. Entonces empieza una segunda vida, pero la «conversión» se ha estado preparando durante mucho tiempo. En 1535 ingresó en el convento sin verdadera vocación; prefirió el convento al matrimonio. Pero Teresa es incapaz de hacer las cosas a medias. Su elección de partida va a interiorizarla; se esforzará para llegar hasta el final porque descubre un universo espiritual cuya existencia no sospechaba. Durante veinte años, porque está enferma y porque aún le falta entereza, es una monja como las demás, tal vez mejor que las demás, pero eso a ella no le basta. No se resigna a la mediocridad; aspira a una vida interior más auténtica y sufre por resistirse a esa llamada. En 1555 toma la decisión definitiva, sin mirar atrás.

Los progresos son entonces muy rápidos. Teresa se ve favorecida por unos dones especiales: la oración de quietud y la oración de unión. Hacia 1557 oye las primeras «palabras sobrenaturales»; luego vienen, en 1559 y en 1560, las visiones imaginarias y las visiones intelectuales, y también los arrobamientos y los éxtasis. Es en abril de 1560, sin duda en casa de Guiomar de Ulloa, cuando se produce la transverberación.

Es la época en que, en toda Europa, las divergencias confesionales se agudizan. Católicos y protestantes se constituyen en confesiones rivales. En Francia empiezan las guerras de religión. En España se cree ver luteranos por todas partes. No son tiempos para el diálogo, sino para la intransigencia. Se vive un momento singularmente duro; santa Teresa escribe: «Andaban los tiempos recios». Hasta entonces, la Inquisición, cuya misión era combatir las herejías, no había tenido que vérselas con auténticos luteranos—, o al menos eso pensaban los inquisidores. La situación cambia en 1558. Ese año se descubren uno tras otro focos de heterodoxia en dos de las ciudades más grandes de España, Valladolid y Sevilla. La respuesta es rápida y brutal. Un primer auto de fe tiene lugar, el 21 de mayo de 1559, en Valladolid; quince condenados mueren en la hoguera. Un segundo se desarrolla en octubre, también en Valladolid, seguido de ejecuciones. La represión no es menos severa en Sevilla con los autos de fe de 1559, 1560 y 1562.

Volveremos a tratar esta situación y sus consecuencias en la vida de la futura santa Teresa y también en la historia espiritual de España. Dado que es una mujer y cultiva la vida interior, Teresa de Ávila es, *a priori*, sospechosa para los defensores de la ortodoxia y de la tradición. Como ya veremos, sus amigos están preocupados por ella y le sugieren que tome precauciones, incluso que renuncie a una espiritualidad decididamente comprometedora. Teresa no los escucha. Supera esta prueba gracias a los jesuitas y a directores espirituales sagaces. Así logra sortear los escollos más peligrosos. Francisco de Borja y Pedro de Alcántara tranquilizaron a Teresa sobre la calidad de su vida espiritual, pero ellos dos solos no hubiesen podido evitarle ser perseguida. Todos, en efecto, incluidos ellos dos, eran más o menos sospechosos ante los ojos de los guardianes de la ortodoxia. No es a estos garantes a los que Teresa les debe el haber escapado a la persecución, sino a sus méritos, a la docilidad con la que acepta los consejos de sus confesores y a su inteligencia, que la lleva a apartarse instintivamente de todo lo que podría considerarse supersticiones o una espiritualidad de mala ley. Las dificultades con que se topó alrededor de 1559 tuvieron consecuencias. No se presentó ninguna denuncia contra Teresa ante el Santo Oficio; sin embargo, Teresa está más decidida que nunca a plegarse a una disciplina severa y a dejarse aconsejar por sus confesores experimentados, los que ella llama letrados, es decir, hombres que tienen una formación universitaria. Los inquisidores no estaban ni menos informados ni eran más benevolentes que tal o cual especialista en enfermedades nerviosas; porque temían a la Inquisición, los directores espirituales de santa Teresa, y ella misma, sometieron su experiencia mística al examen más riguroso. Esta crisis animó a Teresa a perseverar en la vía del recogimiento, pero también la llevó a cobrar conciencia de que los conventos demasiado abarrotados y demasiado mitigados no se prestaban a una vida interior auténtica. De esta constatación nació la decisión de reformar el Carmelo.

Capítulo III

La reforma del Carmelo
1562-1582

En 1560 Teresa de Jesús eludió el peligro que habría podido suponerle su notoriedad como monja favorecida con éxtasis místicos. En la Encarnación logra conciliar el recogimiento con inevitables obligaciones que podríamos llamar mundanas: visitas en el locutorio, salidas al exterior por orden de la superiora... Esta situación no la satisface. Aspira a una mayor perfección; en esta época de tensiones religiosas querría contribuir a su manera a la defensa del catolicismo contra las herejías; en resumen, le gustaría compaginar la contemplación con el apostolado. Una conversación fortuita la ayuda a vislumbrar el medio de alcanzar estos dos objetivos.

La fundación del carmelo de San José

En septiembre de 1560 varias monjas están de charla en la celda de Teresa: hay demasiada gente en la Encarnación; la regla está demasiado mitigada; se sale del convento con demasiada facilidad; el recogimiento se resiente... Una de las hermanas tiene una idea: ¿por qué no fundar un nuevo monasterio donde se aplicarían normas más estrictas? En pocos segundos, esta sugerencia se convierte en un proyecto al que empiezan a darle vueltas. Hay que prever las dificultades. Y, en primer lugar, ¿dónde encontrar los fondos necesarios? La sobrina de Teresa, María de Ocampo, puede aportar mil ducados, pero no son suficientes. Entra Guiomar de Ulloa; la ponen al corriente: ella es acaudalada y está dispuesta a contribuir con los gastos. El pequeño grupo imagina entonces cómo debería ser la comunidad soñada, el número de monjas que se podrían admitir, la regla a adoptar... Estudian las gestiones que hay que iniciar, las licencias que hay que pedir, las oposiciones que habrá que superar... Teresa está más cautivada que las demás; lleva mucho tiempo soñando con esa reforma; probablemente fue ella la que, en conversaciones alocadas, soltó la idea que su sobrina retomaría como si fuese suya.

Una vez pasada la exaltación inicial, Teresa reflexiona sobre lo que le espera; va a tener que renunciar a su vida acostumbrada que tan grata le resulta; se asusta ante un paso hacia lo desconocido: «Mas yo, por otra parte, como tenía tan grandísimo contento en la casa que estaba, porque era muy a mi gusto y la celda en que estaba hecha muy a mi propósito, todavía me detenía» (*Vida*, XXXII). El ser humano, nos dicen los psicólogos, no puede llegar a ser él mismo más que a costa de rupturas sucesivas [65]. Los grandes reformadores no escapan a la norma [66]. En estas andaba Teresa cuando un día, después de comulgar, Cristo le ordena que se implique a fondo en la reforma: el convento que tendrá que fundar estará bajo la invocación de san José; será una estrella que resplandecerá en el mundo (*Vida*, XXXII). Teresa busca el consejo de Pedro de Alcántara, de Francisco de Borja, del dominico Luis Beltrán... Todos la alientan. En octubre, Teresa y Guiomar consultan a un dominico amigo, el padre Pedro Ibáñez, que primero se muestra perplejo; un gentilhombre que algo ha oído del proyecto lo previene: no hay que hacerle caso a esas mujeres. Ibáñez termina dando su aprobación, pero anticipa objeciones y aconseja actuar deprisa.

La noticia, en efecto, ha trascendido y las habladurías empiezan. En la Encarnación, muchas monjas se sienten ofendidas: ¿qué le impide a Teresa servir a Dios en su monasterio? ¿Por qué quiere irse? Otras hermanas, tal vez mejores que ella, no son tan delicadas; Teresa haría mejor usando sus influencias para acrecentar los recursos del convento en vez de querer fundar otro... Entre esas monjas, «unas decían que me echasen en la cárcel; otras, bien pocas, tornaban algo de mí. Yo bien veía que en muchas cosas tenían razón, y algunas veces dábales descuento; aunque, como no había de decir lo principal, que era mandármelo el

---

[65] «Cada transición supone la fuerza de renunciar a las satisfacciones del estado precedente, una cierta aceptación del riesgo, un zambullirse en algo desconocido e inhóspito, más ampliamente, una adaptación que, como todas las adaptaciones, es un acto *gravoso*, en el sentido de padre Janet» (Ch. Baudouin, *L'Âme enfantine et la psychanalyse*, París, 1931).

[66] Ver Descartes: «Este propósito es penoso y laborioso, y cierta pereza me arrastra insensiblemente hacia la rutina de mi vida corriente [...] y temo despertarme de este letargo...» (*Meditaciones*, I).

Señor, no sabía qué hacer, y así callaba otras» (*Vida*, XXXIII). No faltaban almas buenas que le advertían: España atravesaba momentos difíciles; podrían denunciarla a la Inquisición... El proyecto de Teresa no solo provoca indignación en el carmelo de la Encarnación; los otros conventos de Ávila se preocupan ante una posible competencia; las donaciones no son ampliables hasta el infinito; toda comunidad nueva implica una pérdida para las que ya existen... Este argumento es válido para las autoridades religiosas y también para la municipalidad, cuyo concurso, en caso de problemas financieros, no dejará de ser solicitado.

Teresa tiene sus defensores, pero estos no siempre se atreven a manifestarse abiertamente; es el caso de los jesuitas, recién instalados en la ciudad y, ellos también, expuestos a los prejuicios malévolos. El dominico Pedro Ibáñez reacciona; para cortar en seco los rumores que creían ver en Teresa a una alumbrada, redacta un informe detallado que somete a una comisión de especialistas —«personas muy graves y doctas»—. Teresa va a ver a su confesor, el jesuita Baltasar Álvarez, sin mencionarle que Dios le ha ordenado esta misión. El confesor la invita entonces a dirigirse al provincial de los carmelitas, Ángel de Salazar, que da su aprobación. Sin pérdida de tiempo, se inician las diligencias ante el papado para obtener las licencias necesarias. Para no llamar la atención, Guiomar es la que formula oficialmente la petición; cuentan con el apoyo de Francisco de Borja, al que Pío IV acaba de llamar a su lado. También se ocupan de comprar una casa para el futuro convento.

Los adversarios no se han rendido. Presionan al provincial de los carmelitas: está asumiendo una gran responsabilidad al autorizar la fundación de un convento del que se ignora cómo hará para mantenerse. Ángel de Salazar se muestra sensible a este argumento. Cuando Teresa y sus amigas iban a firmar la escritura de compra de una casa, él cambia de opinión: considera que el futuro convento no cuenta con ingresos asegurados y que los que ya tiene son insuficientes... Esta decisión consterna a los amigos de Teresa. Viene a reforzar la hostilidad que ya se había manifestado. El confesor, Baltasar Álvarez, le recomienda a su penitenta que no piense más en la reforma: pronto se dará cuenta de que era una locura. Guiomar de Ulloa también sufre la presión: el día de Navidad de 1560 le cuesta encontrar un sacerdote que se digne confesarla.

Teresa no renuncia. Tres meses más tarde, a comienzos de abril de 1561, renace la esperanza. Acaban de nombrar a un nuevo director en el colegio de los jesuitas, el padre Gaspar de Salazar. Este acepta recibir a Teresa y le autoriza a retomar sus diligencias, pero discretamente. La hermana y el cuñado de Teresa, Juana de Ahumada y Juan de Ovalle, que vivían en Alba de Tormes, se instalan en Ávila con el pretexto de cuidar su salud. Compran una casa y la ocupan con sus hijos; así podrán hacerse las reformas necesarias para transformarla en convento sin llamar la atención. El dinero escasea. Teresa puede contar con la dote de su sobrina, Isabel de la Peña: doscientos ducados, y también con la dote de otra de sus sobrinas, tal vez Leonor de Cepeda. Guiomar de Ulloa ha entregado todo lo que tenía; su madre envía treinta ducados, pero las cuentas no salen. Sin embargo, Teresa acepta el presupuesto que le presentan. Unos días más tarde, recibe doscientos ducados que su hermano Lorenzo le envía desde Perú. Las obras pueden empezar. La casa es pequeña, pero agradable, abierta a los campos circundantes. Para supervisar mejor las obras, Teresa se instala durante algún tiempo en casa de Guiomar de Ulloa.

En agosto, Teresa recibe el Breve pontificio de autorización que había solicitado a Roma. Desgraciadamente, ya no se ajusta a la situación. Habían solicitado, en efecto, que el convento que iban a fundar estuviese bajo la obediencia del provincial del Carmelo, que, por aquellos días, estaba de acuerdo. Desde entonces había cambiado de opinión. Por lo tanto, había que obtener un nuevo Breve cuyo efecto sería poner el convento bajo la obediencia del ordinario. No era la situación ideal, pero había que resignarse. Mientras tanto, las obras de acondicionamiento siguen. Procuran actuar con discreción, pero, a la larga, todo termina sabiéndose. Los críticos retoman sus ataques. Un día, en la iglesia de Santo Tomé, un monje discursea destempladamente contra las monjas que abandonan su convento y pretenden querer fundar un orden nuevo; lo que quieren, en realidad, es tener la libertad de ir y venir a su antojo.

En la Navidad de 1561 el provincial de los carmelitas le ordena a Teresa de Jesús que viaje a Toledo. Debe hacerle compañía a una dama de la aristocracia, Luisa de la Cerda, que acaba de perder a su marido. Teresa permanecerá seis meses, hasta fines del mes de junio de 1562, en el palacio de esta viuda que pronto se convierte en su amiga. La estancia será beneficiosa para los proyectos de reforma. En efecto, a finales de marzo de 1562, María de Jesús Yepes también viene a pasar una temporada en casa de Luisa de la Cerda. Es una mujer de unos cuarenta años que pensaba entrar en el carmelo de Granada cuando, a raíz de una inspiración, renuncia a su plan para tomar el hábito de beata. Liquida sus bienes, se manda hacer un corsé acolchado donde guarda monedas de oro y plata y, junto con otras beatas franciscanas, parte hacia Roma. Cae de rodillas a los pies del Papa y le expone sus intenciones. El Papa la remite a su penitenciario, el cardenal Rainucio, y este le otorga su licencia. Cuando María de Jesús vuelve a Granada, las carmelitas y la población quieren darle un escarmiento y azotarla en público. La princesa Juana, regente del Reino, le aconseja hablar con un jesuita, el padre Gaspar de Salazar, que le recomienda que vaya a ver a Teresa a Toledo. María de Jesús expone largamente sus proyectos: el monasterio que pretende fundar estará bajo el régimen de pobreza absoluta, como lo estaban los carmelos primitivos antes de que la regla se relajase[67]. Teresa ignoraba este detalle; cuando hablaba de la regla anterior a la mitigación, pensaba en un texto de 1247, firmado por Inocencio IV; estaba convencida de que la mitigación databa de una bula de Eugenio IV, firmada en 1432. Teresa descubre entonces que la regla primitiva impone a los carmelitas la obligación de no contar con ninguna renta. No es lo que ella había contemplado; pensaba, al contrario, que las monjas debían tener cubiertas sus necesidades, lo que implicaba ingresos. Preocupada, consulta a letrados que le desaconsejan la pobreza absoluta, pero Pedro de Alcántara, en una carta del 14 de abril de 1562, opina de forma distinta. ¿Qué necesidad tenía ella —se extraña en primer lugar— de consultar a unos letrados? No saben nada del tema; los juristas y los teólogos son competentes para los litigios y los casos de conciencia, pero en lo que respecta a la vida espiritual, hay que dirigirse a hombres experimentados. Teresa debe atenerse al precepto evangélico de pobreza. Ciertamente, hay conventos en que falta de todo; si a algunas monjas les cuesta acostumbrarse, es que son pobres en contra de su voluntad y no por vocación. Esta carta convence a Teresa, que logra que el padre Pedro Ibáñez también adopte este punto de vista.

Cuando Teresa vuelve a Ávila, a principios del mes de julio, se lleva la agradable sorpresa de encontrar el Breve de Roma, fechado el 7 de febrero: Aldonza de Guzmán y su hija Guiomar de Ulloa, «damas ilustres, viudas residentes en Ávila», están autorizadas a fundar un monasterio femenino de la Orden de Nuestra Señora del Monte Car-

---

[67] María de Jesús fundará su convento en Alcalá en 1563, un año después de la fundación de San José de Ávila.

melo, monasterio que estará bajo la obediencia del obispo de Ávila. Teresa, en efecto, prefirió no ponerse en primer plano para que no pareciese que desobedecía a sus superiores; sus amigas presentaron la petición en su lugar. Antes de hacer uso del documento, se imponen dos diligencias. Conviene primero asegurarse de que el provincial de los carmelitas no ha cambiado de opinión; en este caso, Teresa utilizaría el primer Breve, el que ponía al Carmelo reformado bajo la obediencia del provincial. Ángel de Salazar sigue en sus trece: no quiere oír hablar de esta reforma. Ahora hay que convencer al obispo de Ávila, Álvaro de Mendoza, que no está al tanto del papel que le tienen asignado; su consentimiento es indispensable, puesto que el nuevo convento debe depender del obispo diocesano. Pedro de Alcántara se encarga de la diligencia; le pide a dos sacerdotes, Gaspar Daza y Gonzalo de Aranda, y a un caballero, Francisco de Salcedo, que vayan a ver al obispo en su nombre. Álvaro de Mendoza, disgustado al saber que se han dirigido a Roma sin hablarle del tema, se muestra más que reticente: la ciudad de Ávila no es rica; ya cuenta con muchos conventos que a duras penas sobreviven; no le parece razonable fundar uno más. Dicho lo cual, el obispo se pone en camino hacia su casa de campo, en El Tiemblo, a unos cincuenta kilómetros al sur de Ávila. Pedro de Alcántara se dirige hasta allí; lo convence para que vuelva a Ávila y reciba a Teresa de Jesús, a la que aún no conocía. El obispo acepta. Ve a Teresa; cae conquistado; concede su permiso.

Estamos a mediados de agosto de 1562. Teresa y sus amigos tienen prisa; temen a sus opositores, así que prefieren actuar con discreción y que todos se encuentren ante el hecho consumado. Se realizan apresuradamente las últimas reformas. El lunes 24 de agosto todo está listo, o casi. Sobre el altar de la capilla hay un cuadro representando a san José, patrono del nuevo convento. Muy de mañana, Teresa toca la campana. Gaspar Daza oficia la primera misa ante una asistencia reducida: la fundadora, otras dos carmelitas de la Encarnación —sus dos sobrinas— y algunos amigos. En nombre del obispo de Ávila que ha delegado sus poderes en él, Gaspar Daza recibe a las cuatro primeras novicias.

Apenas conocida, la noticia causa un revuelo y desencadena una tempestad. La priora de la Encarnación convoca a Teresa y le ordena que se reintegre a su comunidad. La carmelita obedece. Al día siguiente, es el provincial, Ángel de Salazar, el que reprende a la fundadora, pero, desarmado por su humildad, cambia de tono y le asegura que podrá regresar a San José… en cuanto las aguas vuelvan a su cauce. Eso, si es que el Carmelo reformado subsiste, lo que aún está por ver. En la ciudad están decididos a hacerlo desaparecer. El consejo municipal habla de entablar un proceso: la ciudad ya cuenta con demasiados conventos sin recursos suficientes; hay que impedir que se creen más. El obispo, conminado a intervenir puesto que el nuevo monasterio depende de él, mantiene su decisión. El corregidor intenta intimidar a las novicias; les ordena desalojar el lugar inmediatamente. La amenaza es seria: el corregidor es la más alta autoridad de la ciudad; es el representante del poder real y dispone de la fuerza pública. Las novicias resisten; ellas solo responden ante el obispo, replican a las órdenes terminantes de los funcionarios municipales. Los magistrados se impacientan ante la resistencia. El 30 de agosto, el corregidor reúne a los regidores y notables de la ciudad: el provisor de la diócesis, canónigos, monjes —dominicos, franciscanos, jesuitas—. Afirman que el carmelo de San José constituye una amenaza para el orden público[68]. El provisor da lectura al Breve del Papa autorizando la fundación y se marcha; para él, la causa está vista: el carmelo tiene las autorizaciones necesarias. La discusión empieza: «Unos callaban, otros condenaban; en fin, concluyeron que luego se deshiciese» (*Vida*, XXXVI). Un dominico pide entonces la palabra, el padre Domingo Báñez. Apenas tiene treinta y cuatro años; aún no es reconocido como uno de los mayores teólogos españoles, pero ya es considerado una personalidad excepcional. Báñez, que no conoce personalmente a Teresa, asume la defensa de la nueva fundación y pone en guardia a su auditorio contra una decisión precipitada. Confusa, la asamblea se reúne de nuevo al día siguiente. Esta vez asiste el obispo en persona. Se convierte en el abogado del carmelo, pero no puede impedir que se presente un recurso ante el Consejo de Estado, ¡como si se tratase de un asunto que pusiera en peligro la seguridad del reino!

Un recurso es tanto como decir un proceso, costas, abogados a los que hay que pagar. Sin embargo, Teresa acepta el reto y confía en la Providencia. Los oidores del Consejo de Estado parecen sensibles a los argumentos de las religiosas; se puede percibir que se disponen a darles la razón. La municipalidad intenta entonces salvar las apariencias: si el carmelo dispusiera de ingresos fijos, ya no pondría más obstáculos por su parte. Teresa está tentada, podría transigir, pero luego rectifica:

---

[68] «Venía conocido daño a la república» (*Vida*, XXXVI).

irán a los tribunales, que decida el Consejo. Al mismo tiempo, escribe a Roma para pedir un rescripto en que se autorice al convento a no tener renta; el 5 de diciembre se sale con la suya.

Poco a poco el tumulto se apacigua. Durante algún tiempo la municipalidad sigue hablando de proseguir la acción ante el Consejo de Estado, luego el asunto se olvida. A mediados de diciembre de 1562 el obispo se pone de acuerdo con el provincial del Carmelo para terminar de una vez con esta querella. Teresa obtiene por fin la autorización de abandonar la Encarnación e instalarse en el carmelo que ha fundado. Con este motivo confirma sus intenciones de reforma: pobreza, ayuno, asistencia al coro... Cambia de nombre. A partir de ahora se llamará Teresa de Jesús. El reclutamiento prosigue hasta el máximo previsto por la regla: trece religiosas.

La oposición que encontró obligó a Teresa a hacer una concesión: el monasterio de San José no depende de la Orden del Carmelo, sino del ordinario; debe obediencia al obispo de Ávila. Unos años después, Álvaro de Mendoza, titular del beneficio, es trasladado a Palencia. Teresa aprovecha para regularizar la situación. El nuevo obispo pretende conservar sus prerrogativas, pero termina cediendo. Las religiosas de San José también se dejan convencer: aceptan pasar bajo la autoridad de la Orden del Carmelo.

La reforma carmelitana

Una de las razones que llevaron a Teresa de Ávila a fundar el carmelo de San José fue que en el convento de la Encarnación no se respetaba la clausura; se salía a capricho. Ahora bien, desde 1567 hasta su muerte, Teresa va a pasar la mayor parte de su tiempo recorriendo Castilla de norte a sur para fundar conventos reformados. ¿Cómo explicar esta paradoja?

Primero hay que recordar la coyuntura. Cuando Felipe II sucede a su padre, en 1556, las querellas ideológicas se exacerban en toda Europa. Para el rey de España —que piensa en lo que ocurre en Francia, donde las guerras de religión empiezan en 1561—, la paz civil depende de la unidad de fe. Pero también es importante que la fe sea enseñada correctamente por un clero que no se preste a críticas. No es el caso. El clero necesita una llamada al orden, tanto en lo que respecta a las costumbres como a la disciplina. Sobre el clero secular, el rey de

España dispone desde 1523 de medios de acción eficaces; es él quien nombra a los obispos; esto le permite exigir las reformas necesarias. Felipe II no tiene tanto poder sobre las órdenes religiosas, que solo deben rendir cuentas al Papa. Ahora bien, desde 1555, las relaciones entre los reyes de España y los soberanos pontífices son execrables; Pablo IV incluso pensó en excomulgar a Carlos V y a Felipe II.

Hay algo más todavía. Felipe II no admite que una potencia extranjera intervenga en los asuntos del reino, aunque esos asuntos sean de carácter religioso, aunque esa potencia sea la Santa Sede. Desea reducir a la observancia —es decir, restablecer la regla primitiva— a determinadas órdenes religiosas, y espera del Papa una delegación de poderes para proceder a esta reforma. Pero Pío IV titubea: declara que quiere oír las conclusiones del Concilio de Trento. El Concilio termina el 4 de diciembre de 1563, pero nadie se mueve. Felipe II insiste y propone que el Papa designe a los vicarios generales —españoles, por supuesto— que podrían decidir las reformas que se deben introducir en cada una de las órdenes. En lo que respecta al Carmelo, Felipe II espera que un español, Miguel de Carranza, sea elegido superior general, lo que solucionaría el problema. Desgraciadamente, el 20 de mayo de 1564, el capítulo general descarta a Carranza y elige a un italiano, Juan Bautista Rossi —los españoles lo llaman Rubeo—. Para tranquilizar al rey, el capítulo decide que Rossi acudirá en persona a España para reformar la Orden; si por cualquier razón este viaje no se realizase en un plazo de dos años, los carmelitas de España podrán elegir a un vicario general.

Rossi se embarca en abril de 1566, unas semanas antes de que expire el plazo fijado. Pasa un año y medio en España. Su misión es más bien un fracaso. Los carmelitas de Andalucía, en concreto, le mienten descaradamente. Rossi lo sospecha, pero no se atreve a llevar sus indagaciones demasiado lejos, pues adivina que los opositores están dispuestos a todo para sabotear la reforma. Después de Andalucía y de Portugal, Rossi se dirige a Castilla. El 15 de febrero de 1567 inspecciona el carmelo de la Encarnación, en Ávila. Regresa a Ávila dos meses más tarde. Esta vez, a petición de Teresa[69], visita el carmelo de San José, por más que este no se halle bajo su autoridad; como ya sabemos, en efecto, está bajo la obediencia del obispo. Teresa, pues, corre un riesgo: Rossi tiene potestad para devolverla a su convento de

---

[69] «Yo procuré fuese a San José» (*Fundaciones*, cap. II).

origen, la Encarnación, pero todo transcurre bien. El superior tiene la sensación de que algo grande está naciendo. La personalidad de Teresa le impresiona. Él la tranquiliza: podrá quedarse en San José. Más aún: antes de partir, el 27 de abril de 1567, Rossi le autoriza por escrito a fundar otros carmelos reformados que estarán únicamente bajo la jurisdicción del superior general.

Este texto es el punto de partida de la serie de fundaciones. ¿Quién tuvo la idea? No parece que fuese Rossi. Lo más urgente, desde el punto de vista del superior general, era la reforma del Carmelo masculino, pero Rossi había tenido que renunciar a ello ante la resistencia de los interesados; en cuanto a los conventos femeninos, la cosa podía esperar. Además, Rossi no tenía nada que hacer en San José, puesto que esta comunidad escapaba a su jurisdicción; si había ido hasta allí era porque Teresa se lo había rogado. Ella debía de tener sus razones. ¿Pensaba por entonces en nuevas fundaciones? Teresa afirma que no pidió nada, y no hay razón para dudar de su palabra. Bien es verdad que añade: «Entendió de mi manera de proceder en la oración que eran los deseos grandes de ser parte para que algún alma se llegase más a Dios» (*Fundaciones*, cap. II). Cuando quería, Teresa podía ser muy persuasiva. Todos sus interlocutores pudieron comprobarlo: ella les transmitía su entusiasmo y ellos sucumbían a su encanto; se dejaban convencer; a veces, incluso se anticipaban a sus deseos: creían tomar la iniciativa cuando lo único que hacían era anticiparse a las intenciones de Teresa; esta les daba la sensación de estar de acuerdo y avenirse a razones. Podremos comprobarlo en repetidas ocasiones: Teresa se las arregló a menudo para que le sugiriesen —o para que le ordenasen...— lo que ella había decidido hacer. Esto es lo que debió de pasar en abril de 1567 con la extensión de la reforma; Rossi tomó la decisión, pero la idea era de Teresa.

Teresa llevaba algún tiempo pensando en ello. En San José no estaba aislada del mundo. Por sus confesores y por los predicadores le llegaban ecos de lo que pasaba en Europa, los «daños de Francia», «el estrago que habían hecho los luteranos»[70]. ¿Pensó en participar a su manera en la regeneración de la cristiandad? La respuesta se halla tal

---

[70] En realidad, los hugonotes. «En ese tiempo vinieron a mi noticia los daños de Francia y el estrago que habían hecho estos luteranos y cuánto iba en crecimiento esta desventurada secta. Dime gran fatiga, y como si yo pudiera algo o fuera algo, lloraba con el Señor y le suplicaba remediase tanto mal» (*Camino*, cap. II).

vez en el capítulo IX de las *Relaciones*. El 9 de febrero de 1570, en el carmelo de Malagón, después de comulgar, Teresa tiene una visión: Cristo se le aparece tocado no con una corona de espinas, sino con una corona resplandeciente. Él la ayuda a entender el sentido de esta visión: comparados con los sufrimientos que padece actualmente en su cuerpo, es decir, en la Iglesia, los que le infligirán durante su pasión no son gran cosa. La reacción de Teresa es inmediata: «Qué puedo hacer, Señor, para remedio de esto, que determinada estoy a todo». Cristo le contesta entonces: «Que no era ahora tiempo de descansar, sino que me diese prisa a hacer estas casas, que con las almas de ellas tenía él descanso». Las fundaciones serán la contribución de Teresa para la salvación de la cristiandad.

¿Era consciente de la aventura que emprendía? Tenemos a una monja de cincuenta años, enferma, sin experiencia del mundo, enfrentando obstáculos de todo tipo. La mayoría de sus compatriotas —incluso los miembros del clero, ¡sobre todo los miembros del clero!— van a recibir sus iniciativas con malevolencia: ¿quién se ha creído que es? No sería la primera vez que una simuladora se hace pasar por santa; la Inquisición debería tomar cartas en el asunto... La fundación de un convento es también una operación inmobiliaria. Pero Teresa no sabe nada de técnicas comerciales; no solo tendrá que encontrar el dinero, sino también aprender qué es un acta notarial, un contrato, un arriendo, una promesa de venta, un aval, un reconocimiento de deuda, etc. Tendrá que aprender rudimentos de arquitectura para poder transformar una casa para vivienda en un convento. Teresa termina dominando todos estos asuntos con una suficiencia y habilidad que provocarán la admiración de los profesionales[71]. Se demostrará en Salamanca, en el verano de 1573. El primer carmelo era insalubre. Encuentran otra casa, pero necesita importantes reformas. Teresa sugiere unas modificaciones que los artesanos alaban; reconocen que sus ideas son las mejores.

A priori, las instituciones no le serán favorables, salvo excepciones. Antes de instalarse en una ciudad, las carmelitas deben obtener previamente el permiso de la municipalidad y del ordinario. Lo que preocupaba a las autoridades es que las religiosas no disponían de ingresos fijos. Las comunidades religiosas ya instaladas temían la competencia

---

[71] «La experiencia hacía que entendiese yo bien de estas cosas» (*Fundaciones*, cap. XIX).

de las carmelitas, a las que veían más como rivales que como hermanas en Cristo. Ciertamente, las carmelitas hacen voto de pobreza, ¿pero qué sucederá en periodos de crisis o de malas cosechas? Es de temer, piensan las autoridades, que entonces mirarán hacia los poderes públicos o hacia las instituciones eclesiásticas: ¿serán estas tan desalmadas como para dejar morir de hambre a unas pobres monjas? ¡Ya había tantos conventos en Castilla! En Ávila, por los días que se funda San José, se cuentan trece para una población de treinta mil habitantes. En Sevilla, cuando llega Teresa, el terreno está ocupado por dieciocho comunidades de hombres y doce de mujeres, y eso sin contar los hospicios, las escuelas y otras instituciones de caridad. En Burgos, al mismo tiempo que las carmelitas, otras tres comunidades intentaban instalarse: las carmelitas calzadas, los mínimos de san Francisco de Paula y los monjes de la Orden de san Basilio; ahora bien, ya había nueve conventos de hombres y otros tantos de mujeres en la ciudad... En estas condiciones se impone la discreción a la hora de toda nueva fundación. Es raro que se proceda a una toma de posesión solemne. Casi siempre, Teresa y sus carmelitas entran en su monasterio de noche, como ladrones. Teresa pone en práctica el método del hecho consumado. La solemnidad se deja para más adelante. La campana es la única señal que le anuncia a los fieles la existencia de un nuevo monasterio.

La aventura de las fundaciones

Cada nueva fundación suponía organizar una pequeña expedición. Teresa se hacía acompañar por las cuatro o cinco monjas que debían ocupar el convento, por dos o tres miembros del clero —al principio, el capellán de San José, Julián de Ávila, y otro clérigo; más adelante, por dos carmelitas descalzos—; además de criados y arrieros. Las religiosas no solían viajar a lomos de mula, a diferencia de los clérigos; en general, utilizaban literas tiradas por caballos o mulas, o bien carrozas o carros tirados por bueyes. Estos carruajes tenían una pésima suspensión y eran incómodos. El viaje requería varios días. Por el camino, para respetar la regla de clausura, al menos en teoría, ponían cortinas en las portezuelas y se esforzaban por reproducir someramente la vida conventual: una campanilla señalaba las horas canónicas y los periodos de silencio. Cada vez que se subían a un carruaje o descendían, las monjas se ponían una capa blanca y velaban su rostro. Había que evitar que las tomasen por mujeres que partían en peregrinación[72]; por ello, procuraban mostrarse recatadas en cualquier circunstancia e incluso parecer mujeres de alcurnia; era una forma de poner freno a las familiaridades de mala ley, a las bromas de dudoso gusto y a las groserías que arrieros y posaderos se permitían con las mujeres del pueblo. Es fácil imaginar, en efecto, cómo debían de ser esas posadas. Para los arrieros llegados de toda España era un momento de esparcimiento entre dos etapas. Se abandonaban, jugaban a las cartas, rasgaban la guitarra, entonaban canciones, bebían, juraban, se peleaban, salían a relucir las navajas... Cuando el convoy se acercaba al final de la etapa, un criado se adelantaba para reservar una o dos habitaciones en la posada de forma que las religiosas, al llegar, pudieran encaminarse directamente a su alojamiento sin tener que permanecer en la sala común. Pero nunca se estaba a salvo de un contratiempo, como el que se produjo el 22 de marzo de 1569 en la carretera de Ávila a Toledo. Teresa viajaba con tres monjas y un capellán. Ya es casi de noche cuando el grupo llega a una posada. Acaban de alquilarle la última habitación a un viajero que ha salido momentáneamente. Tras largas discusiones, el posadero acepta instalar a las religiosas en esa habitación. En esto, el viajero vuelve, ve sus cosas en un rincón, se entera de que han dispuesto de su habitación. Furioso, se abalanza sobre el posadero espada en mano. Intentan hacerle entrar en razón. No hay nada que hacer. Al verse solo contra todos, el viajero va a ver al corregidor y se queja porque le han robado su dinero. Resulta que el corregidor es de Ávila; se hace cargo de la situación y le da la razón al posadero. El viajero abandona el lugar echando pestes.

Cuando las religiosas ya estaban instaladas, una de ellas hacía las veces de hermana tornera; era la encargada del contacto con el exterior. Compraban por adelantado las provisiones necesarias y una religiosa cocinaba para todo el mundo. Podía ocurrir que les asignasen un alojamiento sin puerta; en ese caso, los compañeros de viaje se quedaban en la entrada para prevenir cualquier intrusión. Algunas veces, ni siquiera había una estancia para las religiosas; entonces, colgaban unas mantas de las paredes para aislarse lo más posible.

---

[72] Las peregrinaciones tenían mala fama porque podían ser un pretexto para vagabundeos sospechosos o una oportunidad para disipaciones de todo tipo.

La red de carreteras del reino de Castilla

Las fundaciones se ubican en las regiones del reino de Castilla mejor equipadas desde el punto de vista de infraestructuras viales. Tres documentos de la época lo confirman:

- el primero ha permanecido largo tiempo inédito, es la *Descripción y Cosmografía de España*, que Fernando Colón —el hijo del descubridor— empezó a redactar en agosto de 1517, pero que tuvo que interrumpir en 1523;
- el segundo es el *Repertorio de todos los caminos de España: hasta agora nunca visto en el qual allarán cualquier viaje que quieran andar muy provechoso para todos los caminantes*, del valenciano Pedro Juan de Villuga, publicado en 1546 en Medina del Campo;
- el tercero también lleva por título *Repertorio*[73]; su autor, Alonso de Meneses, lo manda imprimir en Alcalá de Henares, en 1576, y lo presenta como una versión mejorada del precedente.

De los tres, el más estudiado por los historiadores, y también el más fiable, es el de Villuga. Está concebido exactamente como un libro de bolsillo, fácil de llevar gracias a su formato (14 × 10 cm). En él se detallan cierto número de itinerarios y la indicación de la distancia total en leguas, las etapas intermedias —y las posadas que se encuentran de camino—; también se mencionan las leguas entre un punto y otro. Este repertorio pone de relieve la extraordinaria red vial de Castilla central, en la zona delimitada por las ciudades de Burgos, Zamora, Salamanca, Ávila y Toledo. Aquí se encuentran las regiones más pobladas, más dinámicas y más prósperas del reino. Observamos que la Sierra de Guadarrama de ningún modo constituye una barrera, a juzgar por las numerosas vías de comunicación entre el norte y el sur de la montaña, de Segovia a Toledo. Esta zona central está conectada con los tres litorales de Castilla: Bilbao al norte, Sevilla al sur y, en menor medida, los puertos de Levante. Así se dibuja un eje norte-sur que va de Bilbao a Sevilla pasando por Burgos, Segovia y Toledo. Los grandes acontecimientos del siglo XVI espa-

---

[73] *Repertorio de caminos*. Ordenado por... Añadido el Camino de Madrid a Roma. Con un Memorial de muchas cosas sucedidas en España.

ñol, de cualquier orden —económicos, políticos, culturales, religiosos— se ubican en una franja de territorio de cien o doscientos kilómetros a lo largo de este eje. Es interesante observar que casi todas las fundaciones de santa Teresa se hallan en esta franja, con una sola excepción real —el carmelo de Caravaca, en el reino de Murcia—, y dos excepciones aparentes: los carmelos de Villanueva de la Jara y de Beas de Segura, cercanos a dos prósperas ciudades manufactureras, Cuenca y Úbeda, respectivamente. Al sur de Toledo, la comunicación entre la meseta central y Andalucía toma la forma de una Y invertida; la carretera se desdobla; un ramal va hacia Córdoba y Sevilla, el otro hacia Jaén y Granada; en aquella época, el punto de bifurcación estaba situado en Malagón. En 1568 Teresa funda allí un carmelo.

Esta red vial sigue a veces el trazado de las antiguas calzadas romanas[74], pero responde sobre todo a preocupaciones recientes. Fueron los Reyes Católicos los que la desarrollaron. La ordenanza de Medina del Campo (1497) fija las grandes líneas de esta política: los transportistas deben poder circular libremente, sin trabas, por el reino; cada municipalidad está obligada a construir y mantener con sus medios dos clases de vías de comunicación: una para las mulas y los caballos (son, hablando con propiedad, los «caminos»); y otra para los carros (los «carriles»); tiene prioridad la primera vía, la que sirve para el transporte de mercancías; los bueyes y los mulos podrán pastar gratuitamente en los terrenos comunales. En el marco de esta ordenanza se desarrolló la red vial del reino de Castilla; su calidad y su densidad permitieron transportar, durante todo el siglo XVI, grandes volúmenes de mercancías: trigo, lana, aceite, sal, madera, etc. Las largas caravanas de arrieros que recorren el país anuncian las largas filas de camiones que, en nuestros días, atestan las carreteras[75].

Estas vías de comunicación tenían dos inconvenientes. Primero, había pocas posadas y estaban mal equipadas. Lo normal es que tuviesen una posta para cambiar de montura, una sala común para resguar-

---

[74] Según Estrabón, los romanos habrían hecho en España más de 2.000 km de calzadas.

[75] Casi todo el transporte de mercancías se realizaba a lomos de mula. A modo de ejemplo pintoresco, cabe citar la ruta del pescado, que permitía a las ciudades del interior recibir en un plazo razonable el producto de la pesca del litoral cantábrico. En Medina de Rioseco, no lejos de Valladolid, se llevaba a cabo el reparto entre los diferentes mercados. Los arrieros volvían hacia la costa llevando diversas mercancías: vino, telas, etc.

darse de la intemperie y calentarse y algunas habitaciones incómodas donde descansar, pero rara vez comida; había que llevar las provisiones y este es probablemente el origen del refrán: «Allí se come de lo que cada uno lleva». En segundo lugar, la geografía española no se presta al transporte por vía fluvial; hay pocos ríos navegables y reservan sorpresas: en verano a menudo están secos, lo que no deja de ser un inconveniente; en invierno pueden desbordarse. Todos los cursos de agua planteaban, pues, problemas a los viajeros y a los transportistas. En general, se cruzaban por puentes de fábrica o puentes de barcas, cuando las lluvias torrenciales no los arrastraban.

En cambio, las carreteras del reino de Castilla eran seguras. No hay peligro de tropezar con salteadores de caminos, como en la corona de Aragón. En una región donde las áreas habitadas están concentradas, como Castilla, donde se puede recorrer largas distancias sin encontrar un alma, esta cuestión no es desdeñable. También en este caso fueron los Reyes Católicos los que sanearon la situación generalizando una especie de guardia rural, la Santa Hermandad, encargada de la seguridad de los campos y de reprimir agresiones, robos, crímenes, lesiones, raptos, incendios de casas, de viñedos o de cosechas... El principio es simple: cada municipalidad está obligada a tener una «cuadrilla» cuya misión es perseguir a los delincuentes en un radio de cinco leguas, y luego le pasa el testigo a la localidad vecina; la persecución se anuncia a golpe de tañido de campanas. Una vez arrestados, los culpables son juzgados sobre la marcha: a los que han cometido robos por un valor superior a quinientos maravedís, se les cortará un pie; en cuanto a los crímenes, casi siempre se dicta la pena de muerte y la sentencia se ejecuta a campo raso, a flechazos. El método es expeditivo, pero eficaz. De 1480 a 1650, más o menos, los campos de Castilla son seguros y los caminos también; es raro tener un tropiezo. En el curso de sus numerosos desplazamientos, Teresa de Ávila se las verá con todo tipo de gentes, más o menos respetables, pero nunca con bandidos.

Teresa tuvo que superar muchas dificultades, pero además de todas las que acabamos de evocar, hay que sumar los obstáculos naturales: el clima de Castilla —nueve meses de invierno, tres de infierno, dirá Unamuno—, los viajes en condiciones precarias por caminos en mal estado y con pocos y mal acondicionados albergues. Teresa no deja de recordar estas circunstancias: «No pongo en estas fundaciones los grandes trabajos de los caminos, con fríos, con soles, con nieves, que venía vez no cesarnos en todo el día de nevar, otras perder el camino, otras con hartos males y calenturas...» (*Fundaciones*, cap. XVIII). Vuelve sobre el tema en el Epílogo de las *Fundaciones*: «Se han pasado algunos trabajos, aunque creo son los menos los que he escrito; porque si se hubieran de decir por menudo, era gran cansancio, así de los caminos, con aguas y nieves y con perderlos, y sobre todo muchas veces con tan poca salud, que alguna me acaeció —no sé si lo he dicho— que era en la primera jornada que salimos de Malagón para Beas, que iba con calentura». Diversas peripecias caracterizaron varias expediciones. Nos limitaremos a citar solo algunas. A finales del mes de julio de 1571, Teresa decide extrañamente hacer el trayecto de Ávila a Salamanca a lomos de mula; salen de noche para evitar las horas de más calor. De camino, cuenta Julián de Ávila, la mula que cargaba el dinero y los pertrechos para el viaje se pierde; al amanecer, un criado la encuentra echada al borde del camino; no faltaba nada... La pequeña tropa pasa esa noche en una posada llena de arrieros acostados en el suelo; no se podía dar un paso sin tropezar con arneses o con cuerpos dormidos; terminan encontrando un cuartucho para la madre Teresa y sus compañeras, pero muy estrecho; solo podían estar de pie.

En febrero de 1575 un grupo numeroso abandona el carmelo de Malagón para ir a fundar el de Beas: Teresa, ocho religiosas, una postulanta, dos capellanes —Julián de Ávila y Gregorio Martínez—, un caballero de Alba —Antonio Gaitán—, más los criados y los arrieros. Teresa está enferma. Antes de llegar a Daimiel se detienen en una posada; la patrona solo tiene dos huevos que guardaba para ella; sin embargo, termina cediéndolos[76]. Al día siguiente, al llegar al pie de Sierra Morena, los arrieros no encuentran el camino. Alguien les grita que tengan cuidado con el precipicio; un anciano encamina sus pasos en la buena dirección. Tres meses más tarde, a fines de mayo de 1575, en la carretera de Beas a Sevilla, hace tanto calor que las provisiones se estropean; hay que tirarlas; el agua escasea; cuando la encuentran, hay que pagarla muy caro. Para ganar tiempo, el grupo decide cruzar el Guadalquivir vadeándolo, pero la corriente es demasiado fuerte. No queda más solución, para ir de una orilla a otra, que subir a los viajeros y a los cuatro carros en barcazas que se jalan por medio de cabos. Las religiosas pasan sin problema, pero la corriente arrastra la barcaza donde han instalado los carros; los hombres tiran del cabo en

---

[76] En las posadas a veces solo había carne; en esos casos, Teresa y las religiosas se veían obligadas a ayunar.

vano; desde lo alto de una torre, un caballero observa la escena; les ordena a sus hombres que acudan en ayuda de los viajeros; a pesar de estos refuerzos, no logran realizar la maniobra; por fortuna, la barcaza termina encallando en un banco de arena. En noviembre de 1579, de Ávila a Toledo, cruzando la Sierra de Gredos, no para de llover; cuando no llueve, cae aguanieve; recorren varias leguas sin encontrar una casa donde cobijarse; al llegar la noche, se detienen en una posada sin un hogar y sin nada que comer tampoco; la habitación que le dan a las religiosas tiene goteras; se levantan con la ropa empapada. Para alegrar la atmósfera, Teresa le recuerda a sus compañeros que no hay nada mejor que jornadas como esas para ganar el cielo; un criado le replica: «Para eso, no tenía yo por qué salir de casa». En el verano de 1581, con un calor como el que aprieta a menudo en la meseta castellana, entre Soria y Segovia, Teresa, otra monja y un prebendado de Palencia que las acompaña, están mal orientados. Les recomiendan un guía que solo conoce bien un camino y, desgraciadamente, no es el que buscan, el destinado a los carros, de modo que el grupo a veces se ve obligado a descender del carruaje mientras lo trasladan por gargantas profundas. Los viajeros a veces contratan a guías de la zona pensando que estarán más familiarizados, pero estos recurren a los pretextos más diversos para eclipsarse en cuanto el camino se pone difícil; tras recorrer algunas leguas, hay que volver atrás... (*Fundaciones*, cap. XXX)[77]. La fundación de Burgos, a finales de enero de 1582, fue tal vez la prueba más dura para Teresa; está muy enferma —morirá antes de que termine el año—. El tiempo es horrible; los caminos

---

[77] Estas peripecias —caminos en mal estado, inclemencias, etc.— recuerdan lo que Sainte-Beuve escribe sobre las religiosas de Port-Royal de 1618 a 1635, consagradas a «esas reformas con que sembraban el país: había algunas que sobrepasaban en mucho el radio de una excursión corriente. Saint-Cyr o Gif no eran más que un juego; pero ya he mencionado la abadía del Tard en Dijon: para unas simples religiosas, en aquella época, eso era una verdadera expedición. Los campos no eran nada seguros, los caminos principales no estaban trazados. En uno de esos viajes que emprendieron a comienzos del invierno para ir al Tard [noviembre de 1630], las pobres estuvieron a punto de ahogarse varias veces: la carroza se hundía en el fango impracticable, o se detenía ante arroyos crecidos: era preciso, para no correr tanto riesgo, descender, vadear de una en una como bien podían y luego volver a subir a la carroza, observando a todas estas, en la medida de lo posible, la regla de silencio o interrumpiéndola solo para los himnos. Esa vez, incluso tuvieron que desandar el camino y dejar para más adelante su labor. Llegadas al lugar que debían reformar, otro tipo de obstáculos las esperaban» (*Port-Royal*, libro I, cap. VIII). ¿Había leído Sainte-Beuve las *Fundaciones*?

están inundados; a cada paso hay que mirar dónde se pisa, empujar los carros para sacarlos de los lodazales; es una locura, reconoce Teresa, haber salido de Palencia con semejante tiempo; no lejos de Burgos tenían que cruzar un río pasando por un puente de madera, pero el agua estaba tan crecida que ya no se veía el suelo del puente; había que tener mucho cuidado pues el río era muy hondo de una y otra parte; estaban atrapados en un mundo sin camino y sin barco, un mundo donde solo había agua (*Fundaciones*, cap. XXXI).

Sociología de las fundaciones

Teresa recorrió España de norte a sur. Ella, que tanto amaba la naturaleza, pudo apreciar la hermosura de algunos paisajes y sin embargo nunca se le pasó por la cabeza la idea de fundar un carmelo en medio del campo. Ciertamente, ella elogia la vida ermitaña[78], pero es en plena ciudad donde se esfuerza en recrear ese ideal; en un espacio aislado del mundo exterior por altos muros, se acondicionarán unos rincones —en un jardín, por pequeño que sea, o en cuchitriles— para permitirle a las religiosas retirarse y meditar. Este rechazo del campo responde a una elección deliberada: solo en las ciudades encontrarán las carmelitas el ambiente cultural necesario para alcanzar la plenitud en su vida espiritual, por ejemplo, con las escuelas y las universidades que les proporcionarán directores espirituales versados. En varias ocasiones, Teresa critica el campo porque ofrece pocas oportunidades para cultivar su espíritu. Este es, por ejemplo, el comentario que le inspira el estilo de vida de los padres de Teresa de Layz, fundadora del convento de Alba: son hidalgos que ya no tienen medios suficientes para llevar un gran tren de vida; han decidido instalarse en la aldea de Tordillos, a dos leguas de la ciudad, con la esperanza de que, rodeados de campesinos, su pobreza sea menos visible. Nos recuerdan a esos hidalgos empobrecidos que evocan algunas páginas de la literatura española. Teresa escribe: «Es harta lástima que, por estar las cosas del mundo puestas en tanta vanidad, quieren más pasar la soledad que hay en estos lugares pequeños de doctrina y otras muchas cosas que son medios para dar luz a las almas, que caer un

---

[78] «Porque el estilo que pretendemos llevar es de no solo ser monjas, sino ermitañas» (*Camino*, cap. XX).

punto de los puntos que esto que ellos llaman honra traen consigo» (*Fundaciones*, cap. XX). Lo que sabemos del desamparo material y moral de los campos de España en el siglo XVI confirma este juicio: es tal la ignorancia de los habitantes y, muy a menudo, también la de sus pastores, que cabe preguntarse si se trata de cristianos o incluso de personas[79]. A fines del siglo XVI, un jesuita evoca el caso de una aldea, cerca de Huelva, donde muchos campesinos vivían en chozas o en cuevas, sin sacerdotes, sin sacramentos, y eran tan zafios que algunos ni siquiera sabían persignarse; por su forma de vestirse y de vivir, parecían más indios que otra cosa.

Desde comienzos del siglo XV Castilla está en plena expansión; se enriquece. La artesanía, las manufacturas, el gran comercio internacional, la cría —recordemos las ovejas de la Mesta, productoras de una lana que se exporta a toda Europa—, la agricultura, la viticultura... conocen una prosperidad que se mantiene al menos hasta 1580, y eso por no hablar de los beneficios coloniales. Se forjan enormes fortunas y sus dueños invierten buena parte de ellas en edificaciones. Es el origen de esos palacios, de esas moradas señoriales, de esas iglesias, de esos conventos cuya riqueza artística aún podemos admirar en las ciudades de Castilla central, las que permanecieron como núcleos importantes, a menudo porque en el siglo XIX se convirtieron en capitales de provincia, pero también otras, más modestas, que el turista descubre a poco que se aleje de los grandes ejes viales: Alba de Tormes, Alcalá de Henares, Almagro, Arévalo, Béjar, Chinchón, Covarrubias, Lerma, Medina de Pomar, Medina de Rioseco, Pastrana, Peñaranda de Duero, Tordesillas...

Es en esta Castilla urbanizada y próspera —casi diríamos: burguesa— donde se da la reforma carmelitana. En ella, Teresa se siente cómoda. Se entiende mejor con los hombres de negocios que con los aristócratas, cuyos modales le resultan complicados y sus prejuicios ridículos. Estos capitalistas pueden, llegado el caso, convertirse en mecenas. Invierten, en efecto, no solo en el negocio, sino también en lo espiritual. Se dice que son de origen judío. A menudo es verdad, no siempre. Todos están estrechamente unidos a la religión católica. Quieren ganar mucho dinero, de acuerdo, pero también quieren ir al cielo. Así que se hacen preguntas; interrogan a sus confesores: ¿tal o cuál práctica es lícita? ¿Se

---

[79] Tal es la opinión que emite Alonso Carrillo, arzobispo de Toledo, en 1480 y que retoma, en 1536, uno de sus sucesores, Juan Tavera.

puede en conciencia realizar operaciones comerciales o bursátiles? Sería un error tomarse estos escrúpulos a la ligera [80]. Ante los beneficios comerciales, los capitalistas castellanos tienen mala conciencia; les gustaría que los tranquilizaran al respecto. Para responder a estos interrogantes, los teólogos se informan sobre las técnicas y las prácticas de la economía contemporánea a fin de adaptar la doctrina tradicional de la Iglesia a las circunstancias. Se dice que la Iglesia condena los préstamos con intereses. No es tan sencillo: «La Iglesia condena los préstamos sobre prendas y no las grandes operaciones de crédito. Es al prestatario pobre y no al príncipe al que intenta proteger de la usura» [81]. En el origen de esta postura está el rechazo a admitir que el dinero se multiplique. Lo que se juzga inmoral no es tanto la ganancia como el beneficio sin trabajo, es decir, la especulación. El que tiene dinero puede ganar aún más prestándolo a los que no lo tienen y lo necesitan. ¿Cabe ese derecho? El teólogo reflexiona. En teoría, la fecundidad del dinero es inmoral; en la práctica, hay que distinguir; en determinados casos —el gran comercio internacional, por ejemplo—, el capitalista corre un riesgo prestando su dinero; es normal que perciba un interés. Del mismo modo, cuando unos terratenientes o unos empresarios piden dinero prestado para ampliar sus dominios o modernizar su maquinaria, el proveedor de fondos les hace un favor real y está en su derecho al exigir una remuneración. Cuando se quiere transferir al extranjero grandes cantidades de oro y plata, lo más sencillo es dirigirse a un banquero que se encargará de la operación; también en este caso, el servicio prestado justifica un interés. Para responder a escrúpulos de este tipo, los teólogos castellanos observaron en Medina del Campo, en Sevilla, en todos los lugares donde se hacían negocios, los mecanismos de la economía, las sutilezas del mercado y las técnicas comerciales. Así fue cómo algunos de ellos —Tomás de Mercado, Martín de

---

[80] En América, Las Casas provocó un buen escándalo cuando le recomendó a los confesores que no le diesen la absolución a los colonos, en su lecho de muerte, más que con la condición de que restituyesen a los indios los bienes que les habían arrebatado. La campaña llamada del «confesionario», empieza en 1546 cuando circulan por el Nuevo Mundo los primeros manuscritos del texto de Las Casas, que no será publicado hasta 1552; declara obligatorio que los encomenderos restituyan integralmente lo que han obtenido de los indios de forma considerada ilegítima. El impacto fue mucho mayor y más duradero de lo que se piensa.

[81] Ernest Labrousse, prefacio a la traducción francesa del libro de R. H. Tawney, *La Religion et l'essor du capitalisme*, Marcel Rivière, París, 1961, p. XI.

Azpilcueta, los autores de la escuela llamada de Salamanca— se convirtieron, como decía no hace mucho Pierre Vilar, «en los primitivos españoles del pensamiento económico»[82]. Como veremos más adelante, algunos de estos hombres de negocios escrupulosos, a veces con mucho poder, ayudarán a Teresa en sus proyectos, le servirán de garantes y le aportarán los fondos que necesitaba. Lo que demuestra que, en la España del siglo XVI, un negociante, incluso de origen judío, se esforzaba en ser un buen católico y, para lograrlo, estaba dispuesto a financiar obras pías, entre otras, conventos. No es baladí señalar que la reforma del Carmelo se produce en un periodo de prosperidad.

Las fundaciones

La patente del superior general del Carmelo, firmada en Ávila, el 27 de abril de 1567, autorizaba a Teresa a fundar conventos femeninos donde las religiosas se comprometían a vivir según la regla primitiva del Carmelo.

Esta licencia venía puntualizada con algunas condiciones:

— las nuevas comunidades estarán bajo la jurisdicción directa del superior general, pero tendrán que ser autorizadas por el ordinario del lugar;
— para fundar un nuevo convento, Teresa tenía la facultad de llevar consigo, cada vez, a dos carmelitas de la Encarnación de Ávila, con la condición de que fuesen voluntarias;
— estas fundaciones estarán ubicadas en las dos Castillas, por lo tanto, Andalucía queda excluida.

Siguiendo a Gaston Etchegoyen[83], podemos dividir en tres etapas la historia de las fundaciones:

— entre 1567 y 1571 se sitúan las instituciones más difíciles: Medina del Campo, Malagón, Valladolid, Toledo, Pastrana, Salamanca y Alba de Tormes.

---

[82] Título del artículo publicado en *Bulletin hispanique*, LXIV bis, 1962 (*Mélanges offerts à Marcel Bataillon par les hispanistes français*), pp. 261-284.
[83] G. Etchegoyen, *L'Amour divin*, p. 102.

— Durante casi tres años, sus superiores le prohíben a Teresa fundar nuevos conventos.
— Luego viene, de 1574 a 1576, la fundación de los carmelos de Segovia, Beas, Sevilla y Caravaca. Tras lo cual, las querellas internas en la orden —calzados contra descalzos— la obligan a retirarse durante cuatro años.
— De 1580 a 1582, Teresa dirige las fundaciones de Villanueva de la Jara, Palencia, Soria, Granada y Burgos.

I. LAS PRIMERAS FUNDACIONES (1567-1571)

Medina del Campo

No hubo un plan general para las distintas fundaciones; fueron las circunstancias las que sugirieron tal o cual implantación. Por ejemplo, ¿por qué empezar por Medina del Campo? Tal vez porque Teresa conocía allí a dos personas influyentes: el hermano Antonio de Heredia, prior del convento del Carmelo, al que había conocido en Ávila cuando desempeñaba esa misma función, y el rector del colegio de los jesuitas, Baltasar Álvarez, su antiguo confesor.

Medina del Campo era una ciudad de unos veinticinco mil habitantes, población inferior a la de Toledo (más de cincuenta mil) y a la de Valladolid (cuarenta mil), pero igual a la de Segovia y Salamanca, y mucho mayor que la de Ávila, Burgos, Palencia, Zamora, Soria o Madrid, que tenían menos de quince mil. Medina era, pues, en esa época, una gran aglomeración, la primera del reino desde el punto de vista financiero gracias a sus ferias. Con motivo de las ferias de mayo y de octubre, la ciudad se llenaba de mercaderes venidos de toda Europa. El mercado de la lana ocupaba el primer lugar por el volumen de negocio; las sederías y los artículos de cuero también eran objeto de numerosos tratos, eso por no hablar de otras muchas transacciones, desde piedras preciosas hasta esclavos. Negociantes, cambistas, financieros, banqueros, traficantes de todo tipo le daban a la ciudad una animación y una prosperidad que solo se agotará con la recesión de finales del siglo XVI. Medina era la plaza donde se saldaban los cambios de país a país y las cuentas entre particulares. Era algo más que la ciudad de las ferias; era la capital financiera del Imperio. El mercader más rico de España, Simón Ruiz, vivía en Medina, cerca de la Plaza Mayor y del suntuoso hospital que estaba construyendo. Lo veremos, a él y a otros negociantes, como interlocutores de Teresa. Medina era, por último, un centro cultural. No había universidad, pero las órdenes religiosas tenían colegios; el de los jesuitas, abierto en 1551, pronto contará entre sus alumnos con san Juan de la Cruz. Las imprentas de Medina eran famosas; fue allí donde se imprimió, en 1554, una de las cuatro primeras ediciones del *Lazarillo de Tormes*.

Teresa emprende las primeras gestiones —una carta enviada a Baltasar Álvarez— nada más obtener de Rossi la patente del 27 de abril de 1567. ¡No perdió el tiempo! Los jesuitas median ante las autoridades civiles y religiosas; todo esto lleva algunos días, nos dice Teresa; en realidad, un mes, puesto que es a principios de junio cuando el capellán de San José, Julián de Ávila, se persona en Medina para las últimas formalidades. Entonces surgen dificultades. Un clérigo se pregunta si Teresa de Ávila no será otra Magdalena de la Cruz, esa clarisa de Córdoba que, después de haber despertado la admiración de las personalidades más encumbradas del Estado, terminó admitiendo, en 1544, que era una farsante. Indignados, los dominicos salen en defensa de Teresa y el asunto no pasa de ahí. ¿Era preciso crear un nuevo convento en una ciudad donde ya había muchos? Lo que preocupa a las autoridades es que el nuevo carmelo no dispone de renta; las religiosas pretenden vivir de los donativos y de su trabajo. Se nombra una comisión para estudiar el asunto. Incluye a algunos notables, entre otros, a Simón Ruiz, el mayor negociante del reino[84], y otros mercaderes como Francisco de Dueñas y Diego de León. Todos se muestran favorables.

El 29 de julio, el ordinario autoriza la fundación. Teresa decide entonces apretar el paso. A petición suya, Julián de Ávila alquila una casa señorial —«comencé a tratar de que se nos buscase casa alquilada, costase lo que costase»—, pues Teresa quiere darle lustre a esta instalación; se trata de un desquite por las condiciones en que se fundó el carmelo de Ávila. Es allí donde vivirán las carmelitas mientras se realizan las obras indispensables en una casa —en pésimo estado— que aceptan venderle. Todo esto es caro y Teresa está sin blanca. Se pone en manos de la Providencia que, en efecto, provee en estos apuros: una postulanta, Isabel Fontecha —la futura Isabel de Jesús—,

---

[84] Había sido nombrado regidor en 1564. En 1569, su sobrina entrará en el Carmelo bajo el nombre de Isabel de los Ángeles.

quiere formar parte de las primeras carmelitas de Medina; posee unos bienes que pone a disposición de Teresa; esto permite cubrir los primeros gastos: el viaje y el alquiler.

Una pequeña tropa abandona Ávila en la tarde del 13 de agosto. Siete religiosas se apiñan en tres o cuatro carros. Pasan la noche en Arévalo, en una casa amiga. Allí le aguarda a Teresa una mala noticia. La casa que Julián ha alquilado en Medina está situada al lado de un convento de los agustinos, que temen que las carmelitas desvíen una parte de las limosnas del barrio; hablan de entablar un proceso. El propietario, Alonso Álvarez, no quiere líos; no dejará entrar a las carmelitas sin el acuerdo de los agustinos. ¿Qué hacer? Ni hablar de volver a Ávila; eso sería un descrédito tras la publicidad con que Teresa anunció su partida. Un jesuita amigo, el padre Báñez, está justamente en Arévalo. Le consulta. Cree que se puede llegar a un acuerdo con los agustinos, pero sin duda llevará algún tiempo; mientras tanto, ¿por qué no se instalan las carmelitas en la casa que piensan comprar, aunque todavía no esté del todo en condiciones? Aprueban su idea. Avisan al dueño y se ponen en camino. Las hermanas y los criados llegan a Medina a medianoche. Es la víspera del 15 de agosto. Ese día, la municipalidad organiza una corrida de toros. Ahora bien, esos toros entran en la ciudad de noche conducidos por los cabestros; los jóvenes se agolpan en las calles para asistir al espectáculo y correr delante de los animales; es un «encierro» tal como se practica aún en nuestros días en los sanfermines de Pamplona. Las religiosas se internan por calles apartadas para evitar el tumulto. Despiertan al mayordomo para que les abra la casa. Es noche cerrada, pero hay luz suficiente para darse cuenta de que la casa es una ruina. Es demasiado tarde para dar marcha atrás. Las hermanas y los criados ponen manos a la obra para acondicionar una capilla provisional; barren; cuelgan los tapices; preparan un altar. A las cinco de la mañana van a sacar de la cama al provisor eclesiástico para que certifique que el monasterio cuenta con la autorización del ordinario. Solo entonces pueden tocar la campanilla y celebrar la primera misa del nuevo carmelo que, al igual que el de Ávila, llevará el nombre de San José. A plena luz del día, Teresa se da cuenta de que el local es una ruina; el Santísimo Sacramento está expuesto a cualquier sacrilegio en una ciudad como Medina donde hay tantos comerciantes extranjeros; entre ellos, ¡seguro que hay herejes! Todas las noches montan guardia por miedo a una profanación. Hay que encontrar urgentemente otra casa, pero no es fácil y sí caro. Lo consiguen, sin embargo, gracias a un tal Blas de Medina, un mercader, que acepta cederles la mitad de su casa mientras las carmelitas acondicionan el local primitivo, donde oficiaron la primera misa.

La fundación del carmelo de Medina del Campo ilustra algunas de las circunstancias que rodearán todos los esfuerzos de Teresa: las reticencias de los poderes públicos y de las autoridades eclesiásticas; las dificultades financieras, pero también el apoyo de algunas órdenes religiosas, los jesuitas y los dominicos, y la generosidad de las élites sociales, en el caso de Medina, de la burguesía comerciante.

Malagón

Después de Medina del Campo, Valladolid debería haber acogido el siguiente carmelo reformado; allí les ofrecían una propiedad. Teresa, sin embargo, cede a la presión amistosa de su amiga de Toledo, Luisa de la Cerda, que insiste en tener su convento en una de sus propiedades, Malagón.

Situado a unos cien kilómetros al sur de Toledo, Malagón perteneció durante mucho tiempo a los monjes-soldados de la Orden de Calatrava, que de allí obtenían importantes ingresos: era, en efecto, una tierra rica en trigo y un nudo de caminos: viniendo del norte, había que pasar por Malagón para ir a Sevilla o a Granada, o bien, llegando desde el sur, para ir a Castilla la Vieja o a Soria. La Orden de Calatrava cobraba derechos de peaje a los viajeros y a los rebaños trashumantes: tres ovejas por cada mil que pasaban por allí. En el siglo XVI, para pagar sus deudas y enjugar el déficit de sus finanzas, la Corona de España vendió una parte de su patrimonio; hasta no hace mucho, los historiadores hablaban de expedientes; hoy diríamos, privatizaciones. Así fue cómo, en 1549, Carlos V vende Malagón al mariscal Arias Pardo de Saavedra, que le regala el dominio a su esposa, Luisa de la Cerda. Esta, una vez viuda, tiene escrúpulos de conciencia. En efecto, la Corona no se limitaba a vender el dominio: también cedía la jurisdicción sobre los habitantes, es decir, el derecho de recaudar impuestos especiales, de hacer justicia, de nombrar a los ediles locales... A los habitantes afectados no les gustaba ser sustraídos a la jurisdicción real, considerada más liberal, para caer bajo la férula de nobles que fácilmente eran vistos como tiranos. Cada operación de este tipo desembocaba en protestas, manifestaciones, a veces en un principio de motín. El mariscal Arias

Pardo murió antes de poder calmar esta agitación en Malagón. ¿Son los remordimientos los que empujan a su viuda a, de alguna manera, compensar con obras pías una operación discutida? Luisa de la Cerda, en todo caso, cree que es su deber atender a las necesidades espirituales de sus súbditos; el 2 de junio de 1566, se compromete ante notario a pagar un sacerdote que les administre los sacramentos. Llevada por estas mismas intenciones, se empeña en fundar un convento en Malagón. Para eso cuenta con Teresa de Ávila, pero Teresa se muestra reticente: Malagón es un pueblo grande —unas seiscientas familias en 1575—, o sea, unos tres mil habitantes más o menos; no es una ciudad; las carmelitas no encontrarán allí ni un ambiente cultural ni recursos para mantenerse: ¿a quién le venderán sus labores de hilatura? Sobre esta segunda cuestión, Luisa de la Cerda lo dispone todo muy bien: ofrece una casa, una iglesia acondicionada, una renta anual de ciento cincuenta mil maravedís, más unos ingresos en especie, sesenta y cuatro fanegas de trigo y otras tantas de cebada, y, además, treinta mil maravedís al año para una capellanía: se oficiará una misa diaria por el reposo del alma del mariscal Arias Pardo. En contrapartida, se reserva el derecho de patronazgo sobre el convento. Todo esto es contrario a los principios de la reforma teresiana, que pone en primer plano el ideal de pobreza. Luisa de la Cerda insiste; los jesuitas la apoyan. Teresa cede, pero con una condición: el carmelo acogerá al menos a dos religiosas sin dote.

Pero los desvelos de Teresa no han terminado. La regla primitiva del Carmelo prohíbe comer carne. Este punto es difícil de observar en Malagón, donde el pescado escasea. Teresa acepta, pues, una derogación: en lo referente a la alimentación y a la pobreza, las carmelitas de Malagón podrán seguir la regla mitigada. Luisa de la Cerda exige también que el convento acepte legas, es decir, religiosas de segunda categoría que llevan velo blanco, siendo negro el de las otras, y están destinadas a los trabajos más duros. En contrapartida, Teresa pide que se abra una escuela para las niñas de la región, escuela confiada a una «teatina»[85] que las catequizará y enseñará a leer y a bordar. A Teresa le habría gustado designar confesor del convento a un discípulo de Juan de Ávila, Tomás de Carleval, pero el hermano de este último, Bernardino, había sido perseguido por la Inquisición en 1551; se

---

[85] Es decir, una religiosa de la orden fundada en 1524 por el padre Carafa, obispo de Theato.

sospechaba que era un alumbrado; confiarle la dirección espiritual de las carmelitas implicaba cierto riesgo. Teresa tuvo que desechar su idea y contentarse con un sacerdote que pertenecía, él también, a la casa de Luisa de la Cerda.

Una vez aceptadas estas condiciones, Teresa se pone en camino el miércoles 31 de marzo de 1568 con seis religiosas. En la expedición también viaja un jesuita, así como la donadora, Luisa de la Cerda. El pequeño grupo llega a Malagón al día siguiente[86]. Las obras del convento no están terminadas; mientras tanto, las religiosas se alojan en una fortaleza. La fundación oficial se celebrará el 11 de abril. Teresa se marcha un mes más tarde, el 19 de mayo. No volverá a Malagón hasta junio de 1576 para comprobar hasta qué punto esa casa —tan generosamente donada...— era insalubre. Teresa le exigirá entonces a Luisa de la Cerda que les proporcione un local más sano. No será hasta diciembre de 1579 cuando las carmelitas tomarán posesión de su nuevo espacio. El convento de Malagón estará bajo la invocación de San José del Monte Carmelo.

Valladolid

Mientras estaba en Medina del Campo, Teresa había sido requerida para fundar un carmelo en Valladolid; el hermano del obispo de Ávila, Bernardino de Mendoza, ofrecía una propiedad a las puertas de la ciudad, pero Teresa no había podido zafarse de la presión de Luisa de la Cerda; le dio prioridad a Malagón. Entre tanto, el donante había muerto repentinamente. Teresa tenía mala conciencia; una visión le había informado de que el alma del difunto permanecería en el purgatorio hasta que se oficiase la primera misa en el carmelo de Valladolid.

Teresa entendía muy bien la importancia de instalar la reforma en Valladolid. No era la capital política del reino —en 1561, Felipe II se decidió por Madrid—, pero con sus cuarenta mil habitantes seguía siendo la mayor aglomeración de las dos Castillas. Aún no era ciudad

---

[86] De camino, nuestros viajeros forzosamente tuvieron que reparar en las picotas donde ataban a los condenados por la Hermandad Vieja de Toledo y Talavera para ser acribillados a flechazos; en esos lugares había una cruz y un osario donde arrojaban los cuerpos de los condenados.

episcopal —no lo será hasta el 25 de septiembre de 1595—; la Iglesia estaba representada por un abad nombrado por el papado. No obstante, Valladolid tenía muchas bazas a su favor: poseía una de las tres grandes universidades del reino, junto con la de Salamanca y la de Alcalá de Henares; y era, sobre todo, un gran centro administrativo y judicial; allí tenía su sede, en efecto, una de las dos Cancillerías —cortes supremas de justicia—, con jurisdicción sobre la mitad norte de la Península, siendo la Cancillería de Granada competente para los territorios ubicados al sur del Tajo. Por esta razón, Valladolid era una ciudad de funcionarios, de magistrados, de abogados, de profesores, en una palabra: de letrados. Muchos aristócratas y burgueses enriquecidos también habían elegido Valladolid para fijar su residencia. Se habían edificado unos palacios suntuosos. Uno de ellos merece una mención especial: el palacio de los condes de Ribadavia —actualmente es la sede de la Diputación Provincial—, donde nació, en 1527, el futuro Felipe II; en 1522, los condes casaron a su hija, María de Mendoza, con Francisco de los Cobos, un plebeyo, pero que era ministro de Hacienda y consejero de Carlos V. Tendremos oportunidad de hablar de nuevo de María de Mendoza, que no es otra que la hermana del obispo de Ávila, gran amigo de Teresa. En septiembre de 1561 se declaró un incendio que tardó dos días en ser controlado. Todo el centro de la ciudad —incluida una parte de la Plaza Mayor— resultó devastado. Por orden personal de Felipe II, que recurrió a un gran arquitecto, Francisco de Salamanca, se edifica entonces una ciudad nueva; se trata no solo de reconstruir lo destruido, sino también de ennoblecer aún más la ciudad y agrandarla: «Había que transformar una ciudad medieval, con calles estrechas y tortuosas, en una ciudad moderna y hermosa; para eso había que adoptar el principio de uniformidad: aplicar las mismas medidas de anchura para las calles, de altura para las casas; hacer puertas, ventanas y balcones a partir de un mismo modelo; utilizar los mismos materiales» [87].

Cuando Teresa llega a Valladolid, el 10 de julio de 1568, las obras de reconstrucción aún no están terminadas; no lo estarán antes de 1576, pero la ciudad ha recobrado su nobleza y su encanto. Sin embargo, nada más llegar, la carmelita sufre una decepción: la casa que le ofrecen tiene buena planta; es una de las residencia secundarias —«casas de placer»— donde los notables de Valladolid vienen a descansar cerca del

---

[87] Bartolomé Bennassar, *Valladolid au siècle d'or*, Mouton, París, 1967, p. 149.

Pisuerga; pero, fijándose mejor, la casa reserva malas sorpresas: «Y como vi la casa —escribe Teresa—, diome harta congoja, porque entendí era desatino estar allí monjas sin muy mucha costa» (*Fundaciones*, cap. X). La casa, en efecto, era muy húmeda debido a un arroyo que corría junto a ella. Es para preguntarse si el donante, queriendo hacer una buena obra, no se deshizo simplemente de una propiedad insalubre...

En cualquier caso, es demasiado tarde para echarse atrás. Teresa emprende la tarea de poner la casa en condiciones y de obtener la licencia del ordinario, licencia que tarda en llegar. Por fin, el 15 de agosto, se puede oficiar la primera misa en el nuevo carmelo que lleva por nombre Concepción de Nuestra Señora del Monte Carmelo. Las religiosas toman posesión del lugar y pronto todas padecen ataques de paludismo provocados por la humedad. La hermana del donador, María de Mendoza, se rinde ante la evidencia: las carmelitas no pueden quedarse allí; se compromete a reubicarlas a su costa y, para ello, se presenta una excelente oportunidad: una gran casa, muy céntrica, con jardín y dependencias, pero, en principio, inalienable, pues forma parte de un mayorazgo; para venderla se necesita una autorización especial del rey. Mientras tanto, María de Mendoza le cede a las hermanas una parte de su propio palacio[88]. El 3 de febrero de 1569, las carmelitas pueden finalmente instalarse en el convento definitivo.

Toledo

En Valladolid, Teresa recibe una carta de un tal Alonso Álvarez Ramírez, albacea de un mercader, Martín Ramírez, que, antes de morir, decidió legar una parte de su fortuna al Carmelo reformado; si Teresa acepta el legado, le sugiere que acuda a Toledo lo antes posible.

La oferta resulta de lo más tentadora. Toledo es la ciudad más grande de la meseta central. En 1570 debe tener unos sesenta mil habitantes[89]. Está en plena expansión[90]; es el principal centro de exportación de productos manufacturados para América. Las sederías y el tex-

---

[87] Bartolomé Bennassar, *Valladolid au siècle d'or*, Mouton, París, 1967, p. 149.

[88] Tal vez no se trate del palacio principal, el de los condes de Ribadavia, sino de otra residencia señorial en el centro de la ciudad.

[89] 11.412 hogares en 1561, 12.412 en 1571. Para calcular el número de habitantes, se multiplica por cinco el número de hogares.

[90] Hasta 1590 no se inicia el declive.

til empleaban a más de diez mil obreros a comienzos de siglo. Se fabrican artículos de confección (gorros, prendas de vestir, etc.) famosos por su calidad. El comercio florece y está muy concentrado: sus representantes más ricos se niegan a ser confundidos con vulgares tenderos («traperos»). Martín Ramírez era probablemente uno de ellos. Toledo es aún sede de la archidiócesis más rica de la Península; su titular es primado de España. Carlos V y Felipe II se aposentaron allí en repetidas ocasiones[91]. Las Cortes de Castilla a menudo se reunían en Toledo. Monumentos recientes dan fe de la riqueza y el prestigio de la «ciudad imperial». Las puertas de Bisagra y del Cambrón conmemoran los triunfos del emperador y de su hijo; en la primera, hoy en día aún se puede ver el escudo gigantesco, el águila bicéfala y las columnas de Hércules (*Plus Ultra*) en honor de Carlos V. Este había acometido la tarea de transformar el viejo alcázar en un palacio de estilo renacentista; el arquitecto Alfonso de Covarrubias empieza la reconstrucción en 1538. Una de las curiosidades que, por los días que Teresa vive en Toledo, debía atraer la atención es «el artificio de Juanelo», un ingenioso mecanismo que la municipalidad encargó a Juanelo Turriano, ingeniero de origen italiano que estuvo mucho tiempo al servicio de Carlos V. Se trataba de subir el agua del Tajo hasta la ciudad. Encargada en 1565, la máquina se instaló hacia 1573; se calcula que fue capaz de aportar durante casi un siglo dieciséis mil litros de agua al día salvando una distancia de seiscientos metros hasta una altura de cien metros más o menos. Teresa, que sentía predilección por las grandes ciudades, por fuerza tenía que ser sensible a la idea de fundar un carmelo en Toledo, pero no sabía los sinsabores que le esperaban.

La situación no puede ser más banal. Tenemos a un rico negociante que siempre ha llevado una vida ejemplar, que no quiso casarse y amasó una gran fortuna «con trato lícito». Se parece a los hombres de negocios de Medina del Campo, ávidos de ganancias, pero preocupados por no comprometer su salvación eterna. Martín Ramírez desea hacer algo agradable a ojos de Dios y útil a su alma; piensa en fundar una o varias capellanías, o sea, encargar misas por el reposo de su alma. Un jesuita, el padre Pablo Hernández, que conoce a Teresa, le sugiere a nuestro mercader que en vez de eso funde un carmelo: en un convento también se pueden oficiar esas misas. Martín Ramírez muere el 31 de octubre de 1568, antes de poder concretar las disposiciones

---

[91] En Toledo murió, en 1539, la emperatriz Isabel.

necesarias, pero su voluntad era firme: su fortuna debía servir para fundar un carmelo; su hermano, Alonso Álvarez Ramírez, es el encargado de ejecutar esas cláusulas.

En cuanto le avisan, Teresa declara estar interesada, pero le resulta imposible partir en el acto debido a los problemas planteados por la fundación de Valladolid; por otra parte, ella también padece los ataques de paludismo, como todas las carmelitas del nuevo convento. Le pide a su amiga Luisa de la Cerda, que conoce a mucha gente en Toledo, que realice por ella las complicadas gestiones administrativas: además del permiso del ordinario, se necesita una autorización del rey para fundar un nuevo convento en una ciudad que ya cuenta con muchos. Teresa llega a Toledo el 24 de marzo de 1569; como de costumbre, se instala en casa de Luisa de la Cerda, pero esta se comporta de forma extraña. Teresa pronto comprende lo que está pasando: el donador era un plebeyo, tal vez un judío converso, y la encopetada aristocracia de Toledo no ve con buenos ojos esta fundación; Luisa de la Cerda no se ha ocupado de nada; no ha pedido ninguna de las licencias necesarias. El texto de Teresa no puede ser más claro: «Eran muchas las personas a quien parecía mal —y me lo decían—, por parecerles que no eran ilustres y caballeros, aunque harto buenos en su estado, como he dicho, y que en un lugar tan principal como este de Toledo, que no me faltaría comodidad. Yo no reparaba mucho en esto, porque, gloria sea Dios, siempre he estimado en más la virtud que el linaje» (*Fundaciones*, cap. XV). Hay que reconocer que los donantes tampoco ayudan mucho para solucionar las cosas: piden ser enterrados en la capilla del futuro carmelo. La aristocracia de Toledo es unánime: no admite que un plebeyo pueda tener su tumba en el convento.

Los obstáculos son tantos que Teresa está dispuesta a renunciar. Lo que la empuja a perseverar es el amor propio: se niega a partir aceptando el fracaso. Entonces adopta una actitud distinta: primero pedirá las autorizaciones, tras lo cual, ya verá cómo utilizarlas y dónde encontrar los fondos necesarios. Por el lado del ordinario, las cosas no pintan bien. «En esa época, escribe Teresa, no había arzobispo en Toledo.» Sí, sí lo había; se llamaba Bartolomé Carranza, pero, desde el verano de 1559, estaba perseguido por la Inquisición; después de permanecer nueve años incomunicado en las cárceles del Santo Oficio de Valladolid, fue transferido a Roma, en 1567, para ser juzgado por el Papa; allí morirá en 1576. En razón de estas circunstancias, el Papa había nombrado un administrador provisional de la diócesis, Gómez Téllez Girón. Desde el principio, este hace oídos sordos a todas las gestiones en favor del carmelo. Teresa, harta de la situación, decide ir a hablarle en persona. La entrevista tiene lugar el 8 de mayo de 1569. Este es el relato de Teresa: «Como me vi con él, díjele que era recia cosa que hubiese mujeres que querían vivir en tanto rigor y perfección y encerramiento, y que los que no pasaban nada de esto, sino que se estaban en regalos, quisiesen estorbar obras de tanto servicio de Nuestro Señor» (*Fundaciones*, cap. XV). Gómez Téllez Girón no estaba acostumbrado a que le hablasen en ese tono. Estupefacto, concede la licencia, pero con una condición: el nuevo carmelo no debía tener ni renta, ni patrono, ni fundador. Es una confesión: lo que molestaba a las autoridades, era el nombre del fundador; este era rico, pero no era noble.

Faltaba encontrar una casa y el dinero. Teresa está en misa, en la iglesia de San Clemente, cuando un joven se le acerca; se llama Alonso de Andrada; por orden de un franciscano amigo de Teresa, fray Martín de la Cruz, viene a ponerse a su disposición: ¿qué necesita? Teresa no tarda en decidirse: ¿qué puede perder? Encontradme una casa, dice; un rico mercader de Toledo, Alonso de Ávila, enfermo, será el fiador. Teresa no alberga esperanzas, pero, unos días más tarde, el estudiante vuelve: no solo ha encontrado una casa en la calle Santo Tomé, cerca del colegio de San Bernardino y de la sinagoga del Tránsito, sino que también le trae las llaves. ¿Milagro? No. Por esos días, muchos caballeros de Toledo habían partido para luchar contra los moriscos de Granada; sus casas se alquilan o están en venta; el estudiante sabía que sería sencillo encontrar lo que Teresa necesitaba.

Teresa cierra el trato. En la noche del 13 al 14 de mayo de 1569 tres religiosas, un albañil y dos criados transforman la casa en capilla y en convento; los criados traen especialmente unos cuadros con la figura de Cristo que Teresa había comprado en un mercado. El 14 de mayo se oficia la primera misa. Al saber la noticia, los canónigos de Toledo enfurecen («estavan muy bravos»). Gómez Téllez Girón sí había dado su autorización, pero verbalmente; ahora bien, el 14 de mayo está ausente y los canónigos exigen una licencia firmada. Finalmente encuentran al administrador que confirma su autorización.

La instalación no es definitiva. En 1570 los herederos de Martín Ramírez tienen remordimientos; ofrecen entregar los doce mil escudos previstos en el testamento, pero, a cambio, Alonso Álvarez, el albacea testamentario, pide ser enterrado, él y los suyos, en la capilla del convento. Y Teresa acepta: «Nunca me ha pesado, porque con su ayuda compramos en la que ahora están, que es de las buenas de Toledo». La casa, ubicada en el barrio de San Nicolás, tenía dos patios y un huerto. La escritura de venta se firma el 18 de mayo de 1570.

Pastrana

El carmelo de Malagón se lo debe todo a una aristócrata, Luisa de la Cerda, hija del duque de Medinaceli. El de Valladolid no se hubiese podido fundar sin el apoyo de otra aristócrata, María de Mendoza, marquesa de Camarasa. Los dos conventos se inauguraron solemnemente en el transcurso de unas ceremonias con toda la apariencia de acontecimientos mundanos. Esto le dio ideas a otras familias nobles, pues la reforma teresiana y la propia Teresa estaban de moda en los ambientes encopetados.

Apenas fundado el carmelo de Toledo, Teresa es solicitada de nuevo. Vienen a buscarla de parte de la princesa de Éboli; una carroza la espera para llevarla a Pastrana. Teresa está sorprendida. La princesa ya le había comentado esa idea, pero Teresa no pensaba que la pondría en práctica tan pronto. La creación del carmelo de Toledo le había causado muchos problemas; le parece imprudente dejarlo tan pronto. Puede que también —pero esto Teresa no lo reconoce— le moleste la desenvoltura de la princesa, que dispone de ella como si fuese una criada. Se niega a partir. El mensajero que ha venido a buscarla insiste: la princesa ya está en Pastrana; no aceptar su invitación sería injuriarla. Teresa no está convencida. Se propone escribirle para explicarle la situación. Mientras está en la capilla dándole vueltas a la redacción de su carta, cree oír a Cristo que le pide que se ponga en camino: están en juego cosas más importantes que esta fundación. Sin hablarle de esta revelación, Teresa consulta a su confesor, que le aconseja aceptar la invitación. Teresa decide, pues, ir a Pastrana. En las reflexiones de Teresa a propósito de esta oferta, y probablemente también en las de su confesor, influía una consideración de peso: había que tratar con miramientos a la princesa de Éboli; su marido, Ruy Gómez, era demasiado influyente como para no tenerla en cuenta: «A causa de comenzar entonces la reforma, y para todo era bueno tener a Ruy Gómez, que tanta cabida tenía con el rey y con todos; aunque de esto no me acuerdo si me acordaba, más bien sé que no la quería disgustar» (*Fundaciones*, cap. XVII). ¿Quiénes eran, pues, estos príncipes de Éboli que tanto impresionaban a Teresa de Ávila?

Ana de Mendoza y de la Cerda (1540-1592) desciende de una de las familias más ilustres de Castilla. Es una Mendoza, hija única del príncipe de Melito, Diego de Mendoza, y bisnieta del gran cardenal Mendoza, que a finales del siglo XV tenía tanta influencia en la corte de los Reyes Católicos que lo llamaban el tercer rey de España. A Ana, en su infancia, una caída del caballo —¿o un accidente de esgrima?— le supuso la pérdida de un ojo. A decir verdad, no se sabe si era tuerta o si bizqueaba un poco. Lo que es seguro es que a menudo se la veía con un parche negro en el ojo; las malas lenguas decían que era por pura coquetería, para que su belleza natural resultase aún más excitante. Ana solo tiene doce años cuando la casan con un hombre veinticinco años mayor que ella, Ruy Gómez da Silva (1516-1573), gentilhombre portugués que formaba parte de la casa de la princesa Isabel, llegada a España para desposarse con Carlos V. Aunque mayor que el futuro Felipe II, Ruy Gómez se convirtió en su paje y compartió con él los juegos y su formación. Felipe II permanecerá fiel a su amigo de la infancia y lo convertirá en su hombre de confianza y en su ministro más escuchado; en 1559 le confiere el título de príncipe de Éboli, por el nombre de una señoría del reino de Nápoles que Ruy Gómez le había comprado a su suegro. Los príncipes de Éboli eran, pues, una de las familias más poderosas de Castilla. No era nada recomendable enajenarse su amistad.

Ruy Gómez había comprado, a unos cien kilómetros al este de Madrid, la pequeña villa de Pastrana, que durante mucho tiempo formó parte de los dominios de la Orden de Calatrava. En 1541, Carlos V se la había vendido a la condesa de Melito, abuela de Ana de Mendoza[92], y es la condesa quien, el 27 de marzo de 1569, le revende el dominio al príncipe de Éboli; este, tres años más tarde, será investido duque de Pastrana con rango de grande de España. Pastrana está algo alejada de las principales vías de comunicación, pero, al comprarla, Ruy Gómez tenía el propósito de desarrollar la región. Lo conseguirá con creces roturando las tierras, diversificando los cultivos en función del suelo (cereales, olivos, cáñamo, lino, legumbres y, sobre todo, árboles fruta-

---

[92] Una privatización más. Antes que caer bajo el poder de un noble, los habitantes ofrecieron ocho mil ducados para poder seguir sometidos a la Orden de Calatrava; sin embargo, la condesa cerró el trato.

les), incrementando la cría de cabras y corderos y también implantando actividades manufactureras: tejedurías de lana y, sobre todo, de seda. Para lograr este último objetivo, el príncipe contrata obreros especializados en Milán, Génova y los Países Bajos; también recluta moriscos expulsados del reino de Granada, donde se dedicaban al cultivo de las moreras y al arte de la seda. Ruy Gómez tampoco descuida los problemas que plantea la comercialización de los productos locales; organiza un mercado franco todas las semanas y una feria todos los años. El resultado es una prosperidad que despierta la admiración de los visitantes: en Pastrana se ven muy pocos mendigos. Este ejemplo demuestra que el régimen señorial no es incompatible con el desarrollo económico. Los progresos se pueden medir observando el crecimiento de la población: Pastrana contaba con seiscientos veintidós hogares en 1539, es decir, poco más de tres mil habitantes; en 1576, esa cifra se ha duplicado: mil doscientos hogares, o sea, seis mil habitantes.

Hacia 1570 Pastrana era, pues, una pequeña ciudad muy activa, ubicada en una región, la Alcarria, cuna de la familia Mendoza[93], no lejos de Guadalajara, donde los duques del Infantado —también Mendoza— habían mandado construir uno de los palacios más hermosos del Renacimiento español. Toda esta zona vivía entonces un periodo de prosperidad. Hemos hablado de Pastrana, pero no hay que olvidar Tendilla; en la feria de febrero de Tendilla se daban cita mercaderes nacionales y extranjeros; allí se vendían paños de Segovia y de Cuenca, sederías, terciopelos, satenes, damascos, joyas, productos tropicales —especias, índigo, palo de Brasil…—. Esta situación se prestaba para tranquilizar a Teresa: Pastrana no era Malagón; allí las carmelitas podrían encontrar recursos suficientes.

Para Teresa, la Alcarria tenía un atractivo especial. Desde finales de la Edad Media, esta región era uno de los focos más activos de la espiritualidad española. Es allí, entre Peñalver y Tendilla, en lo que aún hoy día llaman, no sin exagerar, el valle del Infierno, donde estaba el monasterio de la Salceda, uno de los lugares relevantes del franciscanismo más exigente. El futuro cardenal Cisneros fue su guardián y de este «desierto» lo sacó Isabel la Católica, en 1492, para convertirlo en

---

[93] Desde 1465, un Mendoza es conde de Tendilla; desde 1512, el primogénito de los condes de Tendilla lleva el título de marqués de Mondéjar. Tendilla y Mondéjar son en la actualidad dos pueblos pobres de la Alcarria; en el siglo XVI eran unos prósperos centros rurales.

su confesor. Fue en la Salceda donde se formaron Alonso de Madrid y Francisco de Osuna, dos de los maestros de Teresa de Ávila, defensores del recogimiento, una forma de vida interior perfectamente compatible con la ortodoxia católica. Sin embargo, también en la Alcarria, además de la tendencia al recogimiento, habían cobrado cuerpo otras tendencias, alumbradas en este caso. Durante algún tiempo, era difícil distinguir claramente entre el recogimiento y el iluminismo. Ambas parecen haber gozado de la protección, incluso del aliento, de los duques del Infantado, que acogían de buena gana a los adeptos de los dos movimientos en su palacio de Guadalajara.

Teresa era, sin sombra de duda, sensible a lo que representaban la Alcarria y Pastrana en la vida espiritual de Castilla. Por eso, a pesar de sus reticencias, acepta fundar allí un carmelo. Abandona Toledo el 30 de mayo de 1569 en la carroza que la princesa ha puesto a su disposición. Se detiene ocho días en Madrid, donde se aloja en el convento de los Ángeles, a dos pasos del Alcázar. Es entonces cuando se le presenta la oportunidad de conocer a dos personalidades de primer orden: Leonor de Mascareñas y la reina Juana de Austria.

La primera es portuguesa. Formaba parte de la casa de la princesa Isabel cuando esta vino a Castilla para desposarse con Carlos V y allí se quedó. En 1527 le confían la educación de Felipe, el príncipe heredero. Cuando este tiene su propia casa de acuerdo con el ceremonial borgoñón, Leonor contempla la idea de meterse a monja. El emperador la disuade: en vez de eso, que se dedique a fundar conventos para las jóvenes de buena familia. Es lo que hace y una de sus fundaciones es precisamente el convento de los Ángeles al que Teresa llega a finales de mayo de 1569. Leonor le presenta a dos personajes singulares, dos italianos que quieren convertirse en ermitaños y se dirigen a Roma para solicitar la autorización del Papa: Ambrosio Mariano Azzaro, de cincuenta y nueve años, doctor en Derecho, y Juan Narducci[94]. Teresa los convence para que se queden en España e ingresen en los carmelitas descalzos. Son los primeros monjes del carmelo masculino de Pastrana, fundado poco después, el 9 de julio de 1569.

En cuanto a Juana de Austria (1535-1575), es hija de Carlos V. En 1552 se casó con el hijo y heredero del rey Juan III de Portugal,

---

[94] Este creía tener dotes para la pintura desde que frecuentó el taller de Alonso Sánchez Coello; pintará el retrato de Teresa de Ávila después de profesar con el nombre de Juan de la Miseria.

el príncipe João Manuel, que morirá poco después. El hijo póstumo de esta unión es el rey Sebastián (1554-1578). Tras el nacimiento de Sebastián, Juana vuelve a Castilla para ejercer la regencia entre 1554 y 1559. Al poco tiempo compra una manzana de casas en el centro de Madrid y erige el palacio-convento que poco después se conocerá con el nombre de las Descalzas Reales, que alberga a trece religiosas y algunas criadas para las tareas subalternas. La analogía con las carmelitas reformadas salta a la vista y es natural que la reina deseara conocer a Teresa de Ávila.

Teresa es suntuosamente recibida en Pastrana, pero las cosas pronto toman mal cariz. Teresa no se atreve a contrariar a la princesa, que está encinta —dará a luz un mes más tarde—. Con el pretexto de que las carmelitas deben vivir rigurosamente, la princesa había previsto un convento en el que apenas cabían. Teresa rechaza el plan, manda derrumbar lo construido hasta ese momento y ordena que se construyan nuevos edificios. Surgen más desacuerdos a propósito de la renta del futuro carmelo. La princesa está encantada de tener su convento, pero no está dispuesta a que le cueste demasiado: ¿acaso las religiosas no hacen voto de pobreza? Si por ventura las donaciones no alcanzasen, la princesa proveería. Teresa ve la trampa: aceptar, es dejar a las monjas a merced de la princesa. Una vez solucionado este punto, se produce otro altercado: la princesa exige que se admita a una agustina de Segovia; Teresa se muestra reticente: no conoce a la postulanta; consulta a un teólogo, el padre Domingo Báñez, que es tajante: ni pensar en admitir en el carmelo a una religiosa llegada de otra orden sin someterla previamente a un examen riguroso. También en este caso, la princesa cede. Bien es verdad que Teresa siempre pudo contar con el príncipe para lograr que su mujer se aviniese a razones. En cambio, ante un nuevo capricho, Teresa se ve sola. La princesa ha oído hablar del relato que Teresa ha escrito de su vida espiritual; sabe que algunas personalidades escogidas han podido leerlo; ¿por qué no ella? Teresa querría negarse, pero el príncipe interviene: «Fueron tantos los ruegos del uno y del otro que se hubo de rendir, habiendo primero recibido palabra que solos ellos lo havían de leer». Por supuesto, la princesa no cumplió su palabra. Unos días más tarde, la *Vida* de Teresa era objeto de comentarios burlones y malévolos en todo el palacio. Como ya veremos, la princesa irá aún más lejos; enviará el libro a la Inquisición con el propósito de que condenen a su autora.

A pesar de estas peripecias, el carmelo de Pastrana, Nuestra Señora de la Consolación, es inaugurado el 23 de junio de 1569. Teresa no pierde el tiempo. El 21 de julio está de regreso en Toledo [95]. Como ya sabe a qué atenerse, antes de partir le pidió a la priora que anotase cuidadosamente todo lo que el carmelo pudiese recibir de los príncipes de Éboli; cada vez, deberá sentar en un registro la naturaleza del regalo, su valor, la fecha en que lo recibió; cada inscripción de este tipo será autenticada por la firma de la priora. Estas precauciones no estaban de más. En vida del príncipe, que era un hombre sensato, no hubo incidentes notorios; las religiosas de Pastrana incluso fueron mimadas, pero Ruy Gómez muere el 29 de julio de 1573. Sumida en el dolor, su viuda decide renunciar al mundo. Ante el cadáver de su marido pide el hábito carmelita y anuncia que va a retirarse al convento de Pastrana donde adoptará el nombre de hermana Ana de la Madre de Dios. Acompaña el cuerpo de su marido, que entierran en Pastrana, e, inmediatamente después de la ceremonia, el 31 de julio, entra en el convento, donde su llegada provoca la consternación: «¡La princesa monja! Yo doy la casa por deshecha», habría exclamado la priora. Los problemas surgen de inmediato. Cuando los notables vienen a presentarle sus condolencias, la priora los conduce al locutorio, pero la princesa opina distinto; manda abrir las puertas: ¡que entre todo el mundo! No es más que el principio. La princesa no desaprovecha ninguna oportunidad para recordar que está en su casa, en su convento. Una simple celda no le basta; necesita un apartamento donde la atienden varias doncellas. Exige que las monjas se arrodillen para hablarle. Una día que la priora le llama la atención por enésima vez, la princesa exclama: «Vos no debéis de saber que en este mundo yo no me sujeté sino sólo a Ruy Gómez, porque era caballero y gentilhombre; nunca obedeceré a nadie más». Para terminar de complicar las cosas, está embarazada de cinco meses. Termina instalándose en una dependencia del convento, ajena a las religiosas, tras mandar abrir una puerta en el muro de clausura para poder comunicarse con el exterior.

---

[95] Llega a la ciudad en la lujosa carroza de la princesa de Éboli, lo que no deja de ser comentado. Un clérigo la interpela sin miramientos: «¿Sois vos la santa, que engañáis al mundo y os andais en coches?». Teresa no sabe qué responder. Para tranquilizarla, le dicen que el hombre no está en sus cabales. Sin embargo, el incidente la descorazona y nunca lo olvidará.

En la corte solo se habla del carmelo de Pastrana. Informado, el rey le ordena a la princesa que se retire a su palacio y se ocupe de sus hijos. Ana de Mendoza obedece, pero le hace la vida imposible a las carmelitas; les corta toda ayuda. La situación no puede mantenerse. Teresa considera que es urgente evacuar el convento y enviar a las religiosas al carmelo de Segovia, que acaba de fundar. Para no levantar sospechas, la operación se lleva a cabo de noche. Le pide a la priora que haga todos los preparativos necesarios lo más discretamente posible. La priora convoca al corregidor y a un notario; les entrega todas las donaciones que los príncipes le hicieron al convento y pide un recibo por si la princesa pleitea, lo que en efecto hará. Cinco carros esperan a cierta distancia. El 1 de abril de 1574, a medianoche, las religiosas abandonan el convento llevándose sus cosas y los objetos del culto, y parten hacia Segovia. Para vengarse, la princesa denuncia a Teresa ante la Inquisición[96].

Salamanca

Teresa quería fundar un carmelo en Salamanca, la gran ciudad universitaria en la cual todas las órdenes religiosas, salvo los carmelitas, habían abierto un colegio destinado a la instrucción y al perfeccionamiento de sus monjes; Teresa pensaba que la presencia de un carmelo femenino incitaría a los carmelitas a tener su propio colegio. Aunque primero tendría que disponer de fondos suficientes para una nueva fundación. No aparece ningún mecenas. Las carmelitas tendrán que vivir de su trabajo y de las donaciones que tengan a bien hacerles. ¿No era una imprudencia contar únicamente con la caridad? Teresa

---

[96] Tras este episodio, la princesa de Éboli seguirá dando que hablar. Se instala en Madrid y se mezcla en intrigas políticas. Conspira con el secretario del rey, Antonio Pérez, que probablemente era su amante. La pareja manda asesinar al antiguo secretario de don Juan de Austria, Escobedo, pero se las arreglan para comprometer al rey en este crimen (1578). Felipe II descubre la maniobra. Antonio Pérez y Ana de Mendoza son detenidos en 1579. Tras varios meses de arresto en una fortaleza, la princesa de Éboli es desterrada a su palacio de Pastrana (1581). Nunca lo abandonará. Felipe II, que, al parecer, la llamaba siempre «la hembra», ordena poner rejas en puertas y ventanas. Ana está autorizada a tomar el sol, una hora al día, en una de las ventanas del palacio que da a una plaza y, por ello, esta plaza aún se llama la plaza de la Hora.

sigue adelante. Las diligencias ante el ordinario dan resultado rápidamente; el obispo, Pedro González de Mendoza, hijo de los duques del Infantado, no pone ninguna dificultad para dar su autorización, en septiembre de 1570. Falta encontrar una casa. El momento no es nada propicio; el curso universitario empieza el 18 de octubre, fiesta de San Lucas, y hay muchos estudiantes buscando alojamiento. Una amiga —tal vez se trate de Beatriz Yáñez de Ovalle— le indica a Teresa una casa que podría convenirle; unos estudiantes ya la han alquilado, pero han prometido desocuparla antes de la fiesta de Todos los Santos. Teresa, que recuerda bien los sinsabores de Medina del Campo, se pone en camino, pero discretamente; su única compañía es una religiosa y dos monjes; las religiosas viajan en carro, con el rostro velado, los monjes a lomos de mula. El grupo llega a Salamanca la víspera de Todos los Santos. Teresa le había pedido a uno de sus amigos, el mercader Nicolás Gutiérrez, padre de varias carmelitas, que procurase que la casa estuviese en condiciones el 31 de octubre. Por desgracia, ¡los estudiantes siguen allí! Terminan convenciéndolos de que se marchen; lo hacen de mala gana[97]. Teresa, su compañera, algunos amigos y unos albañiles pasan parte de la noche limpiando —los estudiantes habían dejado la casa en un estado de suciedad repulsivo...

La primera misa debe oficiarse al día siguiente por la mañana. Teresa se instala con la hermana que la acompaña. Esta desfallece de miedo ante la idea de pasar la noche en esa casa: los estudiantes se marcharon a regañadientes; quién sabe si uno de ellos no se ha escondido para jugarles una mala pasada. Las dos monjas se encierran en un cuarto. La compañera de Teresa no deja de mirar en todas direcciones. Teresa se impacienta: ¿a qué le teme? Nadie puede entrar. La otra le pregunta entonces: «Madre, estoy pensando, si ahora me muriese yo aquí, ¿qué haríais vos sola?». La pregunta turba a Teresa, que empieza a tener miedo a su vez, tanto más cuanto que las campanas empiezan a doblar —estamos en la víspera del día de los muertos...—. Finalmente, Teresa se serena: «Hermana, de que eso sea, pensaré lo que he de hacer; ahora déjeme dormir» (*Fundaciones*, cap. XIX). Como las dos hermanas apenas si habían descansado las dos noches precedentes no tardan en dormirse.

---

[97] Uno de esos estudiantes es el futuro obispo de Barbastro, Juan Móriz, que, mucho más tarde, declarará en el proceso de beatificación: «Ha cuarenta años que estando yo en la universidad de Salamanca, salí de la casa donde vivía para que entrase en ella a fundar el monasterio de monjas».

Alba de Tormes

Dos meses después de la fundación del carmelo de Salamanca, Teresa recibe un mensaje de su hermana Juana, que vive con su marido Juan de Ovalle en Alba de Tormes; le solicitan que funde un monasterio en esa pequeña ciudad, ubicada a unos veinte kilómetros al sureste de Salamanca. Alba era la capital del ducado del mismo nombre; los nobles del lugar habían construido un palacio que era una de las cortes principescas más cultas de la época[98].

Sin embargo, no eran los duques de Alba quienes deseaban conocer a Teresa. El llamamiento procedía de dos mecenas: Francisco Velázquez y su mujer, Teresa de Layz. Esta última era hija de hidalgos que habían visto mermadas sus rentas por culpa de la inflación y que, por este motivo, habían decidido vivir en el campo, en el pequeño pueblo de Tordillos; pensaban que allí su decadencia sería menos visible y podrían seguir manteniendo su rango. Querían tener un varón. Al ver que su quinto vástago también era una niña, cayeron en la tentación de abandonarla; después de bautizarla, la dejaron en la calle sin ocuparse más de ella. Las mujeres de la aldea se apiadaron del bebé. Una de ellas, alzándola en brazos, exclamó: «¡Cómo, mi hija! ¿Vos no sois cristiana?», sobrentendiendo: para que te traten así. La pequeña abrió los ojos y dijo: «Sí soy». Estas palabras fueron las únicas que pronunció entonces la cría; no volvió a hablar hasta la edad en que lo hacen los niños. Naturalmente, el milagro no pasó desapercibido. Presa de los remordimientos, la madre recuperó a su hija y le prodigó todo su afecto[99]. Esta niñita era Teresa de Layz. Cuando tuvo edad para casarse, un tal Francisco Velázquez pidió su mano; Teresa nunca lo había visto, pero de inmediato supo que sería un marido ideal. Era un hombre de negocios al servicio de los duques de Alba y en Alba se instala la joven pareja. Un día, por orden de los duques, tuvieron que hospedar en su casa a un caballero que se mostró muy atrevido con la joven. Escandalizada, Teresa de Layz decidió

---

[98] Por ejemplo, fue en Alba de Tormes donde, a fines del siglo XV y principios del XVI, Juan del Encina representó unas obras que se pueden considerar los primeros pasos del teatro español moderno.

[99] Este afecto, sin embargo, no incluía darle una instrucción elemental; Teresa de Layz era analfabeta; firmó con una cruz el acta de fundación del carmelo, el 3 de diciembre de 1570.

abandonar una ciudad que ahora le resultaba odiosa. Su marido se plegó a sus deseos y encontró un nuevo trabajo en Salamanca, también al servicio de los duques de Alba.

Al cabo de unos años, la pareja poseía una pequeña fortuna, pero los esposos no eran felices: no lograban tener hijos. Una noche, Teresa de Layz tuvo un sueño; una voz le decía: No intentes tener hijos; sería tu perdición. En otra ocasión, también en sueños, vio una casa, con un jardín y un pozo y, rodeando todo el lugar, una pradera con flores blancas; al mismo tiempo, escuchó una voz: Estos son los hijos que deseabas tener. Comprendió que la invitaban a fundar un convento. Poco después, el duque de Alba destinó de nuevo a Francisco Velázquez a Alba. Teresa de Layz lo sintió mucho, pero, al entrar en su nueva casa, reconoció el jardín y el pozo que había visto en sueños; allí era donde debía fundar un monasterio. Un franciscano le habló de Teresa de Ávila. Así fue como Teresa de Layz conoció a la reformadora.

Teresa de Ávila se mostró reticente a la propuesta. Alba le parecía una ciudad demasiado pequeña para que las religiosas pudiesen vivir de las limosnas y no le gustaba fundar monasterios con ingresos garantizados; eso le resultaba contrario a su afán de pobreza. El padre Domingo Báñez la llevó a cambiar de opinión, recordándole que el Concilio de Trento autorizó a los conventos a tener una renta; no por el hecho de ser pobres las religiosas serían perfectas. Teresa de Ávila acepta, pero con una condición: que la renta del futuro convento sea elevada: «Yo siempre he pretendido que los monasterios que fundaba con renta la tuviesen tan bastante, que no hayan menester las monjas a sus deudos ni a ninguno, sino que de comer y vestir les den todo lo necesario en la casa, y las enfermas muy bien curadas; porque de faltarles lo necesario vienen muchos inconvenientes [...]. Y para hacer muchos monasterios de pobreza sin renta, nunca me falta corazón y confianza, con certidumbre que no les ha Dios de faltar. Y para hacerlos de renta y con poca, todo me falta. Por mejor tengo que no se funden» (*Fundaciones*, cap. XX).

Teresa de Ávila tuvo que discutir largamente, pero finalmente logró lo que quería: el monasterio tendría unos ingresos que los donantes se comprometían a abonar. El acuerdo se firmó el 3 de diciembre de 1570. El ordinario dio su licencia el 20 de diciembre y el carmelo de Nuestra Señora de la Anunciación se inauguró el 24 de enero de 1571.

II. EL INTERMEDIO DE LA ENCARNACIÓN (1571-1574)

Al cabo de unos meses de la inauguración del monasterio de Alba de Tormes, el 6 de abril de 1571, el padre general Rossi autoriza a Teresa a fundar conventos en toda España («en todas partes»), y no solo en Castilla. Sin embargo, entre 1571 y 1574 no se funda ningún convento. Esta interrupción de la obra reformadora le fue impuesta a Teresa.

Tras crear el convento de Salamanca, Teresa tuvo que dirigirse a Medina del Campo para solucionar dos problemas internos del carmelo que allí había fundado.

El primero era un asunto de dinero. La sobrina del mercader Simón Ruiz había decidido tomar el hábito de carmelita con el nombre de Isabel de los Ángeles. Al acercarse el día de su profesión, anuncia su propósito de entregarle al convento su herencia, una cantidad probablemente muy elevada a juzgar por el volumen de los negocios de la familia de Simón Ruiz. Al principio, sus padres se oponen a su voluntad, luego, en vista de la obstinación de la joven, exigen compensaciones: quieren ser los patronos de la capilla del convento, lo que les conferiría el derecho de nombrar a los párrocos. El provincial del Carmelo, el padre Ángel de Salazar, apoya sus reivindicaciones; sin duda pretende ganarse el favor de una familia tan rica, pero la principal interesada no quiere saber nada del tema y todas las carmelitas la apoyan. Solo Teresa de Ávila parece capaz de encontrar una solución y, en efecto, convence a la familia de que renuncie a sus pretensiones.

El segundo conflicto atañe a la priora, Inés de Jesús. Su mandato llega a su fin y Teresa sugiere que sea ratificada en sus funciones. Las carmelitas siguen su consejo y reeligen a Inés de Jesús, pero esta votación desata la ira del padre provincial, que tenía su candidata, una carmelita «calzada» de la Encarnación de Ávila. ¡Ángel de Salazar no acepta plegarse a una mujer! Su exasperación es tal que pierde el sentido de la mesura: le ordena a Teresa, bajo pena de excomunión, que abandone de inmediato el convento. La decisión no es conforme a derecho: las letras patentes del general del Carmelo dejaban a Teresa como única juez de los asuntos que concernían a las carmelitas descalzas. Además, la decisión resulta particularmente chocante porque estamos a primeros de diciembre y pronto caerá la noche; obligar a salir a una mujer de cincuenta y cinco años, enferma por añadidura, da fe de una insensibilidad inaudita. Teresa obedece. A lomos de un pollino y tras viajar toda la noche, llega al convento de San José de Ávila. Lo abandonará unos días más tarde para fundar el carmelo de Alba de Tormes.

La conducta del provincial suscita comentarios severos. El visitador apostólico al que Pío V ha encargado la inspección de los carmelos de Castilla, el dominico Pedro Fernández, pretende que Teresa olvide las vejaciones sufridas, depone a la priora impuesta por el provincial y sugiere que se designe en su lugar a Teresa de Ávila; por unanimidad, las carmelitas de Medina del Campo eligen a la fundadora. Teresa asume de inmediato sus funciones, en julio de 1571, pero el provincial aún no ha dicho su última palabra. Acompañaba al visitador apostólico cuando este, en junio de 1571, fue a inspeccionar el convento de la Encarnación, donde se imponía una reorganización. Propone que Teresa de Ávila se ocupe de ello: conoce la casa, allí vivió muchos años, y parece capaz de tomar las riendas. Es una trampa. Lo que busca el provincial es impedir que Teresa funde nuevos carmelos. El visitador cae en la trampa. El 8 de octubre de 1571 le anuncia a las carmelitas de Medina del Campo que ha nombrado a Teresa priora de la Encarnación.

Las carmelitas de la Encarnación se toman a mal el asunto. Ven a Teresa como la protegida del padre provincial, Ángel de Salazar, cuando en realidad es su víctima. Dentro del convento, la oposición se organiza; fuera, algunos legos están dispuestos a intervenir. El 14 de octubre de 1571, cuando Teresa se presenta delante del monasterio, una pequeña aglomeración pretende prohibirle el acceso; es preciso que intervenga el corregidor para apartar a los manifestantes. Teresa es recibida con abucheos e insultos («palabras muy feas»); algunas religiosas se sienten mal. Teresa va a sentarse en el lugar que ocupaba antiguamente; en el asiento de la priora hay un cuadro de san José que, al día siguiente, será reemplazado por un cuadro de la Virgen, como para señalar que la verdadera priora es la Virgen María. Teresa restablece poco a poco la confianza. Da a entender que no está allí para imponer una reforma, sino para acabar con ciertos abusos. Lo más urgente era el problema económico: cada vez resultaba más difícil mantener a ciento cincuenta religiosas con unos ingresos devorados por la inflación. Teresa apela a sus relaciones. La duquesa de Alba dona cien ducados; su hermano Lorenzo le manda dinero desde América. El espectro del hambre se aleja. Esto le facilita poder corregir otros asuntos.

Antes de instalarse en la Encarnación, Teresa ordenó que se marchasen las damas que vivían allí sin intención de llevar vida conventual. La orden atañe en especial a doña María Xuárez, que compartía la celda de su tía; ella protesta: ¿dónde irá? Ya no tiene padre ni madre. Teresa la autoriza a quedarse como criada de su tía, pero esta rechaza que se haga una excepción en su favor; se las arregla para encontrar una dote para su sobrina, que terminará entrando en el convento y observando la regla primitiva en todo su rigor. Teresa también pone término a las visitas que recibían las religiosas, incluidas las de sus padres, y, con mayor motivo, las de algunos caballeros que solían pasar largos ratos en compañía de algunas hermanas, con las mejores intenciones, sin duda, pero en circunstancias que provocaban habladurías. Uno de estos caballeros se indigna; solicita ver a Teresa y le habla en tono amenazante. Lejos de amilanarse, Teresa le anuncia que le escribirá al rey para que le corten la cabeza. Estupefacto, el hombre renuncia a sus visitas. La noticia vuela; los que solían ir a matar el tiempo al monasterio, se dan por enterados; no insisten más.

Faltaba convencer a las religiosas de la Encarnación de que debían volver, si no a la regla primitiva, sí al menos a una vida espiritual más conforme con la inspiración del Carmelo. Sobre este punto, Teresa no podía esperar nada de los directores espirituales del convento, carmelitas de la antigua observancia que consideraban la Encarnación como su feudo; para ellos, Teresa de Ávila era una enemiga que, solo con su presencia, parecía censurar el relajamiento en que vivían. Desde la fundación del carmelo de San José, Teresa había comprendido que la elección de los confesores era decisiva; la reforma de los conventos femeninos exigía la de los conventos masculinos; esa era la mejor forma de darle a las carmelitas unos directores espirituales con una formación teológica sólida, imbuidos de la originalidad del Carmelo con respecto a otras escuelas de espiritualidad.

El padre Rossi, que había autorizado la fundación de carmelos femeninos, se mostraba reticente en cuanto a los monasterios masculinos. Teresa logró convencerlo. El 10 de agosto de 1567, cuando estaba a punto de abandonar España, el general autorizó a Alonso González, provincial de Castilla, y a Ángel de Salazar, prior de Ávila, su predecesor, a fundar dos monasterios de carmelitas contemplativos reformados; estas dos casas deberán permanecer perpetuamente sometidas a la provincia de Castilla. Faltaba encontrar candidatos. Teresa le habló del tema al hermano Antonio de Heredia, que había ayudado mucho al carmelo de Medina del Campo. Para su sorpresa, este declaró que quería ser el primer carmelita descalzo. Teresa pensó que bromeaba, pues el hombre no le parecía hecho para ese estilo de vida, pero Antonio insistió tanto que terminó tomándolo en serio. Poco tiempo después, llegó a Medina un joven carmelita de veinticinco años, estudiante en Salamanca, el hermano Juan de Santo Matías; quería hacerse cartujo; Teresa lo convenció para que se quedara en los carmelitas, pero también para que se «descalzara». El 28 de noviembre de 1568, el hermano Juan de Santo Matías, ahora Juan de la Cruz, y Antonio de Heredia, ahora Antonio de Jesús, fueron los primeros carmelitas descalzos de Duruelo, en plena montaña[100], a nueve leguas de Ávila. Pronto se fundó en Pastrana un segundo carmelo masculino reformado. Teresa comprendió de inmediato que Juan de la Cruz era una personalidad excepcional. Lo llevó a Valladolid y le dio un verdadero curso de formación acelerada[101]. Teresa piensa en Juan de la Cruz como director espiritual de las carmelitas de la Encarnación. Termina saliéndose con la suya con el apoyo del comisario apostólico, el padre Pedro Fernández; en septiembre de 1572, Juan de la Cruz deja el colegio de Alcalá donde se ocupaba de formar a los novicios de Pastrana para convertirse en confesor de la Encarnación.

III. LA SEGUNDA SERIE DE FUNDACIONES (1574-1576)

Segovia

Teresa tenía orden de no salir de la Encarnación. Sin embargo, sus superiores consintieron hacer dos excepciones a esta prohibición:

— La primera vez, a petición de la duquesa de Alba, que se sentía muy sola desde que su marido se había marchado para res-

---

[100] Duruelo fue un fracaso. Al cabo de año y medio tuvieron que emigrar a Mancera, un pueblo vecino y tan rústico como el primero. Hasta 1600 no se encontró la solución definitiva, en Ávila.

[101] «Yo me fui con fray Juan de la Cruz a la fundación que queda escrita de Valladolid. Y como estuvimos algunos días con oficiales para recoger la casa, sin clausura, había lugar para informar al padre fray Juan de la Cruz de toda nuestra manera de proceder, para que llevase bien entendidas todas las cosas, así de mortificación como del estilo de hermandad y recreación que tenemos juntas» (*Fundaciones*, cap. XIII).

tablecer el orden en los Países Bajos. Felipe II, en persona, había intervenido ante el Papa para que autorizasen a Teresa a pasar unos días en casa de la duquesa, a primeros de febrero de 1573 [102].

— La segunda vez, desde finales de julio de 1573 hasta principios de enero de 1574, cuando se hizo imprescindible encontrar una nueva ubicación para el carmelo de Salamanca.

Durante su estancia en Salamanca le proponen a Teresa fundar un convento en Beas y otro en Segovia. La reformadora prefiere empezar por esta última ciudad porque le aseguran que el obispo está bien dispuesto hacia ella. Aunque el comisario apostólico de los carmelitas, Pedro Fernández, es hostil a cualquier nueva fundación. A pesar de todo, Teresa le informa de sus intenciones. Se lleva la sorpresa de recibir una opinión favorable. De resultas, le pide a sus amigos de Segovia que alquilen una casa donde las religiosas puedan alojarse antes de su instalación definitiva. Ella hace el viaje en la carroza de la duquesa de Alba. Al pasar por Ávila, le pide a Juan de la Cruz que la acompañe. El 18 de marzo por la noche, Teresa llega a Segovia; sus amigos trabajan toda la noche para poner la casa en condiciones y, al día siguiente por la mañana, se oficia la misa. El provisor de la diócesis acierta a pasar por allí. Se extraña de que hayan podido fundar un convento y exponer el Santísimo Sacramento sin prevenirlo. Pide ver la licencia. No hay de dónde sacarla, pues el obispo la dio verbalmente; para terminar de complicar las cosas, está ausente: se trata de Diego de Covarrubias y Leyva; en su condición de presidente del Consejo de Castilla y del Consejo de Estado, vive en Madrid la mayor parte del tiempo. En realidad, el provisor sabe bien a qué atenerse, pero está ofendido por no haber sido informado oficialmente. Exige que vuelvan a dejar la casa como estaba y él mismo se encarga de retirar algunos ornamentos; al marcharse, deja a un alguacil en la puerta para que nadie entre. Todo termina arreglándose. Será en este convento de Segovia donde muy pronto encontrarán refugio las carmelitas de Pastrana, blanco de los enredos de la princesa de Éboli.

---

[102] Fue entonces cuando Teresa tuvo oportunidad de visitar la galería de arte (camarín) del palacio de Alba de Tormes. Le impresionaron mucho («me quedé espantada») los géneros de vidrio, las porcelanas y otros objetos preciosos; Teresa evoca este recuerdo en las *Sextas Moradas*, cap. IV.

Beas del Segura

En Beas, una rica heredera, Catalina Godínez, estaba empeñada en fundar un carmelo. Por varias razones, su iniciativa tenía escasas posibilidades de salir adelante. Primero, porque Beas era un pueblecito y, para sus fundaciones, Teresa prefería el ambiente cultural de las ciudades. Luego, porque Beas está al otro lado de Sierra Morena, en la provincia de Andalucía, algo que Teresa ignoraba; ahora bien, la autorización del padre Rossi, superior general del Carmelo, era válida únicamente para las dos Castillas. Por último, el pueblo pertenecía a la Orden de Santiago; nada se podía hacer sin el acuerdo del Consejo de las Órdenes militares, que defendía celosamente sus prerrogativas.

En el otoño de 1574 Teresa fue autorizada a viajar a Salamanca para solucionar un problema inmobiliario. Allí recibió la carta de Catalina Godínez contándole que todo estaba listo; ya habían apalabrado una casa. Teresa se informó: la región de Beas era agradable y fértil[103], pero alejada de todo; parecía un desatino instalar allí un convento. Sin embargo, dio cuenta al comisario apostólico. Este sugirió que esperasen la decisión del Consejo de las Órdenes; estaba convencido de que el Consejo no lo aprobaría, pues rechazaba sistemáticamente todas las demandas de ese tipo. Pero, contra todo pronóstico, el Consejo aceptó. Cabe señalar que Catalina Godínez no escatimó esfuerzos; había viajado a Madrid, donde, durante tres meses, hizo antesala en los despachos correspondientes; finalmente, se había dirigido directamente al rey, gran maestre de las Órdenes militares; al saber que el convento que quería fundar era un carmelo reformado, Felipe II dio su autorización. El comisario apostólico ya no podía dar marcha atrás. Le indicó, pues, a Teresa que fuese a Beas. Teresa y diez religiosas más se pusieron en camino en la segunda quincena del mes de enero de 1575, vía Toledo y Malagón. El grupo llegó a Beas el 16 de febrero de 1575. Tuvieron un recibimiento especialmente caluroso: la nobleza local, el clero y todos sus habitantes se agolpaban a la entrada del pueblo y las acompañaron en procesión hasta el caserón que iba a convertirse en su convento.

---

[103] Hoy en día, la zona de Beas forma parte de un parque natural; es famosa por sus olivares. Según el *Libro Guinness de los Récords*, allí se encuentra el olivo más grande de la provincia de Jaén: 15 metros de alto, capaz de producir hasta setecientos kilos de aceitunas.

Sevilla

En Beas, Teresa conoce a un joven carmelita descalzo, el padre Jerónimo Gracián de la Madre de Dios, visitador apostólico para Andalucía. Es él quien la anima a fundar un convento en Sevilla; ella no quería por oscuras razones [104], pero termina dejándose convencer. Teresa parte el 18 de mayo con seis religiosas, que se apiñan en cuatro carros, y tres sacerdotes, más los carreteros y los arrieros. Hace tanto calor que las provisiones se estropean; hay que tirarlas; se están quedando sin agua; hay que racionarla. El grupo evita viajar por la tarde. Cuando se ponen de nuevo en marcha y hay que subirse a los carros que han permanecido al sol todo el día, es como entrar en el purgatorio (*Fundaciones*, cap. XXIV). Pasan la primera noche en una ermita de la Sierra Morena, luego se dirigen hacia Linares. A mediodía se detienen en una posada; unos hombres borrachos se están peleando; por fortuna, no han visto a las hermanas, que permanecen en los carros. El calor es infernal; el posadero cobra muy caro hasta el cántaro de agua más pequeño. Pasando Linares, en Espeluy, el vado es impracticable; hay que utilizar barcos, a pesar de la corriente que los arrastra... Al caer la noche, la pequeña tropa se refugia en una posada. Al día siguiente, la carretera pasa en medio de los viñedos, los olivos y los sembrados de trigo. Teresa no se siente bien. Se detienen en una posada; la acuestan en una buhardilla, una especie de pocilga; apenas puede mantenerse en pie; el sol entra por todas partes; se oyen gritos, juramentos, música, panderetas... Teresa prefiere ponerse de nuevo en camino, a pesar de que son las horas de más calor, pues ya no están lejos de Córdoba. Sin embargo, juzgan más prudente evitar las posadas y dormir al raso; las monjas pasan la noche en los carros.

El 22 de mayo, el grupo entra en Córdoba antes del amanecer con la idea de no llamar la atención, pero ese día se celebra la Pascua de Espíritu Santo; el barrio está de fiesta y la circulación por el puente que lleva a la mezquita-catedral está cortada. Para pasar se necesita un permiso especial; mientras van a conseguirlo, las religiosas se quedan en los carros, lo que atrae a los curiosos; se forma una aglomeración. Por fin reciben la autorización, pero los carros, demasiado anchos, no pueden pasar por el puente; se ven obligados a serrar los extremos

---

[104] «Tenía algunas causas que tenía bien graves, para no ir a Sevilla» (*Fundaciones*, cap. XXIV). Teresa no precisa cuáles eran esas causas.

y luego a empujarlos. Esto lleva horas. La capilla donde pensaban oír misa está llena de gente. Cansados, los viajeros deciden dormir al raso. Al día siguiente llegan a Écija; pasan la noche en una ermita, fuera de la ciudad; allí permanecen hasta el 25 de mayo. De nuevo en camino, pero para llegar a una posada donde unos soldados y unos arrieros están peleando a cuchillo; Teresa encuentra las palabras necesarias para que se marchen. No hay nada que comer, solo sardinas, pero muy saladas, y casi nada que beber; las monjas prefieren no tomar nada. Tras una última parada en Mairena, por fin llegan a Sevilla, el 26 de mayo de 1575, nueve días después de salir de Beas.

Los desvelos de Teresa aún no han terminado. No hay nada listo para recibir a las religiosas; las instalan provisionalmente en una vivienda incómoda, sin muebles, sin comida. No tienen casa, ni dinero, ni crédito. La verdad es que el arzobispo no quiere que se funde un carmelo sin renta con el pretexto de que ya hay demasiados conventos en la ciudad. Desalentada, Teresa está dispuesta a abandonar; decididamente, Sevilla no le gusta lo más mínimo: «Nadie pudiera juzgar que en una ciudad tan caudalosa como Sevilla y de gente tan rica había de haber menos aparejo de fundar que en todas las partes que había estado. [...] No sé si el mismo clima de la tierra, que he oído siempre decir los demonios tienen más mano allí para tentar» (*Fundaciones*, cap. XXV).

¿A qué podemos atribuir este juicio desfavorable? Algunos estudiosos modernos evocan a veces el carácter oriental de una región donde las huellas de una larga presencia musulmana aún serían visibles, lo que habría chocado a esta mujer llegada de la meseta castellana. Hay que desechar esta idea. Reconquistada a mediados del siglo XIII, la baja Andalucía fue vaciada de los musulmanes que allí vivían; estos, hacia 1250, apenas representaban el 0,5% de la población. Las expulsiones masivas decretadas por Alfonso X fueron compensadas con la llegada de cristianos del norte de la Península. Estos castellanos conservaron las costumbres de sus regiones de origen. Durante siglos, por ejemplo, siguieron cocinando con tocino; el aceite de oliva les repugnaba; no será de uso corriente hasta mucho más tarde, en la segunda mitad del siglo XVII. Todo el esfuerzo de las élites reconquistadoras va encaminado a borrar el periodo musulmán para recuperar el antiguo pasado: la ciudad habría sido fundada por Hércules o por Julio César. En 1574, un año antes de la llegada de Teresa, se inauguró lo que todavía hoy se llama la alameda de Hércules, sembrada de álamos y naranjos; procedentes de unas ruinas romanas, dos columnas coronadas con estatuas de Hércules y de Julio César fueron instaladas allí.

No son, pues, unos hipotéticos vestigios islámicos lo que explica el malestar de Teresa. En 1575 Sevilla es una gran aglomeración, la más importante de España con sus treinta mil hogares —¡ciento cincuenta mil habitantes! Desde comienzos del siglo XVI detenta el monopolio del comercio con América; de allí parten los barcos cargados de mercancías que luego venderán a muy buen precio a los conquistadores y a los colonos; allí atracan las flotas de las Indias, los famosos galeones con sus cargamentos de metales preciosos. Esta actividad atrae a negociantes de toda Europa. Algunos hacen fortunas colosales. Otros se arruinan. El mismo año de la llegada de Teresa, Felipe II ha tenido que decretar una bancarrota que ha provocado numerosas quiebras. Más numerosos aún que los negociantes son los aventureros atraídos por el afán de enriquecerse: traficantes, desertores, pillos, prostitutas, en dos palabras, el hampa. La sociedad sevillana rinde culto al dinero. La riqueza que se exhibe despierta la codicia de los excluidos. A su manera, la novela picaresca expresa el desasosiego de una sociedad desmoralizada: todo se vende; todo se compra; el pícaro también quiere disfrutar de la vida; roba y engaña sin escrúpulos porque está convencido de que todo el mundo hace lo mismo; bien o mal ganada, la fortuna lo disculpa todo; convierte a un bribón en un hombre honorable. El pícaro por excelencia, Guzmán de Alfarache, el héroe de la novela de Mateo Alemán, publicada en 1599, es sevillano. Esto sería, a mi juicio, lo que permite comprender el malestar de Teresa de Ávila. Hasta ahora, ha frecuentado a nobles, a burgueses; puede sentir afecto por los hombres de negocios, pero odia a los especuladores de Sevilla.

Las cosas terminan arreglándose. El arzobispo cambia de opinión; incluso envía limosnas, pero, lo que saca de apuros a las carmelitas es, el 12 de agosto de 1575, la sorprendente llegada del hermano de Teresa, Lorenzo, el conquistador. Nadie lo esperaba; al desembarcar, se entera de que su hermana está en Sevilla. Hacía treinta y cuatro años que no la veía. La esposa de Lorenzo había fallecido en Quito en 1567. Venía con sus tres hijos: Francisco, de quince años; Lorenzo, de trece, y Teresa, de nueve, una Teresa a la que su tía se llevará con ella al convento para velar por su educación. La pequeña despierta la admiración de todos: les habla del océano Pacífico, de las tempestades y otras peripecias de la travesía; sabe algunas palabras de quechua... Su padre ha hecho fortuna en América. Gracias a él, las religiosas pueden comprar una casa acorde a sus necesidades. A Teresa le hubiese gustado instalarse discretamente en el nuevo carmelo, pero la convencen de lo contrario: hay que dar a conocer el convento y, para ello, nada mejor que una inauguración solemne. Se fija la fecha: el 3 de junio de 1576. El arzobispo, muy bien dispuesto, se ocupa de todo; organiza una procesión en que participan los clérigos y las cofradías; las calles están cubiertas de flores; hay música y cánticos. El arzobispo en persona asiste. Él instala el Santísimo Sacramento en la capilla del convento. Antes de partir, bendice a Teresa y luego, ante el asombro general, le pide a Teresa que lo bendiga a su vez.

Caravaca

En el libro de las *Fundaciones,* Teresa le dedica un capítulo al carmelo de Caravaca, que reivindica, pues, como obra suya, aunque las circunstancias no le permitieron fundarlo en persona. Caravaca era una pequeña ciudad de unos diez mil habitantes en el reino de Murcia[105]. Tres muchachas de buena familia deseaban vivir en clausura, pero en Caravaca no había convento. Como tenían medios para ello, decidieron financiar uno, pero dudaban sobre la orden religiosa. Los jesuitas, que acababan de abrir unas escuelas en Murcia, les aconsejaron que se dirigieran a Teresa de Ávila. Esta se informa. Le dicen que Caravaca no está muy lejos de Beas, adonde debe viajar; ¿por qué no proceder a dos fundaciones, Beas y Caravaca, aprovechando un solo desplazamiento? Al llegar a Beas, Teresa se da cuenta de que, por culpa del mal estado de los caminos, el viaje no será tan fácil como esperaba. Envía por delante al capellán Julián de Ávila, que vuelve entusiasmado; incluso se ha comprometido ante notario a alquilar una casa. Solo falta la licencia del Consejo de las Órdenes, pues Caravaca es sede de una encomienda de la Orden de Santiago; el titular es el poderoso Luis Fajardo, segundo marqués de los Vélez. La licencia es concedida, pero con unas cláusulas inaceptables: el convento estaría bajo la jurisdicción del comendador y las religiosas le deberían obediencia. Teresa le escribe entonces

---

[105] Hoy en día es conocida por la reliquia de la Verdadera Cruz que allí se venera desde el siglo XIII. Esta cruz tiene la particularidad de que el relicario donde se guarda tiene la forma de un crucifijo con dos brazos. Es costumbre regalar una reproducción de esta cruz.

al rey, gran maestre de las Órdenes militares, que anula estas condiciones. Teresa no podía esperar más tiempo y el carmelo de Caravaca se inauguró sin ella el 1 de enero de 1576.

Madrid

Teresa había pensado fundar un carmelo en Madrid. Incluso había encontrado un buen emplazamiento, en pleno centro, en lo que hoy es la calle Marqués de Cubas, que entonces se llamaba la calle del Turco porque allí vivía el embajador de Turquía. Esta posibilidad no era del agrado de las autoridades eclesiásticas, escandalizadas ante la idea de que unos infieles fuesen vecinos de las carmelitas, a lo que Teresa habría respondido: «No hay melindres, hermano, que turcos y monjas todos llevan la cabeza llena de trapos». Sin embargo, no habrá carmelo en Madrid. ¿Fue porque acababan de fundarse dos establecimientos que presentaban muchas analogías con las carmelitas descalzas? Uno era el famoso convento de las Descalzas Reales, fundado en 1557 por Juana de Austria, hermana de Felipe II; el otro respondía a una iniciativa de Leonor Mascareñas, antigua aya del rey; quería hacerse franciscana; Carlos V le sugirió que optase por fundar un convento, convento inaugurado el 17 de diciembre de 1563; solo recibiría a doce religiosas para vivir en recogimiento.

IV. QUERELLAS EN EL CARMELO

«Acabada la fundación de Sevilla, cesaron las fundaciones por más de cuatro años. La causa fue que comenzaron grandes persecuciones muy de golpe a los Descalzos y Descalzas, que aunque ya había habido hartas, no en tanto extremo, que estuvo a punto de acabarse todo. [...] Padecieron mucho los Descalzos, en especial las cabezas, de graves testimonios y contradicción de casi todos los Padres calzados» (*Fundaciones*, cap. XXVIII).

Así evoca Teresa uno de los episodios más sombríos de la vida del Carmelo. No abordaremos aquí la historia de los descalzos; necesitaríamos otro libro. Es preciso, sin embargo, decir unas palabras al respecto.

Anteriormente vimos cómo Teresa empezó a reformar los carmelos con las fundaciones de Duruelo (1568) y de Pastrana (1569). Luego, entre 1570 y 1574, el padre general Rossi autorizó la creación de siete conventos de descalzos, pero rechazó tajantemente toda fundación en Andalucía. Una derogación a esta norma iba a desatar una tempestad.

La reforma tridentina no se impone de la misma forma ni con la misma intensidad en todas las órdenes religiosas. El Carmelo iba a remolque. Para remediar esta situación, se recurrió, en 1569, a unos comisarios dominicos: el padre Pedro Fernández para Castilla y el padre Francisco Vargas para Andalucía. El primero se limitó a incorporar descalzos a los conventos de Castilla para así alentar el regreso a la observancia. El segundo prefería crear nuevas comunidades de descalzos a pesar de las instrucciones del padre general Rossi. Nombrado visitador para Andalucía, el padre Jerónimo Gracián de la Madre de Dios pensó que podía crear allí una congregación que estuviese bajo la jurisdicción directa del prior general, congregación que reagruparía a todos los conventos de descalzos, tanto los ya fundados como los futuros. Con esta decisión, Gracián se extralimitaba en sus funciones. No tardarían en hacérselo saber.

En mayo de 1575, durante el capítulo general de Piacenza, la Orden del Carmelo decidió suprimir todas las fundaciones realizadas sin la licencia del padre general, es decir, las de Andalucía. Al mismo tiempo, despojó a Gracián de su cargo de visitador, nombramiento que le debía al nuncio Ormaneto, con el consentimiento del rey. Por último, el capítulo nombró al padre Tostado visitador de todos los carmelos de España. Esta serie de acontecimientos va a tener graves consecuencias. Algunos carmelitas descalzos, incluido el padre Gracián, fueron encarcelados en Pastrana o en Alcalá, pero fray Juan de la Cruz fue la principal víctima de este ajuste de cuentas. En la noche del 3 al 4 de diciembre de 1577, en Ávila, fue secuestrado por los calzados con el permiso del nuncio y la colaboración del poder secular. Apenas al día siguiente, la madre Teresa ya hizo constar su desaparición ante notario. Durante nueve meses, nadie tuvo la menor idea del lugar donde se encontraba Juan de la Cruz. El asunto parecía no interesar a nadie. La madre Teresa era la única conmovida. Temía por su vida: «A mí me tienen muy lastimada verlos en sus manos [...] y tuviera por mejor que estuviera entre moros, porque quizá tuvieran más piedad». ¿Por qué fue encarcelado Juan de la Cruz? Pareciera que los calzados vieron en él, no sin razón, al valedor de la reforma teresiana. Cuando, en 1571, Teresa fue nombrada priora de la Encarnación, logró que Juan de la Cruz fuese designado confesor en lugar de los calzados. Esto desagradó profundamente a los hermanos de la antigua observancia, celosos de la veneración que despertaba en las monjas de la Encarnación. Juan de la Cruz fue encerrado en el convento de Toledo y mantenido incomunicado en lo que él llamará más tarde, no sin humor, «el vientre de la ballena». Allí es tratado con un rigor inhumano. Es en la prisión de Toledo donde escribe el *Cántico espiritual*. Durante la octava de la Asunción de 1578 logra evadirse entre las dos y las tres de la mañana y encuentra refugio en el convento de las carmelitas descalzas de Toledo.

Tal vez puede causar perplejidad que unos monjes encarcelen a otros sin que las autoridades se inmuten. Pero en las sociedades de la época, el clero, al igual que la nobleza, era un estamento privilegiado. Como tal había obtenido, en principio para garantizar su independencia, que sus miembros fuesen juzgados no por los tribunales ordinarios, sino por una jurisdicción especial formada por eclesiásticos. En otras palabras, los miembros del clero no estaban sujetos al derecho común. Los carmelitas calzados creían poder sancionar a Juan de la Cruz como bien les parecía y la justicia real no tenía por qué meterse en sus asuntos.

Entre tanto, se buscaba una salida al conflicto. Felipe II no admitía que Roma interviniera en los asuntos de España. Deseaba la reforma de las órdenes, pero también quería que las órdenes estuviesen bajo su autoridad, al menos en la medida de lo posible. De ahí que favoreciera la solución de la independencia. Le solicitó al Papa que crease una provincia separada para los carmelitas descalzos. Gregorio XIII respondió favorablemente con el Breve del 22 de junio de 1580. La independencia se hizo realidad durante el Capítulo de Alcalá (marzo de 1581). Jerónimo Gracián fue elegido provincial.

V. LAS ÚLTIMAS FUNDACIONES (1580-1582)

Villanueva de la Jara

Las fundaciones se reanudan, en febrero de 1580, con el convento de Villanueva de la Jara, un pueblo de la Mancha entre Cuenca y Albacete. La municipalidad quería que nueve mujeres que desde hacía varios años vivían en una ermita, adoptasen la regla del Carmelo. Todo había empezado por iniciativa de Catalina de Cardona, una beata que procedía de una familia catalana, los duques de Cardona. A los cuarenta años, tras perder a su marido, se había entregado a la oración y a la penitencia. En 1571, durante una visita a su amigo, el príncipe de Éboli, en su palacio de Pastrana, había conocido a las carmelitas descalzas que acababan de instalarse. La vida que lleva y sus penitencias fascinan a las descalzas. Los monjes le sugieren que ingrese en las carmelitas de Pastrana, pero Catalina responde que no es digna de ello: ¡prefiere alojarse en el palacio de los príncipes de Éboli! Tres días más tarde, sin embargo, en presencia de los príncipes, toma el hábito de los monjes descalzos —¡un hábito masculino!— y decide fundar un convento, pero tiene buen cuidado de no ir a ver a Teresa de Jesús; incluso se las ingenió para no conocerla nunca, sin duda temerosa de que a la reformadora del Carmelo le resultasen sospechosas sus penitencias excesivas. Catalina recauda mucho dinero, el suficiente para fundar una especie de ermita a las afueras del pueblo de Villanueva, en un lugar conocido como La Roda. En realidad, ese dinero fue utilizado para hacer unas obras de acondicionamiento, bajo la dirección de un carmelita descalzo de Pastrana, el hermano Mariano Azzaro, antiguo ingeniero, que ideó construir una galería subterránea para que la madre Cardona pudiese ir, al abrigo de las inclemencias del tiempo, de la gruta donde vivía a la futura ermita; se habían dispuesto, a intervalos regulares, unas aberturas para dejar pasar la luz; el subterráneo estaba decorado con cuadros de la Pasión de Cristo; Catalina de Cardona lo llamaba «la calle de la Amargura». Los fondos se agotan; la galería está a punto de derrumbarse; el convento previsto no pasa de ser un proyecto y Catalina se instala en una gruta. Allí vivirá hasta su muerte, el 11 de mayo de 1577, consagrada a unas penitencias que despertaban la admiración de los vecinos del lugar. Es tanta su reputación que en 1574 unas jóvenes de Villanueva se unieron a ella en su soledad. A la muerte de Catalina, el cura del lugar les encontró una casa donde se retiraron; vivían de labores de costura que luego vendían. En 1580 eran nueve las mujeres que llevaban esta vida de reclusas; los libros de Luis de Granada y de Pedro de Alcántara les servían de guías espirituales; su deseo era ser carmelitas.

Teresa no tenía demasiado interés en transformar a estas reclusas en carmelitas. En sus *Fundaciones* (cap. XXVIII), da cinco razones para justificar su negativa:

— eran demasiadas y ya tenían sus costumbres; costaría mucho trabajo convencer a estas reclusas de que adoptasen la regla del Carmelo;

— el pueblo era demasiado pequeño; no había forma de que las religiosas pudiesen vivir de limosnas; la municipalidad parecía decidida a subvencionarlas, ¿pero por cuánto tiempo?
— las muchachas no tenían casa propia;
— Villanueva estaba demasiado lejos de los otros carmelos;
— Teresa nunca había visto a las postulantas; ignoraba si tenían las cualidades requeridas para ser admitidas.

Sin embargo, unos monjes que habían pasado por Villanueva le hicieron cambiar de opinión. La municipalidad se comprometió formalmente a garantizarle al futuro convento los medios para vivir decentemente y, en febrero de 1580, Teresa aceptó fundar el carmelo de Villanueva.

Palencia

En diciembre de 1580, Álvaro de Mendoza, obispo de Palencia, le pide a Teresa que funde un carmelo en su ciudad episcopal. Teresa lo conoce bien: es el antiguo obispo de Ávila, que siempre la ha respaldado y alentado; era difícil negarse. ¿Será la enfermedad la causa de su pesimismo? Se encuentra desganada, dice; todo el mundo cree que va a morir. Lo que es seguro es que está reticente. Le comentan que la ciudad es una de las más pobres del reino: desventurados campesinos llegan de los campos circundantes para mendigar en la puerta de las iglesias; ya hay cinco conventos femeninos que carecen de todo y que se dirigen al obispo en busca de subsidios. ¿Estaba Teresa mal informada? Según un documento de la época, en Palencia, por el contrario, había trigo en abundancia, vino, frutas, carne, pescado...; el mercado franco del jueves era muy frecuentado; más de un centenar de carros y mulas traían toda clase de productos; la ciudad también contaba con numerosos artesanos del textil y del cuero...

Teresa aún duda, pero quiere firmemente que el convento de Palencia, si deciden fundarlo, no tenga renta; las religiosas deberán vivir de su trabajo y de limosnas. Un jesuita, el padre Ripalda, acierta a pasar por allí. Teresa, que lo conoce bien, le expone sus reticencias. El jesuita se burla cariñosamente de ella: ¿será la edad la que la volvía tan pusilánime? Ripalda invita a Teresa a no renunciar. Teresa recobra el ánimo: subarrienda una casa, encarga a un canónigo que desaloje al ocupante que aún vive allí sin decirle de qué se trata y se pone en camino el 28 de diciembre de 1580. El canónigo se muestra diligente. Cuando las cinco religiosas que acompañan a Teresa llegan, la casa está libre; incluso hay unos pocos muebles; encuentran con qué hacer fuego y calentarse. Al día siguiente se celebra la primera misa. Es entonces cuando Teresa le notifica al obispo que el carmelo no tiene ingresos fijos. Álvaro de Mendoza le asegura que a las religiosas no les faltará de nada; velará por ellas en persona. Falta encontrar una instalación definitiva. Teresa decide comprar una casa. Le han indicado una, cerca de una capilla que goza de cierta fama en la región: Nuestra Señora de la Calle. Teresa compra la casa a pesar del mal estado en que se encuentra, a pesar del precio. Finalmente, los vendedores se muestran comedidos. Amigos generosos aportan los fondos necesarios y el negocio se cierra rápidamente. Para la inauguración, el 26 de mayo de 1581, el obispo organiza una ceremonia grandiosa con procesión, música, cánticos...

Soria

Soria es el fin del mundo, decía Teresa. La ciudad cuenta con mil trescientos hogares, es decir, menos de siete mil habitantes, y estaba apartada del eje Bilbao-Burgos-Toledo-Sevilla, la espina dorsal de la España del siglo XVI; sin embargo, tenía no menos de cuarenta iglesias y diez conventos. Figuraba entre las dieciocho ciudades que tenían el privilegio de estar representadas en las Cortes. Esta distinción respondía a su posición en el sector de la cría de ganado. De Soria, en efecto, partían millones de ovejas trashumantes a principios del invierno hacia los pastos de Extremadura; la lana de estas merinas constituía uno de los principales rubros del comercio exterior de Castilla[106].

Hacia 1580, una dama de la alta nobleza, viuda y sin hijos, desea fundar un convento femenino en Soria. Se llama Beatriz de Beamonte y desciende de una familia que reinó en Navarra, en el siglo XV, antes de ser suplantada por la dinastía de los Albret. Ha decidido ceder una hermosa casa, bien ubicada, más una renta anual de quinientos ducados. Le habla del asunto al obispo de Osma —en Soria no hay obis-

---

[106] En el siglo XX, Antonio Machado recordará este brillante pasado en unos versos célebres: «Soria fría, Soria pura, cabeza de Extremadura...» (*Campos de Castilla*).

po—, el doctor Alonso Velázquez, que Teresa conoció cuando era canónigo y profesor en Toledo —incluso fue su confesor—. Una vez aceptado el proyecto, Teresa llega en los primeros días del mes de junio de 1581. Beatriz de Beamonte la espera en la puerta del futuro convento, rodeada de curiosos. Teresa nombra priora a Catalina de Cristo, hasta entonces hermana tornera en el Carmelo de Medina del Campo. El padre Gracián no daba crédito a lo que oía: ¡Pero si es analfabeta! No sabe escribir. Lee a duras penas. No entiende nada en asuntos de dinero. ¿Cómo podrá dirigir el convento? Teresa insiste: Catalina es una santa mujer; será tan buena priora como las otras. Esta Catalina de Cristo no es una desconocida para los historiadores. Su padre, Cristóbal de Balmaseda, espantado de lo que oía decir sobre los alumbrados y los herejes que acababan de quemar en Valladolid, le prohibió a sus hijos volver a escuchar un sermón; para protegerlos de los malos libros, no les enseñó ni a leer ni a escribir.

Burgos

Desde 1575, algunos jesuitas venían sugiriendo fundar un carmelo en Burgos. En 1580, Teresa habla de ello con el nuevo arzobispo, de paso por Valladolid. *A priori*, el prelado Cristóbal Vela —hijo del virrey de Perú, Blasco Vela Núñez, a cuyas órdenes sirvieron los hermanos de Teresa— debería de estar bien dispuesto. No obstante, Teresa le solicita a su viejo amigo, Álvaro de Mendoza, obispo de Palencia, que hable en su favor. La gestión es bien recibida; el arzobispo promete dar su consentimiento. Solucionado este punto —o al menos así lo creía—, Teresa procede a las fundaciones de Palencia y de Soria. No es hasta fines de 1581 cuando se plantea ir a Burgos, pero vacila por culpa de su quebrantada salud; estuvo a punto de morir en Palencia y nunca se recuperó del todo; la fiebre no la abandona; siente como si tuviese una llaga en carne viva en la boca; escupe sangre; cuesta trabajo entender lo que dice. En tal estado, ¿es razonable andar por esos caminos en pleno invierno? No deja de llover; hace frío; los caminos están inundados, a menudo impracticables; los ríos, el Carrión, el Arlanzón, están crecidos, y las aguas han arrastrado algunos puentes; cuando deja de llover, nieva... Teresa piensa en delegar sus poderes en la priora de Palencia, Inés de Jesús, pero luego decide ponerse en marcha a pesar de todo, presionada por algunos amigos inconscientes de los riesgos que obligan a correr a esta mujer de sesenta y seis años. Con ella viajan el provincial del Carmelo, el padre Jerónimo Gracián, la futura priora, cinco religiosas, su sobrina, una hermana conversa, un monje de Granada, así como varios carreteros, arrieros y criados. La pequeña expedición deja Ávila al amanecer del 2 de enero de 1582. Avanzan por etapas cortas: Medina del Campo, Valladolid, Palencia; hacen noche en pésimas posadas donde ni siquiera había sábanas ni mantas. Tras un viaje extenuante de veinticuatro días, el 26 de enero, llegan a Burgos, donde las calles parecen ríos...

La ciudad ha perdido mucho de su antiguo esplendor[107]. La edad de oro del comercio de Burgos se sitúa entre 1425 y 1550. Se exporta lana hacia el norte de Europa; se importan paños y otros productos, pero estos intercambios empiezan a disminuir hacia 1550, incluso antes de la revuelta de los Países Bajos: las ciudades hanseáticas compran menos textiles flamencos y se ponen de moda el algodón y el lino. La guerra de Flandes acentúa la caída. En el canal de la Mancha, piratas y corsarios acechan a los barcos españoles, que se ven obligados a viajar en convoyes y a dar largos rodeos. En 1574, los bandoleros del mar toman Middelburg y se apoderan de ciento cuarenta y siete barcos españoles que se disponían a desembarcar su carga; un tercio de estos barcos pertenecían a burgaleses. Para armadores y aseguradores es la ruina. Entonces empieza el declive de Burgos. Hacia 1570, otro suceso confirma la caída del comercio burgalés: la bancarrota de los Bernuy. Los Bernuy habían creado una compañía que no tenía nada que envidiarle a las empresas italianas y alemanas de la época por el volumen de sus negocios, las técnicas que empleaban, la estructura del capital, etc. La compañía se dedicaba a comercializar mercancías de todo tipo, pero se había especializado en el comercio del pastel, producto indispensable para la industria textil. Desde finales del siglo XV, los Bernuy dominaban el mercado en toda Europa, desde la producción —en la zona de Lauragais— hasta la distribución, pasando por el transporte: tenían su propia flota mercante. La competencia del índigo de América, producto de mejor calidad, más barato y más fácil de transportar, arruina esta hermosa obra. Los Bernuy no pueden aguantar; el mercado se desploma. En unos años, Burgos pierde la mitad de sus habitantes.

---

[107] Burgos ya no es lo que era: «Con no estar con la prosperidad que solían» (*Fundaciones*, cap. XXXI).

Este marasmo no es ajeno a las dificultades que encuentra Teresa. La municipalidad concede su licencia porque una viuda rica, Catalina de Tolosa, se presta a garantizar los medios de existencia del futuro carmelo: está decidida a proporcionarle a las religiosas una casa y todo lo que necesiten. Catalina está bien dispuesta hacia Teresa: sus cuatro hijas son carmelitas, dos en el convento de Valladolid y dos en el convento de Palencia. De pronto, contrariamente a lo que todos pensaban, el arzobispo pone trabas; había prometido ayudar a Teresa, pero creía que vendría sola para discutir con él las condiciones de la fundación; al saber que ha llegado con varias religiosas y se propone fundar el convento, tiene la sensación de que le están forzando la mano. Teresa va a hablar con el prelado, que pone dos condiciones: el monasterio deberá ser propietario de la casa que ocupe y contar con ingresos suficientes, que él calcula en cuarenta mil ducados, cantidad considerable. Catalina de Tolosa se encarga de solucionar el problema. El 23 de febrero de 1582, en el hospital de Bernuy, llamado de la Concepción, institución fundada en 1561 por Diego de Bernuy, subarrienda para las carmelitas dos pequeñas habitaciones, más una cocina que quedan justo bajo el tejado, y una pequeña tribuna desde donde pueden oír misa. Esta solución provisional dista mucho de ser satisfactoria: el lugar parece embrujado; se escuchan ruidos, como si estuviesen destrozando muebles; una noche, un gato salta sobre una lámpara y la apaga; en otra ocasión, un enorme perro parece surgir de la chimenea antes de desaparecer; hay insectos por todas partes —«los piojos festejaban»—, a lo que hay que sumar también los malos olores que llegan del hospital; los gritos de los enfermos... El 16 de marzo de 1582, Teresa puede por fin comprar una casa en buenas condiciones, no lejos de una iglesia, cerca del río. El 18 de abril de 1582, el arzobispo concede por fin su licencia.

Conclusión

Entre 1567 y 1582 Teresa recorrió miles de kilómetros para fundar catorce conventos de carmelitas descalzas, quince contando el de Caravaca. Una de sus fundaciones —Pastrana— no fue viable; se debió más al capricho de una gran dama que a la voluntad de la reformadora que, en cuanto pudo, trasladó a las religiosas a Segovia.

Con unas pocas excepciones —Malagón, Beas, Caravaca, Villanueva de la Jara—, los conventos están situados en las regiones más dinámicas. En efecto, un carmelo, tal como lo entiende Teresa de Ávila, solo es concebible en un marco urbano, y esto por dos razones:

— solo las ciudades brindan un ambiente favorable para una vida espiritual auténtica; en las ciudades, las carmelitas encontrarán más fácilmente directores espirituales competentes, teólogos curtidos en las disciplinas universitarias;
— en las ciudades, las religiosas también tienen más posibilidades de tratar con aristócratas ricos o con burgueses acomodados susceptibles de ayudarlas a mantenerse, bien comprando sus productos, bien con generosas limosnas.

Al preferir las ciudades al campo o al «desierto», Teresa no hace más que recuperar una tradición que se remonta al siglo XIII: a diferencia de los cartujos y de los cistercienses, que casi siempre se instalan en parajes apartados, los carmelitas, salvo raras excepciones, prefieren vivir en las ciudades.

Casi todas las fundaciones de Teresa se sitúan en una franja de unos doscientos kilómetros de ancho que atraviesa España de norte a sur, de Bilbao a Sevilla pasando por Burgos, Medina del Campo y Toledo. En esta franja se concentra la riqueza del reino de Castilla, las manufacturas, los campos de trigo, los viñedos, y también las universidades más reconocidas, los centros administrativos. En esta franja surgieron y se desarrollaron los grandes movimientos políticos, culturales y espirituales del siglo: la revolución de las Comunidades, el humanismo, el erasmismo, las inquietudes religiosas, ya sea en su forma heterodoxa —iluminismo, luteranismo—, ya sea en su forma ortodoxa —doctrina del recogimiento, la mística [108].

Desde este punto de vista, España y Francia son radicalmente opuestas. En la Francia del siglo XVII —observa Michel de Certeau—, los movimientos místicos se refugian en las zonas afectadas por la crisis, todas situadas al margen del desarrollo económico; atraen a categorías

---

[108] En la primera mitad del siglo XVI, los alumbrados fueron acogidos y amparados en los palacios de la aristocracia —en Medina de Rioseco, en el dominio del almirante de Castilla; en Guadalajara, por el duque del Infantado; en Escalona, por el marqués de Villena—, o en los salones de la alta burguesía de Valladolid y de Burgos. A mediados de siglo, en dos grandes ciudades, Valladolid y Sevilla, se dieron los únicos dos focos de manifestaciones significativas del protestantismo español.

sociales «en vías de recesión socioeconómica, desfavorecidas por los cambios, marginadas por el progreso o arruinadas por las guerras»[109]. En España no ocurre nada parecido; la mística de Teresa florece, al contrario, en las regiones más dinámicas y más prósperas del reino. Sin embargo, hay que matizar esta observación: las reformas empiezan en 1562-1567, en una Castilla que aún está en plena expansión; terminan en 1582, en un momento en que las cosas están empezando a cambiar. El giro de la coyuntura, a partir de 1575, influye en la economía del reino y, en consecuencia, en la situación material de los conventos. Teresa no podía prever este vuelco.

---

[109] Michel de Certeau: *La Fable mystique*, Gallimard, París, 1982, p. 37.

Capítulo IV

Letra y espíritu de la reforma

El Carmelo es una montaña de Palestina donde, según la tradición, los anacoretas solían retirarse bajo la advocación del profeta Elías. Los carmelitas aspiran a ser los sucesores de esos ermitaños; su primer monasterio se llamaba Nuestra Señora del Monte Carmelo. A comienzos del siglo XIII, las derrotas sufridas por los cruzados en Tierra Santa los llevan a instalarse en Occidente. Entonces se convirtieron en una orden consagrada a la enseñanza y a las misiones, como los dominicos. La Orden del Carmelo tiene, pues, una doble vocación: el apostolado y la contemplación. La regla del Carmelo, tal como fue aprobada por una bula de Inocencio IV (1247), consta de varios puntos:

— los monjes están obligados a rezar las oraciones del oficio divino (Horas canónicas): laudes, maitines, vísperas, completas, nona, prima, tercia;
— todos los bienes son comunes [110];
— los monjes o las religiosas deben trabajar [111];
— observarán el silencio durante la mayor parte del día [112];

---

[110] «Ningún hermano considerará nada como suyo propio. Tenedlo todo en común. El prior, por medio del hermano que haya designado para ese oficio, distribuirá a cada uno cuanto le haga falta, atendiendo a la edad y a las necesidades personales.»

[111] «Empleaos en algún trabajo, para que el diablo os halle siempre ocupados; no sea que, por culpa de la ociosidad, descubra el maligno brecha por donde penetrar en vuestras almas.»

[112] «Ordenamos que guardéis silencio desde la terminación de completas hasta después del rezo de prima del día siguiente. Fuera de este tiempo, aunque la práctica del silencio no sea tan estricta, evitad cuidadosamente la charlatanería. Que cada uno haga balanza y pesas para sus palabras, y puerta y cerrojo para su boca, no sea que resbale a causa de la lengua y caiga, y su caída resulte mortal».

— las colaciones se harán en común escuchando pasajes de la Biblia;
— ayunarán «desde la fiesta de la Exaltación de la Santa Cruz [14 de septiembre] hasta el día de la Resurrección del Señor»[113];
— observarán abstinencia[114].

Teresa se inspiró en estas reglas, adaptándolas en algunos puntos. Las carmelitas descalzas se levantaban a las cinco de la mañana en verano (desde la Pascua de Resurrección hasta la fiesta de la Exaltación de la Santa Cruz —14 de septiembre—, y a las seis en invierno (desde la fiesta de la Exaltación de la Santa Cruz hasta la Pascua de Resurrección). Tras una hora de oración mental, leían las Horas menores y asistían a misa. Tras esto, venía un tiempo dedicado al trabajo. Almorzaban a las once en invierno y a las once y media en verano. Durante las comidas se leían pasajes de alguno de los libros recomendados por Teresa: el Cartujo, es decir, la *Vida de Cristo*, de Ludolfo de Sajonia; el *Flos sanctorum* —*La leyenda dorada*, de Jacques de Vorágine—; la *Imitación de Cristo*, el *Oratorio de religiosos*, de Antonio de Guevara, las obras de Luis de Granada y las de Pedro de Alcántara. Aquí reconocemos las lecturas que alimentaron la espiritualidad de la fundadora. Las vísperas, a las dos de la tarde, son seguidas por una lectura espiritual. Entre cuatro y seis, segundo periodo de trabajo. Tras las completas, las carmelitas dedican una hora a la oración mental. La cena es a las ocho y, a continuación, un segundo tiempo de recreación. Luego las religiosas se reúnen en el coro para maitines y laudes. Este oficio es seguido por un examen de conciencia y por una lectura preparatoria para la meditación del día siguiente. A las once, cada una se retira a su celda para pasar la noche. Una vez a la semana tenía lugar un «capítulo de culpas», durante el cual se leía la regla y las constituciones; después, la priora decía unas palabras.

A Teresa se le deben al menos tres innovaciones: el uso de las alpargatas, las ermitas y los periodos de recreación.

---

[113] «Guardad ayuno todos los días, menos los domingos, a no ser que la enfermedad o debilidad física u otra causa razonable aconseje su dispensa, pues la necesidad no está sujeta a ley.»

[114] «Observad la abstinencia de carne, a menos que la toméis como remedio en caso de enfermedad o debilidad. Y ya que, debido a los viajes, tenéis que mendigar a menudo vuestro sustento, fuera de casa podéis comer legumbres preparadas con carne, a fin de ahorrar molestias a quien os dé hospedaje. Pero queda autorizada la comida de carne en las travesías.»

El 13 de julio de 1563 Teresa se «descalza»: en lugar de los zapatos que se usaban en la Encarnación se pone unas alpargatas de cáñamo; las demás religiosas la imitarán, así como los carmelitas que, a partir de ese momento, se conocerán como los «descalzos» para distinguirlos de los que siguen viviendo según la regla mitigada.

En todos los conventos que fundó, Teresa recomendó crear lo que ella llamaba ermitas, es decir, unos espacios donde las religiosas pudieran recogerse. Estas ermitas pueden tener diversas formas, según el espacio disponible. Puede tratarse de diminutas cabañas en el jardín, si el carmelo es lo bastante grande para tener uno, o bien pequeñas piezas acondicionadas en el interior. Lo esencial es que las carmelitas puedan aislarse; es una forma de hacer el vacío alrededor de uno durante unos instantes y recrear, de alguna manera, el «desierto» en medio del convento. Siendo Teresa una niña todavía, ella y uno de sus hermanos intentaban construir rudimentarias ermitas, que se derrumbaban de inmediato, en el jardín de la casa familiar (*Vida*, cap. I). En el primer convento reformado que fundó, el de San José, Teresa insistió en construir varias ermitas. Algunos vecinos se quejaron; afirmaban que esas construcciones podían dañar las canalizaciones que alimentaban las fuentes públicas. Teresa empuñó la pluma, el 5 de diciembre de 1563, para explicarle a la municipalidad que se habían tomado todas las precauciones para no causar estropicios y que esas ermitas eran indispensables para permitirle a las religiosas tener un rincón para meditar en calma y rezar... ¡por los intereses comunales![115].

Estas ermitas —al igual que las celdas, por cierto— estaban adornadas con imágenes piadosas. A Teresa siempre le gustó tener a la vista representaciones de la vida de Cristo o de los santos que la ayudaban en sus meditaciones y, en *Camino de perfección*, le recomienda a las religiosas tener siempre una imagen al alcance de la mano[116]. En el mismo libro se compadece de los herejes que, por su propia culpa, se privan tanto de este consuelo como de otros muchos.

---

[115] El conflicto estalló el 22 de agosto de 1562, dos días antes de la inauguración del carmelo de San José. No se resolverá hasta dos años más tarde. El 1 de febrero de 1564 la municipalidad le ordena a las monjas que desocupen el lugar. Terminan encontrando una solución: las ermitas son derribadas, pero se construyen otras en un terreno medianero comprado a tal efecto.

[116] «Lo que podéis hacer para ayuda de esto, procurad traer una imagen o retrato de este Señor que sea a vuestro gusto; no para traerle en el seno y nunca le mirar, sino para hablar muchas veces con Él, que Él os dará qué le decir. Como habláis con otras personas, ¿por qué os han más de faltar palabras para hablar con Dios?»

Las carmelitas guardan silencio desde las nueve de la noche hasta el rezo de la prima, que tiene lugar al día siguiente. Sin embargo, Teresa ha previsto dos periodos de recreación para que las religiosas puedan relajarse, uno por la mañana y otro por la tarde. Devoción no es sinónimo de tristeza. Al contrario, hay que reír y sentirse libre[117]. A Teresa le gustaba reír y escuchar risas a su alrededor, tanto en el convento como en los viajes. Alentaba a las religiosas a cantar y a organizar concursos poéticos. Ella misma daba ejemplo; improvisaba canciones y escribía poesías; algunas se han conservado[118].

No siempre se elegían temas austeros para las justas. El objetivo buscado era disipar la tristeza y la melancolía. A Marcelle Auclair, que, en 1950, pudo entrar en la mayoría de los conventos fundados por Teresa de Ávila, le sorprendió la alegría que reinaba: las carmelitas reían, cantaban, bailaban[119]. Así perpetuaban la tradición iniciada por la madre fundadora.

Las carmelitas nunca deben estar sin hacer nada. El trabajo forma parte de su vida diaria. Trabajar, para ellas, no es solo participar en las tareas comunes: barrer, cocinar, hacer su turno de guardia en la enfermería... La norma impuesta por Teresa va más lejos: las religiosas deben vivir de su trabajo, trabajo que consiste esencialmente en hilar

---

[117] «Hay algunas personas que parece se les ha de ir la devoción si se descuidan un poco. Bien es andar con temor de sí para no se fiar poco ni mucho de ponerse en ocasión donde suele ofender a Dios, que esto es muy necesario hasta estar ya muy enteros en la virtud; y no hay muchos que lo puedan estar tanto, que en ocasiones aparejadas a su natural se puedan descuidar, que siempre, mientras vivimos, aun por humildad, es bien conocer nuestra miserable naturaleza. Mas hay muchas cosas adonde se sufre, como he dicho, tomar recreación aun para tornar a la oración más fuertes. En todo es menester discreción» (*Vida*, cap. XIII).

[118] Tenemos constancia de, al menos, una de estas justas poéticas que se desarrollaban en los conventos. Al parecer, fue el obispo de Ávila, Álvaro de Mendoza, quien tuvo la idea, en 1577. Se trataba de comentar estos versos: «Alma, me buscarás en Mí, / tú Me buscarás en ti; / el alma se busca a sí misma en Dios / y busca a Dios en sí misma». La justa enfrentaba a un caballero de Ávila, Francisco de Salcedo, al capellán Julián de Ávila, a Juan de la Cruz y a Lorenzo Cepeda, el hermano de Teresa; ella presidía y, al final, comentó lo dicho por cada uno. A su hermano, Teresa le reprocha falta de humildad; a Francisco Salcedo, dar pruebas de una humildad mal comprendida; a Julián de Ávila, no tratar el tema, y a Juan de la Cruz ser demasiado extenso y demasiado abstracto: «Esos discursos son buenos para los que quieren seguir los *Ejercicios* de la Compañía de Jesús, no para nosotros que ahora buscamos otra cosa»... El juicio es severo.

[119] Marcelle Auclair, *À la grâce de Dieu*, Ed. du Seuil, París, 1973.

con rueca; quedan tajantemente excluidas las labores de bordado —encajes, puntillas, tapices— y todo lo que implique afectación («labor curiosa»). ¿Bastaba con esto para mantener el convento? Rara vez, de ahí las dudas que muy pronto asaltan a Teresa. Al principio, insistía mucho en la pobreza absoluta: el convento no debía tener otro medio de existencia más que el trabajo de las religiosas y las limosnas o donaciones que pudiese recibir. Teresa tuvo que desengañarse y exigir, en varias ocasiones, ingresos fijos —en forma de renta perpetua— antes de fundar un convento, por ejemplo, cuando el convento se creaba en una ciudad pequeña o en un pueblo; en estos casos, la mayoría de las veces se trataba de responder a la petición de un aristócrata o de un burgués rico que así se convertía en el patrono del monasterio, lo que les daba ciertos derechos: en general, deseaban que se oficiasen cierto número de misas para sus difuntos o solicitaban gozar de privilegios honoríficos, como el derecho a ser enterrados cerca del altar mayor de la capilla. Cuando se sabía que un monasterio no tenía ingresos fijos, pensaba Teresa, las limosnas nunca faltaban[120].

Pero Teresa no contaba con la inflación, la famosa revolución de precios que empezó a principios del siglo XVI. Además, hacia 1575 aparecen en Castilla las primeras señales de recesión: marasmo en los negocios, quiebras... El coste de la vida es cada día más alto y el trabajo de las religiosas está mal pagado; ellas no fijan el precio, sino que se contentan con lo que les dan; los carmelos cada vez tienen más dificultades para mantenerse. En 1571, los libros de cuentas muestran que, en una semana, las carmelitas de Medina del Campo solo ganaban once reales con sus labores, mientras que los gastos en pan, aceite, huevos, pescado, miel, arroz, legumbres y un poco de cordero ascendían a setenta y nueve reales; en ese mismo tiempo, las limosnas no superan los treinta reales[121]; bien es cierto que estos cálculos no tienen en cuenta las donaciones en especie que los devotos podían dejar en el torno. Concretando las cantidades, estas cifras representan unos ingresos anuales apenas superiores a cincuenta mil maravedís. Ahora bien, en una carta escrita unos diez años más tarde, Teresa calcula en trescientos mil maravedís los ingresos anuales indispensables para que un convento pueda subsistir; por debajo de esta cantidad, las

---

[120] «Porque cuando se sabe que es de pobreza, no hay que temer, que todos ayudan» (*Fundaciones*, cap. XXXI).

[121] El real es una moneda de plata que pesa 3,43 g; equivale a 34 maravedís.

religiosas corren el peligro de morir de hambre. Las cuentas no salen. Raros eran los conventos en los que no faltaba hasta lo más necesario. Entre estas excepciones figura el carmelo de Palencia, gracias a un entorno excepcionalmente caritativo, y el de Valladolid, donde la priora, María Bautista, se las pintaba sola para recaudar fondos.

En estas condiciones, se entiende que Teresa multiplique los consejos: hay que ahorrar, no endeudarse, salvo en caso de fuerza mayor, calcular lo que gana cada religiosa a fin de crear un espíritu de emulación; los gastos no deben ser superiores a los ingresos, aunque esto implique privaciones. En 1581 el carmelo de San José de Ávila vivía en la miseria. Antes de morir, en 1580, Francisco de Salcedo, que siempre había sido un fiel seguidor de Teresa, creyó hacer una buena obra dejándole todos sus bienes. No era una gran fortuna —apenas lo suficiente para una comida diaria—, pero esto había perjudicado al convento: en la ciudad corrió el rumor de que ahora el convento estaba al abrigo de toda necesidad y muchos donantes dejaron de aportarle sus óbolos. El 10 de septiembre de 1581 Teresa es elegida priora. No se hace ilusiones: «Me han hecho ahora priora por pura hambre»; gracias a sus relaciones, en efecto, es la única capaz de salvar la situación. Teresa llega a dudar de sí misma: ¿fue acertado imponer la regla de pobreza siempre que fuese posible? ¿No sería más razonable, antes de fundar un convento, asegurarse de que dispondrá de ingresos suficientes, garantizados por donantes generosos? Un año después, Teresa muere sin haber encontrado la respuesta a su pregunta.

¿Incidieron los problemas económicos en las incorporaciones? Parece ser que no. Teresa no vacila a la hora de aceptar religiosas sin dote, siempre que tengan vocación. El 17 de enero de 1570 le escribe a su hermano Lorenzo que acaba de admitir a una novicia que no poseía nada, ni siquiera una cama. En compensación, acepta a religiosas con ricas dotes, como la sobrina de Simón Ruiz, que aporta ocho mil ducados; o Ana de Palma, que ingresa en el carmelo de Toledo en noviembre de 1569 con casi nueve mil ducados de dote. Uno de los primeros biógrafos, Diego de Yepes, escribe que en cuestión de incorporaciones, Teresa se fijaba más en las cualidades de las postulantas que en su fortuna. Dicho esto, la decisión de admitir o no a una postulanta era colectiva; la tomaba el capítulo del convento y podía pasar que ante la eventualidad de aceptar a una postulanta sin dote, el capítulo decretase un rechazo tajante: sería una boca más que alimentar.

Los criterios de selección son tres: vocación, salud e inteligencia.

Lo más conveniente, por supuesto, es asegurarse primero de la vocación de las candidatas. El carmelo, tal como lo concibe Teresa, no es ni un pensionado de muchachas, ni un asilo para viudas o solteras. Se ingresa en el Carmelo para consagrase a la oración y a la meditación. Es una condición indispensable. Luego vienen los otros dos criterios: salud e inteligencia. Teresa no quiere carmelitas enfermas. La vida en clausura, el ayuno, las penitencias exigen constituciones fuertes capaces de soportar un régimen severo. El Carmelo tampoco debe ser un refugio para jóvenes poco favorecidas por la naturaleza. Teresa rechaza admitir, por ejemplo, a una postulanta que, sin embargo, viene recomendada por María de Mendoza, la hermana del obispo de Ávila, porque es tuerta: «Es contra nuestras Constituciones tomar con el defecto que tiene». A decir verdad, no es tanto la salud del cuerpo lo que preocupa a Teresa, sino un buen equilibrio de todas las facultades. Ella había padecido graves enfermedades de las que nunca se recuperó completamente; sabe mejor que nadie, y por experiencia, que la voluntad puede imponerse a las flaquezas del cuerpo. Lo que más teme es la debilidad de espíritu, lo que en su época se denominaba melancolía y, hoy, neurastenia o estados maniacodepresivos. Su conocimiento de la naturaleza femenina y su experiencia la llevan a descartar para el Carmelo a este tipo de enfermas. Teresa le dedica a esta cuestión un capítulo entero de las *Fundaciones*, el VII. Por muchas precauciones que se tomen, nunca se puede estar completamente segura; basta una sola enferma para perturbar la vida de un convento: la religiosa víctima de la melancolía obra a su antojo; dice lo primero que se le ocurre; critica a las otras para disimular mejor sus propias faltas. La melancolía es a menudo un pretexto para salirse siempre con la suya; en realidad, prosigue Teresa, la melancolía es una enfermedad grave y como tal hay que tratarla. La priora velará para tener ocupada a la religiosa que observe afectada por ese mal, para que así no se deje arrastrar por la imaginación. Se le impondrá un régimen y se moderará el ayuno. Si las reprimendas no bastan, no hay que vacilar en emplear mano dura: el calabozo durante un mes, incluso durante varios meses; parecerá injusto, pero también se ata a los locos para impedir que lastimen a alguien; y la melancolía es una especie de locura[122].

---

[122] En 1573 la melancolía causaba estragos en el carmelo de Medina del Campo; la hermana Isabel de Santo Domingo, por ejemplo, la padecía; se hablaba de posesión demoniaca. Santa Teresa envía a Juan de la Cruz, que diagnostica: «Esta hermana no tiene demonio, sino falta de juicio».

«¡Líbrenos Dios de hermanas sin juicio!» «Hemos bien menester monjas de talento», proclama Teresa. La entrevista previa le permite hacerse una idea de las cualidades y defectos de la postulanta. En ocasiones, una frase le basta para descartar una candidatura. Diego de Yepes narra la siguiente anécdota: una joven solicita ingresar en el carmelo de Toledo; parece inteligente y de buena salud; Teresa está dispuesta a aceptar su solicitud; incluso fijan la fecha. La víspera del día señalado, la joven se presenta para solucionar los últimos detalles; al despedirse de Teresa, le dice: «Madre, traeré también una Biblia que me pertenece». Al oír estas palabras, Teresa declara en un tono que no admite réplica: «¿Biblia, hija? No vengáis acá, que no tenemos necesidad de vos ni de vuestra Biblia, que somos mujeres ignorantes y no sabemos más que hilar y hacer lo que nos mandan»[123].

Si Teresa se muestra tan severa en la elección de las postulantas, es porque los efectivos no deben superar cierta cantidad: al principio, no más de trece. La patente de 1567 del padre Rossi menciona la cifra de veinticinco, pero, en 1569, Teresa vuelve a la cifra inicial de trece. En cuanto a la edad, se sigue la prescripción del Concilio de Trento: no se aceptan novicias de menos de doce años, pero Teresa es más exigente: recomienda no dar el hábito a novicias de menos de diecisiete años.

Estas Constituciones —así se llamaban—, Teresa empezó a ponerlas por escrito muy pronto, de manera que fuesen bien conocidas en todos los carmelos. No dejó de modificarlas, añadiendo aquí, cortando allí, de modo que, a su muerte, habían evolucionado mucho; seguirán haciéndolo tras su fallecimiento.

El Breve pontificio del 7 de febrero de 1562 convertía a Teresa en la legisladora del Carmelo: «A la priora y a las monjas que se encuentran de momento en San José, en lo que respecta al buen y venturoso gobierno del mencionado monasterio, concedemos permiso y libre facultad de redactar los estatutos y ordenanzas [...] para ser desde ya ratificados y deber ser guardados inviolablemente». Estas facultades fueron confirmadas y renovadas por la bula de Pío IV, tres años más tarde (17 de julio de 1565), con la mención expresa de «Teresa de Jesús, abadesa o madre actual» del convento de San José. Teresa no dará su forma definitiva a las Constituciones hasta 1581. Previamente, se había informado de lo que se hacía en otras órdenes religiosas;

---

[123] Esta joven, añade Yepes, fue condenada por la Inquisición en 1579 junto con otras beatas.

se inspiró, por ejemplo, en las costumbres que regían en el monasterio de Nuestra Señora de la Piedad en Valladolid, de las religiosas descalzas de la Orden de San Francisco; de ellas tomó la pobreza en la mesa y la simplicidad en el trato entre las religiosas.

Teresa sacó sus conclusiones de los años pasados en el convento de la Encarnación, bien sea utilizando elementos de las «antiguas Constituciones», como ella dice, bien sea, el caso más frecuente, tomando la opción contraria a lo que se hacía en la Encarnación cada vez que pensaba que algo no se ajustaba al espíritu del Carmelo reformado. No parece que Pío IV haya aprobado formalmente las Constituciones primitivas de San José. En cambio, el general de la orden, Juan Bautista Rossi, lo hace entre 1567 y 1569; de ahí que, desde ese momento, se las designe como las Constituciones del Padre General.

A partir de 1567, es decir, a partir del momento en que las fundaciones se multiplican, Teresa tuvo que retocar las Constituciones teniendo en cuenta la evolución en curso. Lo que cambia en primer lugar es la situación jurídica de los nuevos carmelos; a diferencia de San José, que dependía del obispo de Ávila, todos están ahora bajo la jurisdicción de la orden. Por otra parte, no todos estos carmelos tienen las mismas características en materia de pobreza y de observancia; el de Malagón dispone de renta, y no es el único. No por ello la fundadora deja de insistir en mantener la unidad y la homogeneidad de la vida en todos los carmelos. A fines de 1569, los visitadores apostólicos se dedican a modificar o a recargar unas reglas que Teresa quería sencillas y sobrias. Las copias manuscritas se multiplican con la creación de nuevos carmelos. Según las prescripciones de Teresa, cada convento debía tener un ejemplar de las Constituciones guardado en un cofre bajo tres llaves, y otros ejemplares para leerlas una vez a la semana a todas las hermanas reunidas. Teresa deseaba que cada religiosa las supiera de memoria y, para ello, debía poder leerlas a menudo, lo que implicaba tener varias copias.

Como era previsible, a medida que se reproducían las Constituciones, aparecían variantes. Tampoco resultaba extraño ver a las prioras modificando algunas prescripciones cuando lo juzgaban necesario. Ahora bien, Teresa quería evitar a toda costa que en los carmelos femeninos se produjese algo parecido a lo que ocurría en los descalzos, donde «en cada casa hacían como les parecía» (*Fundaciones*, cap. XXIII). La propia Teresa no dejó de retocar el texto de las Constituciones antes de llegar a un documento definitivo. Era el que la fundadora llevaba consigo de fundación en fundación hasta el año de su muerte. Entre los añadidos más significativos figuran los artículos que definen los cargos y las funciones más determinantes en la vida de la comunidad: la priora, la vicepriora, la maestra de novicias, la sacristana, la tornera...

Una etapa decisiva en la formulación de las Constituciones se presenta con ocasión del capítulo de Alcalá (1581), que debía ratificar la separación de los carmelitas en calzados y descalzos. El Breve pontificio *Pia Consideratione* que establecía a los descalzos como provincia autónoma (22 de junio de 1580) confería al capítulo facultades para «hacer, cambiar, trastocar y ordenar y, si le parecía conveniente, abolir del todo y rehacer de nuevo cualquier estatuto u ordenanza que convenga por el bien de la Provincia», tanto en el caso de los descalzos como en el de las monjas. Durante los meses que precedieron al capítulo, el padre Gracián, primer provincial de la Reforma, y Teresa, intercambiaron muchas cartas para preparar el terreno. Cada comunidad era invitada a enviar sus sugerencias al capítulo. Le correspondía a Gracián, y solo a él, determinar lo que debía ser seleccionado. Teresa intervino eficazmente en la redacción del documento definitivo, aunque procuraba dar la impresión de que se mantenía a distancia de la asamblea capitular. Las Constituciones fueron solemnemente publicadas el 13 de marzo de 1581.

Las Constituciones de Alcalá son en buena medida obra de Teresa de Ávila y, sin embargo, su papel es silenciado. Para empezar, los poderes solicitados a Roma para convocar el capítulo y legislar no le fueron enviados a la madre fundadora: al contrario, el Breve de instauración de la Provincia ni siquiera la mencionaba; atribuía los orígenes de la nueva familia a «unos religiosos» que, hacia 1565, se propusieron seguir «con toda observancia y rigor la regla primitiva»; este Breve confiaba los poderes legislativos al capítulo y abolía todas las facultades concedidas con anterioridad, en especial las que se le habían otorgado a la madre Teresa de Jesús, casi veinte años antes. En las Constituciones de Alcalá no solo faltaba el nombre de la madre Teresa de Jesús, sino también cualquier referencia a su persona y a su labor en la redacción. El propio padre Gracián, gran amigo de Teresa, en inmejorable posición para saber lo que los carmelitas le debían, no la menciona en la carta de dedicatoria que encabeza el texto de las Constituciones, impreso en Salamanca ese mismo año, 1581; según esta carta, las Constituciones son obra, esencialmente, del padre general Rossi, del visitador apostólico Pedro Fernández y del propio Gracián. ¿Cómo explicar semejante omisión? El padre Gracián sabía perfectamente a qué atenerse; admiraba a Teresa y sentía un profundo afecto por ella. De ningún modo se le pudo pasar por la cabeza minimizar deliberadamente —peor aún: silenciar— su obra. ¿Qué ocurrió entonces? Solo encontramos una explicación: sin ser plenamente consciente de ello, Gracián no pudo decidirse a admitir que la reforma era obra de una mujer. El antifeminismo latente se manifestó en esta ocasión; las estrictas formalidades jurídicas hicieron el resto...

Teresa, por cierto, no alberga la menor amargura ante esta situación. Ya en marzo de 1581, presiona al padre Gracián para que mande imprimir el texto de las Constituciones. Estarán listas en diciembre de ese mismo año, en un volumen de noventa y seis páginas, en formato 14 × 10 cm, que incluía las cartas de introducción de Gracián, la Regla de san Alberto, las Constituciones y el «Modo de dar el velo y profesión a las monjas descalzas carmelitas». A este librito irán dedicadas, concretamente, las palabras de Teresa en su lecho de muerte, el 3 de octubre del año siguiente.

El objetivo de Teresa, al impulsar la promulgación y la edición de sus Constituciones, era el de fijarlas, mantenerlas en su sobriedad inicial, impedir interpolaciones inoportunas y asegurar su porvenir cuando ella muriese. Teresa no logró conjurar el peligro. En pocos años, su obra cae en el olvido casi por completo. Las carmelitas intentaron reaccionar. Durante el capítulo de Valladolid (1587) pidieron con firmeza mantener intactas las Constituciones de Teresa[124]. Y lograron su propósito.

La segunda edición de las Constituciones de Alcalá fue una nueva oportunidad para recordar la obra de Teresa. Esta reedición se imponía porque cada vez había más carmelos y más monjas; los ejemplares de 1581 ya no bastaban. El 15 de agosto de 1588, Ana de Jesús obtuvo del padre Doria la licencia para reeditar las Constituciones y, mientras se imprimían, le arrancó al nuncio apostólico en

---

[124] «Tras ser advertidos, todos los conventos enviaron peticiones en que se pedía: en primer lugar, que puesto que Nuestra Madre santa Teresa ordenó sus Constituciones con tanta resolución, espíritu, oración y santidad, y como los Capítulos anteriores y otros superiores como los Comisarios Apostólicos, los Generales y Provinciales las habían aprobado y la experiencia había demostrado cuánto bien se derivaba de ellas, les suplicamos que no se consagren a alterarlas ni a cambiar algo en ellas.»

Madrid, César Speciano, una confirmación solemne del texto de Teresa. El documento está fechado en Madrid el 13 de octubre de 1588. Va dirigido a las monjas. Fue publicado encabezando la nueva edición. Así se vio reparado el silencio anterior sobre el origen teresiano de las Constituciones. En él se puede leer que «las hizo con espíritu divino Teresa de Jesús, difunta, primera instituidora y fundadora de vuestra Orden». El documento confirma el texto de Teresa con «fuerza de perpetua firmeza», ordenándole a los superiores de la Reforma «que en manera alguna muden algo de ellas [las Constituciones], sino antes las hagan guardar cumplida e inviolablemente». Con este aval y la aprobación de los superiores, las Constituciones fueron impresas de nuevo en un volumen en formato 11 × 7 cm, el mismo año que aparecía la primera edición de las obras de Teresa.

Las cosas cambiaron, dos años más tarde, con una nueva edición impresa en Roma. Los miembros de la comisión romana que revisaron entonces las Constituciones las tradujeron al latín, no sin introducir unas modificaciones que deformaban el texto de Teresa, y las incorporaron al cuerpo del Breve pontificio *Salvatoris et Domini* de Sixto V, de fecha 5 de junio de 1590. Con la creación de un comisariato general, el nuevo texto introducía un cambio sustancial en las Constituciones; los capítulos pasaban de veinte a veinticuatro y contenían numerosos retoques con respecto al original. Nos limitaremos a dar un solo ejemplo referido a las lecturas recomendadas en los carmelos. Teresa se había mostrado muy comedida al redactar la lista de libros: el texto latino de las Constituciones romanas amplía la lista considerablemente. Esta inflación trastoca el marco pedagógico buscado por Teresa. Lo más chocante es que, en esta bibliografía, no se hayan dignado mencionar un solo libro de Teresa, y eso justo cuando sus obras empezaban a ser publicadas y recibidas con éxito creciente por un público que se interesaba en la literatura espiritual.

En 1592, una nueva edición de las Constituciones es publicada en Madrid, con el aval de la Santa Sede. Esta vez, la distancia con respecto al texto de Teresa es aún más flagrante. El pequeño volumen (10,5 × 7 cm) incluía cinco páginas de introducción en que de nuevo se contaba la historia de las Constituciones de las Descalzas, pero suprimiendo toda referencia a la madre Teresa. Las Constituciones de la santa, sin embargo, no serán completamente ignoradas dentro y fuera del Carmelo, pero su influencia será marginal. El patriarca de

Valencia, san Juan de Ribera, gran admirador de Teresa, adoptará sus Constituciones para la Congregación de los Agustinos que acababa de fundar. En 1626, un notario de Zaragoza, Diego Fecet, en señal de reconocimiento por una merced que le había concedido santa Teresa, canonizada en 1622, decidió erigir un monasterio que puso bajo su advocación —durante mucho tiempo, dicho monasterio fue conocido con el nombre de *Fecetas*—; el notario ordenó que sus carmelitas adoptasen las Constituciones primitivas, tal como Teresa las había escrito. En el siglo XVII, los carmelos franceses harán lo mismo.

Capítulo V

La muerte de Teresa

El 26 de julio de 1582, una vez concluida la fundación del nuevo carmelo, Teresa se marcha de Burgos en compañía de su enfermera, sor Ana de San Bartolomé, y de su sobrina, la pequeña Teresa. Está agotada; la garganta le duele desde hace varios días y no puede tragar nada. Se confía al canónigo Manso de Zúñiga: tiene el presentimiento de que va a morir. No por ello deja de pensar en las tareas más urgentes: reanudar el contacto con el carmelo de Ávila, darle el hábito a su sobrina, fundar un carmelo en Madrid. Prevé etapas para que el viaje sea más llevadero. De ahí que pase un mes en Palencia para cobrar fuerzas: «Me hallo mejor de la garganta —escribe—, [...] pues como sin tener casi pena en ella». Parte el 25 de agosto. En Valladolid tiene que escuchar las recriminaciones de Beatriz de Castilla y Mendoza: la suegra de su sobrino, Francisco Cepeda, exige que este último perciba la parte de la herencia que Lorenzo de Cepeda legó al carmelo de Ávila; Teresa no consigue que se avenga a razones. Deja Valladolid a mediados de septiembre y hace alto en Medina del Campo. De nuevo se siente mal; está impaciente por llegar a Ávila, pero sus superiores le imponen una prueba imprevista. La hija de la duquesa de Alba espera un niño y desea que la madre Teresa esté allí durante el parto, previsto para mediados de octubre; el padre Antonio de Jesús, que desempeña las funciones de provincial de los carmelitas descalzos, le ordena a Teresa que parta de inmediato; viajará con ella y los dos procederán a la elección de una nueva priora en Alba. Teresa no se atreve a protestar; no está en condiciones de viajar, pero el padre Antonio no se da cuenta. A pesar de la carroza que la duquesa ha puesto a su disposición, el traqueteo y el mal estado de los caminos convierten el viaje en un calvario. El sufrimiento de Teresa aumenta de día en día. En Aldeaseca de la Frontera, a unos cincuenta kilómetros de Salamanca, se siente indispuesta; quiere comer algo, pero no tienen nada que darle. La víspera, la priora de Medina se tomó a mal una observación que Teresa le había hecho y las dos carmelitas se separaron enfadadas; a la mañana siguiente, al marcharse, Teresa no había pedido nada y a nadie se le ocurrió darles algunas provisiones. Ana de San Bartolomé envía a un joven arriero a comprar comida, pero el chico vuelve con las manos vacías: no ha encontrado nada, ni siquiera unos huevos. Teresa debe contentarse con unos higos secos. En esto, un correo viene a anunciarle que la duquesa de Alba ha dado a luz un niño; es prematuro, pero todo ha salido bien. «Bendito sea Dios —exclama Teresa—, ¡que ya no será menester esta santa!» De hecho, su llegada a Alba, al día siguiente por la tarde, 20 de septiembre, pasa desapercibida; están demasiado ocupados celebrando el feliz acontecimiento y nadie le propone a la carmelita que se instale en el palacio, como estaba previsto.

Teresa acude al carmelo, donde no la esperaban. Se mete en la cama de inmediato. «Oh válame Dios, hijas, y qué cansada me siento. Más de veinte años ha que nunca me acosté tan temprano.» En efecto, rara vez se acostaba antes de medianoche. Al día siguiente, en contra de la opinión de los médicos, se levanta para ir a misa e inspeccionar el carmelo. En los días sucesivos hace acopio de fuerzas para abordar los problemas que hay en Alba y en el carmelo de Salamanca, que pasa por un mal trance[125]. La duquesa de Alba viene a verla en varias ocasiones. El 29, Teresa no tiene más remedio que acostarse después de comulgar. No volverá a levantarse. Primero la instalan en la enfermería, ubicada en el primer piso; desde una ventana enrejada que da al altar mayor de la capilla puede oír la misa desde su cama, pero hay demasiada humedad en la enfermería y los médicos ordenan que la lleven de nuevo a su celda. El 2 de octubre se confiesa, comulga y le da sus últimas recomendaciones a las carmelitas. ¿Deberán llevar su cuerpo a Ávila?, le pregunta su confesor, Antonio de Jesús. ¿Por qué?, murmura Teresa: «¿Por ventura aquí no me darán una poco de tierra?». Sin embargo, es en el carmelo de Ávila donde le hubiese gustado que la enterrasen; así se lo había dicho a Ana de San Bartolomé: «Hágame placer, hija, que, al punto que me viere algo aliviada, me busque alguna carroza de las comunes, y me levante, y vamos a Ávila». El 3 de octubre, un barbero le practica

---

[125] Las religiosas cometieron la imprudencia de comprar una casa demasiado cara.

una sangría y le aplica unas ventosas. A las nueve de la noche Teresa recibe la extremaunción. Muere al día siguiente, a esa misma hora, en los brazos de sor Ana de San Bartolomé. Es el jueves 4 de octubre de 1582, víspera del viernes 15 de octubre, puesto que Gregorio XIII había decidido suprimir diez días del calendario a fin de corregir el desfase acumulado durante siglos con respecto al año solar.

¿De qué murió Teresa? Los contemporáneos hablan de una fuerte hemorragia, de pérdidas de sangre —«flujos de sangre»— que debieron empezar varias semanas antes [126] y que terminaron cobrando proporciones alarmantes. Hoy en día, los médicos que han estudiado los relatos y los testimonios de la época diagnostican una «hemorragia uterina», una «metrorragia», tal vez debida a un cáncer de útero, o bien un carcinoma uterino, probablemente de origen canceroso [127].

Tras certificar el deceso, lavan el cuerpo, lo visten con el hábito de las religiosas y luego, sin tomarse el tiempo de extraerle las vísceras y embalsamarlo, lo meten en un ataúd de madera envuelto en un lienzo briscado en oro, regalo de los duques de Alba. El ataúd permanece expuesto en la capilla hasta la misa de funeral, oficiada al día siguiente, el 15 de octubre según el nuevo calendario. Los duques de Alba corren con todos los gastos; quieren darle brillo a la ceremonia. Apenas terminada, se procede a la inhumación. Un albañil y un carpintero cavan un nicho en el muro que separa la capilla del coro reservado a las religiosas, bajo la doble reja de clausura; allí colocan el ataúd sobre el que vierten gran cantidad de tierra, cal [128] y piedras que luego apisonan a golpes de mazo; después se cierra el nicho y se tapia. ¿Por qué tanto apresuramiento? ¿Por qué tantas precauciones? Las carmelitas están escandalizadas ante lo que consideran una ignominia, pero sus protestas son inútiles. Todo fue decidido por un grupito de personas: la patrona del carmelo, Teresa de Layz, la priora, el padre Antonio de Jesús y los duques de Alba; todo estaba pensado para que el cadáver no pudiese ser sacado de allí; el padre Antonio es tajante: «Aquí se quedará para siempre jamás». Los restos mortales de una santa son un capital inestimable y los que tienen la suerte de conservarlos no piensan desprenderse de ellos.

---

[126] Ana de San Bartolomé dirá más adelante que en Burgos tenía que lavar todos los días la ropa interior de la Madre Teresa.
[127] Ver Madre de Dios (Efrén de la) y Steggink (Otger), *Tiempo y vida*, p. 752.
[128] Ana de San Bartolomé habla, tal vez exageradamente, de dos carros de cal.

Nueve meses más tarde, el padre Gracián, provincial del Carmelo, llega a Alba. Sentía gran afecto por la madre Teresa y le gustaría ver el cuerpo, del que se dice que no se ha descompuesto a juzgar por el suave olor que exhalaba en el ataúd. El 4 de julio de 1583, él mismo procede a la exhumación con ayuda del padre Cristóbal de San Alberto y la complicidad de las carmelitas, también deseosas de ver los restos mortales de la reformadora. Como no quieren llamar la atención, trabajan en secreto haciendo numerosas pausas; tardan cuatro días en retirar las piedras que cubrían el ataúd. Entonces comprueban que este se ha hundido bajo su peso; la tapa está rota; en cuanto al cuerpo, está intacto, como si acabasen de enterrarlo[129], pero cubierto de tierra; la ropa está mohosa y huele mal: tienen que quemarla. Las religiosas le quitan la tierra, lavan el cuerpo, lo visten con ropa nueva y la ponen en un arca fácil de abrir que instalan en el coro, de forma que puedan venerarla en determinadas circunstancias.

Previamente se han sucedido unas escenas difícilmente imaginables. Empezaron a descuartizar el cuerpo de Teresa para hacer reliquias. El propio Gracián corta la mano izquierda y el dedo meñique. Envuelve la mano en un pañuelo y luego en papel; la guarda en un cofrecillo; es un regalo que tiene reservado para las carmelitas de Lisboa; hasta que pueda entregárselo, se lo confía a las carmelitas de Ávila. El dedo meñique es para él: «Cuando le corté la mano, corté también un dedo meñique, que traigo conmigo, y desde entonces acá, gloria a Dios, no he tenido enfermedad notable y cuando me captivaron me lo tomaron los turcos y lo rescaté por 20 reales y unas sortijas de oro»[130].

---

[129] Seguimos el relato del padre Ribera, primer biógrafo de santa Teresa, publicado con notas del padre Gracián. Sobre el punto que estamos comentando, el padre Gracián añade esta precisión: «Estaba tan entera, que mi compañero fray Cristóbal de San Alberto y yo nos salimos fuera mientras la desnudaron, y después, teniéndola cubierta con una sábana, me llamaron y descubriendo los pechos me admiré de verlos tan llenos y altos».

[130] En 1593, durante una travesía de Mesina a Roma, el padre Gracián fue capturado por unos corsarios berberiscos y permaneció cautivo en Túnez durante dos años, antes de ser liberado tras el pago de un rescate; para castigarlo por su celo apostólico, sus secuestradores le habían marcado una cruz con un hierro al rojo vivo en la planta de uno de sus pies y amenazaban con quemarlo vivo. El padre Gracián describió este episodio de su vida en *Peregrinación de Anastasio*. También escribió un *Tractado de la redempción de captivos* para incitar a los cristianos a dar limosnas para el rescate de los cautivos.

Nada más conocerse el episodio se desencadena una larga disputa. Para la pequeña ciudad de Alba de Tormes y para su carmelo, el cuerpo de Teresa es una especie de atracción turística, pero las religiosas de San José de Ávila no piensan inclinarse ante el hecho consumado; para ellas, la fundadora no puede reposar sino en la casa central de los conventos reformados; recuerdan que ese era el deseo de la Madre Teresa. Las autoridades eclesiásticas de la ciudad comparten su punto de vista, al igual que Álvaro de Mendoza, obispo de Palencia, que era obispo de Ávila cuando Teresa empezó la reforma; piensa financiar la construcción de una capilla en el carmelo de San José de Ávila y edificar allí dos tumbas, una para Teresa y otra para él, ya que quería ser enterrado cerca de ella. Los carmelitas son sensibles a estos argumentos. El 18 de octubre de 1585, su capítulo, reunido en Pastrana, decide transferir el cuerpo de Teresa a San José de Ávila, primer carmelo reformado; en el momento de su muerte, ella era su priora.

El capítulo le encarga al padre Gregorio de Nazianze, vicario provincial de Castilla, llevar a cabo esta operación. Como se intuye que los duques de Alba se opondrán, se decide actuar en secreto. Para no levantar sospechas, los actores de este desatino macabro viajan por separado. El canónigo Juan Carrillo, tesorero de la catedral de Ávila, y Julián de Ávila son los primeros en ponerse en camino; en Alba los espera el padre Gregorio de Nazianze; poco después llega el padre Gracián. El 24 de noviembre de 1585, el padre Gregorio le pide a las carmelitas que recen los maitines en el coro superior de la capilla. Él permanece en el coro inferior —donde está la tumba de Teresa— y le comunica a la priora y a dos o tres de las religiosas más antiguas la decisión del capítulo de Pastrana: el cuerpo de Teresa será inhumado en Ávila, en el carmelo de San José. Sorprendidas, las religiosas se pliegan. A modo de consolación, el capítulo de Pastrana ha decidido que podrán conservar una reliquia de la santa, su brazo izquierdo, del que el padre Gracián ya había separado la mano. A disgusto, pero por espíritu de obediencia, el padre Gregorio se encarga él mismo de amputar el cuerpo[131]. Había tomado la precaución de proveerse de un cuchillo. Aquí, el relato del padre Ribera da un giro surrealista: «Fue cosa maravillosa que sin poner fuerza más que si cortara un melón o un poco de queso fresco, como él decía, partió el brazo por sus coyun-

---

[131] En una nota al relato de Ribera, el padre Gracián precisa que le faltó valor para cortar él mismo el brazo.

turas». Habían pensado transportar el cuerpo en un baúl, pero el que tenían previsto era demasiado pequeño; el cuerpo no cabía; pero no van a pararse en minucias; envuelven el cuerpo en una manta de sayal; Gregorio de Nazianze lo levanta en brazos y, ayudado por el padre Gracián, lo transporta hasta un cuarto alquilado enfrente del convento; Julián de Ávila los está esperando; envuelven el cadáver en una sábana y en una manta de sayal bien cosida, lo instalan sobre una mula, entre dos pacas de paja, y toman el camino de Ávila en plena noche. Las carmelitas de San José están encantadas. Primero ponen el ataúd en la sala capitular, sobre unos caballetes, con unas cortinas que permiten ocultarlo o, al contrario, exponerlo a las miradas; luego mandan hacer un arca, forrada por dentro de tafetán violeta, con pasamanos de plata y seda, y, por fuera, terciopelo negro con adornos de oro y seda; los clavos eran dorados, así como las cerraduras, las empuñaduras y los anillos; dos escudos en oro y plata llevaban, uno, los símbolos de la orden, el otro, el nombre de Jesús; en un rótulo de tela bordado en oro se leía: Madre Teresa de Jesús.

En Ávila solo se habla del cuerpo de Teresa y del perfume que exhala. Algunos sugieren convocar a médicos y teólogos para determinar el significado de este fenómeno. Así, el 31 de diciembre de 1585, llegan a Ávila el padre Diego de Yepes, prior de los jerónimos de Madrid; el licenciado Laguna, oidor en el Consejo de Estado, y Francisco Contreras, oidor en la Cancillería de Granada; a pesar del frío y de sus numerosas ocupaciones, los tres han venido especialmente desde Madrid para ver el milagro. Felicitan al obispo, Pedro Fernández de Temiño, que no parece darse cuenta del tesoro que posee su ciudad episcopal. Al día siguiente, el 1 de enero de 1586, el obispo, los altos funcionarios, dos médicos y algunos notables —en total unas veinte personas— se presentan en el carmelo. Traen el cuerpo de Teresa y lo exponen en la galería de entrada. Los médicos lo examinan; se admiran ante el estado de conservación y concluyen: «Se resolvieron en que era imposible ser aquello cosa natural, sino verdaderamente milagrosa [...]. Porque un cuerpo que nunca jamás se abrió, ni le echaron bálsamo, ni la menor cosa del mundo, estar al cabo de tres años y tres meses tan entero que no le faltase nada, y con un olor tan admirable».

En Alba, la ira va en aumento. Para raptar el cuerpo de Teresa, los carmelitas habían aprovechado la ausencia del duque, Antonio de Toledo, y de su tío, el prior de la Orden de San Juan, Hernando de Toledo. Este último se lo toma muy mal, primero porque siente gran admiración por la madre fundadora y también porque sabe lo que va a perder la ciudad. Se dirige a la Santa Sede y Sixto V le da la razón. Ordena a los carmelitas llevar de nuevo el cuerpo de Teresa a Alba, lo que se cumple el 23 de agosto de 1586. Es solemnemente instalado en el coro inferior, en presencia del duque, de su madre y de una muchedumbre; al público se le permite ver el cuerpo, pero a distancia, detrás de la reja. Por fortuna se había adoptado esta precaución, comenta Ribera: viendo la devoción y el entusiasmo de los espectadores, de haber estado el cuerpo al otro lado de la reja, hubiesen destrozado los hábitos que vestía para hacer reliquias; tal vez el propio cuerpo habría resultado descuartizado. ¿Era definitiva la instalación en Alba? El provincial, que por entonces era el padre Nicolás de Jesús María, finge creer que se trata de una medida provisional, una especie de préstamo que el carmelo de Ávila tiene a bien hacerle al de Alba. Durante más de un año, un contencioso enfrenta a los dos monasterios hasta que, en diciembre de 1588, el nuncio, en virtud de los poderes que ha recibido del Papa, zanja la cuestión en favor de Alba: el cuerpo de Teresa permanecerá allí definitivamente. Ávila apela, pero, el 10 de julio de 1589, el Papa confirma la decisión del nuncio.

Entre tanto, el 25 de marzo de 1588, a petición del obispo de Salamanca, Jerónimo Manrique, se procedió a un nuevo examen del cuerpo. El padre Ribera se hallaba presente y relata su emoción al haber podido contemplar el cuerpo de la reformadora; nos ofrece una larga descripción. Primero habla del brazo izquierdo, cortado en noviembre de 1585. Tiene el color de los dátiles; la piel está arrugada, como ocurre en la vejez al adelgazar; falta la mano, que fue enviada a Lisboa, pero el resto del brazo está intacto; aún hay vello en la piel; lo conservan envuelto en un lienzo que se cambia de tanto en tanto y se da a los visitantes como reliquia. En cuanto al cuerpo, está ligeramente encorvado, como el de los ancianos; le cambian regularmente la ropa; al igual que el brazo izquierdo, la tez es de color dátil; los cabellos están intactos; en los lunares del rostro, todavía se ven pelos; en la mano derecha faltan trozos de dedos que han cortado para hacer reliquias... «No me cansaba de mirar aquel cuerpo —añade Ribera—; me duele pensar que algún día lo tienen que despedazar para satisfacción de personas de autoridad o a monasterios». El padre Ribera no se engañaba. Lo que queda del cadáver es, en efecto, descuartizado para complacer a personalidades o instituciones. Fue en ese año, 1588, cuando unos médicos le extrajeron el corazón; la priora del carmelo de Alba de Tormes, la madre Catalina de San Ángelo, reconocerá bajo juramento haber recibido tan preciosa víscera y haberla guardado en su celda antes de que se metiera en una ampolla, en 1617, y más tarde, en 1671, en un relicario, a la derecha del altar; el brazo izquierdo, sin la mano, está en otro relicario, a la izquierda del altar.

Hoy en día se encuentran reliquias de santa Teresa —dedos, jirones de carne...— en los más diversos lugares de España y de la cristiandad. Lo esencial del cuerpo —junto con el corazón y el brazo izquierdo— permanece en el carmelo de Alba de Tormes. Desde 1616 está depositado en una capilla especialmente construida para tal fin, en una tumba de piedra. Por su parte, el carmelo de San José de Ávila tiene una clavícula, mientras que en el convento de Santa Teresa de esa misma ciudad —construido en el emplazamiento de la casa natal de la reformadora—, en un anexo consagrado a los recuerdos de la santa, se exhibe un dedo anular. El pie derecho y un trozo de la mandíbula superior están en Roma.

Dos partes del cuerpo, la mano izquierda y el corazón merecen comentario aparte. La mano sufrió múltiples peripecias. En 1585, el padre Gracián se la había regalado a las carmelitas de Lisboa, que la conservaron piadosamente hasta principios del siglo XX. Las convulsiones políticas y sociales que agitan Portugal a partir de 1910 preocupan a las religiosas, que juzgan más prudente poner la reliquia a buen recaudo en un convento de España. De ahí que la mano le sea confiada al carmelo de Ronda en 1924. En julio de 1936, la Guerra Civil española cobra, en el campo republicano, un giro violentamente antirreligioso; muchas iglesias y conventos son incendiados o saqueados. Temiendo lo peor, las carmelitas de Ronda esconden la mano, pero los milicianos exigen que les sea entregada. En realidad, sus jefes quieren ponerla a salvo y evitar una profanación. La prueba es que, seis meses más tarde, en febrero de 1937, cuando las tropas de Franco toman Málaga, descubren la reliquia en el equipaje del general republicano Villalba Riquelme, pero, en vez de devolvérsela a las carmelitas de Ronda, se la regalan a Franco. Para consolarlas, les dicen que no está perdida, al contrario, ahora se halla bajo la custodia personal del Caudillo, al que guiará en su tarea de regeneración de la Patria... Es a partir de esa época cuando se empieza a hablar del brazo de santa Teresa, aunque en realidad se trata de la mano. Franco ve en Teresa de Ávila a la «santa de la raza»; venera el «brazo incorrupto» y no se separa de él; para dormir, lo pone en su mesilla de noche; lo lleva en todos sus desplazamientos, incluidos los viajes a sus residencias de verano en San Sebastián y en el palacio de Meirás, en Galicia; la reliquia velará la interminable agonía del dictador, en 1975... Tras la muerte de Franco, su viuda se la entrega al arzobispo de Toledo, primado de España, el 9 de diciembre de 1975, que, a su vez, la restituye al carmelo de Ronda, el 21 de enero de 1976[132].

Estas escenas, que nos traen a la memoria los pinceles de Goya o la cámara de Buñuel, no tienen nada de específicamente hispano. Ocurren en la España de Felipe II, pero observamos fenómenos parecidos en la Francia de Luis XIV y en la de las Luces. Pensemos en los solitarios de Port-Royal troceando, en 1643, el cuerpo del señor de Saint-Cyran[133], o en las disputas que siguieron a la muerte de Voltaire: uno quería la cabeza, el otro el corazón...[134]. Cada vez que se cree estar en presencia de un santo o de un gran hombre, surge la fuerte tentación de trocear el cuerpo para hacerse reliquias o recuerdos.

---

[132] Le debo estas precisiones a uno de los mejores conocedores de la vida y obra de santa Teresa, el profesor de la universidad de Valladolid Teófanes Egido, al que le doy las gracias muy especialmente.

[133] El asombroso relato de Sainte-Beuve puede leerse en su *Port-Royal*: «Se procedió a abrir el cuerpo. El corazón fue reservado para el señor d'Andilly, a quien el señor de Saint-Cyran se lo había legado en su testamento, con la condición de que se retirase del mundo. Las entrañas también fueron extraídas para ser enterradas en el Port-Royal de París, conforme a los deseos de la madre Angélica. Lancelot en persona cortó las manos, a instancias del señor Le Maître que, al llegar del Port-Royal de Champs, el lunes por la noche, al día siguiente de la muerte, no estaba satisfecho con los pequeños tesoros que le habían reservado, y quiso por encima de todo esas manos, "esas manos, decía, tan puras y santas, que el difunto levantó tan a menudo hacia Dios, que escribieron tantas verdades y que seguirán luchando por la Iglesia ahora que Dios lo ha llamado a su lado". El resto del cuerpo fue enterrado en la iglesia de Saint-Jacques-du-Haut-Pas, en el recinto del santuario».

[134] Ver Pierre Lepace, *Voltaire le Conquérant*, Seuil, París, 1994, pp. 360-361: Voltaire había exigido que le hicieran la autopsia antes de ser embalsamado; un cirujano abre, pues, el cuerpo; «un farmacéutico se queda con el cerebro y el señor de Villete con el corazón, lo cosen de nuevo, visten a la momia», pero la cosa no termina ahí; hay peleas por las reliquias: «La ciudad de Romilly quiere un brazo; Troyes, la cabeza, el París de 1791 reclama el resto. Finalmente, el esqueleto en su totalidad es declarado patrimonio nacional, exhumado y transportado con gran pompa hasta París, el 11 de julio de 1791», para ser enterrado en el Panteón. El corazón, que Villette había recibido y guardado en un relicario dorado, está en la Biblioteca Nacional.

La novela de Edmond Cazal

Una de las reliquias conservadas en el carmelo de Alba de Tormes siempre ha intrigado a los estudiosos: el corazón. Los que han podido examinarlo de cerca han observado una especie de cicatriz transversal de unos dos centímetros de largo. Los primeros testigos no parecen haberse fijado; sin embargo, el corazón pasó literalmente de mano en mano cuando lo extrajeron; la madre Catalina de San Ángelo, que por entonces era la priora del carmelo de Alba, señala solamente que el corazón tenía uno de sus lados «reventado».

¿De dónde puede venir esa cicatriz? Podría tratarse, piensan algunos, de un infarto de miocardio que habría coincidido con la famosa experiencia de la transverberación, pero, señalan los especialistas de los fenómenos místicos, es difícil admitir que una visión intelectual haya podido provocar una lesión corporal[135]. Otros han imaginado rocambolescas explicaciones. Es el caso del comandante Edmond Cazal, autor de una vida de santa Teresa, publicada en París en 1921[136]. Edmond Cazal se documentó meticulosamente sobre el tema; obtuvo autorización para visitar varios carmelos y el padre Silverio de Santa Teresa, que era en esa época uno de los mayores especialistas en santa Teresa, se prestó amablemente a ayudarle con su erudición y su crédito. Su libro no sería peor que tantos otros si algunos argumentos no viniesen a turbar al lector advertido. Pasemos por alto el capítulo titulado *Misticismo, histeria, autoerotismo*, en el que Cazal despacha en dieciséis páginas problemas de lo más complejos; el autor afirma que Teresa nunca tuvo vocación religiosa; de haberse casado y llevado una vida normal, no habría enfermado; no se habría visto obligada a las pueriles prácticas supersticiosas de un convento; para Cazal, Teresa es una histérica, como todos los místicos. Esta opinión puede discutirse, pero no es más chocante que las que surgen de la pluma de médicos, psicólogos o psiquiatras; en cuanto a la vocación religiosa de Teresa, aquí mismo hemos establecido que, al principio, no era sólida. La sorpresa llega al final, en

---

[135] Ver el estudio completo sobre la cuestión en *Estudios carmelitanos*, oct. 1936, pp. 204-242, y Herbert Thurston, *Les phénomènes physiques du mysticisme*, Éditions du Rocher, Mónaco, 1986, p. 89 nota.

[136] *Sainte Thérèse*, P. Ollendorff, París, 1921. Ver la reseña que le dedica Gaston Etchegoyen (Le roman de sainte Thérèse par M. Edmond Cazal), en *Bulletin hispanique*, XXIII, 1921, pp. 285-303.

los tres capítulos que constituyen el epílogo: «Teresa es enterrada viva; La extirpación del corazón; El martirio póstumo».

Según el relato de Cazal, inmediatamente después de la muerte de Teresa, el padre Gracián viajó a toda prisa hasta Alba de Tormes para raptar el cuerpo de la santa e inhumarlo en Ávila; para apaciguar el previsible enfado de los duques de Alba, se le ocurre entonces dejar en Alba una reliquia especial: el corazón. Convence a la priora. Al llegar la noche, en presencia únicamente de dos hermanas conversas —Catalina Bautista y María de San Alberto—, perfora el tabique, saca el ataúd, hace saltar la tapa, descubre el cuerpo y, con un cuchillo, atraviesa el pecho para extraer el corazón; para su sorpresa, brota sangre de la herida que acababa de hacerle, lo que demostraría que Teresa aún estaba viva; el padre Gracián la había matado inadvertidamente; el 4 de octubre de 1582 la creyeron muerta cuando en realidad solo estaba cataléptica, como ya le ocurrió el 15 de agosto de 1539; ya sabemos que, entonces, su padre se negó a que la enterrasen; Teresa había vuelto en sí unas horas más tarde. El mismo fenómeno se habría producido el 4 de octubre de 1582, salvo que esta vez la habían enterrado como si estuviese muerta. El padre Gracián, espantado ante lo que acababa de descubrir, volvió a dejarlo todo como estaba y se marchó discretamente, cuidando bien de llevarse con él a las dos conversas para impedir que hablasen [137]; nadie volverá a verlas y no se sabe qué fue de ellas... Nueve meses más tarde, el padre Gracián vuelve a Alba, oficialmente esta vez, para proceder a la exhumación.

Cazal no aporta ningún documento nuevo; se limita a interpretar libremente unas indicaciones que podemos leer en el primer biógrafo de Teresa, Francisco de Ribera, o en las declaraciones realizadas con motivo de la beatificación, los certificados de exhumación, la tradición oral. Este relato alucinante da fe de la imaginación del autor, que ya tenía muchas horas de vuelo. El «comandante» Edmond Cazal, en efecto, es uno de los tantos seudónimos de Adolphe d'Espie de la Hire (1878-1956), especialista en relatos seudohistóricos [138]. Con el

---

[137] Cazal inventó estos dos personajes; las hermanas Catalina Bautista y María de San Alberto nunca existieron.

[138] Además del libro dedicado a santa Teresa, escribió obras sobre Hitler, sobre la GPU soviética, sobre la Inquisición: *Histoire anecdotique de l'Inquisition d'Espagne. Des origines à Torquemada. Torquemada. De Torquemada à Napoléon...* Bibliothèque des curieux, París, 1923. *Histoire anecdotique de l'Inquisition en Italie et en France, de Simon de Montfort aux Borgia...* Bibliothèque des curieux, París, 1924.

seudónimo de Jean de la Hire, es el prolífico autor de novelas juveniles (*l'As des Boy-scouts*, etc.), de novelas de espías, de novelas fantásticas y de anticipación científica; incluso se le considera uno de los maestros del género. Por lo tanto, nos cuidaremos bien de tomar en serio las elucubraciones del comandante Cazal sobre la muerte de santa Teresa. Si he pensado que debía mencionarlas, es para demostrar cómo, a partir de unos pocos elementos de difícil interpretación, una imaginación fértil puede construir una auténtica novela. Para explicar la cicatriz en el corazón de santa Teresa, la hipótesis más verosímil sigue siendo la de una herida causada por manos inexpertas en el momento de la extracción.

Capítulo VI

Teresa de Ávila y sus contemporáneos

Teresa no siempre vivió encerrada en su claustro, sin contacto con el exterior. En la Encarnación recibía mucho, y cabe pensar que en el locutorio no todo era devoción; también se debía evocar lo que sucedía en el mundo. Teresa salía a menudo, con el permiso de sus superiores; una oportunidad más para entrar en contacto con otros ambientes. A partir de 1562, la reforma del Carmelo la llevó a conocer a numerosas autoridades civiles y religiosas, hombres de negocios, aristócratas... ¿Cómo veía Teresa la sociedad en que vivía?, ¿qué juicio le merecían sus contemporáneos? En sus obras y en su correspondencia encontramos bastantes observaciones y comentarios para tener una idea precisa de la forma en que una mujer inteligente, incluso enclaustrada, veía el mundo que la rodeaba.

El clero

En primer lugar, tanto dentro como fuera del convento, Teresa trata con los miembros del clero: prelados, canónigos, humildes sacerdotes, monjas y monjes, y no solo carmelitas, también dominicos, y algunos jesuitas, aún no muy numerosos, pero que ya gozaban de una gran reputación al poco tiempo de su establecimiento. Antes y después de la etapa de las fundaciones, Teresa entró en contacto con algunos de los maestros de la espiritualidad española, esos que serán canonizados al mismo tiempo que ella, como Francisco de Borja y Pedro de Alcántara, o que lo serán más tarde, como Juan de la Cruz.

En una época en que, más que nunca, todos se sienten concernidos por el problema de su salvación personal, en una sociedad en que el interés por las cuestiones religiosas se vuelve pasional cuando son expuestas por mentes de primera —Cisneros, Erasmo, Lutero...—, la indiferencia de la gran mayoría del clero regular revela la decadencia de la institución monástica y este desorden ilustra, a los ojos del pueblo español, al menos una de las proposiciones de Erasmo: *Monachatus non est pietas*[139]. La cogulla no es tanto el signo de una vocación espiritual como el uniforme de una condición social, de una de las diversas vías que se abrían a los españoles del siglo XVI deseosos de hacer carrera: «Iglesia o mar o casa real», o sea, el hábito, América o servir al rey.

El clero es, junto con la nobleza, un estamento privilegiado. No hay unidad. Seculares, regulares, prelados, canónigos, curas, capellanes... están lejos de formar un grupo homogéneo. Todos dependen del fuero eclesiástico, lo que les concede unos privilegios envidiables: exención de algunos impuestos, el derecho a ser juzgados por una jurisdicción especial, mucho menos severa que la justicia real, aun en caso de delitos de derecho común. Para beneficiarse de estas ventajas, no es necesario haber sido ordenado sacerdote: basta con la tonsura[140].

El bajo clero deja mucho que desear. Las parroquias urbanas atraen a los mejores candidatos al sacerdocio. Para los curas de campo se acepta más o menos a cualquiera, hombres que muy a menudo tienen un solo propósito: vivir sin trabajar[141]; basta con saber leer y escribir; antes de ordenar a los futuros sacerdotes, se les pide conocer los rudimentos del catecismo; para el examen, se aprenden de memoria cierto número de fórmulas que luego olvidan; ¡con este bagaje se supone que deben garantizar la instrucción religiosa del pueblo! Así se expli-

---

[139] La frase exacta es *Monachatus non est pietas, sed vitae genus*. No es fácil de interpretar. Los primeros traductores españoles de Erasmo la remplazaban por el proverbio: «El hábito no hace al monje», lo que no es exactamente lo mismo. Teresa utiliza una expresión parecida: «No está el ser fraile en el hábito —digo en traerlo— para gozar del estado de más perfección que es ser fraile» (*Vida*, cap. XXXVIII). Es probable que Teresa nunca leyese a Erasmo, pero no es imposible que haya oído citar la frase.

[140] Las sinodales de 1557 dan fe de la preocupación del obispo de Ávila ante la muchedumbre de cleros que se contentan con recibir las órdenes menores y han rechazado el sacerdocio; es una forma de beneficiarse de los privilegios del clero al tiempo que se eluden las responsabilidades que implican las órdenes mayores.

[141] La fórmula es del beato Juan de Ávila en su *Memoria para el Concilio de Trento*. Un manual del confesor recomendaba interrogar a los penitentes eclesiásticos sobre los motivos que los empujaban a hacerse sacerdotes; si era solamente para poder comer hasta hartarse, habían cometido un pecado mortal.

ca el afán de Teresa de Ávila por fundar conventos solo en medios urbanos y recomendar confesores que tengan estudios superiores («letrados»). «Si la Iglesia quiere tener buenos ministros, debe formarlos», escribía Juan de Ávila en su *Memoria para el Concilio de Trento*; solicitaba que se fundasen colegios especiales —lo que luego se llamarán seminarios—, donde todo el esfuerzo iría encaminado a inculcarle dos cosas a los futuros sacerdotes: virtud e instrucción.

Si al menos estos sacerdotes compensasen su ignorancia con una fe más viva y una devoción más fervorosa, pero no siempre es así. Mal pagado, casi iletrado, este proletariado eclesiástico no se toma en serio sus deberes —ofician una misa y cobran dos— y lleva una vida poco edificante. No resulta sorprendente, en estas circunstancias, el anticlericalismo que rezuman tantos textos literarios y otros documentos contemporáneos. Monjes y curas se exhiben con sus concubinas y con sus hijos. A este respecto conviene recordar el episodio del cura de Becedas, en el capítulo III de la *Vida*: este hombre, que parecía inteligente y no era del todo ignorante, vivía desde hacía más de siete años en concubinato con una mujer del pueblo, lo que no lo incomodaba lo más mínimo para celebrar la misa y administrar los sacramentos; su conducta era la comidilla de la región, pero nadie se atrevía a reprochárselo. A decir verdad, comenta Teresa, no era tan culpable después de todo: su amante lo había, en cierta forma, hechizado; lo obligaba a llevar colgado del cuello un amuleto de cobre, signo de su abdicación moral. Teresa no cree en absoluto en estos cuentos ni en maleficios; a fuerza de dulzura y persuasión, termina convenciendo al cura de su indignidad y logra que cambie de vida.

Este episodio resume bien lo que debía de ser la vida en los campos de Castilla hacia mediados del siglo XVI. La inmoralidad del clero no tenía nada de excepcional y el ejemplo venía de arriba. Muchos sacerdotes vivían en concubinato, a la vista de todo el mundo; otros seducían a las penitentas que venían a confesarse; lo que se llamaba solicitación se veía facilitada por la ausencia de confesionarios; estos, recomendados por el Concilio de Trento, no serán de uso corriente hasta mucho más tarde, no antes de finales del siglo XVI. La Inquisición consideraba el pecado de solicitación de su competencia, pero se limitaba a imponer sanciones menores a los culpables, por miedo a acrecentar el descrédito que aquejaba a los miembros del clero. En cuanto a los amuletos destinados a favorecer los deseos de quienes los llevaban —éxito, salud, amor—, también eran vistos con indulgencia; la Inquisición no los consideraba realmente como una manifestación demoniaca y castigaba con penas leves a las «brujas» que se aprovechaban de la credulidad pública. La reacción de Teresa va en el mismo sentido; nos dice explícitamente que no cree en absoluto en esos sortilegios; no son más que ilusiones, pero comprende que algunos espíritus débiles puedan caer en la trampa.

Es en el ámbito de la atención a las almas donde se observa mejor la carencia y las negligencias del bajo clero. Gran cantidad de parroquias locales permanecen mucho tiempo sin curas; en otras, solo se oficia misa una o dos veces al mes. A fines del siglo XV, las Constituciones de los sínodos de Alcalá (1497) y de Talavera (1498), adoptadas a instancia del cardenal Cisneros, le recordaban a los curas que estaban obligados a vivir en su parroquia, a comentar el evangelio del día y a enseñarle a los niños los principales artículos del catecismo. Basta leer las dos memorias de Juan de Ávila para el Concilio de Trento para darse cuenta de que el problema sigue igual a mediados del siglo XVI. El clero secular se ha aliviado de una parte de sus tareas de apostolado traspasándoselas a los monjes. Los mismos religiosos están lejos de responder a lo que se espera de ellos. La predicación, por ejemplo, a menudo es entendida más como un ejercicio de elocuencia que como un medio de corregir las costumbres y de instruir al pueblo cristiano. Todos los testimonios coinciden. El dominico Alonso Cabrera, predicador de Felipe II, compara a sus colegas con espadachines que solo saben manejar el florete: hacen hermosos discursos, que regalan los oídos, pero que nunca matan a nadie. Teresa no dice nada distinto: «Hasta los predicadores van ordenando sus sermones para no descontentar. Buena intención tendrán y la obra lo será; mas ¡así se enmiendan pocos! Mas ¿cómo no son muchos los que por los sermones dejan los vicios públicos? ¿Sabe qué me parece? Porque tienen mucho seso los que los predican. No están sin él, con el gran fuego de amor de Dios, como lo estaban los Apóstoles, y así calienta poco esta llama» (*Vida*, cap. XVI). En los márgenes de este pasaje, tan duro con los predicadores, el padre Báñez añadió maliciosamente: *Legant praedicatores* (se enteran de oídas).

Esta situación obliga a revisar muchos de los lugares comunes sobre el catolicismo español; la mayor parte del territorio estaba poco o nada evangelizado. Recordemos los campos de los alrededores de Duruelo, en la región de Ávila, donde se creyó conveniente fundar el primer convento de los carmelitas descalzos; el padre Antonio de Jesús y Juan de la Cruz predicaban y confesaban en las comarcas de los alrededores, pues los habitantes no habían recibido ninguna instrucción religiosa (*Fundaciones*, cap. XIV).

En cambio, en las ciudades sobran clérigos. Allí los sacerdotes tienen un nivel superior a los curas de pueblo. Teresa evoca a los que ha conocido, por ejemplo, Gaspar Daza, un hombre instruido —le llamaban licenciado—, prebendado en la catedral de Ávila, inspirado predicador cuyos sermones iban dirigidos sobre todo a los monjes y a las personas ya iniciadas en la vida espiritual. Teresa va a verlo, hacia 1554, por recomendación de algunos amigos comunes, pero Daza la decepciona; no acepta confesarla —al parecer, no tenía tiempo—. Este santo varón desconfía de todo lo que se parezca a visiones o revelaciones. Cree advertir en Teresa tendencias de ese tipo, que él interpreta como argucias de Satanás. Sus métodos no le convienen en absoluto a la situación de Teresa: « Algunas veces me maravillo, que siendo persona que tiene gracia particular en comenzar a llegar almas a Dios, cómo no fue servido entendiese la mía ni se quisiese encargar de ella, y veo fue todo para mayor bien mío, porque yo conociese y tratase gente tan santa como la de la Compañía de Jesús» (*Vida*, cap. XXIII). Cuando Pedro de Alcántara y Francisco de Borja admitieron que la espiritualidad de Teresa sin duda procedía de Dios, Gaspar Daza reconoció de buen grado que se había equivocado. Teresa seguirá en buenos términos con él; en 1577, ella mediará ante el obispo Álvaro de Mendoza para que le concedan un canonicato que, por otra parte, el interesado rechazó.

Juan de Ávila, capellán del convento San José de Ávila, acompañó a Teresa en casi todas sus fundaciones. Nos dejó de estos viajes un relato lleno de detalles pintorescos; él mismo se pone graciosamente en escena sin disimular sus defectos, por ejemplo, su cobardía: en Segovia, el provisor del obispo, furioso porque habían instalado el Santísimo Sacramento en el nuevo carmelo sin esperar su autorización, hablaba de mandar arrestar al sacerdote responsable del asunto; este no era otro que Julián de Ávila, que permaneció prudentemente escondido, dejando que Juan de la Cruz aguantara la reprimenda; solo abandonó su retiro una vez pasada la tormenta. Seguirá siendo el capellán de San José hasta el final. En sus últimos días, Teresa, en su correspondencia, le reprocha su falta de autoridad: concedía las dispensas del ayuno con demasiada generosidad; «¡qué desabrido anda Julián! [...]. Dios me libre de confesores de muchos años» (carta del 26 de octubre de 1581).

En sus desplazamientos, Teresa conoció a otros muchos sacerdotes que espontáneamente se pusieron a su disposición; canónigos como, en Toledo, Pedro Manrique, hijo de un gran señor de Castilla[142]; en Segovia, a Juan de Orozco y Covarrubias, sobrino del todopoderoso obispo Diego de Covarrubias, presidente del Consejo de Castilla por esos días; en cuanto a su sobrino, será el futuro obispo de Guadix; en Burgos, Teresa conoce a Pedro Manso de Zúñiga, que acude a su encuentro y se despide impresionado: tiene la sensación de haber conocido a una santa. Estos personajes dan una idea muy viva del medio eclesiástico; la fe, la devoción, la sabiduría no les eran ajenas y la reforma carmelitana no hubiese podido desarrollarse tan rápidamente sin su colaboración. Dicho esto, ¿eran representativos del conjunto del clero castellano? Sería imprudente afirmarlo. Espontáneamente, Teresa se encaminó hacia los mejores, que reconocieron en ella a una mujer excepcional. Todos los párrocos, todos los canónigos, no tenían esas cualidades.

En un escalón mucho más alto se encuentran los grandes dignatarios eclesiásticos. La Iglesia española es rica. Tiene algunos dominios en propiedad; sobre otros, detenta la jurisdicción civil y recauda los tributos correspondientes; acumula tesoros y obras de arte; obtiene ingresos regulares de los diezmos, de las casas que alquila[143], de las inversiones que realiza: le presta dinero al Estado y a los particulares. Las propiedades no dejan de crecer gracias a las donaciones que recibe la Iglesia, a pesar de las protestas de las Cortes, inquietas ante la proliferación de bienes inalienables. Esta riqueza está desigualmente repartida. En Castilla, algunas abadías importantes (Las Huelgas, cerca de Burgos, Guadalupe, El Escorial, el Paular...) prosperan, mientras hay conventos que están al borde de la ruina. Lo mismo ocurre con los obispados. El más rico de todos, con gran diferencia, es el de Toledo, seguido por los de Sevilla, Zaragoza y Cuenca; en los últimos puestos figuran Almería, Mondeño y Elne; en medio, Plasencia, Santiago de Compostela[144], Sigüenza, Valencia, Burgos y Córdoba. Felipe II intentó corregir estas anomalías creando algunos obispados en Aragón y el de Valladolid, en Castilla; es la única revisión del mapa eclesiástico debida a los Habsburgo; la inmensa diócesis de Toledo permaneció intacta

---

[142] «Era mucha cosa en este lugar»; a pesar de su frágil salud, ingresó en la Compañía de Jesús (*Fundaciones*, cap. XV).

[143] El clero de Salamanca tenía cuatrocientas casas.

[144] Este arzobispado, especialmente opulento en medio de una Galicia misérrima, obtiene los dos tercios de sus ingresos de los tributos recaudados en el resto de España, tributo llamado el voto de Santiago.

Éxtasis de Santa Teresa, de Gian Lorenzo Bernini, capilla Cornaro de la Iglesia de Santa María della Vittoria, Roma.

Retablo mayor de la iglesia del convento de la Encarnación, Ávila.
(Foto: Cedida por el Ayuntamiento de Ávila.)

Convento de la Encarnación, Ávila. (Foto: Cedida por el Ayuntamiento de Ávila.)

Diversas estancias del convento del Carmelo, fundado por Santa Teresa, Ávila. (Fotografías: Cedidas por el Ayuntamiento de Ávila.)

El Convento de Santa Teresa fue edificado en el año 1636 sobre el solar de la casa natal de Santa Teresa de Jesús, en estilo barroco y jalonada de imágenes debidas a Gregorio Fernández. La fachada barroca con pórtico de tres arcos y frontón triangular es obra del arquitecto Juan Gómez de Mora, Ávila.

Estatua de Santa Teresa al lado de la Puerta del Alcázar de la muralla de Ávila.

El Convento de las Carmelitas Descalzas de Alba de Tormes fue fundado por Santa Teresa de Jesús en 1571 a requerimiento de don Francisco de Velázquez y doña Teresa de Layz y bajo el patronazgo de don Simón de Galarza. Desde 1980, el Convento de la Anunciación está declarado Monumento Histórico-Artístico.

Sepulcro de Santa Teresa de Jesús (Madres Descalzas de Alba de Tormes). El 4 de octubre de 1582 moría Santa Teresa en su Convento de la Anunciación.

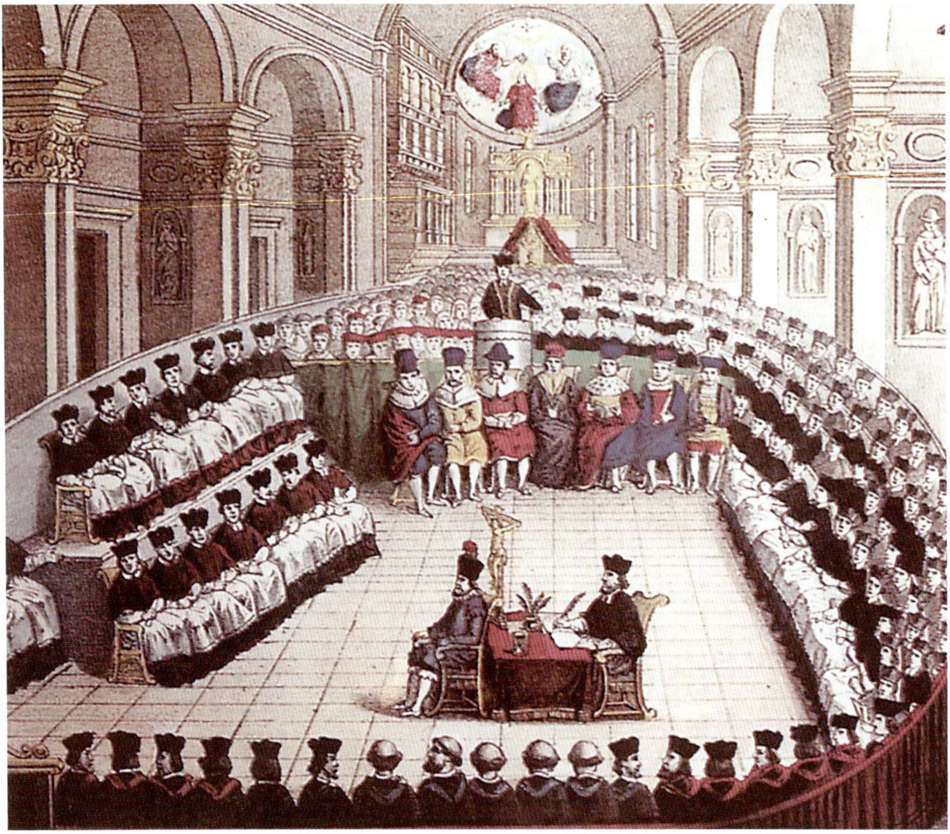

Sesión del Concilio de Trento en un grabado de la época. Este concilio fue convocado por impulso de Carlos V en 1545.

Pío IV concede a Teresa de Ávila la bula para la construcción del convento de San José, en Ávila, que se abrió en 1562.

Felipe II, por Antonio Moro, Museo de Bellas Artes, Bilbao.

Convento de las carmelitas descalzas de Santa Teresa de Jesús, celda de Santa Teresa, Valladolid. (Foto: © Oronoz.)

Convento carmelita de Pastrana, Guadalajara.

Santa Teresa de Jesús, en una escultura de Gregorio Fernández, 1632.

Santa Teresa de Jesús, por el valenciano José de Ribera (1591-1652).

Retrato de la época de Santa Teresa de Ávila (1515-1582).

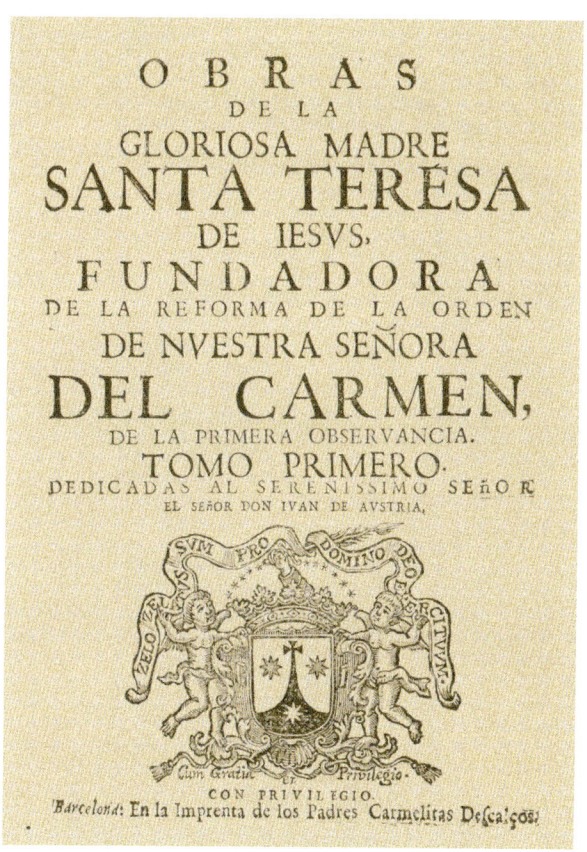

Portada de una de las ediciones de la obra de Santa Teresa.

Textos manuscritos de Santa Teresa.

Retrato del cardenal Cisneros, cuyo interés por los estudios bíblicos dio lugar a la publicación de la Biblia políglota.

Juan de la Cruz conocerá en 1567 a Teresa de Cepeda y Ahumada, futura Santa Teresa de Jesús, en Medina del Campo, Teresa lo convence y lo une a su causa de reforma de las carmelitas.

Juan Luis Vives, como otras personas nada sospechosas de su religiosidad ortodoxa, se vio involucrado en los enfrentamientos en el terreno de la religión. El humanista valenciano, por razones de su ascendencia judía, prefirió el exilio. Plumilla del siglo XIX, a partir de una estatua en bronce de Aixa, Universidad de Valencia.

Erasmo de Rotterdam fue uno de los primeros en proponer y reivindicar la Reforma religiosa. Su influencia se dejó notar en muchos ámbitos de la cultura, especialmente la literatura española del siglo XVI.

Martín Lutero, padre de la reforma que cambio el juego de poder de la iglesia católica en Europa.

Fray Luis de León (1527-1591), *Libro de ilustres y memorables varones*, Museo Lázaro Galdiano, Madrid. Al igual que muchos coetáneos, fue sometido a las persecuciones del Tribunal de la Inquisición.

Muerte de Santa Teresa, Convento de las Carmelitas Descalzas de Medina del Campo, Valladolid. (Foto: © Oronoz.)

hasta el final de la dinastía. Es justo decir que la Iglesia española, a diferencia de la nobleza, asumía su parte de los gastos comunes. Sin duda, los soberanos nunca se permitieron gravar a la Iglesia, pero llegaron al mismo resultado haciendo que los Papas les concedieran cierto número de privilegios fiscales: subsidios, Cruzada, las tercias reales, el «excusado»[145], donaciones más o menos forzosas, «expolios»[146].

Si la Iglesia española se resignó a desprenderse de una parte de sus ingresos en beneficio de la Corona, fue porque estaba bajo la dependencia del Estado. Los Reyes Católicos obtuvieron de los Papas que los nombramientos de las dignidades episcopales se hicieran con su aprobación. Bajo el reinado de Carlos V, esta prerrogativa es consagrada en derecho. En virtud del patronato que entonces se les concede, los reyes de España designan a los obispos, que se convierten en colaboradores del poder. El alto clero le proporciona al Estado algunos de sus más altos funcionarios; la mayoría de las veces, los grandes consejos del Reino están presididos por prelados. Bajo Felipe II, Juan Ribera es, al mismo tiempo, arzobispo y virrey de Valencia. Esta imbricación del poder civil con el eclesiástico es una de las características de España; dejará su huella en la sociedad y en la conciencia pública. El poder político se acostumbra a intervenir en el terreno espiritual y la Iglesia a estar asociada en las decisiones políticas. La Inquisición, tribunal eclesiástico nombrado por el rey, es la mejor ilustración de esta situación. La influencia del poder sobre las órdenes religiosas no era tan grande, lo que explica la libertad de palabra de algunos predicadores que no vacilaban en criticar, a veces severamente, las decisiones políticas.

La mayoría de los obispos son hijos segundones de la alta nobleza, y, en ocasiones, bastardos que hay que colocar. Teresa conoció a muy pocos de estos prelados. Una de las personas a las que tuvo que dirigirse cuando quiso fundar el convento de San José era el obispo de Ávila, Álvaro de Mendoza, hijo de los condes de Rivadavia, cuya hermana, María de Mendoza, que también formaba parte del círculo de relaciones de Teresa, se había casado con el ministro de Hacienda de Carlos V, Cobos. La primera reacción del obispo fue rechazar categóricamente cualquier nueva fundación en una ciudad que ya tenía muchos

---

[145] Los diezmos del propietario más rico de cada parroquia le correspondían al Estado.

[146] Cuando un obispo moría, su fortuna personal era dividida entre el papado y la Corona.

conventos. No fue sencillo hacerle cambiar de opinión; tuvieron que propiciar la intervención de Pedro de Alcántara, cuya reputación de santidad empezaba a imponerse. Una vez convencido, Álvaro de Mendoza se convierte en un admirador de la reforma y en un devoto amigo de la reformadora. Ya hemos visto que el convento de San José estaba bajo su autoridad directa. No fue sino en 1577, al ser nombrado Álvaro de Mendoza obispo de Palencia, cuando la reformadora pudo transferir la jurisdicción a la Orden del Carmelo. Mientras estuvo en Ávila, y luego en Palencia, colmó de favores a las religiosas. Teutonio de Braganza, arzobispo coadjutor de Évora (1570-1602), también es amigo de Teresa, que contaba con él, en 1579, para mandar imprimir el *Camino de perfección*; el libro, como es bien sabido, no aparecerá hasta después de la muerte de su autora.

En Toledo, Teresa conoce a un canónigo, «hombre harto discreto y temeroso de Dios y de mucha verdad», Alonso Velázquez, que, unos años más tarde, convertido en obispo de Osma, facilitará la fundación del carmelo de Soria. Había perdido un ojo, pero eso no le impedía trabajar sin descanso; si llegase a estar completamente ciego, decía, no le molestaría mucho: se iría a vivir a una ermita. Ayunaba cuatro días a la semana; los demás días comía poco, y nada de manjares rebuscados; hacía todas sus visitas pastorales a pie y se ocupaba personalmente de los problemas de la diócesis, sin dejarlos en manos de sus subordinados.

Teresa también tuvo la oportunidad de conocer a un cuarto prelado, especialmente bien situado en la corte: Gaspar de Quiroga, obispo de Cuenca primero, luego de Toledo, cardenal y, sobre todo, inquisidor general entre 1573 y 1594. En su correspondencia, Teresa lo llama «el Gran Ángel», alusión transparente a su condición de gran inquisidor. Quiroga, una de cuyas sobrinas era carmelita, siempre se mostró bien dispuesto hacia la reforma de las descalzas. También conocía a Luisa de la Cerda, gran amiga de Teresa. Esta contaba con él para fundar un carmelo en Madrid. Lo conoce personalmente el 6 de mayo de 1580 y se conservan dos cartas autógrafas, una fechada en Soria, el 16 de junio de 1581, la otra en Ávila, el 30 de octubre de 1581, en las que ella le habla de su proyecto. Quiroga es probablemente el hombre que puso fin a la persecución contra Teresa, cuya *Vida* le fue maliciosamente enviada al Santo Oficio. Tras la muerte de la autora, Quiroga no tuvo ningún reparo en entregarle el manuscrito a los que querían imprimirlo; el primer editor de las obras de Teresa, fray Luis de León, era, por cierto, amigo de Quiroga, que poco tiempo antes había ordenado su absolución por la Inquisición de Valladolid.

Cuando se estudia la historia de las órdenes religiosas, se descubre que al lado de cada santo y alrededor de cada convento hay un círculo más o menos amplio de laicos piadosos que asisten a los ritos, escuchan los sermones, hacen obras de caridad y a veces alcanzan una gran virtud. En el entorno de Teresa de Ávila encontramos a Francisco de Salcedo, «caballero santo», que se sentía tan a gusto viviendo a la sombra del carmelo de San José que, al ordenarse sacerdote al final de su vida, entrará en él como capellán. Teresa lo conocía bien ya que eran parientes lejanos. Se había confiado a él cuando tuvo sus primeras visiones; fue Salcedo el que la puso en contacto con Daza, primero, y luego con los jesuitas. Estaba casado. Despertaba la admiración general por la vida que llevaba, por su devoción, su humildad «espántame», decía Teresa, por su práctica de la oración mental. Durante veinte años asistió a los cursos de teología de los dominicos de Ávila. Era, según decía Pedro de Alcántara, «el mejor bonete de Ávila». En 1570, tras la muerte de su mujer, se ordenó sacerdote. Nunca alcanzó a comprender lo que le pasaba a Teresa; en efecto, él se había fijado un marco estrecho y muy suyo de perfección cristiana y todo lo que no entraba en ese marco escapaba a su inteligencia; solo conocía los caminos banales que toman la mayoría de las almas buenas; el carácter excepcional de Teresa lo desconcertaba.

Teresa conoció a representantes de la mayoría de las órdenes religiosas: franciscanos, dominicos, cartujos, carmelitas, jesuitas.

En el siglo XVI, los hermanos menores, los franciscanos, tienen la justificada reputación de ser «espirituales», es decir, de alentar una forma de espiritualidad —oración mental, contemplación, estados místicos— más orientada a la sensibilidad que a la razón. Teresa se lo debe casi todo a algunos autores franciscanos, Laredo, Osuna, Orozco, que la iniciaron en la vida espiritual y que constantemente le sirvieron de guías. Cuando algunos directores espirituales demasiado puntillosos o timoratos —los medio sabios: son los peores...— dudaban de la autenticidad y de la pureza de sus estados místicos, fue uno de los más grandes franciscanos del siglo, Pedro de Alcántara (1499-1562), quien la tranquiliza definitivamente. Teresa lo conoció en Ávila, en agosto de 1562, en casa de Guiomar de Ulloa. Por esos días, Pedro de Alcántara tenía sesenta y un años, aunque aparentaba setenta. Sus mortificaciones asombraban a todos. Para hacer su noviciado eligió un convento que no admitía ninguna mitigación de la regla primitiva. Solicitó que le asignaran las tareas más humildes; lo destinaban a la entrada, a la cocina, al huerto; le hacían barrer el patio. Adquirió unos hábitos de rigor que conservó durante toda su existencia. En su *Vida*, Teresa trazó un retrato del personaje que se ha hecho famoso; abarca casi todo el capítulo XXVII. Son páginas que muchos hispanistas comentaron en otros tiempos, cuando en la universidad se estudiaba la literatura del Siglo de Oro...: «No está ya el mundo para sufrir tanta perfección. Dicen que están las saludes más flacas y que no son los tiempos pasados. Este santo hombre de este tiempo era; estaba grueso el espíritu como en los otros tiempos, y así tenía el mundo debajo de los pies. Que, aunque no anden desnudos, ni hagan tan áspera penitencia como él, muchas cosas hay —como otras veces he dicho para repisar el mundo, y el Señor las enseña cuando ve ánimo. ¡Y cuán grande le dio Su Majestad a este santo que digo, para hacer cuarenta y siete años tan áspera penitencia, como todos saben! Quiero decir algo de ella, que sé es toda verdad. Díjome a mí y a otra persona, de quien se guardaba poco (y a mí el amor que me tenía era la causa, porque quiso el Señor le tuviese para volver por mí y animarme en tiempo de tanta necesidad, como he dicho y diré), paréceme fueron cuarenta años los que me dijo había dormido sola hora y media entre noche y día, y que este era el mayor trabajo de penitencia que había tenido en los principios, de vencer el sueño, y para esto estaba siempre o de rodillas o en pie. Lo que dormía era sentado, y la cabeza arrimada a un maderillo que tenía hincado en la pared. Echado, aunque quisiera, no podía, porque su celda —como se sabe— no era más larga de cuatro pies y medio. En todos estos años jamás se puso la capilla, por grandes soles y aguas que hiciese, ni cosa en los pies ni vestido; sino un hábito de sayal, sin ninguna otra cosa sobre las carnes, y este tan angosto como se podía sufrir, y un mantillo de lo mismo encima. Decíame que en los grandes fríos se le quitaba, y dejaba la puerta y ventanilla abierta de la celda, para que con ponerse después el manto y cerrar la puerta, contentaba al cuerpo, para que sosegase con más abrigo. Comer a tercer día era muy ordinario; y díjome que de qué me espantaba, que muy posible era a quien se acostumbraba a ello. Un su compañero me dijo que le acaecía estar ocho días sin comer. Debía ser estando en oración, porque tenía grandes arrobamientos e ímpetus de amor de Dios, de que una vez yo fui testigo. Su pobreza era extrema y mortificación en la mocedad, que me dijo que le había acaecido estar tres años en una casa de su Orden y no conocer fraile, si no era por el habla; porque no alzaba los ojos jamás, y así a las partes que de necesidad había de ir no sabía, sino íbase tras los frailes. Esto le acaecía por los caminos. A mujeres jamás miraba; esto muchos años. Decíame que ya no se le daba más ver que no ver. Mas era muy viejo cuando le vine a conocer, y tan extrema su flaqueza, que no parecía sino hecho de raíces de árboles[147]. Con toda esta santidad era muy afable, aunque de pocas palabras, si no era con preguntarle»[148].

La orden de los dominicos conoció en la España del siglo XVI una renovación teológica bajo el impulso de Francisco de Vitoria (1492-1546), profesor de la Universidad de Salamanca. Vitoria es el responsable de dos orientaciones llamadas a tener una gran repercusión:

— primero, el rechazo de las formas más desprestigiadas de la escolástica medieval y el regreso al tomismo para dilucidar los problemas doctrinales; este esfuerzo da sus frutos en el Concilio de Trento (1545-1563), donde la participación de los dominicos españoles es muy señalada;
— después, la atención dedicada a las cuestiones de actualidad: los problemas económicos provocados por la revolución de los precios, las primeras manifestaciones del capitalismo mercantil y los debates sobre la colonización del Nuevo Mundo. Sobre este último punto, cabe destacar que fue un dominico, el padre Montesinos, quien, ya en 1511, en Santo Domingo, fue el primero en alzar su voz contra el destino impuesto a los indios. Vitoria tomó el relevo con sus lecciones sobre los indios (1539), y de nuevo es otro dominico, Bartolomé de las Casas, quien encabeza el combate más decidido contra la política colonial de su país.

De estos últimos debates, a Teresa le llegan algo más que los ecos. Casi todos sus hermanos tomaron parte en la conquista y sin duda la tuvieron al tanto de los acontecimientos que se desarrollaban en América, brindándole, de alguna manera, la versión oficial. Otra versión es

---

[147] Esta frase está sacada casi textualmente de una novela de caballería, las *Sergas de Esplandián*, que Teresa debió de leer en su infancia; ver M. Bataillon, «Santa Teresa, lectora de libros de caballerías», en *Varia lección de clásicos castellanos*, Ed. Gredos, Madrid, 1964, pp. 21-23.

[148] Pedro de Alcántara fue beatificado en 1622 y canonizado en 1669. En 1826, el primer emperador de Brasil lo proclama «patrono principal de todo el imperio de Brasil».

la que le dan los predicadores, que abordaban el tema con la intención de despertar vocaciones misioneras. Señalaremos, en particular, lo que le dijo un compañero de Las Casas, el padre Alonso Maldonado, que se entrevistó con ella en el locutorio del carmelo de San José. En el primer capítulo de las *Fundaciones*, Teresa evoca la impresión que le causó esta visita: «Este venía de las Indias poco había. Comenzome a contar de los muchos millones de almas que allí se perdían por falta de doctrina, e hízonos un sermón y plática animando a la penitencia, y fuese. Yo quedé tan lastimada de la perdición de tantas almas, que no cabía en mí. Fuime a una ermita con hartas lágrimas». Teresa probablemente animó a los carmelitas descalzos a participar en la evangelización de América. Pero esta incitación no dará sus frutos hasta después de su muerte: en 1585, doce carmelitas descalzos llegan a México; son el origen de los primeros establecimientos de la orden en el Nuevo Mundo. También se contempló la idea de enviar al padre Gracián y a Juan de la Cruz, pero el proyecto no se concretó, ignoramos la causa.

A diferencia de los franciscanos, que pasan por ser «espirituales», los dominicos son «doctores», y tienen muchas más reservas sobre ciertas formas de espiritualidad. A partir de 1559, por impulso de Melchor Cano, incluso muestran un rigor casi hostil con respecto a los estados místicos; Luis de Granada es prácticamente el único de su orden que favorece la vía de la oración y de la contemplación. Teresa, que tanto le debe a los franciscanos, no eligió a ninguno como confesor y director espiritual; se volvió hacia los dominicos —y también hacia los jesuitas, como ya veremos—; tal vez fue esta circunstancia la que le permitió encontrar una vía original: una espiritualidad sensible al corazón, pero siempre bajo el dominio de la inteligencia.

Cuando a Teresa le entran dudas sobre la naturaleza de sus estados místicos, a quien busca primero es a un dominico del convento de Santo Tomás de Ávila, el padre Vicente Barrón. Se había confesado con él al morir su padre, en 1543. Lo vuelve a ver en el otoño de 1544, no sin dificultades, por cierto: los confesores de la Encarnación defendían con saña su derecho a confesar a las religiosas. Barrón —«un letrado»— la ilumina definitivamente; la tranquiliza y la «desengaña» sobre las manifestaciones místicas que experimentaba (*Vida*, cap. V); «él me despertó de este sueño» (*Vida*, cap. XIX), la lleva a retomar la oración y la encamina decididamente hacia la vía contemplativa.

Es otro dominico, Pedro Ibáñez —«era el mayor letrado que entonces había en el lugar, y pocos más en su Orden» (*Vida*, cap. XXXII)—, quien sale en defensa de Teresa de Ávila cuando quieren hacerla pasar por una alumbrada. Ibáñez redacta entonces un informe detallado, muy favorable a Teresa, dirigido a una comisión *ad hoc* compuesta por «personas muy graves y letrados», encargada de zanjar la cuestión.

García de Toledo, hijo de los condes de Oropesa, partió hacia México, en 1535, con el primer virrey, Antonio de Mendoza, pero pronto renunció a hacer carrera en el ejército o en la administración para ingresar en los dominicos. En 1555 lo encontramos en el convento de Santo Tomás de Ávila. Es una de las personas que favorecieron la creación del carmelo de San José y que aconsejaron a Teresa escribir la última parte de su vida.

El padre Domingo Báñez (1528-1604) es un antiguo alumno de Melchor Cano. Cursó sus estudios en el convento dominico de San Esteban (Salamanca), uno de los dos focos del tomismo castellano junto con el convento de San Pablo (Valladolid). Teresa se alegra mucho, en 1581, al saber que acaba de ser elegido para la cátedra de Prima de la Universidad de Salamanca. Báñez es uno de los primeros adversarios de las teorías del jesuita Molina, al que Pascal ridiculizará en las *Provinciales*. Revisó y a veces corrigió el manuscrito de la *Vida*, cuya censura redactó en 1575: «No he hallado cossa que a mi juicio sea mala doctrina, antes tiene muchas de gran edificación y aviso para personas que tratan de oración. Porque su mucha experiecia desta religiosa y su discreción y humildad en haver siempre buscado luz y letras en sus confesores la hacen acertar a decir cossas de oración que a vezes los muy letrados no aciertan assí por la falta de experiencia». Báñez se muestra más reservado sobre las visiones y revelaciones. De ahí su opinión en el sentido de que no es un libro que deba caer en manos de cualquiera, sino solo en la de hombres preparados, con experiencia y sabiduría en este tipo de cuestiones.

La Compañía de Jesús, fundada en 1539-1540, se organizó rápidamente en España, donde queda dividida en tres provincias: Castilla, Aragón, Andalucía. En 1566 ya contaba con dieciséis colegios reputados, además de un seminario. Los jesuitas se instalaron en Ávila en 1550[149], precedidos por una gran reputación de santidad. En Medina del Campo también se les recibió con los brazos abiertos. Este éxito suscitaba celos y enemistades. Melchor Cano, uno de los representan-

---

[149] Entre ellos estaba el padre Jerónimo de Ripalda (1535-1618), autor de un catecismo que tendrá un éxito enorme en el mundo hispano.

tes más eminentes de la orden de los dominicos, se mostraba especialmente hostil con ellos[150]. En 1555 fueron expulsados de Zaragoza. Sin embargo, en general, la población se mostraba favorable. Incluso antes de conocerlos, Teresa les profesaba gran admiración[151]. Este aprecio nunca será desmentido. Por su parte, los jesuitas favorecieron de varias formas la creación de carmelos, por ejemplo, en Ávila y en Medina del Campo.

Entre los confesores que sosiegan a Teresa respecto a sus estados místicos se cuentan, en lugar destacado, varios jesuitas brillantes.

El padre Diego de Cetina (1531-1568) llegó a Ávila en 1555; le falta experiencia —solo tiene veintitrés años—, pero le sobra sentido común y una gran devoción. Aconseja a Teresa solo durante dos meses, lo suficiente para tranquilizarla y recomendarle que no abandone la oración y la penitencia. ¿Le dio a leer los *Ejercicios* de Ignacio de Loyola? Es posible; no está demostrado.

En mayo de 1555 le sucede el padre Juan de Prádanos. Tiene veintisiete años, pero ya es conocido por sus cualidades como director espiritual. Era el confesor de Guiomar de Ulloa; es esta la que le sugiere su nombre a Teresa, a principios del año 1555. Él también resulta un buen consejero.

Baltasar Álvarez era maestro de novicios en el colegio San Gil de Ávila cuando Teresa atraviesa una grave crisis espiritual. Al igual que los anteriores, carece de experiencia como director espiritual: apenas tiene veinticinco años y acaba de ser ordenado sacerdote. Esto no le impide reconfortar a Teresa e inculcarle la certeza de que sus estados místicos no son de origen demoniaco. «Me mortificaba mucho», declara Teresa (*Vida*, XXV). He aquí un ejemplo de su forma de actuar: un día, Teresa le escribe sobre una cuestión urgente reclamándole una respuesta inmediata; el padre Álvarez le responde de inmediato, pero ordenándole que deje pasar un mes antes de abrir la carta.

---

[150] «Una de las causas que me mueven a estar descontento de estos padres teatinos es que a los caballeros que toman entre manos en lugar de hacellos leones los hacen gallinas y si los hallan gallinas los hacen pollos; y si el Turco hubiera enviado a España hombres aposta para quitar los nervios y fuerzas della y hacernos los soldados mujeres y los caballeros mercaderes, ni enviara otros más a propósito» (citado por Efrén de la Madre de Dios y Otger Steggink, *Tiempo y vida de Santa Teresa*, pp. 106-107).

[151] «Habían venido aquí [a Ávila] los de la Compañía de Jesús, a quien yo, sin conocer a ninguno, era muy aficionada de solo saber el modo que llevaban de vida y oración» (*Vida*, cap. XXIII).

Durante los años que preceden a su «conversión», Teresa tuvo oportunidad de conocer a uno de los jesuitas más importantes de todos los tiempos: Francisco de Borja (1510-1572), antiguo marqués de Lombay, a quien ella llama siempre duque de Gandía, por más que él haya renunciado a su título para entrar en los jesuitas. Por parte de padre, Francisco de Borja es bisnieto del papa Alejandro VI; por parte de madre, bisnieto del rey Fernando el Católico. Entró al servicio del emperador con diecisiete años. Dos años más tarde, se casa con una dama de honor de la emperatriz Isabel. Participa en las guerras que enfrentan a Carlos V con Francisco I, especialmente en la campaña de Provenza, en 1533; el poeta Garcilaso de la Vega murió en sus brazos. En la primavera de 1539, un trágico suceso cambia su destino. Ese año, la emperatriz Isabel muere al dar a luz, en Toledo. Francisco de Borja forma parte del cortejo que conduce sus restos a Granada, donde deben ser enterrados en la catedral, al lado de los Reyes Católicos. Al llegar a Granada, el 17 de mayo, un ujier procede a un trámite formal; manda abrir el ataúd y le pide a los caballeros presentes que juren que, en efecto, se trata de los restos mortales de la emperatriz. Horrorizado, Francisco de Borja es incapaz de pronunciar una palabra. Ante el ujier que se impacienta, Francisco de Borja declara: juro que es el cuerpo que tuve el honor de escoltar desde Toledo, pero juro también que nunca más serviré a amos que puedan servir de pasto a los gusanos. Francisco de Borja cumplirá su palabra, en cuanto solucione sus asuntos familiares; en efecto, está casado y tiene ocho hijos. Durante algunos años más prosigue con su carrera política. Entre 1539 y 1543 es virrey de Cataluña. En 1543, tras la muerte de su padre, hereda el ducado de Gandía. Dos meses después de la muerte de su mujer pronuncia, el 2 de junio de 1546, los votos que lo convierten en uno de los primeros compañeros de Ignacio de Loyola. Este compromiso se mantiene en secreto hasta 1550. En mayo de 1551 renuncia a sus títulos y a sus dominios. El 15 de noviembre oficia su primera misa en la pequeña ciudad de Vergara, ante una multitud considerable —se menciona la cifra de diez mil personas—; el Papa había concedido indulgencia plenaria a todos los que asistiesen y, para la ocasión, hubo que instalar el altar al aire libre. El nuevo jesuita sigue, durante algún tiempo todavía, al servicio del emperador. En 1554 pasa dos meses en Tordesillas con Juana la Loca; vuelve al año siguiente para asistir a la reina en su agonía. En Yuste, adonde acude para visitar a Carlos V, este le confía una misión delicada: preparar el terreno para que el futuro Felipe II sea aceptado como rey en caso de que el trono de Portugal quedase vacante; la embajada es mal acogida en Lisboa. Francisco de Borja rechaza el capelo cardenalicio que el emperador quería solicitar para él. Desde el 23 de mayo de 1554 es el comisario de la Compañía de Jesús para España, Portugal y las Indias. En 1565 Borja se convierte en el tercer general de la Compañía de Jesús. Beatificado en 1624, será canonizado en 1671. El padre Francisco de Borja fue dos veces a Ávila: la primera, en mayo de 1554; en esa ocasión, predica en la catedral; luego, durante la Semana Santa de 1557, oportunidad que Teresa aprovecha para visitarlo. Habla de este encuentro en el capítulo XXIV de la *Vida*: «En este tiempo vino a este lugar el padre Francisco, que era duque de Gandía y había algunos años que, dejándolo todo, había entrado en la Compañía de Jesús. Procuró mi confesor [¿Baltasar Álvarez?] y el caballero [Francisco de Salcedo] que he dicho también vino a mí, para que le hablase y diese cuenta de la oración que tenía [...]. Después que me hubo oído, díjome que era espíritu de Dios y que le parecía que no era bien ya resistirle más [...]. Como quien iba bien adelante, dio la medicina y consejo».

Los cartujos ocupan un lugar aparte en el medio monástico. Teresa solo habla de ellos para alabar su santidad, su humildad, su amor a la pobreza. Los cartujos son una de las pocas órdenes que nunca necesitaron acometer una reforma. Erasmo, que no solía mostrarse amable con los monjes, lo reconocía de buena gana: según él, los cartujos constituían el último reducto que guardaba el depósito de la piedad[152]. Teresa se muestra muy elogiosa con el prior de la cartuja de Sevilla, el padre Hernando de Pantoja, originario de Ávila, que ayudó mucho a que las carmelitas pudiesen instalarse en Sevilla y que no dejaba nunca de enviarles dinero, comida, tocas, hilo...; «a este santo debemos mucho», escribe en las *Fundaciones* (cap. XXV).

---

[152] Ver *Elogio de la locura*: «El pueblo se ha liberado del fardo de la piedad para descargarlo sobre los que llaman clérigos. A su vez, los sacerdotes llamados seculares ponen el fardo en manos de los regulares; los regulares se lo confían a los monjes, los monjes relajados a los monjes más cercanos a la observancia; relajados y observantes se libran de él dándoselo a los mendigos y los mendigos a los cartujos, los únicos en quienes la piedad se oculta». A decir verdad, Erasmo solo salva a los cartujos en apariencia, pues acto seguido añade: «En ellos, la piedad se oculta tan bien que cuesta descubrirla» (*sepulta latet pietas, et adeo latet ut vix unquam liceat conspicere*).

A diferencia de los monjes, que casi siempre se congregaban en las ciudades, los ermitaños prefieren la soledad. Los de Tardón, en plena Sierra Morena, a unos cien kilómetros al norte de Sevilla, tenían una bien ganada fama en el siglo XVI. Fue Juan de Ávila, hacia 1557, quien le sugirió a Mateo de la Fuente que se estableciera allí con unos compañeros. Cuando el Concilio de Trento le ordenó a los ermitaños someterse a una orden religiosa, los del Tardón adoptaron la regla de san Basilio. Las Constituciones del Tardón, tal como están definidas en el Breve de Clemente VIII del 23 de septiembre de 1603, presentan muchas analogías con algunas prácticas de los carmelitas reformados, en especial la importancia que se le concede a la vida solitaria, como paso previo a la contemplación, y al trabajo manual. Sobre este tema, las Constituciones del Tardón son muy claras: «Los sacerdotes estarán exentos de trabajar durante la mañana», pero «a fin de que nada pueda apartarlos del trabajo por la tarde, solo podrán rezar en el coro lo que están obligados a rezar por precepto de acuerdo con el breviario romano». Los ermitaños debían vivir de su trabajo; les estaba prohibido pedir limosna, confesar a seculares, predicar fuera de sus iglesias, enseñar, «debido a que todo esto no se puede hacer sin interrumpir el trabajo manual». Entre los carmelitas, el gusto por la vida solitaria se manifestó muy pronto con la creación de los «desiertos», uno por provincia, destinados a recibir a unos veinte religiosos como mucho durante un periodo no menor a un año; en este caso, el acento se pone en la oración y la contemplación; se observa la regla del silencio, que solo se rompe en las grandes solemnidades durante una hora y media tras las vísperas; pero la conversación debe versar únicamente sobre temas religiosos.

Un vínculo profundo une a cartujos, ermitaños y carmelitas. Es la conclusión a que llega Teresa a propósito de los ermitaños del Tardón[153]; así se explica que pudiese convencer fácilmente a varios hombres de que ingresaran en el Carmelo cuando su intención inicial era llevar vida de ermitaños. Juan de la Cruz, por ejemplo, dudaba entre los cartujos y los ermitaños del Tardón cuando Teresa lo conoció, pero no es el único que tomó esta decisión. En Madrid, en mayo de 1569, Teresa, de camino hacia Pastrana, pasa unos días en casa de Leonor de

---

[153] «Como me dijo la manera de su vida, yo le mostré nuestra Regla primitiva y le dije que sin tanto trabajo podía guardar todo aquello, pues era lo mismo» (*Fundaciones*, cap. XVII).

Mascareñas, que le presenta a dos napolitanos: el pintor Giovanni Narducci, alias Juan Narduch, y el caballero Mariano Azzaro de Bitonto, alias Ambrosio Mariano Azzaro. Los dos hombres se habían conocido en el Tardón, donde llegaron tras pintorescas peripecias.

Giovanni Narducci primero fue franciscano. Pareciera que sus hermanos lo expulsaron. Entonces una voz le sugiere ir en peregrinación a Santiago de Compostela. Lo que en efecto hizo. Después, se dirige hacia Barcelona con la intención de volver a Italia. Un desconocido le dice que no lo haga, que emprenda una nueva peregrinación, a Burgos esta vez, donde se veneraba un Cristo que procedía, según rumores, de Oriente; un Cristo atribuido a Nicodemo, que lo habría modelado sobre el cuerpo del Salvador al bajarlo de la cruz; el Cristo está hecho con piel, lo que lo vuelve flexible al tacto; tiene cabellos, cejas humanas y una faldita de encaje[154]. De Burgos, Narducci se dirige hacia la Mancha y se instala en una ermita, en Villanueva de los Ojos. Las gentes de la región lo aprecian mucho, pero Narducci termina cansándose; devuelve la llave de la ermita al cura y se va a Sahagún. Vive de limosnas y también de su trabajo: pinta cuadros en madera. Más adelante lo encontramos en Palencia, en Jaén, donde vive en una cueva, tal vez también en la región de Murcia; allí habría esculpido una estatua de la Virgen que fue muy venerada. De nuevo en camino, esta vez hacia Córdoba. Allí le hablan de Azzaro, que vivía en el Tardón, y va a reunirse con él.

Este Ambrosio Mariano Azzaro es también un personaje de lo más curioso. Teresa dice que había formado parte de la casa de la reina de Polonia, Catalina de Austria, tercera esposa de Segismundo II e hija del emperador Fernando. Llegó a España acompañando al príncipe de Sulmona, Horacio de Lannoy, un niño todavía. Lo acusan de haber mandado asesinar a un hombre y lo arrojan en prisión; permanece encarcelado dos meses, rechazando a todos los abogados, contando únicamente con la justicia de Dios para hacer que su inocencia resplandezca. Dos testigos afirman que Azzaro había solicitado sus servicios para cometer un asesinato; los interrogan por separado y les preguntan dónde estaba Azzaro cuando intentaba sobornarlos; sentado en una cama, dice uno; cerca de una ventana, dice el otro. Hostigados a preguntas, los acusadores terminan admitiendo que se lo habían inventado todo. Una vez libre, Azzaro lleva una vida errante. Se decía que

---

[154] Hoy puede verse este Cristo en una capilla de la catedral de Burgos.

era doctor en Derecho, pero más bien se le conocen dotes de ingeniero con especial competencia en cuestiones de hidráulica; era muy hábil construyendo acueductos y fuentes. ¿Tomó parte Azzaro en la batalla de San Quintín, en 1557, como ingeniero militar? Era el rumor que corría. Azzaro se muestra desinteresado hasta el punto de rechazar cualquier remuneración, queriendo trabajar solo «por amor a Dios y al rey»... En Córdoba, mientras estaba ocupado en los trabajos para hacer navegable el Guadalquivir, decide retirarse del mundo e ingresar en los jesuitas. Pronto cambia de idea y se une a los ermitaños del Tardón (1562). Allí conoce a Narducci. Del Tardón, Narducci y Azzaro viajan a Sevilla. Durante un año viven en la ermita de San Onofre, trabajando con sus manos. Azzaro recibe entonces la orden de acudir a la corte; esperan de él que construya unos canales en el parque de Aranjuez. Él y su compañero aprovechan la oportunidad para buscar un lugar donde vivir en soledad. El príncipe de Éboli les ofrece entonces la ermita de San Pedro, en Pastrana, y es por esos días cuando Teresa los conoce, en casa de Leonor de Mascareñas, en Madrid, cuando ella también estaba de camino hacia Pastrana, donde debía fundar un carmelo a petición de la princesa de Éboli[155]. En Pastrana, los dos personajes son momentáneamente tentados por las palabras de una beata, Catalina de Cardona, que los embarca en una fundación catastrófica en La Roda: Ambrosio Mariano construía unas galerías subterráneas que se derrumbaban de inmediato... A Teresa le resulta sencillo convencerlos de que entren en el Carmelo. Interroga a Azzaro: «Como me dijo la manera de su vida, yo le mostré nuestra regla primitiva y le dije que sin tanto trabajo podía guardar todo aquello, pues era lo mismo, en especial de vivir de la labor de sus manos, que era a lo que él mucho se inclinaba, diciéndome que estaba el mundo perdido de codicia y que esto hacía no tener en nada a los religiosos. Como yo estaba en lo mismo, en esto presto nos concertamos y aun en todo; que, dándole yo razones

---

[155] Durante su estancia en Madrid, Leonor de Mascareñas tercia para que Narducci, que parecía tener dotes para la pintura, tome lecciones en el taller de Sánchez Coello. Más adelante, Narducci, siendo ya el hermano Juan de la Miseria, cedió a las presiones de las carmelitas y aceptó pintar el retrato de la madre fundadora. Al ver el resultado, Teresa no puede ocultar su decepción: «Dios te perdone, fray Juan —habría exclamado—, por haberme pintado tan fea y legañosa». Este cuadro es el único retrato auténtico que tenemos de Teresa de Ávila; se conserva en el carmelo de Sevilla.

de lo mucho que podía servir a Dios en este hábito, me dijo que pensaría en ello aquella noche. Ya yo le vi casi determinado, y entendí que lo que yo había entendido en oración, que iba a más que al monasterio de las monjas, era aquella. Diome grandísimo contento, pareciendo se había mucho de servir el Señor, si él entraba en la Orden. Su Majestad, que le quería, lo movió de manera aquella noche, que otro día me llamó ya muy determinado y aun espantado de verse mudado tan presto, en especial por una mujer» (*Fundaciones*, cap. XVII). Así, Azzaro y Narducci están en el origen del segundo convento de carmelitas descalzos, fundado el 13 de julio de 1569, en Pastrana; el primero se convierte en Mariano de San Benito, el segundo, en Juan de la Miseria. Los dos carmelitas tomaron la decisión de dedicarse a trabajar con sus manos, de modo que se instalan para ellos telares para trabajar la seda. El emplazamiento cedido por el príncipe de Éboli era una colina donde se habían excavado cuevas y pasajes subterráneos; como buen ingeniero, Azzaro saca partido del terreno: acarrea el agua hasta lo más alto de la colina para regar el huerto; diseña escaleras, pasajes para ir de un lugar a otro, en concreto, un pasillo subterráneo de trescientos pasos de largo entre el palomar, transformado en convento, y la ermita donde se celebran los oficios divinos; se excava en la piedra para construir cuevas espaciosas y bien orientadas...

Fue en Beas donde Teresa conoció a un carmelita descalzo por el que durante toda su vida sentirá la más viva admiración y un gran afecto: el padre Jerónimo Gracián de la Madre de Dios que, por esos días, era visitador apostólico para Andalucía. Gracián tenía entonces treinta años. Provenía de una familia de humanistas y de altos funcionarios del Estado: su padre, Diego Gracián de Alderete, fue secretario de Carlos V y traductor de clásicos griegos y latinos; su madre era hija natural de un diplomático polaco, Johannes Dantiscus, alias Dantiszek, sucesivamente obispo de Culm y de Warmia, luego arzobispo de Ermland; su hermano Antonio era el secretario particular de Felipe II; otro de sus hermanos, Lucas, era censor y bibliotecario en El Escorial. Jerónimo también estaba destinado a entrar en la administración. Ese era el deseo de su padre, pero, cuando lo enviaron a la Universidad de Alcalá, Jerónimo se matriculó en Teología y no en Derecho. Una vez en posesión de su título de doctor y cuando pensaba ingresar en los jesuitas, un asunto sin importancia lo llevó a Pastrana, al convento de los carmelitas descalzos; entusiasmado, ingresó en el Carmelo y, seis meses más tarde, su superior le entregaba una delegación de poderes para ser visitador apostólico en Andalucía. Cuando se conocen en Beas, Teresa y el padre Jerónimo Gracián ya se habían carteado. Seducida por las cualidades del que ella llamará su Eliseo, Teresa pensó de inmediato que sería un excelente provincial de los carmelitas descalzos y así se lo pidió a Felipe II, el 19 de julio de 1575. Más adelante, pareciera que Gracián no siempre mantuvo informado al padre Rossi, general de los carmelitas, de la situación en la orden y que se extralimitó en sus poderes intentando constituir una provincia autónoma de descalzos sin informar a Roma. En 1577 Teresa se vio obligada a salir en su defensa ante Felipe II. Tras la muerte de la fundadora, en 1582, sus enemigos se ensañarán con él. Es excluido de la orden en 1592. Durante una travesía entre Mesina y Roma, en 1593, es capturado por corsarios berberiscos. Permanece dos años preso en Túnez[156]. Tras su liberación, un Breve de Clemente VIII anula las sentencias dictadas contra él y lo autoriza a volver a los carmelitas descalzos. Pasa algunos años en Marruecos y en España, luego se retira a Bruselas, donde muere el 21 de septiembre de 1614.

Más complejas son las relaciones de Teresa de Jesús y de Juan de la Cruz. Este, como ya hemos visto, fue uno de los primeros en abrazar la reforma, seducido como estaba por el resplandor de Teresa. Estas dos personalidades estuvieron en estrecho contacto en algunas etapas de su vida: durante dos meses, en el verano de 1568, en Valladolid, Teresa inicia a Juan de la Cruz en el estilo de vida del Carmelo reformado; poco después, durante dos años y medio más o menos, siendo Teresa priora, Juan de la Cruz es el confesor del monasterio de la Encarnación de Ávila. Salvo estos dos periodos, se ven pocas veces, pero se escriben a menudo; desgraciadamente, no queda nada de esta correspondencia: Juan de la Cruz la quemó porque quería apartarse de todo afecto terrenal. En noviembre de 1581, los dos místicos se ven por última vez. Juan de la Cruz acude a pedirle a Teresa que funde un carmelo en Granada; Teresa se niega porque está vieja, porque está enferma y, sobre todo, porque está ocupada con la fundación del monasterio de Burgos, la última que hará. Teresa no llegó a leer las

---

[156] Como ya hemos mencionado, el padre Jerónimo Gracián relató su cautiverio en un libro titulado *Peregrinación de Anastasio*. En otra obra, *Tractado de la redempción de captivos*, se esfuerza en conmover a sus lectores describiendo las desgracias de los cristianos caídos en poder de los infieles para incitarlos a donar fondos en vista del pago de rescates.

grandes obras de Juan de la Cruz; este, en cambio, leyó al menos la *Vida*, el *Castillo interior* y el *Camino de perfección*.

No hay duda de que entre estos dos maestros de la mística española existía un afecto y una admiración mutuas. Sin embargo, se puede percibir que en sus relaciones falta calidez. ¿Es por la diferencia de edad? Cuando se ven por primera vez, en 1567, Teresa tiene cincuenta y dos años; es muy conocida en Castilla; Juan de la Cruz tiene veinticinco años y no ha terminado sus estudios. En ese momento, Teresa hace las veces de maestra y Juan de la Cruz de discípulo. Cinco años más tarde, en 1572, todo ha cambiado: Teresa es priora de la Encarnación, pero Juan de la Cruz, a quien ella ha llamado, es el confesor, en otras palabras, el director espiritual, y se toma su papel muy en serio, como da fe el episodio de la hostia partida en dos que Teresa relata así: «Estando en la Encarnación el segundo año que tenía el priorato, octava de San Martín, estando comulgando, partió la Forma el padre fray Juan de la Cruz, que me daba el Santísimo Sacramento, para otra hermana. Yo pensé que no era falta de Forma, sino que me quería mortificar, porque yo le había dicho que gustaba mucho cuando eran grandes las Formas».

En la obra de Juan de la Cruz encontramos un solo juicio sobre Teresa, una frase muy corta en el *Cántico espiritual*: Juan no abordará las diferencias entre arrobamientos, éxtasis y otras manifestaciones espirituales; «la bienaventurada Teresa de Jesús, nuestra Madre, dejó escritas de estas cosas de espíritu admirablemente». El entusiasmo brilla por su ausencia. Por otra parte, es inútil buscar un perfil psicológico de Juan de la Cruz en Teresa; solo encontramos una admiración, por decirlo de alguna manera, lejana y no exenta de reservas, como se demostró en el torneo poético («vejamen») del que ya hablamos anteriormente: Teresa opina que Juan de la Cruz es demasiado abstracto; entre líneas se puede leer una irritación no del todo fingida; Teresa nunca hubiese hablado así de Pedro de Alcántara o de Báñez. Llamaba a fray Juan «su pequeño Séneca», y a veces se burlaba cariñosamente de él por su seriedad. ¿Le resultaba demasiado grave? Es evidente que prefería al padre Gracián, no menos sabio, pero más efusivo. Lo cierto es que uno tiene la sensación de estar ante dos temperamentos profundamente distintos: «Entre santa Teresa y san Juan de la Cruz descubrimos exactamente la oposición que encontraríamos entre un misticismo fundado, desde su origen, en el rechazo total de las aprehensiones distintas, y un misticismo que, por muy alejado que esté de los estados distintos, se erige sobre un turbador cortejo de visiones, revelaciones y palabras»[157].

Teresa expresó juicios contrapuestos sobre el clero de su época. Es severa con algunos miembros del alto clero; opina que están demasiado apegados a los bienes de este mundo y demasiado imbuidos de su importancia. Se muestra crítica con los predicadores: gastan frases bonitas, pero se cuidan muy bien de fustigar los males que padece la cristiandad. En cambio, admira el dinamismo de los jesuitas, el conocimiento teológico de los dominicos, el ascetismo y el espíritu de sacrificio de los franciscanos, de los cartujos y de los eremitas. Sin embargo, no se llama a engaño. Aunque es muy discreta sobre estos temas, no ignora nada de los pequeños y grandes defectos de los monjes y de las religiosas: la vanidad, los comadreos, las mezquindades de las que no se libra la vida conventual. Más graves aún son las rivalidades personales que se intentan hacer pasar por querellas doctrinales. En 1558-1559, el encarnizamiento del inquisidor general Valdés contra el arzobispo de Toledo, Carranza, no tiene otra explicación: Valdés y Melchor Cano sienten celos de Carranza, dominico como ellos, pero más brillante y más próximo al poder; aparentemente, combaten a un criptoluterano; en realidad, intentan eliminar a un rival. Teresa menciona vagamente este conflicto cuando habla de la fundación del carmelo de Toledo: «En este tiempo no había Arzobispo en Toledo», dice (*Fundaciones*, cap. XV); sí lo había, ¡pero estaba en los calabozos de la Inquisición!

Teresa tampoco se recrea comentando los enfrentamientos que desgarran el Carmelo: mitigados contra descalzos. Y eso que esta querella tuvo un giro dramático y Juan de la Cruz pagó las consecuencias; los mitigados lo raptaron en la noche del 2 al 3 de diciembre de 1577 y lo encerraron en un calabozo, en Toledo, donde era flagelado todos los días hasta que logró evadirse, en agosto de 1578. Durante nueve meses nadie tuvo la menor idea de dónde se encontraba Juan de la Cruz; y nadie intentó averiguarlo realmente; los descalzos influyentes y con acceso al rey, como el antiguo ingeniero Ambrosio Mariano, o Gracián, no parecían interesados en su suerte.

El antagonismo más violento es el que enfrenta, en el seno mismo del Carmelo reformado, a Gracián con Nicolás Doria. Felipe II le había

---

[157] J. Baruzi, *San Juan de la Cruz y el problema de la experiencia mística*. Trad. Caros Ortega. Junta de Castilla y León. Valladolid, 1991.

solicitado a Roma la constitución de una provincia de carmelitas descalzos diferenciada de la de los carmelitas calzados; tanto para el rey como para Teresa, el primer provincial no podía ser más que Gracián, pero, en el capítulo de Alcalá (1580), Gracián sale elegido por un solo voto de diferencia. ¿Qué le reprochan? El haber ejercido siempre cargos de autoridad, su brillante carrera; en resumen, tienen celos de él. El conflicto no ha hecho más que empezar. Adquiere un cariz mucho más violento tras la muerte de Teresa. Doria echa pestes contra la relajación de la orden; según él, la culpa es de Gracián; Doria no hace más que hablar de la observancia. Durante once años, gobierna autoritariamente y persigue a los amigos más íntimos de santa Teresa: Gracián, san Juan de la Cruz, Ana de Jesús, María de San José. El 1 de junio de 1591, en Madrid, durante el tercer capítulo general, Doria incoa el proceso contra Gracián. Finalmente, Gracián es expulsado de la orden. Cuando se dirige a Roma para defender su causa, su barco es atacado por unos corsarios; es capturado y llevado a Túnez; allí permanecerá diecisiete meses antes de ser liberado previo pago de un rescate. Vuelve a Roma en el verano de 1595. Entre tanto, Doria ha muerto. El Papa acepta revisar su caso. Gracián es reintegrado a la Orden del Carmelo, pero con los mitigados, no con los descalzos. No vamos a comentar aquí su peripecia; solo mencionaremos la razón aparente de esta lucha: Gracián y Doria encarnan dos tendencias que se disputan la obra de Teresa de Ávila. Gracián, al igual que Teresa y Juan de la Cruz, concibe la reforma como una adquisición de virtudes interiores, no siendo la austeridad exterior más que un medio para alcanzar ese objetivo. Otros descalzos buscan, al contrario, una santidad más visible, constituida no por la transformación del alma en Dios, sino por la práctica del ascetismo heroico. Varias cartas de Teresa evocan este peligro, que se concretará tras su muerte modificando profundamente su obra: convencidos de estar en lo cierto, los adeptos del rigor condenaban sin piedad a todos los que no los seguían. Fue esta rama rigorista la que encontró en Doria a su jefe y en Gracián a una víctima expiatoria.

Las clases dirigentes

Teresa de Ávila nació en una familia de la pequeña burguesía arruinada por la inflación. Su padre se las había ingeniado para no pagar impuestos —a esto se reducía la hidalguía—; al final de su vida, su padre apenas si tenía ingresos, pero juzgaba deshonroso el trabajo manual. El origen de muchas religiosas no se diferenciaba en nada del de Teresa; eran demasiado pobres para casarse y demasiado orgullosas para aceptar un casamiento indigno de su rango; para ellas, el convento era un refugio. Teresa tuvo oportunidad de frecuentar las élites sociales de su época. Pudo observar de cerca a la alta nobleza y a las fuerzas vivas de su tiempo, a los grandes mercaderes enriquecidos en un periodo de prosperidad. En cambio, en sus escritos encontramos pocas referencias a las gentes humildes de las ciudades y los campos: pecheros, explotados, artesanos, pequeños comerciantes, y, sobre todo, campesinos, que forman la inmensa mayoría de la población de Castilla. A la vuelta de una frase, leemos solamente un elogio a la habilidad técnica de tal o cual albañil o a la presencia de ánimo de un arriero... Su padre le había enseñado a no despreciar a los pobres, los enfermos, los criados; él siempre se negó a tener esclavos, como se acostumbraba en las casas acomodadas; en el siglo XVI, en efecto, los esclavos eran considerados un lujo y un signo de distinción; se los destinaba al servicio doméstico, rara vez a los trabajos pesados. El padre de Teresa se compadecía de ellos al verlos privados de libertad (*Vida*, cap. I). Teresa aprendió esa lección: ella sí respeta a los pobres a juzgar por este texto de diciembre de 1561: «Paréceme tengo mucha más piedad de los pobres que solía, tiniendo yo una lástima grande y deseo de remediarlos, que si mirase a mi voluntad, les daría lo que trayo vestido. Ningún asco tengo de ellos, aunque los trate y llegue a las manos».

Teresa pudo tener la justificada sensación de que las esposas de los grandes la trataban como a una criada. Esas damas sin duda valoraban sus cualidades, sus virtudes, su santidad. Por eso recurrían a ella. La solicitaban para que les hiciera compañía en circunstancias difíciles —una viudez, una enfermedad, un parto—, y también para satisfacer su vanidad: tener en su casa a la mística de quien todos hablaban halagaba su amor propio. Teresa no se llama a engaño. Nunca se negó a atender las invitaciones de las damas de la aristocracia; incluso se encariñó con algunas de ellas, pero nunca perdió su lucidez sobre los sentimientos que animaban a estas mujeres, sobre un comportamiento y una forma de ser que a menudo juzga aberrantes.

Desde que conoce sus primeras experiencias místicas, Teresa atrae la atención; goza de una popularidad indiscutible, pero esta casi siempre responde a motivos vulgares. Su santidad se manifiesta de forma espectacular mediante arrobamientos, éxtasis, levitaciones. El rumor se extiende. La curiosidad empuja a las damas de la aristocracia a frecuentar el carmelo con la esperanza de presenciar algún fenómeno de este tipo. En estos sentimientos también se deslizan intenciones malévolas: las simuladoras abundan; ya se sabe la suerte que les espera; ¿y si Teresa fuese una de esas? Razones de este tipo explican el éxito de Teresa en Madrid, a comienzos del mes de junio de 1569. La carmelita residía por entonces en Toledo; debía ir a Pastrana a fundar un convento y la princesa de Éboli había puesto una carroza a su disposición para que pudiese viajar cómodamente. Teresa decide pasar ocho días en Madrid. Se hospeda en el convento de los Ángeles, a dos pasos del Alcázar; recibe muchas visitas; es objeto de la curiosidad de los humildes y sobre todo de las damas de la buena sociedad. A sus visitantes les gustaría que hiciese un milagro, que cayese en éxtasis, que tuviese un arrobamiento o, al menos, que las iluminase con palabras edificantes o ¡les dijese la buenaventura! Teresa, que se da cuenta de todo, se hace la idiota: se extasía ante las calles de Madrid y sus aglomeraciones —la ciudad es, desde 1561, la capital del reino y se construye mucho—; Teresa habla de cualquier insignificancia y no deja de decir banalidades. Los favores que recibe Teresa de las damas de la aristocracia provocan chismorreos. Después de fundar el carmelo de Pastrana, Teresa vuelve a Toledo, el 21 de julio de 1569; de nuevo viaja en la carroza de la princesa de Éboli. Un clérigo la interpela sin miramientos: «¿Sois vos la santa, que engañáis al mundo y os andáis en coches?». No sabemos qué le respondió Teresa; en su fuero interno, es probable que pensase que la crítica estaba justificada. Las damas de la aristocracia ponen sus vehículos a disposición de Teresa. Esto causa mala impresión. Se entiende.

Cuando no es la curiosidad, es el capricho lo que lleva a las damas a solicitar la presencia de Teresa. No volveremos sobre la fundación del carmelo de Pastrana. Teresa no se atrevió a plantarle cara a la temible princesa de Éboli, esposa del todopoderoso ministro de Felipe II Ruy Gómez da Silva.

También por capricho, en febrero de 1573, la duquesa de Alba se empeña en tener a Teresa a su lado. Su marido, Fernando Álvarez de Toledo (1507-1582), había recibido la orden de sofocar la rebelión de los Países Bajos[158]. Como se sentía tan sola en su palacio, ¡Felipe II

---

[158] El duque se hizo famoso por sus hazañas militares al servicio de Carlos V. Participó en su primera campaña militar a los dieciséis años, en la batalla de Pavía

solicitó a Roma que le ordenasen a Teresa hacerle compañía! De ahí que la carmelita se viese obligada a pasar unos días en Alba[159]... Como ya hemos visto, un nuevo capricho de la duquesa aceleró la muerte de Teresa, en el otoño de 1582.

En el curso del invierno 1561-1562 Teresa reside por primera vez en casa de Luisa de la Cerda, en Toledo. Luisa de la Cerda, fallecida en 1596, provenía de una de las más nobles familias de la aristocracia castellana, la de los duques de Medinaceli. En 1547 se había desposado con el mariscal de Castilla, Antonio Arias Pardo, sobrino del cardenal Juan Pardo de Tavera, arzobispo de Toledo e inquisidor general. Tuvo seis hijos, más una hija natural, nacida de una unión con Diego Hurtado de Mendoza, príncipe de Melito, anterior a su matrimonio. En Toledo residía muy cerca de la iglesia de San Vicente, en el palacio hoy conocido con el nombre de Casa de Mesa; el palacio se alzaba en la parroquia de San Román. El edificio —en la actualidad es sede de la Real Academia de Bellas Artes y Ciencias Históricas de Toledo— data de los primeros años del siglo XV. Aún se puede admirar un hermoso ajimez y la decoración mudéjar del gran salón, con su artesonado y sus azulejos... Luisa lo había comprado en 1558. Pierde a su marido en enero de 1561 y, para reconfortarla, Ángel de Salazar, provincial del Carmelo, le envía a Teresa. Esta relató el episodio en el capítulo XXXIV de su *Vida*: «Se ofreció en un lugar grande, más de veinte leguas de este, que estaba una señora muy afligida a causa de habérsele muerto su marido. Estábalo en tanto extremo, que se temía su salud. Tuvo noticia de esta pecadorcilla [...]. Conocía esta señora mucho al Provincial, y como era persona principal y supo que

---

(1525). Más tarde lo encontramos en Hungría cuando se trataba de frenar el avance de Solimán. Toma parte en las expediciones contra Túnez (1535, victoriosa), y Argel (1541, no tan afortunada) contra los corsarios turcos. El hito que sin duda más contribuyó a establecer su reputación como gran general, fue la batalla de Mühlberg (1547). En 1580 Felipe II le confía el mando del ejército destinado a instalarlo en el trono de Portugal.

[159] Fue entonces cuando Teresa tuvo oportunidad de visitar la galería de arte («camarín») del palacio de Alba de Tormes. No parece que el duque procurase conocer a Teresa, pero le gustaba leer el relato de su vida, del que se había agenciado una copia. Al observar el interés que sentía el duque por todo lo referido a Teresa, el padre Gracián le regaló una imagen piadosa, una representación de Cristo, imagen que había pertenecido a la madre fundadora. El duque nunca se separaba de ella; la llevaba con él durante la expedición de Lisboa, en 1580.

yo estaba en monasterio que salían, pónele el Señor tan gran deseo de verme, pareciéndole que se consolaría conmigo, que no debía ser en su mano, sino luego procuró, por todas las vías que pudo, llevarme allá, enviando al Provincial, que estaba bien lejos. Él me envió un mandamiento, con precepto de obediencia, que luego fuese con otra compañera. Yo lo supe la noche de Navidad».

Luisa de la Cerda y Teresa se hacen amigas, a pesar de la distancia social que las separaba. La carmelita no se deja impresionar por el lujo del palacio, ni por los regalos que recibe. Estas atenciones la llevan a observar mejor lo que la rodea y a sacar sus conclusiones. Teresa termina mirándolo todo con indiferencia y comportándose con las damas de la alta sociedad como si fuesen sus iguales, ella que debería estar orgullosa de entrar a su servicio. Podemos escucharla: «Saqué una ganancia muy grande, y decíaselo. Vi que era mujer, y tan sujeta a pasiones y flaquezas como yo, y en lo poco que se ha de tener el señorío, y cómo, mientras es mayor, tienen más cuidados y trabajos, y un cuidado de tener la compostura conforme a su estado, que no las deja vivir; comer sin tiempo ni concierto, porque ha de andar todo conforme al estado y no a las complexiones. Han de comer muchas veces los manjares más conformes a su estado que no a su gusto. Es así que de todo aborrecí el desear ser señora [...]. Pues con los criados es poco lo poco que hay que fiar, aunque ella los tenía buenos [...]. Ello es una sujeción, que una de las mentiras que dice el mundo es llamar señores a las personas semejantes, que no me parece son sino esclavos de mil cosas» (*Vida*, cap. XXXIV).

A Teresa le irritan especialmente las fórmulas de cortesía («tratamientos») y la etiqueta social: «¡Llegáramos a los de la tierra con estos atrevimientos!... Aun ya al rey no me maravillo que no se ose hablar, que es razón se tema[160], y a los señores que representan ser cabezas; mas está ya el mundo de manera, que habían de ser más largas las vidas para deprender los puntos y novedades y maneras que hay de crianza [...]. Yo me santiguo de ver lo que pasa. El caso es que ya yo no sabía cómo vivir cuando aquí me metí, porque no se toma de burla cuando hay descuido en tratar con las gentes mucho más que merecen, sino que tan de veras lo toman por afrenta, que es menester hacer satisfac-

---

[160] Al escribir estas palabras, ¿pensaba Teresa en Felipe II? Sabemos que, durante las audiencias, el silencio del rey dejaba a los visitantes mudos; Felipe II tenía que alentarlos: «sosegaos».

ciones de vuestra intención [...]. ¿Y es verdad que en las Religiones, que de razón habíamos en estos casos estar disculpados, hay disculpa? No, que dicen que los monasterios ha de ser corte de crianza y de saberla [...]. Aun si se pudiera deprender de una vez, pasara; mas aun para títulos de cartas es ya menester haya cátedra, adonde se lea cómo se ha de hacer, a manera de decir, porque ya se deja papel de una parte, ya de otra, y a quien no se solía poner magnífico, se ha de poner ilustre» (*Vida*, cap. XXXVII). Teresa vuelve sobre el tema en *Camino de perfección*: las religiosas no se quedan atrás a la hora de exigir las consideraciones que les son debidas en razón de su origen social; la que ha sido priora una vez, ya no sabe hacer otra cosa...

Teresa no podría expresarlo mejor. En la segunda mitad del siglo XVI, se escriben libros para explicar a los españoles cómo deben dirigirse a los grandes de este mundo. Uno de esos tratados, tal vez el más conocido, se titula precisamente: *Manual de escribientes*[161]. En principio, el «don» que precede a un nombre está reservado a los aristócratas; un simple hidalgo no tiene derecho a utilizarlo ni, con mayor motivo, un plebeyo. En la práctica, la partícula se emplea a diestro y siniestro para halagar la vanidad del interlocutor. Al extenderse su uso, se deprecia. De modo que no hay más remedio que inventar nuevas formas de marcar las distancias. La cosa se convierte en un asunto de Estado: una pragmática de 1583 intenta frenar la inflación de las fórmulas de cortesía; venía precedida por una amplia encuesta y seguida por otra pragmática, en el mismo sentido, en 1586, pragmática que prohíbe el empleo de la fórmula «Excelencia» y restringe el uso de «Señoría»; al dirigirse al rey, se dirá solamente: Majestad y Católica Majestad.

Teresa observa las costumbres mundanas con una curiosidad no exenta de malicia. En varias ocasiones encontramos en sus textos juicios que nos recuerdan lo que dirá Pascal, un siglo más tarde, sobre la grandeza convencional: «Porque entiendo no es como los que acá tenemos por señores, que todo el señorío ponen en autoridades postizas: ha de haber horas de hablar y señaladas personas que los hablen; si es algún pobrecito que tiene algún negocio, ¡más rodeos y favores y trabajos le ha de costar tratarlo! ¡Oh que si es con el Rey!, aquí no hay tocar gente pobre y no caballerosa, sino preguntar quién son los más privados; y a buen seguro que no sean personas que tengan el mundo debajo de los pies, porque estos hablan verdades, que no temen

---

[161] A. de Torquemada es su autor.

ni deben; no son para palacio, que allí no se deben usar, sino callar lo que mal les parece» (*Vida*, cap. XXXVII). ¿En qué se reconoce a un rey? En los cortesanos que lo rodean y rinden pleitesía (*Sextas Moradas*, cap. IX). De lo contrario, sería imposible distinguirlo de un simple mortal, pues nada lo diferencia de cualquier otro. Para que se vea que es el rey, tiene que llevar unos signos distintivos, «así es razón tenga estas autoridades postizas, porque si no las tuviese no le tendrían en nada. Porque no sale de sí el parecer poderoso. De otros le ha de venir la autoridad» (*Vida*, cap. XXXIV). Con Dios es distinto: «Puedo tratar como con amigo, aunque es señor». «¡Oh Rey de gloria y Señor de todos los reyes! [...] ¡Cómo no son menester terceros para Vos! Con mirar vuestra persona, se ve luego que es solo el que merecéis que os llamen Señor, según la majestad mostráis. No es menester gente de acompañamiento ni de guarda para que conozcan que sois Rey». Como se puede ver, la crítica también alcanza al rey.

Teresa se siente mucho más a gusto en los ambientes burgueses que en los palacios de la nobleza, cuyos prejuicios detesta. Encontramos la prueba en el capítulo XV de las *Fundaciones*, cuando habla del carmelo de Toledo, creado en 1569. El donador era un gran mercader, Martín Ramírez, hombre muy piadoso, nos dice; llevaba una vida ejemplar; había ganado su fortuna por medios lícitos y quería darle un buen uso a su muerte. Teresa ya había hablado en estos términos de los ricos mercaderes de Medina del Campo, la ciudad de las ferias. Teresa alaba sus escrúpulos de conciencia: quieren enriquecerse, sin duda, pero sin comprometer la salvación de su alma. Muchos de ellos son tal vez de origen judío, pero ninguno parece judaizar; todos son buenos cristianos. Sin embargo, en Medina del Campo, y aún más en Toledo, Teresa se topa con los prejuicios de la aristocracia que a duras penas acepta que un plebeyo, por muy rico que sea, pueda tener, como un noble, el privilegio de ser enterrado en el monasterio que ha contribuido a fundar. Los aristócratas critican a Teresa por su condescendencia con los mercaderes. El Señor le sugiere la respuesta: «Mucho te desatinará, hija, si miras las leyes del mundo. Pon los ojos en mí, pobre y despreciado de él. ¿Por ventura serán los grandes del mundo, grandes delante de mí? ¿O habéis vosotras de ser estimadas por linajes o por virtudes?».

Hay otra cuestión que indigna a Teresa: «Tengo para mí que honras y dineros casi siempre andan juntos, y que quien quiere honra no aborrece dineros, y que quien aborrece dineros que se le da poco de honra. Entiéndase bien, que me parece que esto de honra siempre trai algún interesillo de tener rentas y dineros; porque por maravilla u nunca hay honrado en el mundo si es pobre, antes, aunque sea en sí honrado, le tienen en poco». Estas observaciones nos llevan a juzgar con escepticismo la imagen popularizada por la literatura del hidalgüelo arruinado que, como el hidalgo pobre del *Lazarillo de Tormes*, prefiere morirse de hambre antes que rebajarse trabajando. Esta categoría social —los nobles arruinados, pero obsesionados con salvar las apariencias— está poco representada en la sociedad castellana del siglo XVI. En realidad, la estratificación social reposa sobre tres elementos: el estatuto jurídico —los privilegios que le son reconocidos a un grupo—, la situación económica —la naturaleza y el nivel de sus recursos—, el prestigio. Cada uno de estos elementos es necesario; ninguno es suficiente; la suma de los tres es lo que permite definir la pertenencia a la nobleza: es preciso gozar de un estatuto privilegiado y, al mismo tiempo, disponer de un cierto nivel de fortuna y ser reconocido como un miembro de la élite. En resumidas cuentas, el privilegio no es más que la consagración jurídica de los otros dos elementos: porque se ejerce una influencia que, a su vez, está ligada a la riqueza, la sociedad termina concediéndole a determinados individuos un estatuto particular. Aunque, en derecho, nobleza y riqueza son dos cosas distintas, en la realidad es cada vez más difícil seguir siendo un hidalgo cuando no se es rico. «El honor sin beneficio»; Alain Peyrefitte pensaba que esta fórmula era una característica de los países latinos; la consideraba «diametralmente opuesta a lo que leemos de la pluma de los Diecisiete Señores del directorio de la Compañía holandesa de las Indias orientales: "el honor es para el que obtiene beneficios"»[162]. Peyrefitte estaba equivocado: en España pensaban exactamente lo mismo.

Por último, prosigue Teresa, las religiosas no deben hacer lo mismo que los nobles que viven en palacios; estas moradas suntuosas solo han podido construirse porque se ha privado a los pobres de lo que necesitaban (*Camino*, cap. II). «Como con los señores de acá, que con que nos digan quién fue su padre y los cuentos que tiene de renta y el dictado, no hay más que saber. Porque acá no se hace cuenta de las personas para hacerlas honra, por mucho que merezcan, sino de las haciendas» (*Camino*, cap. XXXVII).

---

[162] Alain Peyrefitte, *La Société de confiance*, Éditions Odile Jacob, París, 1995, p. 136.

A Teresa de Ávila, plena de sentido común y de espíritu crítico, le parecen ridículos los modales afectados que se estilan entre los grandes. De forma general, acepta el orden social, pero no se deja engañar; sabe a qué atenerse sobre la miseria moral que se oculta en muchos de los que se creen superiores a los demás. Por esta senda anuncia «las segundas intenciones» de Pascal: se respeta exteriormente el orden establecido para conservar la paz civil, pero se tiene conciencia de que no está fundado en la razón.

Teresa de Ávila y la política

Sin intervenir directamente en las querellas políticas, Teresa no permaneció ajena a los grandes debates de su tiempo. Por supuesto que los acontecimientos referidos a la vida espiritual la afectan especialmente, sobre todo el vuelco que se produce en 1559 tras el descubrimiento de focos luteranos en Valladolid y Sevilla: Índice del inquisidor general Valdés, fobia antimística... Teresa tampoco ignora —ya lo hemos mencionado— lo que ocurre en América. Atiende a los predicadores que hablan de la colonización y de la evangelización del Nuevo Mundo; piensa que el Carmelo puede contribuir a su manera, mediante la oración, a la obra de las misiones. La crisis religiosa no afecta solamente a España; es un asunto que concierne a toda Europa. Por esa época, en efecto, empiezan en Francia las guerras de religión. Se habla del tema en los conventos, aunque solo sea por los mensajes del rey invitando a los fieles y, en particular, a los religiosos, a rezar por el éxito de su política religiosa. Teresa no permanece indiferente a esta situación: «En este tiempo [alrededor de 1570-1572] vinieron a mi noticia los daños de Francia y el estrago que habían hecho estos luteranos y cuánto iba en crecimiento esta desventurada secta [...]. Parecíame que mil vidas pusiera yo para remedio de un alma de las muchas que allí se perdían. Y como me vi mujer y ruin e imposibilitada de aprovechar en lo que yo quisiera en el ser servicio del Señor, y toda mi ansia era, y aún es, que pues tiene tantos enemigos y tan pocos amigos, que esos fuesen buenos, determiné a hacer eso poquito que era en mí» (*Camino*, cap. I). Poco después, Teresa conoce la noticia de la muerte del rey de Francia, Carlos IX, ocurrida el 30 de mayo de 1574, y asocia el suceso con las adversidades que vive el reino vecino por culpa de las guerras de religión.

Teresa tuvo oportunidad de conocer a algunos miembros de la familia real. En mayo de 1569, viajando de Toledo a Pastrana, se detuvo ocho días en Madrid, hospedándose en el convento de las Descalzas Reales, residencia de la hermana del rey, Juana de Austria, a la que ve en varias ocasiones. Juana de Austria, viuda del rey Juan Manual de Portugal, gobernó España entre la abdicación de Carlos V (1556) y el regreso de Felipe II a la Península (septiembre de 1559). Por lo tanto, estaba perfectamente al corriente de los problemas políticos al más alto nivel. ¿Habló de ello con Teresa? Una tradición de la Orden del Carmelo pretende que, por esos días, la religiosa le rogó a Juana de Austria que le transmitiera al rey algunas ideas políticas que, al parecer, causaron gran impresión en el soberano; este incluso habría expresado el deseo de conocerla. Es poco probable que Teresa se haya permitido emitir juicios específicamente políticos; algo así no se corresponde con su temperamento y, además, conocía los riesgos que corrían las beatas que se mezclaban en esos asuntos[163].

---

[163] Se sabe de al menos dos casos de este tipo durante el reinado de Felipe II; de uno de ellos, Teresa probablemente oyó hablar, el otro ocurrió tras su muerte. El primero es el de la hermana María de la Visitación, alias la religiosa de Lisboa, famosa por sus estigmas —cinco llagas sangrientas en un costado, en forma de cruz—, sus éxtasis y sus visiones. Venerables religiosos como el padre Luis de Granada o el arzobispo de Valencia, Ribera, la admiraban y avalaban su ortodoxia, pero, como sus «visiones» la llevaban a criticar la incorporación de Portugal a la monarquía de Felipe II, el gobernador de Lisboa le pidió a la Inquisición que examinase detalladamente su caso. Entonces se descubrió que los estigmas eran en realidad provocados con alfileres y que el halo que a veces la envolvía era producto de un juego de velas y espejos. Condenada en 1588 por impostora, la hermana María terminó sus días en Brasil. El caso de la visionaria Lucrecia de León es más instructivo. Entre 1587 y 1590, Lucrecia sueña que España está amenazada por una segunda destrucción, análoga a la que acompañó la invasión musulmana del año 711. Esta vez, son los protestantes, franceses e ingleses, y los turcos, apoyados desde el interior por los moriscos, los que pondrían fin a la tiranía de los Habsburgo. La salvación vendría de Toledo y proseguiría con la conquista de Jerusalén y el advenimiento de una era dorada. Los sueños apuntan acusadoramente a varios ministros, a militares —el marqués de Santa Cruz, Alejandro Farnesio—, al inquisidor general, Quiroga... Al rey se le reprocha haber provocado la muerte de su hijo don Carlos y de sus cuatro esposas, nombrar obispos incompetentes y reducir a los pobres a la miseria aumentando los impuestos y erigiendo El Escorial. La Inquisición pronto se convence de que está frente a una farsante a la que grupos de oposición utilizan para hacerle decir lo que les interesa. El 25 de mayo de 1590 arresta a Lucrecia que, finalmente, es acusada de traición y condenada, el 20 de agosto de 1595, a cien latigazos y dos años de reclusión en un convento con prohibición de residir en la corte.

Hay al menos una diligencia de Teresa de contenido indiscutiblemente político; se trata de la sucesión al trono de Portugal. Tras la muerte sin descendencia directa del rey Sebastián (1578), es su tío abuelo, el viejo cardenal Enrique —tiene sesenta y seis años— quien le sucede, pero es evidente que morirá sin heredero. En esta tesitura, aparecen varios candidatos; entre ellos está Felipe II, descendiente directo del rey Juan III, y Antonio de Portugal, prior de Crato, hijo natural del mismo Juan III. También se mencionaba la posible candidatura de Catalina de Portugal, esposa del duque de Braganza. Ahora bien, muchos portugueses se oponen a las pretensiones de Felipe II y protestan de entrada por lo que consideran una anexión disimulada. De no alcanzarse un acuerdo, es de temer que la cuestión se solucione por las armas, ya que Felipe II amenaza con intervenir militarmente para hacer valer sus derechos. Teresa querría evitar esta guerra. El 25 de julio de 1579 le envía a Teutonio de Braganza, arzobispo de Évora, una copia de su libro *Camino de perfección* con vistas a su impresión; aprovecha la oportunidad para comentar la situación. Lamenta la muerte del rey Sebastián y se muestra severa con los que permitieron que corriera semejantes riesgos. Dicho lo cual, hay que seguir adelante. Según ella, Felipe II está en todo su derecho; así pues, le solicita a Teutonio que intervenga para llegar a una solución pacífica; Teutonio goza de una situación privilegiada puesto que es primo del cardenal Enrique y tío del duque de Braganza. La carta de Teresa da fe de su inquietud ante el peligroso cariz que pueden tomar los acontecimientos: «Vuestra Señoría me mande hacer saber si hay allá alguna nueva de paz, que me tiene harto afligida lo que por acá oyo [...]. Si por mis pecados este negocio se lleva por guerra, temo grandísimo mal en ese reino y a este no puede dejar de venir gran daño. Dícenme es el duque de Braganza el que la sustenta, y en ser cosa de vuestra señoría me duele en el alma [...]. Por amor de Nuestro Señor, pues de razón vuestra señoría será mucha parte para esto con su señoría, procure concierto, pues, según me dicen, hace el nuestro rey todo lo que puede —y esto justifica mucho su causa; y se tengan delante los grandes daños que pueden venir [...]. Por acá dicen todos que nuestro rey es el que tiene la justicia y que ha hecho toda las diligencias que ha podido para averiguarlo. El Señor dé luz para que se entienda la verdad sin tantas muertes como ha de haver si se pone a riesgo y en tiempo que hay tan pocos cristianos, que se acaben unos a otros es gran desventura».

Se ignora si Teutonio de Braganza intercedió; en cualquier caso, Felipe II se aseguró la corona de Portugal por las armas. Como escribe Voltaire, «la rama de los Braganza, cuyas pretensiones parecían justas, tuvo entonces la prudencia o la timidez de no hacerlas valer» (*Ensayo sobre las costumbres*), pero el prior de Crato insistió y Felipe II ordenó intervenir al ejército del duque de Alba. Tal como Teresa temía, la guerra decidió la suerte de Portugal. Sesenta años más tarde, en 1640, un descendiente del duque de Braganza encabezará la rebelión contra España y se convertirá en rey bajo el nombre de Juan IV.

Felipe II se interesó mucho por Teresa; se sabe que veló personalmente para que sus manuscritos fuesen depositados en la biblioteca de El Escorial. Siempre atendió sus peticiones de buena gana. Teresa le escribió, el 13 de septiembre de 1577, para solicitarle su intervención en favor del padre Jerónimo Gracián, que por entonces sufría la persecución de los carmelitas calzados. La diligencia dio sus frutos. Baltasar Porreño, que se especializó en narrar los «*Dichos y Hechos*» de Felipe II, escribe lo siguiente: «Con grande humildad y devoción recibía las cartas que le escrivía la Santa Madre Teresa de Jesús, en las quales avisava a Su Magestad de algunas cosas y le pedía otras para su Orden [...]. Fue gran protector y padre de su religión». En 1577, cuando el Carmelo descalzo sufría duros ataques y estaba a punto de ser aniquilado, Teresa le escribió al rey en dos ocasiones y este, tras consultar con los juristas, medió en Roma para que se crease una provincia autónoma de carmelitas descalzos. ¿Llegó Felipe II a concederle una audiencia a Teresa de Ávila? Es lo que afirma una tradición de la orden; la audiencia habría tenido lugar en El Escorial, bien los días 11 y 17 de diciembre de 1577, bien en mayo de 1578. Se presenta como prueba una carta de Teresa a una de sus amigas, pero esta carta parece apócrifa [164].

El lugar de la mujer en la sociedad

Varios aspectos de la vida y de la obra de Teresa de Ávila se asemejan a una protesta contra la situación impuesta a las mujeres en la sociedad del siglo XVI. Entonces se pensaba que las mujeres no necesitaban

---

[164] Fue publicada en el *Boletín de la Real Academia de la Historia*, t. LXVI, 1915, p. 440.

estudiar; les bastaba con saber llevar su casa. Luis de León, admirador y primer editor de Teresa de Ávila, desarrolla este punto en uno de sus libros más famosos, *La perfecta casada*: «Es justo que se precien de callar todas, así aquellas a quien les conviene encubrir su poco saber, como aquellas que pueden sin vergüenza descubrir lo que saben; porque en todas es, no solo condición agradable, sino virtud debida, el silencio y el hablar poco [...]. Así como a la mujer buena y honesta la Naturaleza no la hizo para el estudio de las ciencias ni para negocios de dificultades, sino para un solo oficio simple y doméstico, así les limitó el entender y por consiguiente les tasó las palabras y las razones». Teresa es un ejemplo admirable y probablemente excepcional de mujer culta que se las ingenia para no parecerlo a fin de no tener que enfrentarse con los prejuicios de sus contemporáneos.

Las más altas autoridades de la Iglesia pretenden impedirle a las mujeres, si no que tengan ideas, sí al menos que las expresen en voz alta y, con mayor motivo, por escrito. La censura era especialmente rigurosa sobre este punto. A pesar de su prudencia y de sus encumbrados protectores, Teresa no escapó a este tipo de críticas. En 1571, un profesor de la Universidad de Salamanca no dudaba en cuestionarla en sus clases hablando de esas «mujercillas» que van de ciudad en ciudad, cuando lo mejor que podrían hacer es quedarse en sus casas rezando el rosario e hilando [165].

Teresa reacciona enérgicamente contra este antifeminismo. Anima a las carmelitas a practicar la contemplación, sean cuales fueren los obstáculos que pretenden imponerles; la contemplación es, dice Teresa, el camino real para ir al cielo; es normal, pues, que parezca estar lleno de trampas; no hay que cejar en el empeño, pase lo que pase, a despecho del qué dirán y de las advertencias: «Muchas veces acaece con decirnos: "hay peligros", "fulana por aquí se perdió", "el otro se engañó", "el otro, que rezaba mucho, cayó", "hacen daño a la virtud", "no es para mujeres, que les podrán venir ilusiones", "mejor será que hilen", "no han menester esas delicadeces", "basta el Paternóster y Avemaría"» (*Camino*, cap. XXXV). Por mucho que se diga lo contrario, prosigue Teresa, «hay muchas más [mujeres] que hom-

---

[165] Bien es verdad que, después de conocer a Teresa, cambió de opinión. Este es el mismo profesor, Bartolomé de Medina, que, en 1571-1572, denunciará a sus colegas humanistas —entre ellos a Luis de León—, acusados de innovar peligrosamente en cuestiones de crítica bíblica.

bres a quien el Señor hace estas mercedes». Pedro de Alcántara así lo reconocía: las mujeres llegan más lejos que los hombres en el camino de la contemplación (*Vida*, cap. XL). Algunos censores, a pesar de su condescendencia, se turbaron al leer este pasaje del capítulo IV del *Camino de perfección*: «Señor de mi alma, cuando andabádes por el mundo, las mujeres, antes las favorecisteis siempre con mucha piedad y hallastes en ellas tanto amor». Siguen veinte líneas censuradas: «[encontrastéis en ellas] más fe que en los hombres, pues estaba vuestra sacratísima madre en cuyos méritos merecemos, y por tener su hábito, lo que desmerecíamos por nuestras culpas. El mundo honrabales que no hagamos cosa que valga nada por Vos en público, ni osemos hablar algunas verdades que lloramos en secreto, sino que no nos habíades de oír petición tan justa; no lo creo yo, Señor, de vuestra bondad y justicia, que sois justo juez y no como los jueces del mundo, que como son hijos de Adán y, en fin, todos varones, no hay virtud de mujer que no tengan por sospechosa. Sí, que algún día ha de haber, rey mío, que se conozcan todos. No hablo por mí, que ya tiene conocido el mundo mi ruindad y yo holgado que sea pública, sino porque veo los tiempos de manera que no es razón desechar ánimos virtuosos y fuertes, aunque sean de mujeres». Estas líneas figuran en la primera redacción —el manuscrito de El Escorial—, pero fueron suprimidas por un censor y ya no las encontramos en la segunda edición —el autógrafo de Valladolid—. Teresa, pues, se dejó convencer para suprimirlas.

Teresa es severa con una sociedad que rechaza a las mujeres, con unos padres que deploran el nacimiento de una niña. Dan ganas de llorar. Como si se ignorara todo el bien que puede hacer una niña y todo el mal que puede causar un varón. Esas gentes se desesperan por algo que debería regocijarlos. Llegará un día en que estos errores se disiparán y la verdad resplandecerá; entonces veremos a padres ir al infierno por haber tenido hijos y a madres subiendo al cielo a causa de los méritos de sus hijas (*Fundaciones*, cap. XX). Y es que el nacimiento de una hija no siempre es bien recibido. Ya hemos evocado, en el capítulo sobre la reforma del Carmelo, la historia de Teresa de Layz, fundadora del carmelo de Alba de Tormes, historia de lo más representativa de una mentalidad muy extendida por entonces. No hace falta insistir más.

Lo que indigna a Teresa es la servidumbre que aguarda a las mujeres una vez casadas. Si su marido está triste, ellas deben aparentar que también lo están; si está alegre, ellas deben manifestar alegría, aunque tengan el corazón en un puño (*Camino*, cap. XLII). «Mirad de qué sujeción os habéis librado, hermanas», le dice Teresa a las carmelitas. Qué felicidad, escribe en otro texto (*Fundaciones*, cap. XXXI), «si no es por quien pasa, no se creerá el contento que se recibe en estas fundaciones cuando nos vemos ya con clausura, adonde no puede entrar persona seglar; que, por mucho que las queramos, no basta para dejar de tener este gran consuelo de vernos a solas. Paréceme que es como cuando en una red se sacan muchos peces del río, que no pueden vivir si no los tornan al agua; así son las almas mostradas a estar en las corrientes de las aguas de su Esposo, que sacadas de allí a ver las redes de las cosas del mundo, verdaderamente no se vive hasta tornarse a ver allí. Esto veo en todas estas hermanas siempre. Esto entiendo de experiencia. Las monjas que vieren en sí deseo de salir fuera entre seglares o de tratarlos mucho, teman que no han topado con el agua viva que dijo el Señor a la Samaritana, y que se les ha escondido el Esposo, y con razón, pues ellas no se contentan de estarse con Él. Miedo he que nace de dos cosas: o que ellas no tomaron este estado por solo Él, o que después de tomado no conocen la gran merced que Dios les ha hecho en escogerlas para Sí y librarlas de estar sujetas a un hombre, que muchas veces les acaba la vida, y plega a Dios no sea también el alma».

¿Qué decir de las muchachas a las que obligan a casarse con hombres que podrían ser sus padres para no dejar escapar una herencia o para evitar que un título caiga en desherencia? En el capítulo XXII de las *Fundaciones*, Teresa relata el caso de Catalina Godínez, de Beas. Sus padres hablan de casarla cuando apenas tiene catorce años. Ella se dice: «Con qué poco se contenta mi padre, con que tenga un mayorazgo». Catalina no tenía ganas de casarse; estar sometida a un hombre le parecía indigno. Durante tres años, se echa agua en la cara antes de ponerse a pleno sol; de esta forma, intenta afearse para desalentar a los eventuales pretendientes[166].

La historia de Casilda Manrique de Padilla, tal como está contada en las *Fundaciones*, no resulta menos ejemplar. Casilda era la hija menor de un noble, Juan de Padilla Manrique. En 1573, como sus hermanas habían ingresado en un convento, su familia decide —«les parece a los padres que está su honra en que no se acabe la memoria de este estiércol de los bienes de este mundo»— casarla con uno de sus tíos; obtie-

---

[166] Hay que recordar que en el siglo XVI las mujeres procuraban tener la tez pálida; era uno de los cánones de belleza.

nen de Roma las dispensas necesarias y el matrimonio se firma. ¡Casilda aún no ha cumplido doce años! Dada su edad, hay que suponer que el matrimonio no se consumó, que ni siquiera se celebró; lo más probable es que no se pasase de las promesas de desposorio. Muy pronto, Casilda empieza a aborrecer la vida que lleva y solo desea una cosa: hacerse monja como sus hermanas. Busca refugio en un convento. Cede a los ruegos y presiones de su familia y acepta abandonarlo, pero al cabo de un tiempo corre a encerrarse en otro convento. Esta vez está totalmente decidida a no volver a salir. Su marido la presiona para hacerle cambiar de opinión en una escena que recuerda la jornada en el locutorio del *Port-Royal* de Sainte-Beuve, cuando el señor Arnauld intenta en vano convencer a su hija, la madre Angélique, de que abandone el convento, salvo que la madre Angélique tenía diecisiete años y Casilda solo doce; por añadidura, Casilda le planta cara a su marido, no a su padre. Desde el otro lado de la reja, el marido le explica que hay otras formas de servir a Dios aparte de encerrándose en un convento, por ejemplo, dándole limosna a los pobres. Casilda le responde que las dé él, para luego proseguir: si renuncia al mundo, es porque teme no encontrar su salvación en él, pero su marido no puede quejarse, lo deja por Dios, no por otro hombre. «De que vio que no se satisfacía con nada, levantose y dejole». Pero las cosas no se quedan así. El marido obtiene una decisión judicial y, el 28 de diciembre de 1573, Casilda es sacada a la fuerza del convento. Al cabo de poco tiempo, aprovecha un momento de distracción de su madre y de su aya para huir de nuevo y refugiarse en el carmelo de Valladolid. Esta vez, parece que ya no queda ningún recurso. Lo que ahora le interesa a la familia, es la fortuna de la joven. Uno de sus tíos, canónigo de Toledo, la convence de renunciar a su parte de la herencia a cambio de quinientos ducados y «de lo que haya podido costar su velo». Teresa está indignada: ¡lo que haya podido costar un velo! En resumidas cuentas, Casilda es despojada de lo que le correspondía. En 1581 su madre obtiene de Roma que sea obligada a dejar el carmelo por un convento más acorde con su rango social, el monasterio de Santa Gadea de Burgos, fundado por la familia de Casilda. Esta no tarda en ser nombrada abadesa. Así, ¡el honor y el prestigio de la familia están a salvo! Decididamente, escribe Teresa el 17 de septiembre de 1581, nada cabe esperar de los grandes de este mundo, mejor será contar con los pobres.

Los primeros editores del libro de las *Fundaciones*, en 1610, censuraron la historia de Casilda, probablemente porque algunos de sus protagonistas, empezando por la propia Casilda, aún vivían, pero sobre todo porque la nobleza castellana no salía muy bien parada de este episodio. Estas páginas ilustran la repugnancia de algunas mujeres ante el matrimonio, al que ven como una servidumbre disfrazada. No hay duda de que Teresa compartía esta sensación. Le parece que el matrimonio es como una esclavitud. Esto no significa que su vocación religiosa no fuese sincera, pero el convento también pudo representar una liberación para mujeres excepcionales que, sin esta salida, hubiesen sido víctimas de toda clase de coacciones sociales y discriminaciones. A pesar de las limitaciones materiales e intelectuales impuestas por la vida conventual, estas mujeres pudieron encontrar en ella la posibilidad de un desarrollo personal pleno que les estaba vedado en el mundo en que vivían.

Capítulo VII

La cultura de santa Teresa

Las lecturas

La autobiografía de Teresa de Ávila aporta dos precisiones sobre su formación intelectual:

— a la edad de seis o siete años leía la vida de los santos; poco después era capaz de devorar voluminosas novelas de caballerías; incluso empezó a escribir una;
— en 1559, cuando la Inquisición pone en el *Índice* los libros de espiritualidad en lengua vulgar —solo quedan autorizadas las ediciones en latín—, Teresa sufre al verse privada de las lecturas que tanto bien le hacían.

Teresa sabía, pues, leer y escribir, pero no dominaba el latín. Lo que ignoramos es cómo y dónde recibió estas enseñanzas. En la España del siglo XVI, al igual que en el resto de Europa, los iletrados representaban las cuatro quintas partes, tal vez incluso las nueve décimas partes de la población. En el campo casi nadie sabía escribir. En las ciudades, donde el analfabetismo era elevado en las clases populares y entre las mujeres, los padres que deseaban darle a sus hijos una instrucción elemental podían bien mandarlos a una escuela municipal o religiosa[167], bien dirigirse al cura —casi siempre al sacristán— de la

---

[167] Muchas municipalidades habían comprendido la importancia de la instrucción y se esforzaban por favorecerla abriendo escuelas y contratando maestros; les proporcionaban alojamiento gratuito y los padres estaban obligados a pagarles una pequeña cantidad de dinero. Aparte de las escuelas comunales, también existían numerosos establecimientos religiosos (*Colegios de la doctrina cristiana*) que acogían a niños

parroquia, o bien, si pertenecían a la nobleza y contaban con medios, confiarlos a preceptores privados.

Teresa de Ávila no asistió a ninguna escuela; como sus padres no contaban con medios suficientes para contratar a un preceptor privado, debió de ser uno de sus allegados, su madre probablemente, la que le enseñó a leer, a escribir y a contar. Su instrucción no pasó de ahí. Ya lo hemos mencionado, Teresa de Ávila no sabía latín[168], lo que significa que no asistió a ningún establecimiento equivalente a nuestra secundaria[169]. No hay por qué asombrarse. En esa época, el estudio estaba reservado a los varones. «No tenemos letras las mujeres», escribe Teresa en su *Vida* (cap. XXXVIII), lo que podemos traducir por: nosotras, las mujeres, no cursamos estudios[170]. Todos los moralistas coinciden en

---

a niños pobres: les enseñaban a leer, a escribir, las cuatro reglas y un oficio; al cabo de dos o tres años, les ayudaban a colocarse en algún taller de artesanía. Para uso de maestros y alumnos existían pequeños manuales —dieciséis páginas en octavo—: las cartillas, que incluían un abecedario, las tablas de multiplicar y las oraciones más corrientes, a veces también nociones de catecismo. En 1583 Felipe II le concedió el monopolio de las cartillas a la colegiata de Valladolid; para esta era un medio de financiar la construcción de la catedral. La colegiata mantendrá este monopolio hasta principios del siglo XIX, a despecho de las protestas de los libreros. A pesar de sus defectos, en particular una pésima impresión y un contenido realmente muy elemental, estos manuales se vendían muy bien y las tiradas no siempre lograban satisfacer la demanda.

[168] A veces cita frases en latín, pero lo hace de forma que es evidente que ignora la lengua: *Domine da miqui aguan*, etc.

[169] Estos establecimientos recibían el nombre de escuelas de gramática; en ellos se enseñaba latín, nociones de lógica y filosofía natural; en suma, se preparaba a los alumnos para los estudios superiores. Desde el siglo XIV, muchas ciudades e incluso pueblos de Castilla se habían dotado con escuelas de este tipo. Son los jesuitas los que, a partir de mediados del siglo XVI, le dieron a esta forma de enseñanza una estructura y unos métodos cuyo éxito perduró durante siglos. El primero de estos colegios se fundó en Gandía en 1545, en el feudo de los Borja; por esa época, el duque de Gandía —el futuro san Francisco de Borja— estaba a punto de ingresar en la Compañía de Jesús. Este colegio será seguido por otros muchos, más de un centenar, durante el siglo XVI, repartidos por toda España. Fue en el colegio de Medina del Campo, abierto en 1551, donde el futuro san Juan de la Cruz recibió sus primeras lecciones de gramática. Teresa alaba ante su hermano Lorenzo los méritos del colegio de los jesuitas de Ávila: en él se enseña gramática —en realidad, latín—, filosofía y un poco de teología.

[170] Las «letras», en este caso, no son las disciplinas literarias por oposición a las científicas; es el conocimiento en general; más concretamente, el conocimiento que se adquiere en las universidades: antes de designar al profesional del Derecho, la palabra «letrado» calificaba al que había ido a la universidad y obtenido un grado, sea cual fuere, por oposición al «idiota», el autodidacto.

este punto, incluidos los grandes humanistas (Luis Vives, Luis de León...): las mujeres no necesitan estudiar, salvo las reinas, las infantas y algunas hijas de la alta nobleza; de las mujeres no se esperan conocimientos, sino virtud; lo único apropiado para ellas eran las labores de su casa[171].

Teresa padeció esta situación. El latín era por entonces la lengua culta. Si no lo dominabas, era difícil, por no decir imposible, acceder directamente al saber científico, puesto que la mayoría de los libros serios estaban escritos en latín. Y para Teresa era muy importante el saber[172]. No hay que dejarse engañar por ciertas frases en que finge ser una ignorante y parece aconsejarle a las carmelitas despreciar la ciencia[173]. Ella detestaba a los pedantes y a los vanidosos, pero apreciaba a los sabios[174]. Jean Canavaggio tiene razón al subrayarlo: la autobiografía está plagada de citas; «esta suma de referencias basta para demostrar que Teresa se preocupó sin descanso para dotarse de una sólida formación susceptible de prevenirla contra las derivas de una espiritualidad no controlada»[175]. Teresa era cultivada, pero su cultura la adquirió sola, gracias a sus lecturas, a veces

---

[171] Que aprendan a usar la aguja, el huso y la rueca; una pluma no les será de ninguna utilidad, escribe Pedro Sánchez en un libro publicado en Toledo en 1584: *Árbol de consideración y vana doctrina* (citado por Pedro M. Cátedra & Anastasio Rojo, *Bibliotecas y lecturas de mujeres. Siglo XVI*. Instituto de Historia del Libro y de la Lectura, Salamanca, 2004), obra que proporciona numerosos datos sobre las lecturas de las mujeres del siglo XVI; en él encontramos indicaciones sobre los libros que leían las mujeres —¡no solo los libros piadosos!—, los cofres donde se ocultaban determinadas obras bajo una pila de sábanas, etc.

[172] La ciencia tiene el don de iluminarlo todo: «Son gran cosa letras para dar en todo luz», escribe en *Camino de perfección*.

[173] Otger Steggink cita una carta, del 19 de noviembre de 1576, a la madre María de San José: «Dios libre a todas mis hijas de presumir de latinas. Nunca más le acaezca ni consienta. Harto más quiero que presuman de parecer simples, que es muy de santas, que no tan retóricas». En este mismo sentido, podemos citar la anécdota del locutorio de Toledo: Teresa rechaza a una postulanta que quería traer su Biblia: «¿Biblia, hija? No vengáis acá, que no tenemos necesidad de vos ni de vuestra Biblia, que somos mujeres ignorantes y no sabemos más que hilar y hacer lo que nos mandan». Esto nos recuerda a la mujer que goza de los favores de Clitandre: «Me gusta que, a veces, ante las preguntas que se le planteen, disimule por buen gusto que sabe ciertas cosas; quiero, en fin, que disimule sus estudios y que sea culta sin parecerlo» (Molière, *Las mujeres sabias*).

[174] «Y es gran cosa letras [el saber], porque estas nos enseñan a los que poco sabemos y nos dan luz [...], de devociones a bobas nos libre Dios» (*Vida*, cap. XIII).

[175] Jean Canavaggio, «La dimension autobiographique du *Libro de la Vida* de sainte Thérèse d'Avila», en *Cahiers du C.R.I.A.R.*, nº 21, 2002, p. 225.

desordenadas, siempre enriquecedoras; solo que prefería no demostrarlo. La Inquisición desconfiaba de los autodidactos que no tenían los títulos requeridos —licenciatura, doctorado— para enseñar[176], y, con mayor motivo, si esos autodidactos eran mujeres; más valía pasar por boba.

Gracias a sus lecturas, Teresa de Ávila pudo tener una cultura poco común para una mujer del siglo XVI. Muy pronto, aprendió a leer en silencio. Nos dice, en efecto, que siendo aún muy pequeña pasaba una parte de la noche leyendo novelas, «a escondidas de mi padre» (*Vida*, cap. II). En esto aventajaba a la mayoría de sus contemporáneos. A diferencia de lo que pasaba antiguamente y de lo que todavía se acostumbraba en el campo y entre las clases populares, donde a menudo se leía en voz alta a fin de que la lectura también fuese provechosa para los analfabetos, las élites se habían acostumbrado a leer en silencio[177]. Teresa de Ávila pertenecía a esta élite de lectores silenciosos.

Teresa conservará toda su vida el gusto por la lectura. Lo había heredado de sus padres: «Era mi padre aficionado a leer buenos libros»; su madre devoraba las novelas.

Según un inventario realizado en 1507, tras la muerte de su primera esposa, el padre de Teresa tenía una pequeña biblioteca en la que, entre otros volúmenes, encontramos:

— algunos libros piadosos como el *Retablo de la vida de Cristo*, poema del cartujo Juan de Padilla (1468-1520); poesías religiosas de Fernán Pérez de Guzmán; un *Tratado de la misa* —probablemente el *Tratado sobre la excelencia del sacrificio de la ley evangélica*, de fray Diego de Guzmán—; un libro titulado los *Siete pecados*, del que nada sabemos;

— algunos textos de literatura castellana: poemas de Juan de Mena —*Las trescientas* y *La coronación*—; un ejemplar de la *Gran*

---

[176] A esto se debe que el futuro san Ignacio de Loyola tuviese problemas en Alcalá, en 1526-1527, no con la Inquisición, sino con la justicia episcopal, que le reprochaba asumir la dirección espiritual de un grupo de hombres y mujeres sin haber sido ordenado sacerdote ni haber terminado sus estudios de teología; de modo que le prohibieron enseñar antes de completar tres años de estudios en la universidad.

[177] Es lo que sugiere el emblema del humanista milanés Alciat, titulado precisamente *Silencio*, que representa a un erudito en su biblioteca, «con un dedo sobre su boca cerrada, como para indicar que la lectura es el acto silencioso por excelencia» (François Géal, *Figures de la bibliothèque dans l'imaginaire espagnol du siècle d'or*, Honoré Champion, París, 1999, p. 44, nota).

conquista de ultramar, una historia novelada de las Cruzadas en que podemos descubrir una primera manifestación del género caballeresco;
— obras de la Antigüedad traducidas al español: Cicerón (*De Officiis*); poesías de Virgilio (¿pero cuáles?); los *Proverbios* de Séneca; *La consolación* de Boecio;
— y, por último, un almanaque (o Lunario).

La madre de Teresa, por su parte, leía novelas de caballerías que prestaba de buen grado a sus hijos, a pesar de las reticencias de su marido: los niños se veían obligados a esconderse para disfrutar de su pasatiempo. Teresa disculpa a su madre: intentaba olvidar sus problemas —¿la enfermedad de la que moriría en 1528?— y entretener a sus hijos. Esto no la apartaba de sus deberes de esposa y madre de familia. No se puede decir lo mismo de sus hijos. Teresa, en concreto, sentía verdadera pasión por las novelas. Pasaba horas, durante el día pero también por la noche, enfrascada en sus aventuras; siempre quería tener el último libro editado; su fervor religioso pagaba las consecuencias.

¿Por qué se preocupaba su padre por estas lecturas y por qué, pasado el tiempo, Teresa siente remordimientos por haberse dado ese placer? Los orígenes del género de las novelas de caballerías hay que buscarlos en los romances del ciclo carolingio, luego en el ciclo bretón, ambos nacidos en Francia en el siglo XII. En España, esta literatura tenía un carácter más bien exótico hasta que, en la primera mitad del siglo XIV, aparece *La historia del caballero de Dios que llevaba por nombre Cifar*. Este libro narra las aventuras de un gentilhombre que, enfrentado a la hostilidad de su rey, se ve obligado a expatriarse con su mujer y sus dos hijos; tras un sinfín de peripecias —naufragios, secuestros, encantamientos...—, Cifar llega al reino de Menton y se convierte en su monarca. Aquí tenemos algunos de los ingredientes constitutivos del género de caballerías. En esta línea se sitúa, en efecto, el *Amadís*, que es mencionado por primera vez entre 1345 y 1350. La verdadera eclosión del género data de finales del siglo XV, cuando García Rodríguez de Montalvo moderniza esta novela. Una vez remozado, el libro se imprime en 1508, en Zaragoza, bajo el título de *Los cuatro libros de Amadís de Gaula*. Esta novela-río, llena de giros sorprendentes y peripecias a menudo inverosímiles, puede resumirse en unas frases: Elisena, hija de un rey de Bretaña, ama en secreto al rey de la Galia, Perión. Amadís —el Caballero del León, o el Hermoso Moreno o también el

Bello Tenebroso— es fruto de esta unión. Obligados a separarse de él, sus padres lo depositan en un arcón que arrojan a un río. El caballero Gandales lo encuentra y lo conduce a la corte del rey Languines. Al pasar el tiempo, Amadís se enamora de Oriana, que pronto da a luz a un niño, Esplandián, antes de ser raptada por el emperador de los romanos. Amadís termina rescatándola y retirándose con ella a la isla Firme tras haber vencido al monstruo de la isla del Diablo.

La novela original pronto es seguida por una prolífica descendencia: primero, una decena de volúmenes suplementarios del ciclo de Amadís propiamente dicho, luego por una familia rival casi tan numerosa, la de los *Palmerines*; por último, una multitud de novelas independientes cuyos héroes no descienden de ninguno de los dos linajes: *Sergas de Esplandián*, de Montalvo (1510); *Florisando*, novela impresa en Sevilla (1510 y 1526); *Primaleón* (1512)[178], *Lisuarte de Grecia* (1514), *Amadís de Grecia*, por limitarnos solo a los títulos que Teresa y su madre pudieron procurarse y leer[179]. En todas estas novelas encontramos los mismos ingredientes: los amores contrariados de un joven caballero que, para reencontrase con su amada, debe afrontar una serie de obstáculos a primera vista insalvables: encantamientos, monstruos, traidores...

El éxito del *Amadís* de 1508 fue inmediato y duradero, no solo en España, sino en toda Europa e incluso en América, donde era la lectura preferida de los conquistadores[180]. ¿Cómo interpretar este éxito tan

---

[178] Una reedición de esta novela incorpora el viaje de Magallanes y narra las aventuras de Palantín y del monstruo Patagón.

[179] Recordemos que la madre de Teresa muere en 1528 y Teresa entra en el convento en 1531; a partir de ahí, sus lecturas se encaminan en otra dirección.

[180] En el siglo XVI se cuentan más de sesenta ediciones españolas del *Amadís*, novela que pronto fue traducida a todas las lenguas de Europa. La versión francesa de Nicolas Herberay des Essars aparece entre 1540 y 1546. En cuanto a los conquistadores, creyeron encontrar en el Nuevo Mundo los países de leyenda a los que los habían acostumbrado las novelas de caballerías. México evocaba para ellos los encantamientos que tanto abundan en el *Amadís*. Algunas regiones les recordaban los paisajes descritos en las novelas. Así se explica los nombres que los conquistadores a veces les pusieron. El río Amazonas y California no tienen otro origen. En una de esas novelas, *Las Sergas de Esplandián*, se evocaba a una isla, próxima al paraíso terrenal, poblada por mujeres negras que, al igual que las Amazonas de la Antigüedad, no admitían hombres entre ellas; en la novela, esas amazonas acuden en ayuda de los musulmanes que quieren atacar Constantinopla; son guiadas por la reina Calafia, que vive en una isla llamada California, famosa por su exuberancia en oro y plata; las amazonas solo tenían armas de oro; era el único metal que había en su isla.

clamoroso? Para muchos críticos, la explicación debe buscarse en la evolución de las estructuras sociales y mentales. No todos se reconocían en el mundo que surge a fines del siglo XV; de ahí la moda de esta literatura de evasión: reyes, grandes señores y caballeros disfrutan con estas ficciones que les presentan un mundo feudal, una sociedad fiel a las nociones de honor y cortesía, al heroísmo individual, todo ello a punto de desaparecer y que ya se añora. No es difícil encontrar sentimientos parecidos en la obra maestra de Cervantes.

El público de las novelas de caballerías está formado, sobre todo, por cortesanos, caballeros, miembros de las clases medias que cuentan con recursos para vivir de sus rentas; casi estaríamos tentados de calificarlos de «ociosos». En cambio, los que tienen un nivel cultural alto —los letrados que integran los cuadros de la administración, los magistrados, los médicos, los eclesiásticos, los profesores...— condenan este género de literatura. Le reprochan ser inmoral[181], estar llena de inverosimilitudes y no ser de ningún provecho para sus lectores.

La familia de Teresa es representativa de la actitud de los ambientes cultos de la época respecto a los libros. Son aficionados a la lectura, pero la madre lee para distraerse, el padre para instruirse. En su infancia, Teresa siguió más bien el ejemplo de su madre. ¿Qué le quedó de las novelas de caballerías? Pasemos por alto su deseo fugaz de escribir ella también, en colaboración con uno de sus hermanos, una novela que iban a titular *El caballero de Ávila* y cuyo héroe sería un tal Muñoz Gil. La única referencia a las novelas que encontramos en sus obras es el breve pasaje de la autobiografía en que reconoce —para lamentarlo— sus lecturas frívolas. Marcel Bataillon ha descubierto una reminiscencia evidente de las *Sergas de Esplandián*[182]. Después, nunca más surgirá el tema de las historias de caballerías ni de las novelas, a menos que los viajes de la fundadora de los carme-

---

[181] El género caballeresco, en efecto, pone en escena a héroes cuyos amores están lejos de ser castos. En él se escarnece la moral común y apenas si se respeta el sagrado vínculo del matrimonio.

[182] Está en la *Vida* (cap. XXVII); se trata de la descripción de Pedro de Alcántara: «Era muy viejo cuando le vine a conocer, y tan extrema su flaqueza, que no parecía sino hecho de raíces de árboles». En un pasaje de las *Sergas* se menciona a una vieja mujer de ciento veinte años: «Su rostro estaba arrugado, sus manos nudosas, en ella todo recordaba a las raíces de un árbol» (M. Bataillon, «Santa Teresa, lectora de libros de caballerías», en *Varia lección de clásicos castellanos*, Ed. Gredos, Madrid, 1964, pp. 21-23).

los nos parezcan una manifestación lejana del espíritu caballeresco, pero eso sería un tanto rebuscado.

Teresa dejó de leer novelas, tal vez en 1528, a la muerte de su madre, casi seguro en junio de 1531, cuando entra como pupila en las agustinas de Nuestra Señora de Gracia; tenía entonces dieciséis años. Teresa no puede prescindir de los libros; los necesita para recogerse [183], pero sus lecturas ya no son las mismas. La propia Teresa precisó las cuatro fechas que marcan otras tantas etapas en su vida espiritual:

— en 1531 cae enferma; para su convalecencia le recomiendan pasar quince días en el campo, en casa de una de sus hermanas que vive en Castellanos. Por el camino, se detienen en Ortigosa, en casa de su tío Pedro Sánchez de Cepeda, que le da una lista de libros que debe leer. En esta lista figuran las *Epístolas* de san Jerónimo. Después de leerlas, fue cuando decidió entrar en el Carmelo;

— una segunda etapa se inicia en 1538. También esta vez, su tío de Ortigosa juega un papel determinante: le regala el *Tercer abecedario* de Osuna;

— en 1554, poco antes o poco después de la Cuaresma, descubre las *Confesiones* de san Agustín. Por esa misma época lee o relee la *Subida* de Laredo;

— por último, la fecha de 1559 supone un giro en la historia cultural de España y en la educación espiritual de la futura santa. Ese año, el inquisidor general Valdés publica un *Índice* de libros cuya lectura queda, desde ese momento, prohibida. En el *Índice* figuran setecientas obras, especialmente muchas traducciones españolas de la Biblia y tratados de espiritualidad. Teresa está hundida: «Cuando se quitaron muchos libros de romance, que no se leyesen, yo sentí mucho, porque algunos me daba recreación leerlos y yo no podía ya, por dejarlos en latín. Me dijo el Señor. *No tengas pena, que Yo te daré libro vivo*» (*Vida*, cap. XXVI). Bien es verdad, como señala Gaston Etchegoyen, que en 1559 Teresa ya había adquirido lo esencial de su formación

---

[183] «Jamás osava comenzar a tener oración sin un libro [...]. Con este remedio, que era como una compañía u escudo en que havía de recibir los golpes de los muchos pensamientos, andava consolada» (*Vida*, cap. IV).

espiritual: al poner fin a una asimilación más que suficiente —santa Teresa tenía entonces 44 años—, el *Índice* tal vez contribuyó a que entrase en su periodo de creación.

Al principio de las *Constituciones*, santa Teresa enumera los libros que deberían figurar en la biblioteca de todos los conventos: el *Cartujano*, el *Flos Sanctorum*, la *Imitación de Cristo*, el *Oratorio de religiosos*, las obras de fray Luis de Granada y las de Pedro de Alcántara. Estos libros le parecen indispensables: el alma necesita alimentarse tanto como el cuerpo; la lectura es su alimento. La lista de libros que debió de leer santa Teresa es mucho más larga; se puede dividir en tres grupos:

1. Vidas de Cristo, vidas de los santos y obras piadosas.
2. Tratados de espiritualidad.
3. Obras de teología mística, aunque la distinción entre los dos últimos grupos pueda parecer arbitraria.

1) Vidas de Cristo, vidas de los santos y libros de devoción

Sobre la vida de Cristo, los fieles disponían, desde finales del siglo XV, de varias obras:

— una vida en verso, de la pluma del franciscano fray Íñigo de Mendoza: *Vita Christi fecho por coplas* (Zamora, 1482), reeditada varias veces;
— el *Lucero de la Vida christiana*, de Pedro Jiménez de Préjano (Salamanca, 1493);
— la *Vita Christi*, del catalán Francesc Eiximenis, adaptada en castellano, aumentada e impresa en Granada, a petición del arzobispo fray Hernando de Talavera (1496);
— la traducción castellana de la *Vida de Nuestro Redemptor y Salvador Iesu Cristo*, atribuida a san Buenaventura (Valladolid, 1512);
— el gran poema en octavas de arte mayor del cartujo Juan de Padilla: *Retablo del cartuxo sobre la vida de nuestro redentor Jesu Christo*[184].

---

[184] Se conocen varias ediciones: Sevilla (1513, 1516, 1518, 1528, 1530); Alcalá (1529), etc.

Sobre Cristo, la obra básica, la que se ofrecía casi siempre a la devoción de los fieles, era la *Vida de Cristo* en cuatro volúmenes del alemán Ludolfo de Sajonia (1300-1378). Como el autor era un cartujo, se terminó designando su libro con ese título: el *Cartujo*. Era una historia de Cristo obtenida refundiendo los cuatro Evangelios en uno solo, todo ello complementado con paráfrasis, glosas, citas de los Padres de la Iglesia... La obra tuvo gran difusión en toda la cristiandad a finales de la Edad Media. En España, fue la reina Isabel de Castilla quien le pidió al franciscano Ambrosio de Montesino que la tradujese al castellano[185].

Teresa pudo conocer los Evangelios gracias a la compilación de Ambrosio de Montesino titulada *Evangelios, epístolas, lecciones y profecías que la Santa Iglesia canta en misa durante todo el año*[186], aunque no la cita explícitamente. En todo caso, queda excluido que pudiese llegar a tener en sus manos una traducción completa de la Biblia: había muy pocas en España y las que existían levantaban sospechas[187]. Por otra parte, en España se alzaban muchas voces en contra de una excesiva vulgarización de las Escrituras entre un público no versado. El *Índice* de 1559 es la conclusión lógica de esta tendencia. A partir de ese momento, las traducciones integrales de la Biblia quedan terminantemente prohibidas; solo se autorizan traducciones parciales. Esta decisión demuestra una gran perplejidad ante el problema de la Biblia y, más allá de la Biblia, del acceso a la cultura: ¿hay que reservar la cultura a una élite intelectual, la única capaz de apreciarla y sacarle partido, o bien, al contrario, abrirla a la mayor cantidad de gente posible y así elevar el nivel de la masa, a costa de algunos riesgos? Este debate está

---

[185] Esta traducción fue objeto de dos ediciones casi simultáneas, una en Alcalá de Henares, la otra en Sevilla. La edición de Alcalá (1502-1503) fue la primera obra que salió de las prensas de Stanislas Polono, impresor de origen polaco que el cardenal Cisneros mandó venir desde Sevilla con vistas a crear una industria del libro indispensable para la universidad que planeaba fundar. El mismo Stanislas Polono imprime casi al mismo tiempo en Sevilla los tomos I y IV de la *Vita Christi*, pero la edición está mucho menos cuidada que la de Alcalá. Jacob Cromberger imprimirá en Sevilla, en 1520-1521, los volúmenes que faltaban.

[186] Zaragoza, 1485; Toledo, 1512, y numerosas reediciones posteriores.

[187] Hasta 1543 no aparecerá la primera traducción completa del Nuevo Testamento en castellano, realizada por Francisco de Encinas e impresa en Amberes, pero esta versión muy pronto es prohibida en España, ya que algunas anotaciones al margen la hacían sospechosa. La Biblia llamada de Ferrara, publicada en 1553, es una Biblia judía, para uso de los judíos; en consecuencia, ni pensar en permitir que circulase por España.

en el centro de la historia cultural de España; queda zanjado, optando por la vía restrictiva y paternalista, con el *Índice* de 1559.

Los fieles que deseaban informarse sobre la vida de los santos disponían de obras conocidas bajo el nombre genérico de *Flos sanctorum*, que podemos traducir por: Florilegio de la vida de los santos. En el punto de partida está la *Leyenda dorada*, del arzobispo de Génova Jacques de Vorágine (¿1228?-¿1298?), vasta compilación de relatos sobre la vida de Cristo y de los principales santos de la cristiandad. Su éxito llevó a los editores posteriores a ampliar el texto primitivo añadiendo nuevos santos a los que ya figuraban[188]. ¿Qué versión pudo manejar Teresa? Gaston Etchegoyen se inclina por la de Pedro de la Vega, muy difundida en España en el siglo XVI[189]. El autor era un dominico castellano que redactó su obra en Zaragoza en el transcurso del año 1521; el libro fue editado casi de inmediato por Juan de Brocar, el famoso impresor de Alcalá de Henares. Este tratado se divide en dos partes: la primera incluye comentarios sobre las fiestas y el tiempo litúrgico (la Cuaresma, la Semana Santa, la Natividad...) y un resumen de la vida de Cristo; la segunda es un compendio de relatos sobre la vida de los santos siguiendo el orden en que aparecen en el calendario litúrgico, empezando por el mes de diciembre[190]. La edición de Alcalá está ilustrada con xilografías que representan los martirios padecidos por varios santos, así como escenas de la vida de Cristo y de la Virgen María.

2) Tratados de espiritualidad

En cabeza de esta categoría debe figurar la *Imitación de Jesucristo*[191] o *Contemptus Mundi*. Este pequeño libro, escrito en latín en la

---

[188] Pareciera que la primera traducción del *Flos sanctorum* en catalán fue la de Barcelona (1494), seguida de cerca por una edición impresa en Valencia (1496). Más adelante, hay noticias de numerosas versiones en catalán y castellano.

[189] Pedro de la Vega, *Flos sanctorum: La vida de nuestro Señor Jesu Christo y de su santísima Madre y de los otros santos según la orden de sus fiestas.*

[190] En España, hasta 1564, el año no empezaba el 1 de enero, sino el 25 de diciembre. En una carta fechada el 23 de diciembre de 1561, Teresa le escribe a su hermano Lorenzo de Cepeda: «Que Dios os guarde por mucho tiempo, y feliz año puesto que mañana estaremos en vísperas del año 1562».

[191] Es el título del primer capítulo; por extensión, se utiliza para el conjunto de la obra.

primera mitad del siglo XV, y muy pronto traducido a todas las lenguas de la cristiandad, alcanza, con la imprenta, un éxito prodigioso; después de la Biblia es el libro más difundido en el mundo cristiano [192]. A veces se atribuye su paternidad al canciller de la Universidad de París, Gerson (1363-1429), pero hoy en día se piensa más bien que el autor es el canónigo renano Thomas de Kempis (¿1379?-1471)[193], adepto de la devoción moderna, un movimiento espiritual que buscaba favorecer ante todo la vida y la oración personales. La *Imitación* aparenta despreciar las especulaciones de los teólogos; se dirige a las almas simples y sin cultura; privilegia el análisis interior y la introspección. Podemos suponer, por esta breve descripción, cuánto debió seducir a Teresa este libro y cuán útil debió de serle en la elaboración de su propio estilo de pensar y escribir.

Se podría hacer una lista muy larga de las otras obras de espiritualidad que Teresa pudo leer, bien porque fueron escritas directamente en castellano, bien porque habían sido traducidas a esta lengua e impresas a finales del siglo XV o comienzos del XVI: el *Soliloquio*, de san Buenaventura (Sevilla, 1497); el *Exercitatio de la vida espiritual* (Montserrat, 1500), de fray García de Cisneros, primo del gran cardenal Cisneros [194]; la *Escala del cielo*, de san Juan Clímaco (Toledo, 1504); el *Libro de la gracia espiritual*, de santa Matilde (Toledo, 1510); el *Libro de la bienaventurada santa Ángela de Foligno*, publicado al mismo tiempo que el *Tratado de la vida espiritual*, de san Vicente Ferrer (Toledo, 1510); las *Epístolas y oraciones*, de santa Catalina de Siena (Alcalá, 1512); el *Sol de contemplativos*, tratado del cartujo Hugo de Balma, traducido e hispanizado por el vicario de San Juan de los Reyes de Toledo, en 1514, y atribuido a san Buenaventura y a Dionisio Areopagita [195]; el *Oratorio de religiosos*, manual de

---

[192] Se conocen varias traducciones al castellano (Zaragoza, hacia 1490); Sevilla, en 1493, etc.). La edición de 1536, impresa en Zaragoza, podría ser una traducción de fray Luis de Granada, pero es poco probable. Las ediciones en catalán son numerosas (*Menypreu del mon*), a partir de las de Barcelona (1482) y Valencia (1491).

[193] Por lo demás, en el siglo XVI, el libro a menudo se citaba como el *Kempis*.

[194] Es un tratado de oración y de meditación sobre las vías purificativa, iluminativa y unitiva.

[195] Reeditada en México en 1575, la obra será comentada con fervor por Jerónimo Gracián para los carmelitas en 1601. Parece que el autor fue un cartujo del monasterio de Meyrat, cerca de Lyon, en el siglo XIII. El libro consta de tres partes consagradas, respectivamente, a las vías purgativa, iluminativa y unitiva.

disciplina monástica muy detallado y preciso que debemos al famoso obispo de Mondeño, Antonio de Guevara [196], o también el *Norte de idiotas*, breve tratado de teología ascética que Francisco de Monzón, predicador en la corte de Portugal, publicó en Lisboa en 1560 destinado a los que no tenían estudios (los «idiotas») [197]...

Teresa no cita explícitamente ninguno de estos libros; eso no significa que no los haya leído, solo que no creía conveniente recomendárselos a las carmelitas. Otros autores, en cambio, son expresamente mencionados por la influencia que habían ejercido en la evolución de su vida espiritual. Es el caso, en primer lugar, de tres Padres de la Iglesia: san Jerónimo, san Gregorio y san Agustín.

Se conocen varias ediciones españolas de las *Epístolas* de san Jerónimo en la traducción del bachiller Juan de Molina: *Epístolas de San Jerónimo* (Valencia, 1520 y 1526; Sevilla, 1532, 1541 y 1548). Teresa se sumergió en las *Epístolas* mientras estaba enferma en Nuestra Señora de Gracia; esta lectura le infunde el valor que necesita para anunciarle a su padre que ha decidido entrar en el Carmelo (*Vida*, cap. III). En esa época, Teresa tenía entre dieciséis y veinte años, lo que demuestra la madurez de su espíritu; pasó casi sin transición, con una precocidad que sorprende, de la literatura de entretenimiento a la literatura de ideas, pues las *Epístolas* de san Jerónimo puede parecer una lectura muy austera para una muchacha de su edad.

Teresa estuvo muy enferma, ya lo hemos contado, al poco tiempo de entrar en el carmelo de la Encarnación; su padre consideró conveniente que la viese una sanadora de Becedas, pero el remedio fue peor que la enfermedad. Para sobreponerse a sus terribles padecimientos, nos dice Teresa (*Vida*, cap. V), meditaba en lo que había sufrido Job, cuya historia cuenta san Gregorio. Por lo tanto, debió de ser antes del otoño de 1538 —fecha en que hay que situar el episodio de Becedas— cuando leyó las *Moralia in Job* de san Gregorio, tal vez en la

---

[196] *Oratorio de religiosos y exercicio de virtuosos*, Valladolid, 1542.

[197] Esta obra fue reimpresa en varias ocasiones, lo que lleva a pensar que fue bien acogida; recientemente se ha reeditado con una introducción de Pierre Civil (*Image et dévotion dans l'Espagne du XVIe siècle. Le Traité* Norte de Ydiotas *de Francisco de Monzón (1563)*, Publications de la Sorbonne, Presses de la Sorbonne Nouvelle, París, 1996). En este libro, las ilustraciones ocupan más espacio que el texto. Se abordan temas como la muerte, el juicio final, el paraíso y el infierno. La muerte está representada con la forma de un esqueleto que avanza, guadaña en mano, por un paisaje desértico donde destaca un ataúd abierto.

traducción de Alonso Álvarez de Toledo (Sevilla, 1514), reeditada varias veces, principalmente en 1527 y en 1534.

Las referencias a san Agustín son más numerosas; las encontramos en la *Vida*, pero también en *Castillo interior*, en *Camino de perfección*, en los *Conceptos*... Teresa tal vez conocía los *Soliloquios* apócrifos en una traducción publicada en Medina del Campo en 1553 que reproducía una traducción anónima impresa en Valladolid en 1515, pero no pudo leer las *Confesiones* antes de 1554, puesto que hasta esa fecha no apareció la primera traducción en castellano, debida al agustino portugués fray Sebastián Toscano y publicada por Andrés de Portonariis, en Salamanca, el 15 de enero de 1554, con el título de *Las confesiones de San Agustín, traducidas de latín en romance castellano*. «En este tiempo me dieron las *Confesiones* de San Agustín», escribe Teresa (*Vida*, cap. IX). ¿Quién se las dio? Nada sabemos al respecto. La influencia de esta lectura fue inmensa: «Cuando llegué a su conversión y leí cómo oyó aquella voz en el huerto, no me parece sino que el Señor me la dio a mí, según sintió mi corazón. Estuve por gran rato que toda me deshacía en lágrimas, y entre mí misma con gran aflicción y fatiga». Es por esta época cuando hay que datar lo que se ha llamado la conversión de Teresa.

3) Tratados de teología mística

¿Tuvo Teresa en sus manos los *Ejercicios* de Ignacio de Loyola? No habla de ellos explícitamente, pero sabemos que siempre valoró mucho a los jesuitas. Fue un jesuita, el padre Diego de Cetina, quien, en 1554 ó 1555, le recomienda no abandonar la oración y la penitencia; es el propio Cetina el que le aconseja a Teresa ir a ver a Francisco de Borja cuando este pase por Ávila; y Francisco de Borja era un partidario convencido de los *Ejercicios*. Bien es verdad que, por esos días, los *Ejercicios* todavía no tenían un papel destacado en la formación de los jesuitas.

En cualquier caso, estamos seguros de que Teresa leyó y releyó, meditó y asimiló al menos cuatro tratados de teología mística. Del primero, *Arte de servir a Dios,* del franciscano Alonso de Madrid[198],

---

[198] El libro apareció en Sevilla en 1521, y fue reeditado varias veces: 1526, 1542, 1551 y 1570.

Teresa escribe que es muy conveniente para aquellos y aquellas que se han retirado del mundo (*Vida*, cap. XII). Intuimos lo que pudo seducir a la reformadora: frente al intelectualismo tomista que caracteriza a la orden de los dominicos, la escuela franciscana afirmaba, desde Duns Escoto, la primacía de la voluntad sobre el entendimiento; es este voluntarismo el que recoge Alonso de Madrid.

Lo esencial, sin embargo, está en otra parte, en la repercusión que tuvo la obra de tres maestros de la mística española del siglo XVI anteriores a santa Teresa y a san Juan de la Cruz: Francisco de Osuna, Bernardino Laredo y Luis de Granada.

En 1527 aparece en Toledo el *Tercer abecedario espiritual*, de Francisco de Osuna. Es un método de recogimiento, el primer tratado de contemplación mística publicado en el siglo XVI en España. Concebido en el medio franciscano reformado, es la expresión de una espiritualidad específicamente hispana; muy marcado por los Padres de la Iglesia y por la tradición medieval, no se percibe ninguna influencia alemana. A Teresa se lo regaló su tío, Pedro de Cepeda, en 1538, cuando ella pasa por Ortigosa camino de Becedas. Teresa tiene, pues, veintitrés años cuando descubre este libro que se había impuesto enseguida como la exposición más completa de la escuela del recogimiento. Sin duda, será más adelante cuando Teresa extraiga sus enseñanzas, pero, releyéndolo, se impregnará de una doctrina que le parece que es la que mejor se adapta a su espíritu y a sus exigencias de vida interior. Según una tradición, la carmelita habría subrayado con un corazón, con una cruz, con un dedo simbólico o simplemente con rayas verticales y horizontales los pasajes que releía con más placer. Osuna —es importante señalarlo— desarrolla una espiritualidad que se amolda perfectamente a las visiones y revelaciones sobrenaturales. Esto hubiese debido atraer la atención de los inquisidores, pero el libro no parece haber sido objeto de censura o prohibición. Hay que destacar que se editó en un momento en que las autoridades religiosas no eran tan rigurosas como lo serán después de 1559. En 1527 aún perdura la fidelidad al pensamiento del cardenal Cisneros, gran inquisidor, pero espíritu abierto; fue él quien, hasta su muerte, en 1517, quiso difundir entre la gente no especializada los métodos de vida interior y una espiritualidad sensible a las visiones, a pesar de las advertencias de algunos maestros que desconfiaban de estas manifestaciones espectaculares. En su *Tratado de la vida espiritual*, san Vicente Ferrer (1350-1419) comparaba los arrobamientos con crisis de rabia («rabiamenta»). Es interesante anotar que este tratado fue traducido y vulgarizado en fecha tan temprana como 1510 por orden de Cisneros, pero que los capítulos XI y XIII, en que se condenaban los arrobamientos, habían sido suprimidos. Osuna, asumiendo la defensa de los arrobamientos y aludiendo, sin nombrarlo, a san Vicente Ferrer, no vacila en afirmar que el libro de este santo fue interpolado por enemigos de la devoción. Y, como para replicar al *Tercer abecedario*, pronto aparecerá una nueva traducción, íntegra esta vez, del *Tratado de la vida espiritual*, ya que, observa el editor, el primer traductor había olvidado algunos capítulos del texto latino que, sin embargo, eran muy provechosos.

La *Subida del Monte Sión*, del franciscano fray Bernardino de Laredo (1482-1540), prolonga las enseñanzas de Osuna. El libro primero fue impreso en Sevilla en 1534, pero sin el nombre del autor, luego fue reeditado al año siguiente, esta vez indicando el autor. Es una síntesis de doctrina espiritual —un tratado de oración—, expuesto en forma de meditaciones semanales en tres partes: vía purificativa, vía iluminativa, vía unitiva. Para ilustrar sus palabras, Laredo recurre frecuentemente a comparaciones y alegorías, como lo hacen todos los místicos —Teresa utilizará ampliamente este procedimiento— para dar cuenta de una experiencia única e indescriptible con los recursos del lenguaje ordinario. Esta exposición marcó a Teresa, hasta el punto que en 1574, cuando le solicitan precisiones sobre lo que ella entiende por oración, no encuentra mejor respuesta que subrayar con un lápiz, en un ejemplar de la *Subida*, los pasajes en que Laredo trataba de la unión del alma con Dios, para luego entregarle el libro a los que la interrogaban diciéndoles: Esto es lo que siento cuando estoy en oración. Podemos ver cómo, del *Tercer abecedario espiritual* de Osuna a la *Subida* de Laredo, la espiritualidad franciscana señala cada vez con más nitidez que el objetivo de la meditación es un estado de *no pensamiento* («no pensar nada») en que el alma se une a Dios sin intermediarios.

Laredo y Osuna eran franciscanos. Luis de Granada, por su parte, era uno de los pocos dominicos —junto con Carranza, arzobispo de Toledo— que tenía en gran consideración la vida mística y la contemplación. Con él, no solo estamos en presencia de un maestro de la espiritualidad, sino también de uno de los más grandes escritores españoles. La belleza y seguridad de la lengua acompañan la profundidad del pensamiento y la finura psicológica para producir algunas de las obras maestras de la literatura española del Siglo de Oro; así, es fácil entender el éxito de sus obras, no solo en España, sino en toda Europa, hasta finales de la Edad Moderna[199]. La *Introducción al símbolo de la fe* será traducida al japonés menos de diez años después de su publicación en español[200]. Es decir, que el éxito fue inmediato. En 1565, en una carta al arzobispo de Granada, don Pedro Guerrero, fechada el 10 de marzo, Juan de Ávila aspiraba a que los predicadores llevasen siempre consigo «algunos libros devotos como los de fray Luis, por ejemplo».

La *Introducción* consta de cinco partes:

1. la naturaleza y las criaturas;
2. la fe;
3. el misterio de la Redención desde una perspectiva racional;
4. el misterio de la Redención a la luz de la fe;
5. resumen y visión de conjunto.

El libro aparece en 1583; no es seguro que Teresa tuviese oportunidad de leer el manuscrito, pero conocía otros dos libros de Luis de Granada: *El Libro de la oración y meditación*, 1554, y la *Guía de pecadores*, publicado en Lisboa en 1556 y, luego, en su versión definitiva, en 1567. El primero es una exposición metódica, en catorce meditaciones, de los cinco grados de oración, pero tal vez solo se trate de una ampliación de una obra de san Pedro de Alcántara. En la *Guía de pecadores*, el autor se propone «dar unos consejos y reglas al hombre para alcanzar la virtud». En la primera parte se demuestra la necesidad de la virtud y las ventajas que se obtienen de ella; en la segunda se analizan los vicios y virtudes y se enseñan los medios para evitar el pecado. Más que una guía práctica, este libro es un tratado del alma inspirado por un conocimiento muy fino del psiquismo humano, presentado a través de la experiencia del confesor y del director espiritual.

---

[199] La *Guía de pecadores*, especialmente, es el libro que más se menciona en los inventarios que se hacían tras los decesos (Amalia García Pedraza, «Representaciones del más allá: libros y difusión del mensaje escatológico en la Granada del siglo XVI», en Antonio Luis Cortés Peña y Miguel Luis López Guadalupe (eds.), *Estudios sobre Iglesia y sociedad en Andalucía en la Edad Moderna*, Universidad de Granada, 1999, p. 47).

[200] En 1590 los jesuitas instalan una imprenta en Nagasaki; traducen y publican en japonés varias obras, entre ellas, en 1592, una adaptación de la *Introducción al símbolo de la fe: Fides no doxi* (Minako Debergh, «Les œuvres imprimées des missions européennes au Japon, á Goa, Macao, Manille: 1588-1630», en *Revue française d'histoire du livre*, nº 42, 1984, pp. 193-194).

Estos dos libros lo tenían todo para suscitar la desconfianza de Melchor Cano, también dominico, pero radicalmente opuesto a todo lo que consideraba desbocamientos del corazón y a cualquier espiritualidad que pretendiese liberarse del control de la razón. Cano es uno de los teólogos más competentes de su siglo, pero es también el inspirador del giro antimístico. No cabe sorprenderse por tanto al ver *El libro de la oración* y la *Guía de pecadores* en el *Índice* de 1559. Algunos temas, precisan los inquisidores, no deben ser expuestos más que en latín y para lectores versados, pues podrían perturbar a las almas simples; de ahí que sea conveniente impedir su difusión en lengua vulgar. Cuando Teresa deploraba la prohibición de ciertos libros en castellano, probablemente estaba pensando en las obras de Luis de Granada. En el caso de este, la prohibición no fue definitiva. El autor aceptará hacer algunos cambios tomando en cuenta las observaciones de la Inquisición. Ese fue el precio a pagar para que autorizaran las reimpresiones. La *Guía de pecadores*, en concreto, se reimprime en Salamanca, en 1568, en una edición que «sale agora a luz añadido y emendado y quasi hecho nuevo por su mismo author». Al reeditar estos dos libros, Luis de Granada se vio obligado a tener en cuenta el *Índice* de 1559 y la ofensiva contra los alumbrados; se eliminaron pasajes enteros; para salvar sus ideas, las matiza de forma que no levanten sospechas de iluminismo, de las que tampoco quedarán exentos santa Teresa y san Juan de la Cruz[201].

Como acabamos de ver, Teresa leyó durante toda su vida, primero novelas, luego obras morales y libros de espiritualidad. En cada una de estas etapas se acercó instintivamente a los mejores: el *Amadís de Gaula* era sin duda una lectura frívola, pero todo el mundo estaba de acuerdo en que tenía sus virtudes; la novela contó con lectores de calidad: Ignacio de Loyola, Carlos V, Cervantes...; Teresa estaba en buena compañía. Esto es aún más cierto en el periodo posterior a su entrada en las agustinas de Nuestra Señora de Gracia. No se quedó en lecturas almibaradas ni en santurronerías; eligió autores más ambiciosos: san Jerónimo, san Gregorio, san Agustín y, entre sus contemporáneos, Osuna, Laredo, Luis de Granada. Teresa pudo así adquirir una cultura a la que los estudios no le permitieron acceder.

Esta cultura no era solamente libresca. Cuando se estudian las «fuentes de santa Teresa», a menudo surge la tentación de limitarse

---

[201] Marcel Bataillon, *Erasmo y España*. Trad. Antonio Alatorre, F.C.E., México, 1966.

únicamente a hacer el inventario de sus lecturas. Se tiende a olvidar la influencia de los contactos personales y las enseñanzas orales que significaban los sermones. Y también a pasar por alto las tradiciones de la Orden del Carmelo, que estimulaban el recogimiento en soledad. Sería importante poder evaluar lo que Teresa aprendió durante sus largas horas en el locutorio, cuando conversaba con sus confesores y sus directores espirituales. Ya sabemos que ella quería confesores letrados, es decir, con títulos universitarios. Era una precaución por partida doble: pensaba en sí misma y también en la sociedad. Tener un confesor letrado, era una forma de precaución contra las ilusiones y las emociones; al exponerle los estados de su alma a hombres que habían recibido una sólida formación en filosofía y en teología, aptos en consecuencia para discernir lo que respondía a una experiencia mística de lo que era una alucinación personal o un delirio mental[202], Teresa aprendía a ver con claridad en sí misma; esta voluntad de lucidez, como ya veremos, era una de las cosas en que más empeño ponía.

Tener confesores letrados, someterse a su juicio, también era una forma de tranquilizar a las autoridades religiosas obsesionadas con todo lo que podía oler a libre examen, es decir, la pretensión de interpretar los Evangelios a su manera. La presencia de un confesor al que uno aceptaba decirle todo y al que se prometía obediencia era la mejor garantía contra toda sospecha de iluminismo. Algunos de sus confesores ocuparon cargos en las universidades de Castilla: Diego de Cetina fue titular de la cátedra de prima de teología en Toledo; Domingo Báñez, dominico, fue elegido para la cátedra de prima de Salamanca en la que había sobresalido su maestro, el gran Francisco de Vitoria. No desdeñemos tampoco la influencia de las personalidades que Teresa tuvo oportunidad de conocer: Pedro de Alcántara, Francisco de Borja, por no hablar de los monjes que ella atrajo al Carmelo reformado: Jerónimo Gracián de la Madre de Dios, Juan de la Cruz, del que cabe preguntarse si, a

---

[202] Aunque, a veces, incluso los mejores se equivocaban... Uno de los casos más célebres fue el de Luis de Granada, que fue engañado por la hermana María de la Anunciación, la «santa religiosa» de Lisboa, famosa por sus éxtasis, sus estigmas (cinco heridas sangrantes en forma de cruz en un costado) y sus revelaciones: afirmaba que podía predecir ¡dónde y cuándo atacarían los corsarios ingleses a la flota de las Indias! Terminó confesando la superchería; en concreto, ella misma se provocaba los estigmas por medios artificiales de lo más ingeniosos. En el momento de los hechos (1584-1588), Luis de Granada era provincial de los dominicos de Portugal. Consultado sobre el caso de la hermana María, ¡se declaró dispuesto a garantizar su buena fe y su santidad!

pesar de su edad —él tenía treinta años menos que ella— fue discípulo o maestro de la reformadora. Podemos pensar que cada uno de ellos, a su manera, debieron aportarle a Teresa conocimientos y nociones que compensaban en parte la ausencia de toda formación universitaria. «Es la teología escolástica que un Melchor Cano opone al iluminismo; la teología escolástica servirá [...] para exponer la muy elevada unión mística», observa Jean Baruzi, que cita al respecto el prólogo del *Cántico espiritual*[203]; Juan de la Cruz, por medio de la escolástica y a petición de Ana de Jesús, priora del carmelo de Granada, intenta arrojar luz sobre los estados místicos. Lo que el autor del *Cántico espiritual* pone aquí por escrito es probable que primero lo haya expuesto oralmente, no solo ante la priora de Granada, sino delante de otras religiosas; Teresa debió de ser una de sus oyentes más atentas. Así fue como Teresa pudo adquirir conocimientos y nociones que le permitieron colmar en parte las lagunas de su formación intelectual. Las lecturas que Teresa pudo hacer la llevaron a tener plena conciencia de unas ideas aún confusas[204].

LOS ESCRITOS DE SANTA TERESA

Teresa escribió mucho, pero ninguno de sus libros apareció en vida de la santa. Ella no quería, y el padre Jerónimo Gracián tampoco. En vez de difundir los textos ampliamente, uno y otro preferían hacer copias para uso de las carmelitas y, como mucho, para personas especialmente versadas en cuestiones de espiritualidad, pero este punto de vista es rápidamente abandonado cuatro años después de morir la reformadora. La obra escrita consta de dos conjuntos de textos de importancia desigual: lo que le pidieron a Teresa que escribiera y lo que ella escribe espontáneamente. El primer grupo abarca su experiencia mística; el segundo está constituido esencialmente por su correspondencia.

La autobiografía

Es el texto más famoso de santa Teresa. Responde a una petición precisa: «Esta relación que mis confesores me mandan» (prólogo).

---

[203] J. Baruzi, *op. cit.*
[204] M. Lépée, *Sainte Thérèse d'Avila*, pp. 60-61.

Tuvo varias redacciones. No sabemos nada de la primera, escrita a raíz de unas conversaciones con Gaspar Daza y Francisco de Salcedo. Para que comprendiesen lo que ella experimenta, señala en un ejemplar de la *Subida del Monte Sión* de Laredo los pasajes que parecen corresponder a su experiencia. ¿Les entregó también un resumen de su vida? La cosa no está clara. Sea como fuere, Daza y Salcedo piensan que el demonio anda rondando por allí; le aconsejan que acuda a un jesuita, el padre Diego de Cetina, y que le haga una confesión general. Estamos en 1554. Para preparar esta confesión, Teresa decide escribir todo lo que le ha pasado; se trataba de hacer «mi confesión general y poner por escrito todos los males y bienes, un discurso de mi vida lo más claramente que yo entendí y supe, sin dejar nada por decir» (*Vida*, XXIII). ¿Qué fue de este primer bosquejo? Lo ignoramos. Es probable que Teresa —o su confesor— lo hicieran desaparecer.

Seis años más tarde, en 1560, Teresa le confía sus inquietudes al dominico Pedro Ibáñez: algunas personas que solo quieren su bien le recomiendan ser muy prudente; «andaban los tiempos recios», y no sería de extrañar que la denunciasen a la Inquisición. El padre Ibáñez le sugiere entonces que escriba su vida. La redacción debió de empezar en 1561; Teresa la termina en junio de 1562, cuando habitaba en el palacio de Luisa de la Cerda, en Toledo. Le entrega el manuscrito a un dominico, el padre García de Toledo. Esta primera redacción, que no incluía la división en capítulos, también se perdió.

En 1564 Teresa se entrevista con un inquisidor amigo suyo, Francisco de Soto Salazar, que le aconseja retomar el relato de su vida y enviárselo a Juan de Ávila. Esta nueva redacción, dividida en cuarenta capítulos, abarca toda la vida de Teresa hasta el verano de 1565. Pasan tres años más antes de que el libro llegue a su destinatario. Hasta abril de 1568, en efecto, Teresa no le confía el manuscrito a su amiga Luisa de la Cerda, que se dirige a tomar las aguas a Fuentepiedra, cerca de Antequera. Juan de Ávila vive en Montilla, no lejos de allí; Luisa de la Cerda le entrega el manuscrito el 23 de junio. El 12 de septiembre, Juan de Ávila le envía una larga carta a Teresa; aprueba a grandes rasgos su autobiografía, pero piensa que el texto, en su estado actual, no puede ponerse en manos de cualquiera: convendría revisar algunas expresiones y desarrollar ciertos pasajes. A pesar de estas reservas y a pesar de las recomendaciones del padre Domingo Báñez, que tampoco quería que el relato circulase, las copias se multiplican. Luisa de la Cerda se hace con una. En junio de 1570 Teresa le entrega otra a su confesor de

Salamanca, el padre Martín Gutiérrez, luego, en 1573, otra al padre Jerónimo Ripalda. No se atreve a negarle una copia al obispo Álvaro de Mendoza, que se la deja leer a su hermana María de Mendoza. Por esos mismos días, el dominico Bartolomé de Medina consigue el texto y hace una copia para la duquesa de Alba, que, a su vez, se la da a su nuera, doña María de Toledo. La princesa de Éboli oye hablar del asunto; ella también quiere su copia; termina obteniéndola; entonces la autobiografía de Teresa es objeto de comentarios burlones y malévolos en el palacio. La princesa, que está resentida con Teresa, la denuncia a la Inquisición. Volveremos sobre ello.

La muerte de Teresa, en 1582, no interrumpe la divulgación de la *Vida*. Muchos conventos querían tener una copia; los universitarios la citaban, por ejemplo, el profesor Curiel, agustino, que la elogiaba ante sus estudiantes de Salamanca. Así fue cómo, en 1586, una copia terminó en poder de la hermana de Felipe II, María de Austria, viuda del emperador Maximiliano II, que, desde 1580, se había retirado a vivir en el convento de las Descalzas Reales de Madrid. Profundamente impresionada, la emperatriz le encarga a Ana de Jesús, priora de las Descalzas, que se ocupe de las gestiones pertinentes con miras a la publicación del texto. Es, pues, por iniciativa de María de Austria como surge la idea de imprimir las obras de Teresa. Juan de la Cruz aboga en el mismo sentido. El 1 de septiembre de 1586, el Definitorio de los carmelitas descalzos, reunido en Madrid, concede su licencia. Falta superar un obstáculo importante: desde hace casi doce años, tras la denuncia de la princesa de Éboli, el manuscrito original estaba en los despachos del Consejo de la Inquisición. Ana de Jesús se dirige directamente al inquisidor general, Quiroga, que no pone ninguna objeción al proyecto. Entonces el manuscrito es confiado, en el verano de 1587, a fray Luis de León, profesor en Salamanca que acababa de pasar cuatro años en los calabozos del Santo Oficio... Fray Luis revisa el manuscrito y le encarga la edición al impresor Guillermo Foquel de Salamanca. El libro aparece en 1588. Como Teresa no le había puesto título, a fray Luis se le ocurre uno: *La vida de la Madre Teresa de Jesús, y algunas de las mercedes que Dios le hizo, escrita por ella misma por mandado de su confesor, a quien le envía y dirige*. Felipe II pide de inmediato que el manuscrito autógrafo le sea entregado a la biblioteca de El Escorial, donde todavía hoy se puede consultar[205]. Fue entonces cuando se le dio

---

[205] En 1999 Tomás Álvarez preparó una edición facsímil en tres volúmenes.

el título con el que el texto es conocido: *Vida de la Madre Teresa de Jesús, escrita de su misma mano, con una aprobación del padre M. fr. Domingo Báñez, su confesor y catedrático de prima en Salamanca*. Fray Luis, que conocía el mundo de la edición, tuvo la prudencia de no confiarle el original a los impresores; así, el manuscrito autógrafo ha podido conservarse tal como estaba y ofrece, pues, todas las garantías de autenticidad. Sin embargo, Luis de León, que presumía de publicar los escritos de Teresa en toda su pureza, llevó a cabo modificaciones de forma —a menudo—, pero a veces también de fondo, e incluso hizo cortes: suprimió, por ejemplo, el pasaje (cap. XXXVIII) en que Teresa elogia a los jesuitas[206]; ¿se dejó llevar por los prejuicios contra la Compañía de Jesús?

La *Vida* no es, hablando con propiedad, una autobiografía. Sería absurdo ver en Teresa la prefiguración de este género literario[207]. La *Vida* se presenta formalmente como un informe de Teresa a sus confesores; de ahí las fórmulas en tercera persona del singular o del plural en cuanto a las conjugaciones verbales: «vuesa merced, vuesas mercedes». En este conjunto, es sencillo distinguir varias partes.

Los capítulos I-X son los únicos en que se pueden descubrir algunas informaciones de orden biográfico, pero eso no es lo esencial: Teresa expone lo que ha sido su vida interior desde la infancia hasta la entrada en el convento. Lo hace poniendo estos sucesos en perspectiva en torno a lo que ella llama su conversión; hay un antes y un después de la conversión: «después entendí...»; «paréceme ahora...», etc. Se expresa en primera persona y emplea regularmente el adjetivo posesivo «mi»...

Los capítulos XI-XXII constituyen un verdadero tratado sobre los grados de oración.

Los capítulos XXIII-XXXI están consagrados a la unión mística. La ruptura con lo anterior está muy marcada: «Es otro libro nuevo de aquí adelante, digo otra vida nueva» (cap. XXIII). Hasta aquí llegaba la primera redacción; era el relato de la vida interior hasta el año 1562.

Los capítulos XXXII-XXXVI fueron añadidos al cabo de tres años; Teresa evoca los comienzos de la reforma, especialmente la fundación del carmelo San José de Ávila.

---

[206] Al igual que en las *Moradas* (V, 4), suprime la referencia elogiosa a Ignacio de Loyola.

[207] Sobre esta cuestión, conviene leer las finas observaciones de Jean Canavaggio, «La dimension autobiographique du *Libro de la Vida* de sainte Thérèse d'Avila», en *Cahiers du C.R.I.A.R.*, nº 21, 2002.

En los capítulos XXXVII-XL, por último, a petición de sus confesores, Teresa describe las mercedes que le ha hecho Dios.

El *Camino de perfección*

Los confesores habían juzgado que la *Vida* no podía ser leída por todo el mundo. En cambio, pensaban que Teresa estaba especialmente cualificada para escribir una especie de manual de espiritualidad para uso de las religiosas. Así tomó cuerpo el *Camino de perfección*. Teresa empezó a redactarlo a fines del año 1564, en el sosiego del carmelo de San José de Ávila; la primera redacción estaba terminada en 1564. Son los ciento cincuenta y tres folios, sin ninguna división interna, del manuscrito autógrafo que se conserva en El Escorial. El texto es entregado a las religiosas de Ávila, pero los nuevos conventos reformados quieren tener una copia. Teresa se decide entonces, en 1569, en Toledo, a retomar la versión primitiva para darle una forma más elaborada y dividir el texto en cuarenta y dos capítulos. Es el manuscrito del carmelo de Valladolid. Estamos en presencia, pues, de dos redacciones diferentes del mismo texto. Muy pronto se empiezan a hacer copias, no siempre fieles, hasta el punto que Teresa, para quien este libro era muy importante pues lo juzgaba esencial para comprender el espíritu de su reforma, se inquieta. Para terminar de una vez con todos los malentendidos, decide que se imprima. Para ello confía en su amigo Teutonio de Braganza, que acaba de ser nombrado coadjutor del arzobispo de Évora, en Portugal. El manuscrito revisado y autentificado por Teresa, está listo para imprimir el 22 de julio de 1579, pero el libro no aparecerá hasta cuatro años más tarde, en 1583, tras la muerte de la reformadora, en una versión tan retocada que los allegados de Teresa no reconocen su estilo habitual: es evidente que un corrector —o un censor— ha metido baza. Esto lleva al padre Jerónimo Gracián a reeditar el *Camino* en Salamanca, en 1585. Dos años más tarde, el patriarca de Valencia, Juan de Ribera, ordena una nueva reimpresión, pero ninguna de estas ediciones es realmente satisfactoria. Hay que esperar a la edición de Luis de León, en 1588, para recuperar el original. En el prólogo, por cierto, Luis de León afirma tajante que ha procurado devolverle a los textos de Teresa «su propia pureza, sin mudarlos ni en palabras ni en cosas». Sobre el *Camino*, incluso precisa que el texto de 1588 está «conforme a los originales de mano, enmendados por la misma madre, y no conforme a los impresos en que faltaban muchas cosas y otras andaban corrompidas». Sin hablar de las correcciones de forma, los editores de 1583 habían suprimido, por ejemplo, dos capítulos: a petición de los inquisidores de Lisboa, el XXI, en el que Teresa recomienda que no se admitan «bobas» como religiosas, y el XXIV, donde Teresa compara la oración con el ajedrez.

El *Camino de perfección* es, pues, el único de sus libros cuya publicación Teresa consideró. Había elegido el título. Lo había escrito para las religiosas del carmelo de San José de Ávila, en 1564-1567. Es más que evidente que le interesaba mucho este pequeño tratado de espiritualidad —lo llama «el librillo»—, y no solo pensaba en las religiosas, por cierto, también en los mercaderes, puesto que se lo da a leer a su hermano Lorenzo de Cepeda. En él ofrece consejos de ascesis —quince capítulos—, recomendaciones sobre la forma de practicar la oración —diez capítulos— y un comentario del *Pater*... El objetivo es explicar la superioridad de la oración mental: rezar no es repetir machaconamente unas fórmulas.

Las *Moradas del alma*

El título exacto de esta obra, la tercera, junto con la *Vida* y el *Camino de perfección*, que aparecen en la edición preparada por Luis de León, en Salamanca, en 1588, es *Moradas del castillo interior*. La idea de partida data del 28 de mayo de 1577. En Toledo, Teresa habla con el padre Jerónimo Gracián sobre cuestiones espirituales complicadas. En varias ocasiones, ella se lamenta: «¡Oh, qué bien escrito está ese punto en el libro de mi vida, que está en la Inquisición!». Su interlocutor termina replicándole: «Pues que no lo podemos haber, haga memoria de lo que se acordare y de otras cosas, y escriba otro libro». Teresa pone manos a la obra de inmediato, el 2 de junio de 1577. A pesar de sus problemas de salud[208], escribe con facilidad, a toda velocidad, como los notarios, cuenta un testigo, salvo que su escritura es más legible que la de los notarios de su tiempo. Teresa interrumpe su trabajo durante algunas semanas, tras el capítulo V de la quinta Morada. Lo retoma en octubre. El 29 de noviembre de 1577 pone punto final a la redacción. El padre Jerónimo Gracián guarda el manuscrito,

---

[208] «Por tener la cabeza, tres meses ha, con un ruido y flaqueza tan grande que aun los negosios forzosos escribo con pena» (prólogo).

luego, al cabo de un tiempo, lo deposita en el carmelo de Sevilla. Ana de Jesús se lo presta a Luis de León para la edición de 1588, tras lo cual Gracián lo lleva de nuevo a Sevilla. El texto editado por Luis de León está lejos de ser perfecto. Ya hemos señalado que censuró el pasaje del capítulo V donde Teresa elogiaba a Ignacio de Loyola. Hay algo aún más grave: por falta de tiempo o por negligencia, Luis de León tomó lo que solo era una mala copia «corregida» por algún alma bienintencionada por el texto original de las *Moradas*.

El *Castillo interior* no es sino una síntesis de la vida mística, tal como Teresa la había experimentado. Está destinado a lectores avisados: teólogos, espirituales, monjes y religiosas carmelitas ya adelantados en la vida del espíritu.

Relaciones y mercedes. Exclamaciones

Al mismo tiempo que las obras anteriores, Luis de León publica también, en 1588, unas notas biográficas que titula *Relaciones y mercedes*[209] y un breve tratado, las *Exclamaciones*. La primera de estas *Relaciones* data de finales del año 1560; está destinada al padre Pedro Ibáñez, así como la segunda, dos años más tarde; la tercera y la cuarta son para otro de sus confesores, García de Toledo.

Las *Exclamaciones* datan de 1569. Este breve tratado recuerda los *Soliloquios* de san Agustín; son una especie de oraciones jaculatorias en prosa destinadas a Jesús.

Las obras precedentes fueron reeditadas varias veces en España, especialmente en Madrid en 1597. Más adelante también se editan en Nápoles, en 1604, precedidas por una dedicatoria a la condesa de Benavente, la mujer del virrey. En la cubierta de esta edición napolitana Teresa es llamada «beata». Se anticipan, pues, a la beatificación de Teresa de Ávila, que tendrá lugar en 1614.

Las *Fundaciones*

Teresa no le había puesto título a este libro. No sabemos quién escribió, en el folio que precede al prólogo: *Libro original de las fun-*

---

[209] En la actualidad, los editores modernos prefieren otro título: *Cuentas de conciencia*.

daciones de su reformación que hizo en España la gloriosa virgen Santa Teresa de Jesús, escrito de su mano. Luis de León no consideró oportuno editar esta obra en 1588. Fueron Ana de Jesús y el padre Gracián los que la publicaron por primera vez en Bruselas, en 1610, con el título: *Libro de las fundaciones de las hermanas descalças carmelitas, que escribió la Madre fundadora Teresa de Jesús.* Los editores suprimieron una parte del capítulo X y todo el capítulo XI, es decir, los pasajes referidos a Casilda de Padilla[210].

La redacción se hizo en varias etapas. En su *Vida*, Teresa había narrado la fundación del primer carmelo reformado, el de San José de Ávila. En 1570, en Malagón, tiene una visión en la que una voz le pide contar en qué circunstancias había fundado el convento de esta pequeña ciudad. Tres años más tarde, en 1573, su confesor de Salamanca, el padre Jerónimo de Ripalda, le pide que escriba el relato de todas las fundaciones realizadas hasta ese momento. Teresa empieza a escribir el día de San Bartolomé, 24 de agosto de 1573, y consagra a este trabajo buena parte de los cinco meses que pasa en Salamanca. Al abandonar la ciudad, en enero de 1574, se diría que no quiere ir más allá de los capítulos ya redactados —¿los nueve primeros?—. Casi tres años más tarde, en Toledo, el padre Gracián se lo reprocha. Retoma el trabajo y le pide a su hermano Lorenzo que le envíe unos documentos —«los papeles de las fundaciones»— que se habían quedado en Ávila. El 14 de noviembre de 1579 termina de redactar el capítulo XXVII —fundación de Caravaca— y da a entender que es la última. Sin embargo, la reforma del Carmelo se reanuda a comienzos de 1580. Estos últimos episodios los aborda en unas páginas redactadas en Burgos en 1582, unos meses antes de morir.

Al igual que con los otros libros, se hicieron muchas copias de las *Fundaciones*. El manuscrito original estaba en Alba de Tormes, donde Teresa murió. Luis de León lo lee, pero, en 1588, no cree que deba publicarlo al mismo tiempo que la *Vida*, el *Camino de perfección* y las *Moradas del alma*. En 1593 Felipe II ordena que el manuscrito sea depositado en la biblioteca de El Escorial.

El libro de las *Fundaciones* encierra muchos elementos biográficos, muchos más que la *Vida*. La obra no es una simple crónica de la reforma carmelitana. Sin duda, Teresa describe largamente y a menudo con

---

[210] Sobre Casilda de Padilla, ver nuestro capítulo «Teresa de Ávila y sus contemporáneos», p. 151.

humor las peripecias que acompañaron la serie de fundaciones, los viajes por Castilla y Andalucía sin importar las inclemencias del tiempo, las dificultades con que se topó, los obstáculos que tuvo que salvar. Pero el libro también contiene numerosos pasajes sobre la vida conventual, sobre la oración y sobre los estados místicos; desde este punto de vista, aparece como un complemento de los libros anteriores.

Conceptos del amor de Dios

Se trata de un comentario a unos versículos del *Cantar de los Cantares*; de ahí el título original: *Meditaciones sobre los Cantares*. Encontramos una alusión a este texto en una carta de 1575 y en las *Moradas del alma*. Poco después, parece que un confesor —¿Yanguas?— le pidió quemar el manuscrito, ya que el tema era escabroso: la Inquisición acababa de ordenar el arresto de Luis de León precisamente por su traducción del *Cantar de los Cantares*. Se conservaron varias copias, lo que permitió al padre Jerónimo Gracián publicar el texto en Bruselas, en 1611.

Escritos varios

Una breve explicación sobre la forma de llevar a cabo la inspección de los conventos (*Visita de descalzas*), redactada en Toledo, en agosto de 1576, a petición del padre Gracián, es publicada en Madrid, en 1613, al mismo tiempo que un tratado muy sucinto sobre el mismo tema: *Tratado de visitar los conventos de religiosas descalzas de Nuestra Señora del Carmen, compuesto por la Santa Madre Teresa de Jesús, su fundadora*.

Correspondencia

Se conservan cuatrocientas setenta cartas o fragmentos de cartas de Teresa. La primera, si no contamos un recibo del 12 de agosto de 1546 referente a una entrega de trigo para un dominio de Gotarrendura, está fechada el 23 de diciembre de 1561; va destinada a su hermano Lorenzo, que por entonces estaba en Quito. La última es del

15 de septiembre de 1582. Esto solo representa una pequeña parte de su correspondencia —dos cartas al mes, por término medio, desde 1562 a 1582—. Ahora bien, se calcula que Teresa debió de escribir al menos dos cartas al día. Por lo tanto, deberíamos tener cerca de quince mil cartas, sin contar las que escribió antes de 1562. Entre las cartas perdidas están las destinadas a Juan de la Cruz. Un día, este le dijo a uno de sus hermanos que aún había un bien al que seguía apegado. Extrajo unos papeles de un saco: eran las cartas que Teresa le había escrito; las quemó en el acto.

De las cuatrocientas setenta cartas o fragmentos conservados, doscientas cuarenta y cinco son autógrafas; las otras son copias relativamente fiables. Esta correspondencia atrajo muy pronto la atención. Se hizo una primera edición en Zaragoza, en 1658, en dos volúmenes que incluían, respectivamente, cuarenta y una y veinticuatro cartas, con comentarios de Juan de Palafox. El padre Pedro de la Purificación prosiguió la publicación precedente, en Bruselas, en 1674, con ciento siete nuevas cartas; el volumen es reeditado en 1778 por el padre Antonio de San José, con nuevos comentarios. El propio Antonio de San José edita en Madrid, en 1771, los volúmenes III y IV de la correspondencia (ochenta y dos cartas + setenta y cinco + ochenta y siete fragmentos). En 1868, Vicente de la Fuente publica 405 cartas en el tomo 55 de la colección «Biblioteca de Autores Españoles» (BAE).

Una de las peculiaridades más pintoresca de la correspondencia es el código que Teresa utiliza a veces para designar a tal o cual persona: las águilas o las mariposas son las carmelitas descalzas; el Ángel es el inquisidor; las aves nocturnas, las carmelitas calzadas; los cuervos, los jesuitas; los gatos —o también los lobos—, los carmelitas calzados; Matusalén es el nuncio; Séneca, Juan de la Cruz, etc.

Poesías

A estos textos en prosa conviene añadir unas treinta composiciones poéticas de carácter muy variado: poesías líricas, villancicos, obras en honor de algunos santos (san Andrés, san Hilarión, santa Catalina de Alejandría) o también de carácter familiar, por decirlo así, inspiradas en una ceremonia de toma de hábitos o en algún pequeño acontecimiento de la vida conventual. Sabemos que a pesar de las enfermedades, Teresa siempre fue de temperamento jovial. Le gustaba cantar y que cantasen a su alrededor; ella lo hacía durante los ratos de recreación y en los momentos distendidos, o también para hacer más llevadera la monotonía de los desplazamientos interminables por España en incómodas carretas. La atribución de algunas de estas composiciones es dudosa. Una de las más conocidas es la que empieza con el terceto:

> Vivo sin vivir en mí
> y tan alta vida espero
> que muero porque no muero.

Pareciera que los primeros editores no se interesaron por las poesías. Fue mucho más tarde, en el siglo XIX, cuando se apreció en algunas de ellas una elevación de pensamiento y una calidad artística excepcionales.

Teresa escritora

Los escritos de Teresa de Ávila fueron recibidos de inmediato como obras maestras de la prosa castellana. Su primer editor, Luis de León —a su vez uno de los mejores escritores españoles—, le reconoció unas cualidades artísticas excepcionales: «La Madre Teresa, en la alteza de las cosas que trata y en la delicadeza y claridad con que las trata, excede a muchos ingenios, y en la forma del decir y en la pureza y facilidad del estilo y en la gracia y buena compostura de las palabras y en una elegancia desafeitada que deleita en extremo, dudo yo que haya en nuestra lengua escritura que con ellos se iguale» (prólogo a la edición de 1588). Este juicio ha sido ratificado por la posteridad. Cuando a mediados del siglo XIX surge la preocupación de constituir una historia de la literatura española y se pone en marcha la Biblioteca de Autores Españoles —la B.A.E., conocida por todos los estudiantes de literatura española[211]—, parece natural que en ella figuren las obras de santa Teresa: ocupan los tomos LIII y LV, aparecidos, respectivamente, en 1861 y en 1862, junto con las novelas de Cervantes, los grandes autores de siglo XVIII (Feijoo, Jovellanos, Moratín...),

---

[211] El primer volumen aparece en 1843.

los escritos de Luis de Granada, los cronistas de la Edad Media, del siglo XVI y de la conquista de las Indias, los poetas, etc. Teresa se convirtió en un autor clásico y esta reputación nunca ha sido desmentida. Sería pesado citar a todos los que han elogiado sus méritos literarios. Señalaremos solo el punto de vista, tal vez excesivo, que expresaba Azorín: como autor, Teresa le parecía superior a Cervantes, ya que, en la época de Cervantes, la literatura española ya era una realidad; en tiempos de Teresa solo estaba en sus comienzos.

Este éxito prolongado suscita dos cuestiones: ¿era consciente Teresa de la originalidad de su obra?, ¿es su estilo tan espontáneo como a veces podría pensarse?

Teresa nunca deja de repetir que, si escribe, es porque sus confesores se lo han ordenado. ¿De modo que se convirtió en autora a pesar suyo, por obediencia? Formalmente, no deja de ser cierto: casi todos sus libros fueron escritos en respuesta a unos directores espirituales deseosos de tener informaciones precisas sobre su vida espiritual. Dicho esto, hay que ser escépticos: no se escribe una obra tan inmensa por encargo; parece evidente que a Teresa le gustaba escribir. Sin embargo, no miente: cuando escribe, está obedeciendo a sus confesores; lo que Teresa no dice es que se las ingenió para que le diesen esa orden. Elige a sus confesores entre los sacerdotes que han cursado estudios y se confía a ellos porque saben mejor que ella lo que hay que pensar de la vida espiritual, pero, al mismo tiempo, los maneja: les hace creer que son sus maestros cuando se están convirtiendo en sus discípulos. En el siglo XVI —y no solo en España—, para una mujer no era recomendable parecer sabia; era más conveniente inducir a pensar lo contrario si se buscaba convencer: «Estamos en un mundo que es menester pensar lo que pueden pensar de nosotros, para que hayan efecto nuestras palabras» (*Fundaciones*, cap. VIII). Casi podríamos interpretar: digamos lo que pensamos, pero hagamos que los otros piensen que sale de ellos. La prudencia manda que finjamos humildad y modestia. La suprema habilidad consiste en hacer creer que obedecemos cuando en realidad actuamos por propia iniciativa. Esto es lo que debió de producirse en el caso de Teresa, sin que por ello se pueda hablar de disimulo o de mala fe. Ella creía sinceramente que estaba obedeciendo, incluso cuando da la sensación de solicitar órdenes.

Ramón Menéndez Pidal hizo mucho por acreditar la idea de una Teresa de Ávila que no solo no buscaba los efectos estilísticos, sino que, por humildad, se esforzaba en escribir lo más sencillamente posible —escribía como hablaba—, sin miedo a utilizar la lengua del pueblo y algunas palabras que casi podrían considerarse vulgares. La propia Teresa contribuyó a alimentar esa ilusión: «Como no sé lo que he de decir, no puedo decirlo con concierto; y creo es lo mejor no le llevar» (*Camino*, Introducción); y más adelante: «Ha tantos días que escribí lo pasado sin haber tenido lugar para tornar a ello, que si no lo tornase a leer no sé lo que decía. Por no ocupar tiempo habrá de ir como saliere, sin concierto» (*ibídem*, cap. XIX). Teresa escribía deprisa; rara vez se releía[212]. En suma, tenía gran facilidad para escribir, hasta el punto, nos dice el padre Gracián, que nunca se corregía, lo que no es exacto; tenemos pruebas de lo contrario: en ocasiones leyó las copias que se hacían de sus obras y aportó modificaciones. Salvo raras excepciones[213], a Teresa no le gustaba en absoluto que corrigiesen sus manuscritos, si le hacemos caso a Ana de Jesús. Leyendo algunas de las copias, no pudo reprimir la exclamación: «Dios les perdone a mis confesores, que dan lo que me mandan escribir, trasladándolo, y truecan algunas palabras, que esta y esta no es mía». Tachaba lo que no le gustaba y escribía la redacción original debajo de la línea[214]. Sin duda, Teresa no habría visto con buenos ojos que Luis de León, sin dejar de alabar su estilo, se permitiera a veces corregir la forma[215].

Teresa tenía facilidad para escribir, pero esa maestría no surgió de buenas a primeras: la adquirió a fuerza de lecturas: los autores, sobre todo Laredo y Osuna, a los que leyó durante toda su vida, la familiarizaron con los secretos del análisis psicológico y de los estados místicos. Los franciscanos habían desbrozado el terreno en lo que respecta al vocabulario y al estilo de los tratados de espiritualidad. Todavía en 1574 —ya lo hemos mencionado—, cuando le preguntan por lo que ella entiende por oración, no encuentra mejor respuesta que coger un ejemplar del libro de Laredo y subrayar los pasajes que le parecen más opor-

---

[212] Es lo que se desprende, por ejemplo, de una carta a su hermano Lorenzo, fechada en Ávila el 23 de diciembre de 1561: «Harto he puesto en que sea buena la tinta; la letra escrivo tan apriesa y es —como digo— tal hora que no la puedo tornar a leer».

[213] Un día que el padre Gracián releía con ella las *Moradas*, le pareció que algunos pasajes no eran oportunos: «Quitamos algunas [cosas], no porque fuese mala doctrina, sino alta y dificultosa de entender para muchos». Teresa aceptó de buen grado suprimir esos pasajes (citado por Víctor García de la Concha, *Al aire de su vuelo*, Barcelona, 2004, p. 69).

[214] Citado por Víctor García de la Concha, *op. cit.*, p. 34.

[215] Ver los ejemplos que da Víctor García de la Concha, *op. cit.*, p. 57.

tunos en su caso. En esa época se sentía incapaz de explicar lo que sentía; Dios aún no la había favorecido desde ese punto de vista[216].

Detengámonos un instante en esta confidencia. Teresa no es un espíritu superficial; no habla por hablar. Se le puede aplicar esta reflexión de Malebranche: «Es muy raro que los que meditan seriamente puedan explicar bien las cosas que han meditado. Por lo general, vacilan cuando empiezan a hablar de ello porque tienen escrúpulos a la hora de utilizar términos que despiertan en los otros ideas falsas. Avergonzándose de hablar simplemente por hablar, como hace mucha gente que habla impertinentemente de todo, les cuesta gran trabajo encontrar palabras que expresen bien unos pensamientos que no son ordinarios» (*Búsqueda de la verdad*). Para alcanzar este dominio —experimentar sentimientos elevados, analizarlos, exponerlos— se necesita algo más que talento: se necesita genio; Teresa dice: una gracia de Dios. Todo ello está maravillosamente expresado en una frase de la *Vida*: «Una merced es dar el Señor la merced, y otra es entender qué merced es y qué gracia, otra es saber decirla y dar a entender cómo es» (cap. XVII). Teresa distingue aquí tres cosas:

— la sensibilidad, es decir, la capacidad de experimentar unos sentimientos y unas emociones;
— la lucidez, o capacidad de discernir y analizar lo que se siente;
— por último, el don de la expresión, la capacidad de expresar de forma adecuada lo que se siente y lo que se analiza.

Todo esto debe ir junto; se trata de no dejarse arrebatar por el sentimiento, de disipar la turbación y la indecisión de la sensibilidad, de ver claro en sí mismo y, al mismo tiempo, de ser capaz de exponer lo que se siente tan claramente como sea posible.

La idea no es nueva, señala Gaston Etchegoyen: «Es un lugar común entre los místicos distinguir la experiencia del amor de su comprensión y de su expresión. Así procede Francisco de Osuna en el *Tercer abecedario*»[217], pero esta idea Teresa la lleva hasta la perfección.

---

[216] «Era el trabajo que yo no sabía poco ni mucho decir lo que era mi oración; porque esta merced de saber entender qué es, y saberlo decir, ha poco que me lo dio Dios» (*Vida*, cap. XXIII).
[217] Gaston Etchegoyen, *L'Amour divin*, p. 221. Estos son los pasajes de Osuna a los que se refiere G. Etchegoyen: «Un don es dar Dios la gracia y otro don es darla a conocer; el que no tiene sino el primer don, conozca que le conviene callar y gozar, y

Este esfuerzo de análisis era especialmente necesario por parte de una mujer: Teresa estaba, de alguna forma, obsesionada con el afán de ser bien comprendida por sus lectores y, en particular, por esos lectores privilegiados que eran sus confesores. Lo consiguió, pero no debió ser fácil; fue necesario que le dedicase una atención y una concentración poco compatibles con una espontaneidad aparente. «Todo el mérito del arte radica en hacerse olvidar; cuánto mayor sea el artista, menos lo parecerá», escribirá Gracián un siglo más tarde. Se entiende bien la admiración de Luis de León por Teresa: «La luz que pone en las cosas oscuras» (prólogo a la edición de 1588).

La aparente sencillez de la expresión responde a un esfuerzo consciente. Otro tanto se puede decir del estilo. Hay que evitar dejarse engañar por las apariencias. Teresa no escribe como habla. La depuración de su estilo es buscada. Estos son, por cierto, los consejos que da a las religiosas: expresarse con naturalidad; procurar utilizar solo palabras sencillas, a la manera de los ermitaños y de los que viven retirados del mundo, en lugar de buscar neologismos y ese vocabulario pretencioso que se utiliza en sociedad, donde siempre prima lo nuevo; mejor pasar por rústico que por pedante[218].

Teresa, espontáneamente, está de acuerdo con los humanistas de su tiempo. Sin duda no los había leído, de ahí que la convergencia resulte aún más sorprendente. Los humanistas rechazan la jerigonza. Denuncian las «sofisterías», las «bachillerías», las «gramatiquerías»; en otras palabras: la pedantería, la afectación, el terrorismo intelectual. Ellos demuestran, predicando con el ejemplo, que es posible escribir libros de teología que no sean ilegibles. Estas recomendaciones son aún más válidas para las mujeres. V. García de la Concha cita un pasaje de Erasmo sobre las mujeres que se creen sabias: de ellas se podría decir que son dos veces bobas; la mujer realmente culta demuestra que lo es evitando el despliegue de su saber y procurando hablar lo más sencilla-

---

el que tuviere lo uno y lo otro, aún se deve mucho templar en el hablar; porque con un ímpetu que no todas veces es del espíritu bueno le acontescerá decir lo que después de bien mirar en ello le pesa gravemente de lo haver dicho. Más vale que en tal caso le pese por haver callado que por haver hablado, pues lo primero tiene remedio y lo segundo no» (NBAE, t. XVI, p. 351 a); «Un don es dar Dios alguna gracia, e otro don es dar el conocimiento della, e a muchos da lo primero, que es hacer las mercedes, y no les da lo segundo, que es el conocimiento dellas» (372 a).

[218] Norma 42 de las Instrucciones sobre la forma de inspeccionar los conventos.

mente posible, sin pedantería. En 1535, en su *Diálogo de la lengua*, Juan de Valdés recomendaba encarecidamente: al escribir, es conveniente adoptar un tono tan natural como sea posible y huir de la afectación; el vocabulario y el estilo deben acercarse a la lengua hablada, lo que no quiere decir que haya que hablar como todo el mundo. Medio siglo más tarde, Luis de León no afirmará nada distinto en la introducción a su obra *De los nombres de Cristo*, un manifiesto a favor de la lengua vulgar como lengua de cultura. Hay dos formas de escribir obras de teología, nos dice: la de los escolásticos, que abusan de las abstracciones y de las complicaciones, y la suya, que es también la de los humanistas: ir a lo esencial, plantear los verdaderos problemas, todo ello en una lengua comprensible para cualquier lector culto. Hay que rechazar el hermetismo y el oropel, prosigue Luis de León, incluso en poesía: hay versos que parecen tener sentido, pero, cuando se examinan de cerca, uno descubre que no significan nada. Espontáneamente, Teresa coincide con los mejores escritores. No cabe extrañarse de que la incluyeran de inmediato en las filas de los clásicos de la literatura.

Capítulo VIII

Teresa de Ávila y la experiencia mística

España no permaneció al margen de la revolución religiosa que sacudió Europa a fines de la Edad Media. También en la Península son muchos los que aspiran a una vida religiosa más auténtica. La fe que les inculcan se reduce a menudo a unos dogmas que hay que creer y a unas prácticas rutinarias; aspiran a una religión que sea vivida y sentida de corazón. El país está inmerso en un clima espiritual de perfil impreciso, pero donde se perciben algunas líneas generales: libertad de espíritu, gusto por la vida interior y la oración mental, descrédito de las formas exteriores del culto (rezar en voz alta, las ceremonias, las devociones corrientes...). Lo que resulta novedoso es que estas aspiraciones ya no son solo privativas de los monjes; una parte del pueblo cristiano las hace suyas.

El impulso hacia la vida interior se propaga por múltiples canales. Algunas fórmulas no implican ruptura alguna entre, por una parte, la ortodoxia católica tradicional, las instituciones eclesiásticas, el dogma y sus aspectos externos y, por la otra, el llamado a la interioridad. Esta es la vía que propone la tendencia al recogimiento, que gozaba de gran predicamento entre los franciscanos; se expresa sobre todo en el *Tercer abecedario espiritual* (1527), de Francisco de Osuna, una de las lecturas preferidas de Teresa de Ávila, sin duda la que más influencia tuvo sobre ella. Para preparar el alma a la unión con Dios, Osuna sugiere hacer el vacío en uno mismo, desechar todo lo que es accesorio (criaturas, imágenes, ideas): «no pensar nada», es decir, despojarse de lo que no es esencial a fin de ponerse más íntimamente en contacto con Dios, no ya por medio de conceptos o imágenes, sino de forma afectiva y, de alguna manera, experimental.

Otros recomiendan abandonarse a la inspiración divina; por ello se les llama «dejados» —literalmente: personas que se dejan ir, que se abandonan—, o, casi siempre, «alumbrados», porque aspiran a recibir directamente de Dios las luces que les permiten interpretar libremente los textos evangélicos. Al extenderse por ambientes ajenos a la disciplina monástica, la espiritualidad franciscana se diluye así en corrientes que escapan a todo control. Los alumbrados no forman, hablando con propiedad, una escuela; al contrario, se dividen en sectas —«conventículos»— próximas o rivales. En la medida en que creen estar inspirados únicamente por el amor de Dios, pretenden no tener voluntad propia: es Dios quien dicta su conducta; de esto se deriva que no pueden pecar. Y por ello también rechazan la autoridad de la Iglesia y su jerarquía, al igual que desestiman los dogmas y las prácticas tradicionales: devociones, obras de misericordia y de caridad, sacramentos.

Esta «pululación mística» —la expresión es de Marcel Bataillon— precede y acompaña al erasmismo que sedujo a muchos intelectuales entre 1520 y 1550, pero rompe todas sus costuras. En efecto, si bien el erasmismo contribuyó a orientar las inquietudes espirituales en España, no las provocó y, sobre todo, está lejos de constituir la única respuesta, ni siquiera la respuesta mayoritaria, a estas inquietudes. El rechazo de la escolástica y de una teología libresca, atestada de fórmulas arbitrarias, así como el deseo de una vida religiosa vivida más intensamente, alimentada por la lectura y la meditación de la Biblia y de obras de espiritualidad, son muy anteriores al siglo XVI. La aspiración es acercarse a Dios por vías afectivas más que intelectuales, y estas aspiraciones a menudo van acompañadas de tendencias mesiánicas, proféticas o milenaristas, especialmente acusadas entre los franciscanos. El éxito de la observancia, es decir, del estricto regreso a la regla primitiva entre los franciscanos y los dominicos, da fe de la amplitud de un movimiento que Cisneros alienta, incluidas sus manifestaciones más equívocas. Bajo su impulso, las traducciones de obras de espiritualidad en lengua vulgar se multiplican y se ponen al alcance no solo de los religiosos y de las religiosas, sino también de los laicos. Estamos en presencia de un auténtico impulso hacia la vida interior que el erasmismo retomará a su manera, pero que es anterior a él y que, al principio, no le debe nada.

Descubrir también influencias luteranas en este movimiento no supone mayor esfuerzo. Ciertamente sería inútil buscar en la Península Ibérica focos reformados tan activos como los de Alemania o incluso Francia, pero todo lleva a pensar que sí existían tendencias análogas. Hasta 1558-1559, la Inquisición se las había visto con sectas iluministas y seudomísticas, no con auténticos luteranos —o al menos eso se creía—. La situación cambia en 1558. Ese año se descubren casi simultáneamente focos de heterodoxia en dos de las principales ciudades de España, Valladolid y Sevilla. En su retiro de Yuste, Carlos V está anonadado. Urge a la regenta, su hija Juana —Felipe II aún está en los Países Bajos— a obrar con el máximo rigor: hay que tratar a los detenidos no como a herejes, sino como a rebeldes que atentan contra la seguridad del Estado. Se celebra un primer auto de fe, el 21 de mayo de 1559, en Valladolid; quince condenados son llevados a la hoguera. El segundo tiene lugar en octubre, con nuevas condenas a muerte. La represión no es menos severa en Sevilla donde los autos de fe se suceden: 1559, 1560, 1562, todos acompañados de condenas a muerte.

Sin embargo, el protestantismo, en el sentido estricto de la palabra, solo tuvo un eco muy débil en España. La Inquisición contribuyó a sofocarlo, sin ninguna duda, pero esta explicación no es suficiente: la represión nunca ha impedido que una ideología se desarrolle a poco que esté enraizada. Hay que buscar otras razones: en España, las reformas introducidas en la disciplina eclesiástica y en las órdenes religiosas desde los primeros años del siglo XVI, aunque limitadas, habían contribuido a corregir ciertos abusos; por último, las inquietudes religiosas habían adoptado en la Península una forma original. Aquí, es el iluminismo, más que el luteranismo o el calvinismo, la tentación más fuerte. Los inquisidores no se equivocaron. Ya en 1525 condenaron esta tendencia; desde entonces no dejarán de perseguirla.

En efecto, el *Índice* que publica en 1559 el inquisidor general Valdés está dirigido contra el iluminismo más que contra el luteranismo. Lo significativo de la situación española es la inclusión en el *Índice* de los tratados de espiritualidad en lengua vulgar, así como las ediciones integrales de la Biblia no acompañadas de comentarios destinados a explicitar la interpretación dada por la Iglesia. En el punto de mira está, de hecho, toda espiritualidad que deje mucho espacio a la libre inspiración de los fieles, a la interioridad, a las efusiones del corazón y que se ofrezca, indistintamente, a la élite y a la masa. Las divergencias entre «doctores» y «espirituales» no se pueden reducir a rivalidades entre órdenes religiosas —dominicos contra franciscanos—. No por ello deja de ser cierto que, en general, los dominicos tienden a reaccionar como «doctores», frente a los franciscanos que se muestran más abiertos a las preocupaciones de los «espirituales». Lo que inquieta a las autoridades religiosas es la tendencia a encaminarse hacia formas de vida espiritual que se ofrecen indistintamente a la élite y a la masa. Los doctores, hombres de doctrina, desconfían de los espirituales, de los hombres dados a la experiencia mística; ¿estaban los segundos por encima de las reglas y preceptos? ¿Es prudente poner al alcance de todos unas prácticas como la oración mental o la meditación?

Estos son los reproches que Melchor Cano, obsesionado con el peligro del iluminismo, le hace a Luis de Granada y a todos los espirituales: plantear el principio de que todo el mundo puede acceder a la contemplación y a la perfección; extender entre el pueblo cristiano y en lengua vulgar unas nociones que solo pueden concernir a una élite de creyentes; la prudencia aconseja, al contrario, no dejar que se internen por esa vía más que aquellos —una minoría— que tendrán el valor de llegar hasta el final y el discernimiento para evitar las desviaciones. Cano es refractario al misticismo y a los impulsos del corazón. Para él, el estudio es el único medio de conocer a Dios: la fe iluminada por la razón. Todo lo demás le parece difuso e ilusorio. Que no le hablen de experiencias místicas; solo puede tratarse de ilusiones —*experimentum fallax*—. Este punto de vista equivale a reservar la vida espiritual para una élite de clérigos y a condenar a la masa de fieles a unas prácticas rutinarias. Cano es consciente de ello y asume su elección: ¿qué algunas mujeres sienten, según dicen, un apetito insaciable por las Sagradas Escrituras? Hay que prohibírselas y ¡poner cuchillo de fuego entre ellas y la Biblia! El saber se convierte en asunto de profesionales; los pobres, los que no tienen estudios, es decir, los «idiotas», los iletrados, quedan marginados[219].

Las mujeres son vigiladas con especial cuidado. Están muy presentes, en efecto, en los movimientos espirituales de la época, y esta circunstancia pone particularmente nerviosos a los guardianes de la ortodoxia. A estas mujeres se las llama «beatas»; son el equivalente español de las beguinas del norte de Europa, salvo que no todas las

---

[219] «Entre los golpes que la *Devotio moderna* asesta a la actividad racional, hay un aspecto tradicional (la oposición de la sabiduría al saber), pero también el reconocimiento de otra "región" social y religiosa, la toma de conciencia de una realidad diferente que muchas corrientes espirituales compilan, marcan y cultivan, desde el *poverello* de Asís hasta los *Hermanos del libre espíritu* del norte o hasta los alumbrados españoles (Michel de Certeau, *La Fable mystique... XVIe-XVIIe siècles*, Gallimard, París, 1982, p. 145).

beatas viven en comunidades. Estas beatas llaman la atención por su estilo de vida, por las enseñanzas que a veces imparten y también por las mercedes que afirman recibir de Dios. En el siglo XVI el fenómeno adquiere gran amplitud. En un censo realizado en Toledo en 1561 se cuenta, por ejemplo, la presencia de sesenta beatas declaradas en la ciudad... Algunas alcanzaron una especie de popularidad no solo entre el pueblo, sino también en los ambientes nobles.

La más famosa de las visionarias españolas del siglo XVI es probablemente la beata de Piedrahíta. Se llamaba, en realidad, sor María de Santo Domingo. Había nacido cerca de Salamanca hacia 1486. A los diecisiete años entra como terciaria en la Orden de las Dominicas de Piedrahíta (Ávila), luego en el convento de Santa Catalina y, por último, en Santo Tomás de Ávila. Ama la naturaleza, las flores, los corderos con sus madres; conoce las plantas aromáticas y las medicinales, pero también se siente a gusto en los salones: le encanta jugar al ajedrez y a las damas; el movimiento de las piezas, según ella, se asemeja al itinerario del hombre hacia Dios gracias a la penitencia. Afirma que está favorecida por fenómenos sobrenaturales, revelaciones, visiones: se ve con un anillo de fuego en el dedo, signo de su matrimonio místico con Jesús. La beata recibe mucho: el prior de los dominicos le pide, en 1507, que vaya a reformar los conventos de Toledo; el rey Católico la manda llamar a la corte, en 1507-1508; el cardenal Cisneros la protege, así como el duque de Alba. Estas relaciones le evitaron cualquier percance con la Inquisición, y eso que había motivos para inquietarse ante algunos de sus comportamientos: tenía por costumbre recibir hombres durante la noche; los visitantes se sentaban en la cama o cerca de la cama...; organizaba bailes místicos; algunos testigos hablan de los besos y caricias que prodigaba en público o a solas a los que asistían a sus arrobamientos...

El éxito de Magdalena de la Cruz (fallecida en 1560) no fue menos espectacular. Esta clarisa, abadesa del convento de Santa Isabel de Córdoba, estaba convencida de que había sido santificada estando aún en el vientre de su madre; se dice que predijo la victoria de Carlos V y la captura del rey de Francia en Pavía en 1525. Simulaba éxtasis y visiones, afirmaba que solo se alimentaba con el pan de la eucaristía... La gente acude a verla en peregrinación. El propio inquisidor general, Manrique, hace el viaje. La emperatriz Isabel le envía su retrato. Al nacer el futuro Felipe II, ponen sobre su cuna ropa de la beata. Es arrestada el 1 de enero de 1544: llagas falsas en las manos, farsante, etc. La Inquisición la condena a reclusión perpetua en un convento.

Sor María de la Visitación, alias la Religiosa santa o la Religiosa de Lisboa, priora del convento dominico de la Anunciada, en Lisboa, empieza a dar que hablar en 1575; tiene éxtasis, visiones, levitaciones milagrosas y, sobre todo, estigmas: cinco heridas en un costado en forma de cruz de las que brota sangre... Las personalidades más importantes de la época pican el anzuelo: Luis de Granada y el arzobispo de Valencia, Ribera, entre otros. Las autoridades empiezan a preocuparse cuando, hacia 1588, se dedica a criticar la incorporación de Portugal a España y a la política de Felipe II. La Inquisición abre una investigación y descubre que los famosos estigmas son en realidad heridas que se hace ella misma, que el halo místico que la envuelve es fruto de un ingenioso dispositivo a base de velas y espejos... El 6 de diciembre de 1588 la Inquisición la declara culpable de superchería y la exilia de por vida a Brasil[220].

Teresa de Ávila tuvo la oportunidad de conocer a un grupo de estas mujeres, las llamadas beatas de Villanueva de la Jara. Eran nueve y habían sido atraídas por Catalina de Cardona, una dama de la alta nobleza que, a los cuarenta años, había abandonado la corte por la soledad de La Roda, en la Mancha. Vivió ocho años en una cueva, donde se entregaba a penitencias extravagantes; se vestía como un hombre y, además, al entrar en el carmelo de Pastrana, el 6 de mayo de 1571, había exigido llevar el hábito de los carmelitas masculinos. Tras su muerte, acaecida el 11 de mayo de 1577, las beatas que había reunido pidieron vivir según la regla del Carmelo; así surgió el convento de Villanueva de la Jara. Por entonces vivían en un estado de suciedad repugnante.

Hay que situar a Teresa de Ávila en este contexto. Los libros que alimentaban su vida interior están prohibidos; los maestros a los que se dirige en busca de consejo ahora son sospechosos. Pedro de Alcántara se define a sí mismo como un «espiritual»; como tal, desconfía de los «doctores», que le pagan con la misma moneda. En 1559 la Inquisición incluye en el *Índice* el *Libro de la oración y meditación*, publicado en 1554 bajo el nombre de Luis de Granada. Esta exposición metó-

---

[220] Este castigo impresiona tanto a un notable judío de Fez que, de resultas, se bautiza en El Escorial, el Sábado Santo de 1589; el príncipe heredero es su padrino: «Viendo, pues, este hombre prudente, docto en la lengua hebrea y en su ley, que los censores de la fe cristiana no permitían ficciones ni mentiras para autorizar la cosa que usan mucho otras sectas vanas, tuvo por cierto que estribaban [¿estimaban?] sus cosas en más alto principio» (Sigüenza, *Fundación de El Escorial*).

dica, en catorce meditaciones, de los cinco grados de la oración, tal vez no es más que una ampliación de una obra que Pedro de Alcántara habría escrito hacia 1540 y que Luis de Granada firmó para darle más peso. Incluso si Pedro de Alcántara no tomó parte en la redacción, la obra se adapta bien a sus tendencias profundas. La acusación que Cano formula contra Luis de Granada —poner al alcance de todos la oración mental y la meditación— apunta también a Pedro de Alcántara y a Juan de Ávila, cuyas obras principales —la *Audi, filia*— también son incluidas en el *Índice*. En cuanto a Francisco de Borja, es demasiado inteligente para no percibir el peligro de una política religiosa que, so pretexto de combatir la herejía, hunde en el descrédito toda vida interior y alienta a la masa de fieles a que vean por doquier luteranos e iluminados. Antes de abandonar España definitivamente, Francisco de Borja quiso presenciar, el 21 de mayo de 1559, el auto de fe de Valladolid. La ceremonia estaba presidida por la última hija de Carlos V, Juana de Austria, encargada de gobernar España durante la ausencia de Felipe II. Era amiga personal de Francisco de Borja; al igual que él, había ingresado en la Compañía de Jesús, a título excepcional —probablemente sea la única mujer que ha recibido esta autorización—, con la condición de que el hecho permaneciese en secreto. Es fácil imaginar sus sentimientos, y los de Francisco de Borja, al asistir a este auto de fe, la primera manifestación del endurecimiento de las autoridades religiosas y políticas que, a partir de ese momento, se preocupan por todo lo que se aparte de la más estricta ortodoxia en materia de espiritualidad. Juana de Austria y Francisco de Borja no sienten la menor simpatía por el luteranismo, pero la amalgama que están haciendo entre luteranos y espirituales no puede sino inquietarlos. Entre los condenados estaba Ana Enríquez de Rojas, hija del marqués de Alcañices. Se salva de la muerte en la hoguera, pero se le impone una pena infamante. No sin valor, Francisco de Borja, que la conocía personalmente, había insistido en permanecer a su lado hasta el final, sin temor a comprometerse asistiendo a una hereje.

La vida espiritual de Teresa de Ávila se divide en dos etapas en torno a una fecha que coincide, a grandes rasgos, con el año 1559, que marca el momento en que España, después de haberse abierto generosamente a inquietudes religiosas de todo tipo, se cierra en actitud hostil con respecto al iluminismo —o a lo que se designa con ese nombre—, considerado como una amenaza tan peligrosa, si no más, que el luteranismo. Conviene recordarlo: Teresa se formó antes de 1559, cuando los tratados de espiritualidad en romance eran accesibles a todos los cristianos. Teresa tiene unos cuarenta años —por lo tanto, alrededor de 1555— cuando experimenta sus primeras visiones sobrenaturales. Es el momento en que se empiezan a considerar sospechosas ciertas doctrinas y ciertas actitudes, sobre todo entre las mujeres. Algunas almas piadosas no dejan de advertirle contra las artimañas del demonio. En la Encarnación preocupan los rumores que circulan; esto es malo para la reputación del convento... Amigos bien intencionados y en quien ella confía, Francisco de Salcedo, Gaspar Daza —un sacerdote que se niega a confesarla pero que le aconseja de buena gana: pasaba por santo y afirmaba ser discípulo de Juan de Ávila—, temían, ellos también, que estas visiones fuesen cosa del demonio; le sugieren, cada vez que se repiten, «dar higas» al Maligno, es decir, poner el pulgar entre el índice y el dedo corazón girándose hacia la aparición, un gesto obsceno conocido desde la Antigüedad que servía para conjurar el mal de ojo y, en general, para ejercer una acción mágica sobre un objeto o un ser vivo; si ese objeto o ese ser vivo tiene alguna propiedad peligrosa, el gesto la neutraliza y la anula; en caso contrario, es percibido como una injuria. Teresa no se atreve a negarse. Obedece, no sin repugnancia: tiene la sensación de estar haciendo lo mismo que los judíos en el momento de la Pasión, que está insultando a Cristo (*Vida*, cap. XXIX).

¿Atrajo Teresa la atención de los grupúsculos alumbrados? Es lo que sugiere el proceso de beatificación: adeptos del doctor Cazalla —uno de los luteranos de Valladolid, condenado a muerte y ejecutado en 1559— habían intentado ponerse en contacto con su amiga Guiomar de Ulloa y otras viudas y religiosas; desistieron al descubrir que estas no ocultaban que frecuentaban monjes de distintas órdenes: al parecer, los adeptos comentaron que no deseaban entrar en lugares tan abiertos... Esas mismas personas también intentaron hablar con Teresa antes de darse cuenta de que ella tampoco se ocultaba, sino que, al contrario, estaba en contacto con numerosos interlocutores. Las sectas iluministas, en efecto, procuraban observar la mayor discreción; sus adeptos solo se reunían en secreto, en lugares seguros, con correligionarios en quien confiaban plenamente. Beatas sí había en Ávila. El mismo Gaspar Daza, que aconsejaba dar higas al demonio, había alentado la creación de grupos de este tipo. La amiga de Teresa, Guiomar de Ulloa, había transformado su palacete en una especie de convento donde residía, por ejemplo, una tal María Díaz —o Maridíaz—, mujer de setenta y dos años que, desde que tenía cuarenta, gozaba de una reputación de santidad, salvo que no tenía visiones, como Teresa. Ahora bien, Teresa pasó tres años en casa de Guiomar de Ulloa, entre 1555 y 1558, justo en el momento en que la Inquisición empieza a dedicarle su atención a estos grupúsculos. Para cortar en seco cualquier interpretación errónea, Teresa vuelve al convento de la Encarnación.

«Andaban los tiempos recios», escribe Teresa (*Vida*, cap. XXXIII), y exigían prudencia y discernimiento. A Teresa no le faltaban. No obstante, si se muestra circunspecta no es por cálculo. Instintivamente, se suma a la preocupación fundamental de las autoridades religiosas: someter la vida espiritual al control de la inteligencia sin por ello sofocarla. Esta determinación conduce a Teresa a no hacer nada sin contar con la opinión de los que saben —los doctores—, los que ella llama letrados. Estos, a pesar de su ciencia, sin duda pueden equivocarse en asuntos como la vida mística en que la razón sola no basta; también se necesita experiencia. Pedro de Alcántara se lo recordará seriamente a Teresa. No por ello la razón deja de ser necesaria para iluminar la fe. Muy lejos de repudiar la ciencia de los doctores, el misticismo, tal como lo entiende Teresa, la pone al servicio de la experiencia. Se trata no de refugiarse en una ensoñación difusa y afectiva, sino, al contrario, de someter a la crítica de la razón —la razón iluminada por la fe— las aprehensiones obtenidas durante el éxtasis. La contemplación no es cuestión de sentimientos; es un esfuerzo para purificar el pensamiento de todo lo que no sea Dios. Teresa no rechaza el punto de vista de los doctores; lo solicita. Teresa resume este punto de vista de forma que no puede ser más clara: «De devociones a bobas nos libre Dios» (*Vida*, cap. XIII).

La experiencia mística

Teresa de Ávila y Juan de la Cruz son místicos. Aunque en el siglo XVI se les llamaba más bien contemplativos o espirituales. Místico era entonces un adjetivo que significaba «escondido», sentido que encontramos, por ejemplo, en la expresión cuerpo místico. Lo que los teóricos empiezan a llamar teología mística remite a algo que escapa a las formas habituales de conocimiento. Hoy día, la palabra mística o misticismo puede tener dos acepciones: o bien se entiende «una actitud colectiva fundada sobre una fe irracional en una doctrina o en un hombre», y, en este sentido, hablaremos, por ejemplo, de la mística del jefe o de la mística de la ciencia; o bien se designa bajo ese nombre el conocimiento experimental de las cosas de Dios, una técnica que conduce al alma, mediante una sucesión de estados y de transformaciones, hasta la unión con Dios, sea cual fuere el nombre que se le da a esa unión: éxtasis, arrobamiento, elevación, vuelo del espíritu, rapto, «todo es uno», escribe Teresa de Ávila; todos estos términos diferentes expresan lo mismo[221].

Para un cristiano hay tres formas de conocer a Dios:

1. por medio de la razón, cuando el hombre reflexiona sobre el mundo y se eleva hasta la noción de un Dios, creador de la naturaleza; es el Dios de los filósofos, del que habla Pascal;

2. por medio de la fe: es el objeto de la teología, es decir, de la ciencia de los misterios revelados. La teología desarrolla racionalmente las verdades de la revelación contenidas en la Biblia. Así llegamos a una segunda idea de Dios, el Dios de Abraham, de Isaac, de Jacob, como también diría Pascal.

3. La fe permite conocer a Dios, pero no permite verlo; en la experiencia mística, al contrario, Dios es conocido, no solo por medio de la razón y de la fe —por la razón iluminada por la fe—, sino de forma directa. La contemplación y el éxtasis permiten a los místicos ver a Dios cara a cara. Este privilegio los distingue de la inmensa mayoría de los creyentes, que tendrán que esperar a la resurrección y a la vida eter-

---

[221] El *Vocabulaire de la psychologie* de H. Piéron, (P.U.F., París, 1951) da estas dos definiciones de la palabra mística: 1) «Una mística representa una actitud colectiva fundada sobre una fe irracional en una doctrina o en un hombre»; 2) «Se designa también con este nombre un conjunto de prácticas que conducen a alcanzar el estado de éxtasis, punto culminante de la aspiración característica del misticismo». La primera acepción tiene a menudo un valor peyorativo. Ver estas observaciones de Fernand Robert: «El humanismo es todo lo contrario de la mística. Nos referimos, claro está, a la mística en el sentido más vulgar. Lo que la mayoría de nuestros contemporáneos entiende por mística, es una adhesión del espíritu (y sobre todo del espíritu joven) a un cuerpo de doctrina acuñado, al que uno jura no cuestionar nunca, y en cuyo provecho se decide ignorar o nunca estudiar cualquier otro, y, por la fe que se le tiene, uno se lanzará mundo adelante, todos juntos, sin dudar jamás; es, con muy pocas variaciones, lo que antiguamente se llamaba fanatismo. No es solo una renuncia al espíritu del libre examen; es un recelo fundamental a la inteligencia, a la razón; en suma, es la resolución inquebrantable de ser tonto, y el juramento de seguir siéndolo» (*L'Humanisme. Essai de définition*, Les Belles Lettres, París, 1946, pp. 153-154). En la segunda acepción de la palabra, la mística se acompaña, al contrario, con un esfuerzo de la inteligencia.

na para acceder a la beatitud. Hasta aquí llega la diferencia. Los místicos no tienen acceso a verdades que están vedadas a la masa de los fieles; su religión no es de una esencia superior; comparten la fe de todos los cristianos; Teresa se siente a gusto en las ceremonias del culto que le hablan a los sentidos para conmover el espíritu [222]. La experiencia mística, individual por naturaleza, no separa de la masa de los fieles a los que las viven. El éxtasis puede permitir conocer a Dios directamente, pero ese Dios es el mismo que el de los simples fieles. Como escribe Teresa en las séptimas *Moradas*: «De manera que lo que tenemos por fe, allí lo entiende el alma, podemos decir, por vista»...

Entendido así, el misticismo no es específico de la religión católica; hay escuelas místicas musulmanas, hindúes, budistas, etc. En lo que respecta al cristianismo, las primeras manifestaciones del misticismo cristiano se remontan al neoplatonismo de Plotino (205-270), a los escritos de san Agustín o de Dionisio Areopagita. Estas tendencias se renuevan en la cristiandad medieval con el maestro Eckhart, un dominico que vivió en Erfurt a fines del siglo XIII y principios del XIV, y con sus discípulos: Tauler (1300-1361), Suso (1296-1366), Jean Ruysbroeck (1293-1381), Gerhart Groote (1340-?), iniciador de los Hermanos de la Vida en Común y de la *Devotio Moderna*, cuyos continuadores serán Ludolfo el Cartujo y Tomás de Kempis (1380-1471), probable autor de la *Imitación de Cristo*. ¿Le debe algo Teresa a estos autores? Es difícil pronunciarse. Leyó, ya lo hemos visto, los libros del Cartujo y la *Imitación de Cristo*, pero esto no es suficiente para convertirla en discípula de los místicos renanos y flamencos. Las influencias, si es que existen, solo pudieron ser indirectas, en la medida que los autores favoritos de Teresa —Laredo, Osuna, etc.— se inspiraban a su vez en los místicos del Norte.

---

[222] Teresa expresa así una verdad psicológica: el espíritu necesita apoyarse en lo físico. San Francisco de Sales recomienda, sobre todo en los momentos de aridez, recurrir a los gestos externos, a las palabras pronunciadas en voz alta; Pascal habla de «inclinar al autómata»; Leibniz va en el mismo sentido: «No puedo compartir la idea de los que, so pretexto de adorar en espíritu y en verdad, destierran del culto divino todo lo referido a los sentidos, todo lo que excita la imaginación, sin tener en cuenta la imperfección humana [...]. No podemos fijar nuestra atención en nuestras ideas interiores, ni grabarlas en nuestro espíritu, sin sumarles alguna ayuda externa [...], y estos signos son tanto más eficaces cuanto que son expresivos» (*Systema theologicum*, citado por J. Payot, *L'Éducation de la volonté*, París, 1920, p. 130).

Otro tanto puede decirse de eventuales influencias de la mística musulmana. La cuestión ya fue sugerida por Miguel Asín Palacios; fue retomada y desarrollada por Luce López-Baralt a propósito de la simbología de las *Moradas del alma*: «El símbolo de los siete castillos o moradas del alma es de origen islámico. Los musulmanes reiteraron la comparación a lo largo de toda la Edad Media [...]. Es un auténtico lugar común en la literatura sufí»[223]. Es discutible. A pesar de la dilata presencia del islam en la Península Ibérica, parece poco probable que Teresa de Ávila tuviese conocimiento directo de lo que era el sufismo. Como mucho, se puede admitir que oyó hablar del tema a alguno de sus directores espirituales[224].

Los tratados de espiritualidad distinguen en general tres etapas en el progreso del alma hacia Dios: el periodo de ascesis o de preparación; el periodo contemplativo; el periodo de unión con Dios. En san Juan de la Cruz reconocemos las tres vías: la vía purgativa, o noche de los sentidos y del entendimiento; la vía iluminativa; los esponsales espirituales y el matrimonio espiritual. En santa Teresa, es el simbolismo del castillo interior el que describe este itinerario. El alma es como un castillo de diamante o de cristal puro; en este castillo hay varias estancias, igual que en el cielo hay numerosas moradas. La oración es la

---

[223] Luce López-Baralt, *Huellas del Islam en la literatura española*, Madrid, 1989, p. 85.

[224] Parece más convincente otra interpretación de la simbología del castillo, tal como está resumida al comienzo del primer capítulo de la primera *Morada*: «Considerar nuestra alma como un castillo todo de un diamante o muy claro cristal, adonde hay muchos aposentos, así como en el cielo hay muchas moradas». Robert Ricard ha señalado las fuentes probables de esta simbología: «Santa Teresa encontró en la tradición judeocristiana tres elementos distintos, el castillo del alma, las numerosas moradas en la casa del Padre y el carácter sagrado del número siete. Los reunió en una síntesis orgánica a la vez audaz y cómoda, donde, a pesar de inevitables incoherencias de detalle, su extraordinaria capacidad de introspección le permitió fundirlas en una soberana y luminosa armonía [...]. La idea de las "moradas" se remonta, en efecto, a un versículo evangélico, pero es curioso comprobar que ese versículo no fija ninguna cifra: menciona que hay "muchas moradas" [...]; no dice que hay siete. El número indicado por santa Teresa parece pertenecerle por entero. Ella lo presenta como fruto de su experiencia personal y no tenemos ninguna razón para dudar de su palabra. Sin embargo, esta cifra del siete nos remite a una tradición demasiado fuerte y demasiado general como para no caer en la tentación de preguntarse si la Santa no obedeció, tal vez sin tener clara conciencia de la sugestión, a motivos distintos a la atenta consideración de lo que pasaba en ella» (Robert Ricard, «Le symbolisme du "château intérieur"», en *Bulletin hispanique*, LXVII, 1965, pp. 40-41).

puerta de este castillo; por ella hay que pasar para acceder a las moradas interiores que corresponden a los diversos estadios de la vida contemplativa. Las tres primeras moradas sirven de preparación; es el periodo de ascesis, común a todos los tratados de espiritualidad. La cuarta morada concierne a los dos primeros grados de oración: la oración de recogimiento y la oración de quietud. La quinta trata de la oración de unión: unión de la voluntad y del entendimiento, unión total («bendita pérdida del sentido», «locura celestial»). En la sexta morada, el alma celebra sus esponsales con Dios, lo que la conduce al arrobamiento de los sentidos y al éxtasis. Por último, en la séptima se produce el matrimonio espiritual: «Queda el alma, digo el espíritu de esta alma, hecho una cosa con Dios».

El simbolismo del agua no está menos presente en la obra de santa Teresa. ¿Será por qué nació en la meseta castellana, donde el clima es rudo y seco? Sea como fuere, Teresa siempre se sintió atraída por el agua; la observó con interés y no encontró nada más apropiado para explicar las cosas del espíritu[225]. El agua tiene tres virtudes, nos dice Teresa: refresca la temperatura y puede apagar el fuego; permite lavar lo que está sucio; sacia la sed (*Camino*, cap. XIX). No es difícil transponer estas cualidades a las cosas del espíritu: la contemplación calma las pasiones, purifica el alma y la sosiega.

Otras dos imágenes ilustran el progreso del alma hacia Dios: la de las fuentes y la del riego.

Imaginemos dos pilones para recoger agua. Uno está situado lejos del manantial; por lo tanto, hay que prever zanjas para traer el agua; esto lleva tiempo y exige trabajo. El otro pilón está al lado del manantial; el agua fluye sin ruido y sin dificultad. La meditación se parece al primer pilón; supone esfuerzos dolorosos. La oración de quietud, por el contrario, recuerda al segundo pilón: Dios se da al alma sin contrapartida (*Cuartas Moradas*, cap. II).

En la *Vida* (capítulos XI-XVIII) desarrolla extensamente la simbología del riego. Un jardinero quiere cultivar flores en un terreno completamente árido. Primero tendrá que arrancar las malas hierbas, luego plantar las semillas en la tierra y regarlas con regularidad para que crezcan. Para esto, puede prever cuatro soluciones: cavar un pozo, lo

---

[225] «No me hallo cosa más a propósito para declarar algunas de espíritu que esto de agua; y es, como sé poco y el ingenio no ayuda y soy tan amiga de este elemento, que le he mirado con más advertencia que otras cosas» (*Cuartas Moradas*, cap. II).

que significa mucho trabajo; acarrear el agua por medio de una noria, lo que no es tan agotador; cavar unas zanjas desde un río o un riachuelo; pero, si el clima lo permite, hay una cuarta solución, que es la más satisfactoria y que no exige ningún esfuerzo: lluvias regulares y abundantes. Teresa describe así las cuatro etapas de la vida espiritual: los comienzos, que vienen acompañados de ejercicios de ascesis y de penitencias dolorosas; la oración de quietud, en que la gracia actúa eficazmente; un estado más avanzado en que las potencias del alma parecen dormitar: no están inactivas, pero no sabemos cómo actúan; por último, la unión con Dios, que se produce cuando el alma menos se lo espera: «Aca no hay sentir, sino gozar sin entender lo que se goza» (*Vida*, cap. XVIII).

A diferencia de lo que encontramos en las sectas iluministas, para santa Teresa y para san Juan de la Cruz la contemplación no es ni una iniciación a una vida religiosa que estaría vedada a la mayoría de la gente ni una técnica de perfección ni una efusión sentimental.

No es una iniciación. No se avanza en la vida mística mediante una progresión lineal en que el acceso al estadio superior haría inútiles los esfuerzos del estadio anterior; cada momento es la síntesis de los precedentes y todos están en relación dialéctica: el renunciamiento, que es la nota dominante de la primera morada, supone ya cierto grado de contemplación y un principio de unión; por su parte, la contemplación se caracteriza por la luz que viene de Dios, pero esta luz, al tiempo que ilumina el alma, la purifica y la transforma en Dios; en la unión, por último, el amor divino purifica e ilumina. Nada es para siempre; los retrocesos son frecuentes e incluso recomendables; el éxtasis constituye una cima de la vida espiritual, pero no dispensa al místico de rezar, exactamente igual que un debutante. En esto radica la diferencia entre la mística ortodoxa y el quietismo, tal como se manifestó en Francia, en la segunda mitad del siglo XVII, en torno a la señora Guyon: los verdaderos místicos, incluso cuando están muy adelantados en la vida espiritual, no piensan que pueden dispensarse de volver atrás y practicar ejercicios que podrían juzgarse propios de un estadio inferior; los quietistas, por el contrario, consideran que los perfectos no están obligados a consagrarse a actos y reflexiones que afectarían exclusivamente a los principiantes y a los imperfectos.

Para seguir con el simbolismo del castillo interior, el alma es, pues, invitada a efectuar numerosas vueltas atrás. Teresa desarrolla esta idea en las primeras *Moradas* a propósito del conocimiento de uno mismo:

«Pues tornemos ahora a nuestro castillo de muchas moradas. No habéis de entender estas moradas una en pos de otra, como cosa en hilada, sino poned los ojos en el centro, que es la pieza o palacio adonde está el rey, y considerar como un palmito, que para llegar a lo que es de comer tiene muchas coberturas que todo lo sabroso cercan. Así acá, enrededor de esta pieza están muchas, y encima lo mismo. Porque las cosas del alma siempre se han de considerar con plenitud y anchura y grandeza, pues no le levantan nada, que capaz es de mucho más que podremos considerar, y a todas partes de ella se comunica este sol que está en este palacio. Esto importa mucho a cualquier alma que tenga oración, poca o mucha, que no la arrincone ni apriete. Déjela andar por estas moradas, arriba y abajo y a los lados, pues Dios la dio tan gran dignidad; no se estruje en estar mucho tiempo en una pieza sola. ¡Oh que si es en el propio conocimiento! Que con cuán necesario es esto (miren que me entiendan). Pues tornemos ahora a nuestro castillo de muchas moradas. No habéis de entender estas moradas una en pos de otra, como cosa en hilada, sino poned los ojos en el centro, que es la pieza o palacio adonde está el rey, y considerar como un palmito, que para llegar a lo que es de comer tiene muchas coberturas que todo lo sabroso cercan. Así acá, enrededor de esta pieza están muchas, y encima lo mismo. Porque las cosas del alma siempre se han de considerar con plenitud y anchura y grandeza, pues no le levantan nada, que capaz es de mucho más que podremos considerar, y a todas partes de ella se comunica este sol que está en este palacio. Esto importa mucho a cualquier alma que tenga oración, poca o mucha, que no la arrincone ni apriete. Déjela andar por estas moradas, arriba y abajo y a los lados, pues Dios la dio tan gran dignidad; no se estruje en estar mucho tiempo en una pieza sola. ¡Oh que si es en el propio conocimiento! Que con cuán necesario es esto (miren que me entiendan), aun a las que las tiene el Señor en la misma morada que Él está, que jamás —por encumbrada que esté— le cumple otra cosa ni podrá aunque quiera; que la humildad siempre labra como la abeja en la colmena la miel, que sin esto todo va perdido. Mas consideremos que la abeja no deja de salir a volar para traer flores; así el alma en el propio conocimiento, créame y vuele algunas veces a considerar la grandeza y majestad de su Dios. Aquí hallará su bajeza mejor que en sí misma, y más libre de las sabandijas adonde entran en las primeras piezas, que es el propio conocimiento; que aunque, como digo, es harta misericordia de Dios que se ejercite en esto, tanto es lo de más como lo de menos suelen decir. Y créanme, que con la virtud de Dios obraremos muy mejor virtud que muy atadas a nuestra tierra. No sé si queda dado bien a entender, porque es cosa tan importante este conocernos que no querría en ello hubiese jamás relajación, por subidas que estéis en los cielos; pues mientras estamos en esta tierra no hay cosa que más nos importe que la humildad. Y así torno a decir que es muy bueno y muy rebueno tratar de entrar primero en el aposento adonde se trata de esto, que volar a los demás; porque este es el camino, y si podemos ir por lo seguro y llano, ¿para qué hemos de querer alas para volar?; mas que busque cómo aprovechar más en esto; y a mi parecer jamás nos acabamos de conocer si no procuramos conocer a Dios; mirando su grandeza, acudamos a nuestra bajeza; y mirando su limpieza, veremos nuestra suciedad; considerando su humildad, veremos cuán lejos estamos de ser humildes. Hay dos ganancias de esto: la primera, está claro que parece una cosa blanca muy más blanca cabe la negra, y al contrario la negra cabe la blanca; la segunda es, porque nuestro entendimiento y voluntad se hace más noble y más aparejado para todo bien tratando a vueltas de sí con Dios; y si nunca salimos de nuestro cieno de miserias, es mucho inconveniente». El conocimiento de uno mismo debe preceder al conocimiento de Dios, pero no es bueno quedarse demasiado tiempo en esta etapa preliminar; se corre el riesgo de languidecer y desalentarse pensando machaconamente en las propias miserias. Al contrario, no hay que vacilar a la hora de volar hacia las altas regiones de la espiritualidad. Conocer a Dios ayuda a conocerse a sí mismo; hay una relación dialéctica entre el conocimiento de uno mismo y el conocimiento de Dios. Una vez más, para santa Teresa, la vida mística no es una progresión lineal, sino un ahondamiento [226].

---

[226] Esta idea de un conocimiento que no puede ser lineal, Teresa tal vez la tomó del franciscano Barnabé de Palma (1469-1530), uno de los maestros de la doctrina del recogimiento, que expone en su *Via Spiritus* (1532): «Cuadra tu entendimiento en tal manera que no contemples a Dios como por agujero [sino] en cuadrada manera o por mejor decir redonda [...]. Una cosa se debe conocer en su anchura, longura, altura y profundidad [...]. Ver a Dios solo en lo bajo o en lo alto, o a los lados, es como contemplar el mar desde la orilla, que solamente ve la parte delantera». El origen de esta teoría podría estar en un pasaje de la Epístola de san Pablo a los efesios (3, 17-18): «Que Cristo habite por la fe en vuestros corazones para que [...] podáis comprender con todos los santos la anchura y la longitud, la altura y la profundidad, y conocer el amor de Cristo». En la *Noche oscura* (II, 10), san Juan de la Cruz se expresa de forma parecida: se debe progresar ahondando, no de forma li-

Conocerse no es menospreciarse. Una falsa concepción de la humildad puede conducir al hombre a creerse incapaz de grandes pensamientos y de grandes acciones. La humildad es la base de la vida interior[227]. Pero antes hay que saber bien lo que se entiende por humildad. Creerse más miserable de lo que se es equivale a caer en una trampa del demonio, que nos lleva a tomar por orgullo la ambición de hacer grandes cosas; nos convence de que no somos capaces de lograrlo[228]. No hay que confundir humildad y pusilanimidad. El conocimiento de uno mismo nos permite vernos tal como somos, ni mejores ni peores; nos conduce a juzgarnos sin complacencia, lo que no quiere decir rebajarnos; al contrario, a veces hay que apuntar alto, alimentar legítimos y «altos pensamientos», sentirse capaz de hacer grandes cosas y tener la voluntad de realizarlas[229]. Una humildad mal entendida hace más mal que bien. Si uno nunca se eleva por encima de su propia miseria, siempre será presa de los escrúpulos, de la pusilanimidad, de la cobardía: surgirá el temor al qué dirán, la pregunta de si es razonable internarse por esa vía; ¿y si fuera por orgullo?, ¿y si me acusan de presunción por no actuar como todo el mundo? (*Camino*, cap. II).

---

neal; es apropiado diferenciar el estado de purgación para los principiantes, el estado de iluminación para los que están más avanzados y el estado de unión para los perfectos; hay continuidad de uno a otro de estos estados; cada uno de ellos se caracteriza por el predominio de un determinado número de fenómenos que, sin embargo, también encontramos en los otros dos; renunciar a las criaturas —aspecto dominante en la etapa de la purgación— implica ya un cierto grado de iluminación y un principio de unión; la segunda etapa es la de la luz, pero esta luz, al mismo tiempo que ilumina el alma, la purga y la transforma en Dios; por último, la tercera etapa, la de la unión con Dios, incluye también elementos de purgación y de iluminación. El libro de Barnabé de Palma será incluido en el *Índice* en 1559 junto con todos los tratados de espiritualidad en lengua vulgar. La noción de entendimiento cuadrado será retomada por el franciscano Juan de los Ángeles (1536-1609), pero Teresa no pudo llegar a leer ese libro, *Diálogos de la conquista de Dios*, aparecido en 1595: «Entendimiento cuadrado es el que no se estrecha a mirar y contemplar a Dios por una verdad sola, sino que extiende su acción a todas partes; porque Dios es inmenso, incomprensible, infinito y eterno».

[227] «Este edificio todo va fundado en humildad» (*Vida*, cap. XII).

[228] «Creo el demonio hace mucho daño para no ir muy adelante gente que tiene oración, con hacerlos entender mal de la humildad, haciendo que nos parezca soberbia tener grandes deseos y querer imitar a los santos y desear ser mártires. Luego nos dice o hace entender que las cosas de los santos son para admirar, mas no para hacerlas los que somos pecadores» (*Vida*, cap. XIII).

[229] «Una humilde y santa presunción» (*Vida*, cap. XV).

Teresa recomienda, por el contrario, tener confianza en uno mismo: «Conviene mucho no apocar los deseos, sino creer de Dios que, si nos esforzamos, poco a poco, aunque no sea luego, podremos llegar a lo que muchos santos con su favor; que si ellos nunca se determinaran a desearlo y poco a poco a ponerlo por obra, no subieran a tan alto estado» (*Vida*, cap. XIII). De modo que hay que intentar volar lo más alto posible y no arrastrarse como un sapo (*ibídem*). «Dios nos libre, hermanas, cuando algo hiciéremos no perfecto decir: "no somos ángeles", "no somos santas". Mirad que, aunque no lo somos, es gran bien pensar, si nos esforzamos, lo podríamos ser, dándonos Dios la mano; y no hayáis miedo que quede por Él, si no queda por nosotras» (*Camino*, cap. XXVI).

Teresa nos da aquí una hermosa lección de valor: hay que atreverse a ser uno mismo y rechazar una falsa idea de la obediencia, inspirada por el miedo: miedo al infierno, miedo al demonio[230], miedo a actuar. Teresa poseía en muy alto grado el sentido de la mesura. Sabía verse tal como era, sin falsa modestia y sin orgullo. Adolescente, era piadosa, pero no llegaba hasta el punto de menospreciarse; le gustaba, al contrario, recibir muestras de afecto (*Vida*, cap. V). Más adelante, al alcanzar la cima del misticismo, admitía tener algunas cualidades. Es lo que se desprende de una anécdota de la época de las fundaciones. Un día, un individuo le preguntó: «Madre, me han dicho de vos que sois hermosa, discreta y santa. ¿Qué decís a eso?». Teresa respondió: «En cuanto a hermosa, a la vista está; en cuanto a discreta, nunca me tuve por boba; en cuanto a santa, solo Dios lo sabe»[231].

Humildad no es por tanto sinónimo de pusilanimidad; lo importante es la lucidez sobre uno mismo, actitud no tan original como puede parecer. En el siglo XIII, Siger de Brabante se preguntaba si la humildad era una virtud. No, respondía: «La humildad es opuesta a la virtud, es decir, a la magnanimidad que es la búsqueda de grandes logros. La humildad, por el contrario, aleja las grandes cosas»[232]. Los filósofos no están lejos de pensar lo mismo: «¡Ay del que no tenga ambición! Hay una ambición hermosa y necesaria, la de realizar a la

---

[230] «Es sin duda que tengo ya más miedo a los que tan grande le tienen al demonio que a él mismo» (*Vida*, cap. XXV).

[231] Anécdota citada por Ismael Bengoechea, *Teresa y las gentes*, Padres Carmelitas Descalzos, Cádiz, 1982, p. 24.

[232] J. Le Goff, *Pour un autre Moyen Âge*, Gallimard, París, 1977, p. 192.

perfección todo aquello a lo que uno se aplica»[233]. Hay que cuidarse de confundir la humildad con «quién sabé qué desfallecimiento del espíritu o del alma que retrocede ante la grandeza de la tarea. Falsa y peligrosa humildad. Quedarse por debajo de lo que se puede y debe hacer, no utilizar sus recursos, negarse a intentarlo, hundirse de alguna manera en la debilidad y en ella abismar y desconocer su fuerza dejándola sin utilizar, no es humildad, es pusilanimidad, bajeza de espíritu y de corazón [...]. La verdadera humildad consiste en conocer y ver la propia debilidad, pero también el principio de su fuerza. Así la humildad no impedirá hacer grandes cosas»[234].

Teresa de Ávila es muy representativa de lo que se ha llamado el socratismo cristiano, una de las características de la escuela mística española. Laredo, cuya obra la *Subida del Monte Sión* había leído, se expresa en términos idénticos: «No puede ser posible sin nuestro conocimiento [...] alcanzar la santidad perfecta, que está en conocer a Dios por contemplación quieta». Juan de Ávila —también maestro del pensamiento de Teresa de Ávila— se hace eco de sus palabras: «Tenéis, pues, este orden en el mirar: que primero miréis a vos, y después à Dios, y después al prójimo [...]. ¿Qué cosa es el hombre que no se conoce, sino una casa sin luz, hombre sin nombre? (*Audi filia*)[235].

Todos los tratados de espiritualidad le recomiendan a los que quieren avanzar por la vía de la contemplación mortificarse y hacer penitencia. Lo que, en términos técnicos, se llama practicar la ascesis. Se trata de someter el cuerpo y el espíritu a una disciplina a fin de alcanzar el objetivo fijado. Los deportistas se entrenan con regularidad; se mantienen en forma y adoptan de buen grado unas reglas de vida y un régimen alimenticio apremiantes. El ascetismo de los tratados de espiritualidad no dice nada distinto. En modo alguno implica el desprecio del cuerpo; supone el dominio de uno mismo y la renuncia a los seres y a las cosas de este mundo mediante la mortificación de los afectos y de los apetitos, la renuncia a los bienes de la tierra mediante la pobreza, la renuncia a la propia voluntad mediante la obediencia.

---

[233] Ollé-Laprune, *Le Prix de la vie*, Librairie classique Eugène Belin, s.f., París, pp. 415-416.
[234] *Ibídem*, p. 462.
[235] Melquíades Andrés, «Alumbrados, erasmistas, "luteranos" y místicos», en Ángel Alcalá y otros, *Inquisición española y mentalidad inquisitorial*, Ariel, Barcelona, 1984, p. 377.

Quien dice ascetismo dice penitencia. Teresa está totalmente convencida. Sabemos que se flagelaba regularmente con la disciplina y que aconsejaba a las carmelitas hacer lo propio, pero conviene matizar de inmediato esta afirmación: Teresa siempre desconfió de las mortificaciones idiotas y excesivas [236]. Desde este punto de vista, la carta del 11 de noviembre de 1576 a María de San José, priora del carmelo de Sevilla, es particularmente explícita: «Sepa que he sabido aquí de unas mortificaciones que se hacen en Malagón de mandar la priora que a deshora den a alguna algún bofetón y que le dé otra [...]. En ninguna manera mande ni consienta que se dé una a otra (que también diz que pellizcos) ni lleve con el rigor las monjas que vi en Malagón ni la mortificación ha de ser sino para aprovechar».

En otras palabras, lo que Teresa sugiere es que el sufrimiento no es un fin, sino el medio de unirse a Dios. Distingue los rigores corporales —«asperezas»— de la mortificación propiamente dicha, que puede adoptar otros muchos aspectos. Las primeras no tienen, por sí mismas, ningún valor espiritual. Cuando fundó el carmelo de San José de Ávila, su intención no era aplicar en él «tanta aspereza en lo exterior» (*Camino*, cap. I). Las penitencias, los ayunos, el silencio, el claustro, la obligación de acudir al coro... todo eso es necesario, pero hay que ir más lejos; es el interior de la persona lo que hay que mortificar; de lo contrario, todo lo demás no sirve para nada (*Camino*, cap. XII) [237]. Lo mejor es seguir la Regla y, en concreto, el deber de obediencia, que prevalece incluso sobre la devoción. A las carmelitas que se quejaban de tener que ocuparse de faenas subalternas, Teresa les respondía que se puede rezar en cualquier parte, incluso en la cocina; el Señor también está entre las ollas (*Fundaciones*, cap. V).

---

[236] «De devociones a bobas nos libre Dios», llegó a escribir.

[237] «Estuve una vez en una de estas casas con una priora que era amiga de penitencia. Por aquí llevaba a todas. Acaecíale darse disciplina de una vez todo el convento siete salmos penitenciales con oraciones y cosas de esta manera. Así les acaece, si la priora se embebe en oración, aunque no sea en la hora de oración sino después de maitines, allí tiene todo el convento, cuando sería muy mejor que se fuesen a dormir. [...] Yo temo su salud y querría cumpliesen la Regla, que hay harto que hacer, y lo demás fuese con suavidad. En especial esto de la mortificación importa muy mucho y, por amor de nuestro Señor, que adviertan en ello las preladas, que es cosa muy importante la discreción en estas cosas y conocer los talentos, y si en esto no van muy advertidas, en lugar de aprovecharlas las harán gran daño» (*Fundaciones*, cap. XVIII).

Teresa admiraba a san Pedro de Alcántara. ¿Le hubiese gustado entregarse a penitencias tan extremas como las suyas? No es seguro. Asimismo, Teresa parece escéptica sobre las penitencias de Catalina de Cardona, esa gran dama de la nobleza aragonesa que, durante ocho años, había vivido sola en una cueva de la Mancha; durante horas, se daba disciplina con una cadena; llevaba un cilicio que la hacía sangrar abundantemente... (*Fundaciones*, cap. XXVIII). El tono con que Teresa evoca estos rigores no es precisamente admirativo. Cabe destacar que nunca hizo nada para conocer a Catalina, y no sería por falta de ocasiones. Para Teresa, la virtud no se mide por el número y la importancia de las penitencias. Cierto romanticismo del dolor le es ajeno, así como el matiz jansenista que empuja a ciertos espíritus a creer que la santidad solo puede florecer en el sufrimiento. Para Teresa de Ávila, el sufrimiento y el dolor son, en sí mismos, males. Hay que conseguir superarlos y tomarlos como un medio para elevarse hasta Dios. San Juan de la Cruz dice exactamente lo mismo: «La penitencia corporal sin obediencia es imperfectísima porque se mueven a ella los principiantes solo por el apetito y gusto allí hallan; en la cual, por hacer su voluntad, antes van creciendo en vicios que en virtudes»[238]. Lo que Teresa de Ávila y Juan de la Cruz rechazan es la complacencia en el sufrimiento y en la penitencia; invitan a no confundir ascesis y masoquismo; hay que aceptar de buena gana las pruebas y las penitencias; no es forzoso gozar con ellas.

Teresa «nunca consideró el ascetismo como un medio de alcanzar los estados extáticos; en su caso, los éxtasis empezaron antes de que se impusiera un ascetismo riguroso»[239]. Para ella, la ascesis no era una simple técnica de perfección, como sí lo era para algunos adeptos del recogimiento, que tendían a exagerar la importancia del «no pensar nada» —el rechazo de todo conocimiento discursivo— y que parecían creer que a partir de un determinado estado, bastaba con hacer el vacío en uno para que el alma se uniese a Dios en la contemplación. Condición no es causa; la noche del alma y el silencio de las facultades no son solo pasos previos; son también efectos; no es el silencio lo que obliga a Dios a darse; es Dios quien lo produce al darse. En efecto, a diferencia de la ascesis que exige voluntad y esfuerzos, el carácter esencial de los estados místicos es la pasividad: el alma puede estar dispuesta, pero es incapaz de procurárselos por sus propios medios.

---

[238] *Avisos y sentencias espirituales*.
[239] M. Lépée, *op. cit.*, p. 206 nota.

Los estados místicos

El misticismo de Teresa de Ávila se presenta bajo dos formas: por una parte, visiones y revelaciones sobrenaturales; por la otra, estados místicos propiamente dichos.

En la Iglesia católica las revelaciones no siempre fueron recibidas con escepticismo. A principios del siglo XVI el cardenal Cisneros las aceptaba sin hostilidad. Visiones y revelaciones terminaron suscitando la desconfianza y la reprobación por culpa del entusiasmo que los alumbrados demostraban por estas manifestaciones. Teresa fue objeto de críticas malévolas cuando corrió el rumor de que era favorecida por visiones y revelaciones, pero logró convencer a sus confesores de que no había nada sospechoso en su caso[240]. Ella no se explica esos temores; todo depende de la forma como se reacciona a las visiones: si la persona se enorgullece de ellas cuando debería sentirse indigna de esos favores, se comporta como la araña que transforma en veneno todo lo que come; la abeja, por el contrario, lo transforma todo en miel (*Fundaciones*, cap. VIII).

Las visiones de santa Teresa fueron de dos clases: imaginarias e intelectuales; afirma no haber tenido nunca una visión corporal, es decir, no tuvo alucinaciones visuales; se cuida muy bien de precisarlo: sus visiones y revelaciones «no es vista con los ojos del cuerpo ni del alma».

En la visión imaginaria estamos en presencia de una imagen mental intensa y precisa, que no está localizada en el exterior, aunque no por ello deja de ser menos apremiante para el pensamiento. «Con los ojos del alma vese la excelencia y hermosura y gloria de la santísima Humanidad de Cristo». La primera visión de este tipo data de 1541. Teresa, que ha abandonado la oración, acostumbra a recibir la visita de cierta persona; Jesús se le aparece entonces con rostro severo y le pide que renuncie a esa compañía. El capítulo IX de las sextas *Moradas* ofrece un intento de definición de este tipo de visión: «Es como si en un aposento de oro tuviésemos una piedra preciosa de grandísimo valor y virtudes; sabemos certísimo que está allí, aunque nunca la hemos visto [...]. Aunque nunca la hemos visto, no por eso la dejamos de preciar,

---

[240] En una carta del 26 de octubre de 1581 al padre Gracián, Teresa habla de un tal padre Pedro de Castro al que le gustaría mucho confesarla, probablemente por curiosidad, pues desconfía mucho de las revelaciones: ¡ni siquiera cree en las de santa Brígida!

porque por experiencia hemos visto que nos ha sanado de algunas enfermedades, para que es apropiada; mas no la osamos mirar, ni abrir el relicario, ni podemos, porque la manera de abrirle solo la sabe cuya es la joya, y aunque nos la prestó para que nos aprovechásemos de ella, él se quedó con la llave [...]. Pues digamos ahora que quiere alguna vez abrirla de presto, por hacer bien a quien la ha prestado: claro está que le será después muy mayor contento cuando se acuerde del admirable resplandor de la piedra, y así quedará más esculpida en su memoria». En la visión imaginaria sucede algo parecido: «Pues así acaece acá: cuando nuestro Señor es servido de regalar más a esta alma, muéstrale claramente su sacratísima Humanidad de la manera que quiere, o como andaba en el mundo, o después de resucitado; y aunque es con tanta presteza que lo podríamos comparar a la de un relámpago, queda tan esculpido en la imaginación esta imagen gloriosísima, que tengo por imposible quitarse de ella hasta que la vea adonde para sin fin la pueda gozar». La visión imaginaria es como si el estuche estuviese abierto dejando ver la piedra preciosa a unos ojos deslumbrados.

La primera visión intelectual de Teresa se produjo, al parecer, el 29 de junio de 1559: mientras estaba rezando, tuvo la sensación de que Cristo estaba a su lado, a su derecha, y que le hablaba. Inquieta, va en busca de su confesor: «Él le dijo que, si no veía nada, que cómo sabía que era nuestro Señor; que le dijese qué rostro tenía. Ella le dijo que no sabía, ni veía rostro, ni podía decir más de lo dicho; que lo que sabía era que era Él el que la hablaba y que no era antojo». Para que lo comprenda, Teresa recurre entonces a una comparación: «Porque parecer que es como una persona que está a oscuras, que no ve a otra que está cabe ella, o si es ciega, no va bien. Alguna semejanza tiene, mas no mucha, porque siente con los sentidos, o la oye hablar o menear, o la toca». En el caso de la visión intelectual no se produce nada parecido: no se ve nada, pero no hay duda de que hay alguien ahí. «Acá no hay nada de esto, ni se ve oscuridad, sino que se representa por una noticia al alma más clara que el sol. No digo que se ve sol ni claridad, sino una luz que, sin ver luz, alumbra el entendimiento [...]. Por esta otra manera que queda dicha se nos da a entender cómo es Dios y poderoso y que todo lo puede y todo lo manda y todo lo gobierna y todo lo hinche su amor» (*Vida*, cap. XXVII). A diferencia de la visión corporal, que sorprende a los sentidos, y de la visión imaginaria, que presenta imágenes al espíritu, la visión intelectual no tiene materia sensible de ningún tipo.

En cuanto a los estados místicos, se pueden ordenar en tres apartados:

1. oración de quietud;
2. oración de unión o contemplación;
3. matrimonio espiritual.

La oración de quietud también se denomina oración mental, meditación, recogimiento. Son ejercicios donde se alternan oraciones y reflexiones (sobre la vida y la pasión de Cristo, por ejemplo). Es tanto una actitud como una oración. «Llámase recogimiento, porque recoge el alma todas las potencias y se entra dentro de sí con su Dios» (*Camino*, cap. XXVIII). Teresa no sabe discurrir con el entendimiento; necesita un libro para recogerse y meditar.

La segunda forma de oración va más lejos: a diferencia de la meditación, que es discursiva y en la que el alma trabaja, la contemplación es intuitiva; no depende de la voluntad; viene acompañada de una sensación intensa de felicidad y paz. Teresa tuvo, en 1558, su primer arrobamiento, que fue repentino y casi la sacó de sí misma. A decir verdad, arrobamientos, éxtasis, raptos... son otras tantas formas de designar la oración de unión [241]. Teresa habló en varias oportunidades de sus estados místicos. Esta es una de sus numerosas descripciones del éxtasis: «Siente ser herida sabrosísimamente, mas no atina cómo ni quién la hirió; mas bien conoce ser cosa preciosa y jamás querría ser sana de aquella herida. Quéjase con palabras de amor, aun exteriores, sin poder hacer otra cosa, a su Esposo; porque entiende que está presente, mas no se quiere manifestar de manera que deje gozarse. Y es harta pena, aunque sabrosa y dulce [...]; parece le llega a las entrañas esta pena, y que, cuando de ellas saca la saeta el que la hiere, ver-

---

[241] «Todo es uno» (*Castillo*, cap. IV). Según H. Delacroix (*Les Grands mystiques chrétiens*, nueva edición, Librairie Félix Alcan, 1938, p. 26), «el arrobamiento se diferencia del éxtasis por la intensidad y la brusquedad. Produce en el organismo efectos más considerables todavía [...]. En el grado más alto de arrobamiento, los sentidos dejan de actuar; no se ve, no se oye, no se siente nada». Teresa, sin embargo, señala algunos matices entre éxtasis y arrobamiento: «Aunque, como digo, sea todo uno o lo parezca. Mas un fuego pequeño también es fuego como uno grande, y ya se ve la diferencia que hay de lo uno a lo otro: en un fuego pequeño, primero que un hierro pequeño se hace ascua, pasa mucho más despacio. Mas si el fuego es grande, aunque sea mayor el hierro, en muy poquito pierde del todo su ser» (*Vida*, cap. XVIII).

daderamente parece que se las lleva tras sí, según el sentimiento de amor siente» (*Sextas Moradas*, cap. II). Las palabras y las imágenes nos llevan a pensar en una emoción de naturaleza sexual; volveremos sobre el tema a propósito de la transverberación.

El matrimonio espiritual es la forma perfecta de unión mística; está situado en la séptima morada del castillo. La palabra da perfecta cuenta de lo que separa esta etapa de las anteriores. Antes, Dios y el alma eran como novios; se habían prometido; ahora, los dos esposos solo son uno. En el «desposorio espiritual» sí hay unión entre Dios y el alma, pero esta unión es provisional; las dos partes se separan de nuevo. En el «matrimonio espiritual» la unión es definitiva: el alma ya no se separa de Dios[242]. «Digamos que sea la unión, como si dos velas de cera se juntasen tan en extremo, que toda la luz fuese una, o que el pabilo y la luz y la cera es todo uno; mas después bien se puede apartar la una vela de la otra, y quedan en dos velas, o el pabilo de la cera. Acá es como si cayendo agua del cielo en un río o fuente, adonde queda hecho todo agua, que no podrán ya dividir ni apartar cuál es el agua, del río, o lo que cayó del cielo; o como si un arroyico pequeño entra en la mar, no habrá remedio de apartarse; o como si en una pieza estuviesen dos ventanas por donde entrase gran luz; aunque entra dividida se hace todo una luz (*Séptimas Moradas*, cap. II). Teresa habría accedido por primera vez al matrimonio espiritual en noviembre de 1572, cuando Juan de la Cruz partió la hostia en dos antes de dársela en comunión.

Los éxtasis y arrobamientos pueden producirse en cualquier momento[243]. Parece que después de 1566, en los últimos quince años de la vida de Teresa, se hicieron mucho menos frecuentes, sin por ello cesar del todo. Es raro que el místico pierda la conciencia durante el éxtasis. Lo que se percibe es una disminución del calor natural; la respiración se vuelve dificultosa; los sentidos están embotados o en suspenso: «De manera que, si no es con mucha pena, no puede aun menear

---

[242] Es la diferencia entre lo que, en la España del siglo XVI, se llamaba «desposorio» —la promesa de matrimonio— y el matrimonio propiamente dicho, a saber, la consumación de la unión, «la cópula carnal» —dice el catecismo de Carranza, 1558—, que le permite a la Iglesia considerar que un hombre y una mujer están casados: el hombre ha confirmado sus promesas.

[243] En cierta ocasión, Teresa tuvo un arrobamiento mientras estaba cocinando; tenía una sartén en la mano y fue imposible arrancársela.

las manos; los ojos se le cierran sin quererlos cerrar, o si los tiene abiertos, no ve casi nada; ni, si lee, acierta a decir letra [...]. Hablar es por demás, que no atina a formar palabra, ni hay fuerza, ya que atinase, para poderla pronunciar» (*Vida*, cap. XVIII).

Los estados místicos a menudo vienen acompañados por trastornos psicosomáticos. La levitación —es decir, la capacidad de elevarse por encima del suelo— es una de sus manifestaciones más espectaculares; forma parte de los fenómenos que la ciencia aún no ha podido explicar; el cuerpo, impulsado por una fuerza misteriosa, parece desafiar las leyes de la gravedad[244]. En el caso de santa Teresa, las investigaciones previas a la beatificación, que empezaron en fecha tan temprana como 1595, es decir, trece años después de su muerte, aportan varios testimonios. Un día que el sacerdote daba la comunión a las religiosas a través de una abertura practicada en el muro del coro, Teresa entró en éxtasis y se elevó de tal forma por encima de la abertura que no pudo comulgar. Ana de la Encarnación cuenta lo que vio en 1574, en el carmelo de Segovia: «Entró la Madre y se arrodilló como medio cuarto de hora, y mirándola yo muy bien, se levantó del suelo como media vara los pies sin llegar a él, de que me atemoricé mucho, y le temblaba el cuerpo. Y llegándome a donde estaba, puse las manos debajo de los pies, en los cuales estuve llorando como media hora que duró estar así. Y luego se bajó y quedó en pie; y volviendo el rostro hacia mí, me preguntó quién era y si había estado allí, y le respondí que sí; entonces ella me ordenó que nada dijese de lo que había visto». Ana de los Ángeles relata que, a veces, la madre entraba en éxtasis y que, «con la eficacia del divino espíritu», su cuerpo se elevaba por encima del suelo; ella no quería tener semejantes éxtasis en público por miedo a que la tomasen por una santa; así que se aferraba a la reja de la capilla.

Los fenómenos psicosomáticos, frecuentes durante la estancia de Teresa en el carmelo de San José de Ávila, parecen haber disminuido

---

[244] «Admitamos [...] que existen bases razonables para dar crédito al hecho de la levitación. Faltaría encontrar una explicación posible. La mayoría de los teólogos proponen la solución gastada y fácil de que, en el caso de los santos, es una manifestación del poder divino [...]. Puedo confesar que, por lo que a mí respecta, la levitación (sin contacto) de objetos materiales (por ejemplo, pesadas mesas), y las experiencias de los espiritistas me parecen de lo más convincentes; si una mesa puede ser suspendida en el aire, es difícil comprender por qué un hombre no podría serlo también» (Herbert Thurston, *Les Phénomènes physiques du mysticisme*, Éditions du Rocher, Mónaco, 1986, pp. 43-44).

mucho después, al igual que los arrobamientos y los éxtasis, que cesaron casi completamente durante los últimos quince años de su vida.

Mística y sexualidad

Las verdades que los místicos descubren durante el éxtasis son, en sentido literal, inefables; no es posible dar cuenta de ellas de forma adecuada con conceptos y palabras: son cosas que se sienten, pero que a duras penas se pueden describir[245]. Por eso los místicos recurren a imágenes, a comparaciones, a analogías cuando quieren dar una idea aproximada de lo que han visto en el éxtasis. Así se explica el uso de las metáforas que hace Teresa: el castillo interior, los jardines, los juegos[246], el agua, etc. Observamos el mismo procedimiento en san Juan de la Cruz: se expresa como un poeta y confía líricamente sus estados de ánimo; los comentarios en prosa los redactó tiempo después: la noche en que el alma purifica su memoria, su voluntad y su entendimiento; la llama que, al consumirse, libera el alma de sus impurezas; la montaña que se sube antes de alcanzar el término de este itinerario —el matrimonio espiritual—. Entre los místicos, las metáforas son, pues, modos imperfectos de decir lo que es indecible; se imponen cada vez que no hay medida común entre la palabra y la sensibilidad[247], cuando se experimenta fuertemente un sentimiento, pero no se encuentran las palabras para decirlo.

Desde el *Cantar de los Cantares*, la mayoría de los autores místicos, cristianos o no, cuando quieren describir el éxtasis y la unión con Dios, recurren de buena gana al vocabulario del amor humano o, para ser más preciso, al de la sexualidad. Observamos numerosos ejemplos en las obras de Teresa de Ávila. Líneas atrás hemos citado un pasaje

---

[245] «Palabras que son más para sentir que para decir» (*Séptimas Moradas*, cap. II).

[246] Osuna comparaba las etapas de la vida mística con un juego de cartas, Teresa con el ajedrez (*Camino de perfección*, cap. XV).

[247] La fórmula es de Antonio Machado: «Si entre el hablar y el sentir hubiera perfecta conmensurabilidad, el empleo de las metáforas sería no solo superfluo sino perjudicial a la expresión [...]. Hay hondas realidades que carecen de nombre y el lenguaje que empleamos para entendernos unos hombres con otros solo expresa lo convencional, lo objetivo. En la lírica, imágenes y metáforas son, pues, de buena ley cuando se emplean para suplir la falta de nombres propios y de conceptos únicos que requiere la expresión de lo intuitivo» (*Los complementarios*).

extraído del primer capítulo de las sextas *Moradas*. Mucho más conocido es el episodio de la transverberación, en el capítulo XXIX de la *Vida*: «Veía un ángel cabe mí hacia el lado izquierdo, en forma corporal, lo que no suelo ver sino por maravilla; aunque muchas veces se me representan ángeles, es sin verlos, sino como la visión pasada que dije primero. En esta visión quiso el Señor le viese así: no era grande, sino pequeño, hermoso mucho, el rostro tan encendido que parecía de los ángeles muy subidos que parecen todos se abrasan. Deben ser los que llaman querubines, que los nombres no me los dicen; mas bien veo que en el cielo hay tanta diferencia de unos ángeles a otros y de otros a otros, que no lo sabría decir. Veíale en las manos un dardo de oro largo, y al fin del hierro me parecía tener un poco de fuego. Este me parecía meter por el corazón algunas veces y que me llegaba a las entrañas. Al sacarle, me parecía las llevaba consigo, y me dejaba toda abrasada en amor grande de Dios. Era tan grande el dolor, que me hacía dar aquellos quejidos, y tan excesiva la suavidad que me pone este grandísimo dolor, que no hay desear que se quite, ni se contenta el alma con menos que Dios. No es dolor corporal sino espiritual, aunque no deja de participar el cuerpo algo, y aun harto. Es un requiebro tan suave que pasa entre el alma y Dios, que suplico yo a su bondad lo dé a gustar a quien pensare que miento».

A menudo se le ha dado a este pasaje una interpretación erótica: lo que Teresa describe no sería más que un orgasmo[248]. Esta interpretación ha chocado a lectores experimentados, creyentes o no creyentes. Así, en un libro escrito en 1928 y publicado en 1929, *Teresa la Santa*, Américo Castro, que no tenía nada de mojigato, se negaba a ver en la transverberación una sexualidad reprimida. En la reedición de 1972 añade una nota que causa perplejidad: «La Santa pensaba en un dardo o en una flecha, armas muy usadas todavía, sobre todo por los indios americanos de los que mucho se hablaba en Castilla. No saquemos las cosas de tino». Gaston Etchegoyen comparte este punto de vista: «Todo el mundo sabe que la imagen del corazón atravesado por flechas era, en el siglo XVI, uno de los clichés literarios del que usaron

---

[248] Se han dado otras interpretaciones de carácter materialista; el médico español R. Novoa Santos (*Patología de Santa Teresa de Jesús*, Madrid, 1932), por ejemplo, ve en la transverberación una crisis de angina de pecho a consecuencia de un infarto, seguida de manifestaciones histéricas; la crisis de angustia pectoral habría provocado una visión imaginaria de carácter místico —la visión del ángel.

y abusaron en las novelas de caballerías, en las novelas picarescas y en las comedias clásicas»[249]. El mismo autor recuerda que, en el *Tercer Abecedario* de Osuna, libro que Teresa conocía bien, ya encontramos reunidos al querubín, al dardo y al fuego, es decir, los principales elementos de la transverberación; este episodio, sería, pues una reminiscencia de lecturas más que una experiencia vivida. Y Etchegoyen concluye: «En definitiva, la expresión de la herida de amor, por muy sensible que sea su carácter, es demasiado literaria en la doctrina teresiana, y demasiado general en la terminología de los místicos españoles, como para justificar la localización del profesor Leuba y hacerla aparecer como una manifestación de sexualidad femenina»[250].

Cabe destacar no obstante que Teresa de Ávila y Juan de la Cruz nunca negaron que el éxtasis venía acompañado de fenómenos psicosomáticos de naturaleza sensual. El placer es tan intenso —escribe Teresa— que «todos los sentidos gozan»[251]. Juan de la Cruz es mucho más explícito para hablar de «el gusto que tiene el natural en las cosas espirituales. Porque como gusta el espíritu y sentido, con aquella recreación se mueve cada parte del hombre a deleitarse según su porción y propiedad. Porque entonces el espíritu se mueve a recreación y gusto de Dios, que es la parte superior; y la sensualidad, que es la porción inferior, se mueve a gusto y deleite sensual, porque no sabe ella tener

---

[249] Gaston Etchegoyen, *L'Amour divin*, p. 243.

[250] El psicoanalista Leuba había escrito: «Santa Teresa dice *entrañas*, la mujer médico dice *matriz*, eso es todo».

[251] Ver *Vida*, cap. XXXVIII. En una carta a su hermano Lorenzo (17 de enero de 1577) Teresa evoca también la sensualidad: «Estos sentidos sensuales que quiso Dios darles parte del gozo del alma». Teresa afirma, sin embargo, que, en su caso, los arrobamientos no suponían efectos sensuales: «Jamás con cosa de su espíritu tuvo cosa que no fuese toda limpia y casta (*Relaciones*, cap. IV b). Ana de Jesús así lo dice también durante el proceso de beatificación: «Yo oí decir a los que en particular sabían las cosas de su alma, que naturalmente era castísima, y ansí pareció diciéndola una de nosotras haber leído que los deleites espirituales despertaban alguna vez los corporales, que ¿cómo era? respondiome: no sé; cierto jamás me aconteció ni pensé que podía ser». En la carta citada a su hermano Lorenzo, Teresa escribe también: «De esas torpezas después de que vuestra merced me da cuenta, ningún caso haga, que aunque eso yo no lo he tenido —porque siempre me libró Dios por su bondad de esas pasiones— entiendo deve ser que como el deleite del alma es tan grande, hace movimiento en el natural». Estas declaraciones parecen contradecir las descripciones que Teresa da del éxtasis. ¿Hay que interpretarlas como un rechazo inconsciente a ver las cosas de frente?

y tomar otro, y toma entonces el más conjunto a sí, que es el sensual torpe. Y así acaece que el alma está en mucha oración con Dios según el espíritu, y por otra parte, según el sentido siente rebeliones y movimientos y actos sensuales pasivamente, no sin harta desgana suya; lo cual muchas veces acaece en la comunión, que como en este acto de amor recibe el alma alegría y regalo, porque se le hace este Señor (pues para eso se da), la sensualidad toma también el suyo, como habemos dicho, a su modo. Que, como, en fin, estas dos partes son un supuesto, ordinariamente participan entrambas de lo que una recibe, cada una a su modo»[252]. En otras palabras, siguiendo la filosofía de Aristóteles retomada por santo Tomás de Aquino, el alma y el cuerpo forman una sola sustancia; todo lo que afecta al alma —dolor o placer— afecta también al cuerpo, y al contrario, pero cada una de las partes reacciona conforme a su naturaleza, el alma de forma espiritual, el cuerpo de forma sensual.

Los teólogos no tienen ningún reparo en admitir la relación entre mística y sexualidad. El tema fue tratado —hace medio siglo— en un número especial de la revista *Études carmélitaines*[253], número que Georges Bataille comentó extensamente[254]. Bataille evocaba al respecto el vuelo del zángano y la «pequeña muerte» con la que a veces se compara el orgasmo[255] y comentaba: «Nadie podría negar que un elemento fundamental de la excitación es esa sensación de perder pie, de zozobrar. El amor no es o es en nosotros, como la muerte, un movimiento que excede y arrastra más lejos que la voluntad lúcida: un movimiento de pérdida rápida». Las semejanzas entre sexualidad y misticismo son, desde cierto punto de vista, lógicas: «Siendo las intenciones y las imágenes esenciales análogas en los dos terrenos, es muy posible que un movimiento místico del pensamiento desencadene involuntariamente el mismo reflejo que una imagen erótica tiende a desencadenar».

Dicho lo cual, condición no es causa. Como escribía el padre Beirnaert en la revista *Études carmélitaines*, «la existencia de movimientos sensibles durante el éxtasis no significa en modo alguno la especifici-

---

[252] *Noche oscura*, libro I, cap. IV.
[253] *Mystique et continence*, Desclée de Brouwer, París, 1952.
[254] Georges Bataille, «La relation de l'expérience mystique à la sexualité», en *Critique*, nº 60, mayo 1952, p. 416 y ss., y nº 63-64 (agosto-septiembre 1952), pp. 725-745.
[255] La propia Teresa dice del éxtasis que es una especie de muerte: «Este llevar Dios el espíritu y mostrarle cosas tan excelentes en estos arrebatamientos, paréceme a mí conforma mucho a cuando sale un alma del cuerpo» (*Vida*, cap. XXXVIII).

dad sexual de la experiencia». Constatar estas relaciones no conduce forzosamente a adoptar la interpretación sexual de la vida mística, tal como defendían Marie Bonaparte y James Leuba, para quien «toda experiencia mística no es más que una sexualidad transpuesta y, por lo tanto, una conducta neurótica». Simone de Beauvoir, que cita explícitamente el episodio de la transverberación, también se niega a reducir el misticismo a la sexualidad: «Amor humano y amor divino se confunden, [pero] no porque este sea una sublimación de aquel»[256]; e invita a no «identificar, como a veces se hace, misticismo y erotomanía». Bien es verdad que cabría añadir que Simone de Beauvoir considera a santa Teresa una «deslumbrante excepción».

La interpretación psicoanalítica del éxtasis místico como una sexualidad reprimida y sublimada es un aspecto de un problema más general que ya hemos abordado en un capítulo precedente a propósito de la salud de Teresa de Ávila: la influencia que el organismo puede tener sobre el psiquismo. No volveremos sobre ello. Nos limitaremos a resumir las conclusiones a que habíamos llegado. Teresa estuvo enferma toda su vida, pero no fue una mística porque estaba enferma. Puede ser, sin embargo, que los desórdenes nerviosos que padecía, en vez de ser causas, fuesen efectos, la repercusión en un organismo demasiado frágil de un trabajo interior demasiado intenso. Es un problema general: artistas geniales han padecido neurosis; ¿pero la neurosis los hacía geniales o es la genialidad la que los volvía neuróticos? La enfermedad más grave que Teresa padeció, y que a punto estuvo de costarle la vida, precedió en casi veinte años sus grandes estados místicos.

Observemos por último que los fenómenos psicosomáticos no acompañan necesariamente a la experiencia mística. Lo esencial del misticismo no radica ahí, sino en la oración de unión[257]. Para los

---

[256] Simone de Beauvoir, *Le Deuxième Sexe*, Gallimard, París, 1949, t. II, p. 508.

[257] No hay que creer «que estos fenómenos extáticos constituyen lo esencial del estado místico, y despiertan nuestra admiración; no son más que los concomitantes, las consecuencias, el precio que hay que pagar. Responden a la debilidad, a la imperfección, a la insuficiente espiritualización del instrumento humano, y disminuyen con el progreso de este. El éxtasis, y ahora limito este nombre a los fenómenos de inhibición, de insensibilidad temporal, no es un honor, ni un poder; es un tributo pagado por los místicos a la naturaleza humana» (L. de Grandmaison, «La religion personnelle», *Études*, 5 de mayo de 1913, citado por Henri Brémond, *Histoire littéraire du sentiment religieux en France*, tomo II: *L'Invasion mystique. 1590-1620*, Librairie Armand Colin, París, 1967, p. 206).

grandes místicos españoles, los arrobamientos, las revelaciones, los éxtasis, las visiones, los estigmas, etc., no son más que accidentes y deben aceptarlos con prudencia; desconfían de ellos y les repugna hablar del tema. La experiencia que viven está por encima de la naturaleza y de la razón, no al lado. Juan de la Cruz odia todo lo que carece de razón. Sobre este tema, Teresa de Ávila se expresa sin rodeos: como las mujeres son, por naturaleza, más débiles que los hombres, tienden a tomar por éxtasis lo que muy a menudo no es más que debilidad causada por penitencias o ayunos demasiado severos. A fuerza de hacer penitencia, de rezar, de velar e incluso, a veces, sin hacer nada de todo eso, algunas mujeres se vuelven de complexión débil; al menor signo, la naturaleza se impone; languidecen y «mientras más se dejan, se embevecen más porque se enflaquece más el natural y en su seso les parece arrobamiento. Y llámolo yo abovamiento, que no es otra cosa más de estar perdiendo tiempo allí y gastando su salud sin beneficio espiritual». El remedio es simple, prosigue Teresa: dormir, comer, cuidarse de penitencias excesivas; en cuanto una religiosa empiece a sentir ese tipo de impresiones, que hable de ello con la priora; esta deberá adoptar entonces las precauciones necesarias: le ordenará a esa religiosa «diviértanse lo que pudieren, y hágalas no tener horas tantas de oración, sino muy poco, y procure que duerman bien y coman, hasta que se les vaya tornando la fuerza natural» (*Cuartas Moradas*, cap. III).

En las *Fundaciones* (cap. IV), Teresa cita el caso de una religiosa que, después de haber comulgado, a menudo permanecía varias horas postrada, sin conocimiento. Todo el mundo habla de éxtasis, salvo Teresa: «Yo le dije [al confesor] lo que entendía y cómo era perder tiempo y imposible ser arrobamiento, sino flaqueza; que la quitase los ayunos y disciplinas y la hiciese divertir. Ella era obediente; hízolo ansí. Desde a poco que fue tomando fuerza no había memoria de arrobamiento». Ejemplos de este tipo no faltan en las obras de Teresa de Ávila. Nunca se cansa de relatarlos; su primera reacción, cuando le hablan de manifestaciones espectaculares, es preguntarse si no será un caso de debilidad o de neurastenia. En otra ocasión, le mencionan a dos religiosas de Sevilla que, a fuerza de oraciones, habían obtenido numerosas mercedes espirituales; que les den carne en todas las comidas para asegurarse bien de que esas mercedes no están provocadas por la malnutrición. Como vemos, a Teresa de Ávila no le faltaba sentido común.

Teresa de Ávila y la Inquisición

La Inquisición investigó a Teresa de Ávila. Lo sorprendente sería que no lo hubiese hecho. Desde 1559, al menos, el Santo Oficio está obsesionado con el iluminismo; ve en él la versión española de la Reforma protestante. Desde este punto de vista, la espiritualidad de Teresa, basada en la oración mental y en la contemplación, parece tanto más sospechosa cuanto que es practicada por una mujer autodidacta que afirma tener éxtasis y visiones, que se desplaza de un extremo al otro del país con el pretexto de fundar conventos y que, por último, ha puesto por escrito lo que le sucede y le entrega este relato a los amigos que se lo piden. Razones no les faltan a los inquisidores para interesarse por la carmelita de Ávila. Sin embargo, Teresa nunca fue perseguida ni, aún menos, juzgada por la Inquisición. Aunque fue denunciada por espíritus malévolos, estas acusaciones nunca desembocaron en un proceso; siempre terminaron con un no ha lugar.

No fue sino en 1575 cuando los inquisidores deciden abrir una instrucción sobre Teresa. Lo que les empuja a intervenir es la coyuntura: están preocupados, en efecto, por el rebrote de iluminismo que se constata en el sur de España.

En la baja Andalucía —en Jaén, Úbeda, Baeza— la doctrina de Juan de Ávila causa problemas. El mismo Juan de Ávila fue perseguido en 1531-1533; se le reprochaban opiniones próximas a las de los alumbrados: defendía la oración mental. El tribunal de Sevilla lo había absuelto, pero la Inquisición no bajaba la guardia y seguía vigilando sus palabras y sus escritos. Así fue cómo, en 1559, puso en el *Índice* su comentario del salmo *Audi, filia*; en él, Juan de Ávila señalaba la importancia de la oración mental, de la meditación sobre la pasión de Cristo, de la mortificación corporal y espiritual, de la humildad, de la doctrina del cuerpo místico, del amor a Dios y al prójimo, de la doctrina del recogimiento. Tras su muerte, en 1569, la Inquisición no pierde de vista a sus discípulos, especialmente a Bernardino de Carleval, rector del colegio de Baeza. La Inquisición lo obliga a retractarse de unas afirmaciones en que buscaba atenuar la responsabilidad de los judíos en la muerte de Cristo.

Ahora bien, resulta que Teresa conocía a Juan de Ávila y a Carleval. En 1568 le había enviado su autobiografía al primero; el 12 de septiembre, Juan de Ávila le escribió para comunicarle sus impresiones: el libro le parecía de lo más ortodoxo, pero era mejor no ponerlo al alcance de todo el mundo. En cuanto a Carleval, Teresa le había pedido que fuese el confesor de las carmelitas de Malagón. Además, había una circunstancia agravante; cuando, en febrero de 1575, Teresa funda el carmelo de Beas —una pequeña ciudad no muy alejada de Úbeda, localidad que los inquisidores consideran un foco potencial de la herejía alumbrada—, una de las primeras religiosas en profesar es Catalina Godínez que, el año anterior, había sido denunciada por beata y visionaria. Todo esto, los inquisidores de Córdoba que investigan a Carleval no tardan en saberlo. Así es cómo terminan interesándose por Teresa de Ávila. Les gustaría leer el libro en que la carmelita habla de sus visiones. Se dirigen al Consejo supremo para obtener este documento. El 4 de febrero de 1575, el Consejo le ordena al tribunal de Valladolid que haga lo necesario. Este tribunal se dirige entonces al obispo de Ávila, Álvaro de Mendoza, después de averiguar que tiene una copia. El 27 de febrero de 1575 el obispo le entrega esta copia a los inquisidores de Valladolid. Al mismo tiempo, informa a Teresa, que por entonces está ocupada en la fundación del carmelo de Beas.

La cronología de los acontecimientos es confusa. Parece que Domingo Báñez, de la Orden de los Dominicos, también tenía una copia de la *Vida*; Teresa debió dársela. Hacia fines del año 1574, tal vez porque sospecha que algo se está tramando, Báñez le entrega esta copia al Consejo supremo de la Inquisición; este se la devuelve de inmediato rogándole que les dé su parecer sobre el contenido. Báñez redacta entonces, el 7 de julio de 1575, un informe completamente favorable: se presenta como garante de la ortodoxia de la autora y no encuentra nada reprensible en el libro; considera solamente que hay que evitar que circule. Es lo que ya había dicho Juan de Ávila. El Consejo supremo pide un segundo informe a otro dominico, Hernando del Castillo, que llega a las mismas conclusiones. El asunto queda archivado; no se entabla ninguna diligencia contra Teresa de Ávila.

De hecho, desde 1574, el inquisidor general Quiroga tenía una copia de la *Vida* de Teresa de Ávila, pero no parece que se lo notificase a los miembros del Consejo. Se la había mandado la princesa de Éboli. Ella había conseguido una copia en 1569, comprometiéndose a no enseñarla. A pesar de su promesa, muy pronto no se hablaba de otra cosa en el palacio de Pastrana; se comentaban entre risas los éxtasis y las visiones que se describían en el libro se interpretaban de forma de lo más insidiosa; se comparaban algunos pasajes con las seudo-rrevelaciones de Magdalena de la Cruz, aquella beata de Córdoba que había sido desenmascarada en 1544 tras descubrirse su farsa. Lo peor llegó cinco años más tarde, en 1574. Harta de las excentricidades de la princesa, Teresa había ordenado la partida de las carmelitas de Pastrana. Para vengarse de lo que consideraba una afrenta, la princesa envió la autobiografía al inquisidor general Quiroga, que no era ningún fanático —unos años más tarde, exigirá que rehabiliten a Luis de León, injustamente perseguido—; Quiroga lee la *Vida* con el máximo interés. Lejos de condenar su contenido, no oculta su admiración. Es lo que le comenta a Luisa de la Cerda, que se permitió solicitarle su juicio. El 6 de mayo de 1580, la propia Teresa es recibida por el inquisidor general; acude a solicitar el permiso para fundar un carmelo en Madrid. Quiroga le habla de su autobiografía: «Mucho me huelgo de conocerla, que lo deseaba; y tendrá en mí un capellán que la favoreceré en todo lo que se ofreciere. Porque la hago saber que ha algunos años que presentaron a la Inquisición un su libro, y se ha examinado aquella doctrina con mucho rigor. Yo lo he leído todo. Es de doctrina muy segura, verdadera y muy provechosa. Bien puede enviar por él cuando quisiere. Y doy la licencia que pide. Y ruégole me encomiende siempre a Dios». Teresa no siguió su consejo; deja su libro en depósito en los despachos del Santo Oficio. Fue allí donde, ocho años más tarde, Ana de Jesús irá a buscarlo con miras a la impresión. Quiroga no puso ninguna pega para entregárselo.

Apenas terminado este asunto cuando Teresa se ve nuevamente implicada. Esta vez es el tribunal inquisitorial de Sevilla el que se hace cargo de una denuncia no ya sobre sus escritos, sino sobre sus costumbres. Hay que situar esta peripecia en su contexto. Desde hace quince años, en Extremadura, los inquisidores se enfrentan con una forma degenerada de alumbramiento. Allí, las beatas constituyen un fenómeno social; se cuentan por centenares. Muchos jóvenes de la región se han ido a América a probar fortuna, o bien se han alistado en el ejército del rey. El hombre, en la región, a menudo se presenta bajo la forma de un cura. Las beatas le confían sus inquietudes espirituales. De ahí se deriva una situación equívoca que no les pasó por alto a los inquisidores: las mujeres que se entregan a la oración hablan con unos directores espirituales que atienden sus consultas no en lugares públicos o en las iglesias, sino en sitios apartados, incluso en habitaciones cerradas, con las tentaciones que podemos adivinar... Esto, que ya era así entre los alumbrados del reino de Toledo en 1525, lo es más aún entre los de Extremadura en el último tercio del siglo XVI. Es un dominico, fray Alonso de la Fuente, quien denuncia a los alumbrados de Llerena. Los instigadores de la secta, ocho sacerdotes, no tenían el menor interés en las sutilezas de la oración. Iban de pueblo en pueblo procurando entrar en contacto con mujeres jóvenes, pues, a partir de cierta edad —según ellos—, ¡ya no se pueden hacer progresos en la vida espiritual! Uno de esos sacerdotes, Hernando Álvarez, es detenido en 1563: se tomaba toda clase de confianzas con sus muchachas de confesión, haciéndoles creer que no pecaban. Otro cura, Cristóbal Chamizo, detenido en 1574, al parecer sedujo a treinta y cuatro beatas... El auto de fe de 1579 pone fin, provisionalmente, al asunto[258].

Mientras la Inquisición investigaba a los alumbrados de Extremadura, Teresa fundaba el carmelo de Sevilla. Entre las novicias que acepta por entonces había una viuda de cuarenta años, María del Corro, que pasaba por beata. Se creía superior a las demás y aceptaba de mala gana plegarse a la regla común. Termina abandonando el carmelo, tal vez a comienzos de 1576. Despechada, acusa a la reformadora y a una religiosa, Isabel de San Jerónimo, de desviaciones doctrinales; según ella, las dos formarían parte de la secta de los alumbrados; Teresa ha escrito un libro de revelaciones y pretende que es muy superior al libro de santa Catalina de Siena. No es solamente el dogma lo que está en juego, sino también los métodos que rigen en el carmelo de Sevilla: se ata a las religiosas de pies y manos para azotarlas mejor... El 23 de enero de 1576 los inquisidores de Sevilla[259] informan al Consejo supremo: las acusaciones contra Teresa de Ávila e Isabel de San Jerónimo recuerdan a lo que está ocurriendo, por esos mismos días, entre los alumbrados de Extremadura: teorías peligrosas, supersticiones, mistificaciones... creen saber que el libro en que Teresa describe sus experiencias está en manos del padre Báñez; ignoran, pues, que el libro acaba de ser objeto de una encuesta. El 3 de febrero de 1576, el Supremo le pide al tribunal de Sevilla que investigue solamente a Isabel de San Jerónimo y a los testigos citados por María del Corro. Los

---

[258] No se dictó ninguna pena de muerte contra los diecinueve acusados que comparecieron. En el caso de los delitos de solicitación, es decir, la conducta de un sacerdote que se aprovecha del *tête-à-tête* impuesto por la confesión para librarse a proposiciones o tocamientos deshonestos, o incluso a actos más graves en la persona de las penitentas, los tribunales inquisitoriales se mostraban muy indulgentes: al igual que hoy día en los casos de pedofilia, las autoridades eclesiásticas no querían darle publicidad a esta clase de delitos.

[259] Uno de ellos, Carpio, es tío del gran dramaturgo Lope de Vega.

inquisidores acuden al carmelo para indagar; interrogan a las carmelitas; Teresa tuvo que prestar testimonio; ¿fue convocada en la sede del tribunal o la interrogaron en el carmelo? No lo sabemos. Los inquisidores no tardan en darse cuenta de que Isabel de San Jerónimo es una enferma mental, tal vez afectada de melancolía; Teresa lo sospechaba; era partidaria de dispensarla del ayuno durante algunos días. El Supremo debió de recibir el informe del tribunal de Sevilla a finales del mes de abril de 1576. El asunto fue archivado [260].

Teresa deja la ciudad poco después de estos sucesos, pero el asunto no está terminado. En el carmelo de Sevilla reina un mal ambiente. Dos religiosas están causando problemas porque creen gozar de mercedes espirituales; se trata de Beatriz de la Madre de Dios —una analfabeta: no sabe ni leer ni escribir— e Isabel de San Jerónimo, la misma que había dado que hablar un mes antes. Alertada, Teresa recomienda que coman carne y que no ayunen (carta del 23 de octubre de 1576). Esta solución, aparentemente, da buenos resultados; Isabel de San Jerónimo parece curada, hasta el punto que, de octubre de 1576 a diciembre de 1577, ocupa el cargo de priora del carmelo calzado de Paterna, a unos cincuenta kilómetros de Sevilla, pero, en cuanto vuelve, los trastornos se repiten. Las dos religiosas afirman tener revelaciones sobrenaturales; piensan poner por escrito lo que les ocurre. Teresa se opone; ellas obedecen, pero siguen creyendo estar en la vía de la santidad; aunque nadie las cree, afirman verse favorecidas por visiones, revelaciones, tener el don de la profecía, etc. Además, cada vez pasan más tiempo conversando con Garciálvarez, el confesor, que las recibe durante horas, bien por separado, bien juntas; él justifica estas entrevistas por la necesidad que tienen ellas de hacer periódicamente confesiones generales. La priora, María de San José, quiere poner orden. Garciálvarez se indigna y lo manifiesta por toda la ciudad: ¡la priora pretende inmiscuirse en las confesiones! La priora despide al confesor; el provincial del Carmelo —un calzado— anula la decisión (finales de noviembre o diciembre 1578); acude a indagar en el carmelo y destituye a la priora.

---

[260] Teresa resume los acontecimientos en una carta del 29 de abril de 1576: los inquisidores se dieron cuenta de que las acusaciones de María del Corro carecían de fundamento; se explicaban por su imaginación enfermiza; pero «como éramos extranjeras y tan recién fundado el monasterio y en tiempo en que se habían levantado los alumbrados de Llerena, siguiéronse hartos trabajos». Tanto es así que el padre Gracián estaba muerto de miedo; la misma Teresa no disimulaba su inquietud.

En este punto, parece que todo se reduce a un episodio de la lucha que libran calzados y descalzos; los primeros creen haber encontrado el medio para desembarazarse de los reformadores: Teresa y Gracián. No retroceden ante ninguna ignominia; le sugieren al confesor y a las dos religiosas cuestionadas que lleven el asunto ante la Inquisición: Teresa y Gracián serían los responsables de todo lo que funciona mal en los carmelos; dejan entrever que sus relaciones no son tan inocentes como podría parecer, a pesar —¿o a causa de?— la diferencia de edad: por esos días, Teresa tenía sesenta años, Gracián treinta. Ciertamente, Teresa nunca ocultó el afecto que sentía por el joven carmelita, pero hasta ahora nadie había lanzado insinuaciones tan malévolas; los acusadores señalan que se los ve juntos muy a menudo, que Gracián entra cuando quiere en los carmelos; ve a la fundadora, se quedan a solas... También dan a entender que Teresa ha tenido varios hijos; gracias a su hermano, el conquistador, se las había ingeniado para mandarlos a América. Estos ataques son demasiado burdos como para hacerles caso. En Sevilla están escandalizados. Beatriz de la Madre de Dios se retracta. La Inquisición no toma en cuenta estas acusaciones y ni siquiera abre diligencias. María de San José es nombrada priora nuevamente y Garciálvarez recibe la orden de no volver a confesar a las carmelitas.

Podría pensarse que el caso está definitivamente cerrado y Teresa de Jesús al abrigo de toda persecución por parte de la Inquisición. Nada de eso. Las primeras ediciones de sus obras sirven de pretexto para nuevas denuncias. El Santo Oficio, como es bien sabido, puede dictar condenas tras la muerte de un acusado; puede decidir, por ejemplo, que sus restos sean exhumados y quemados en la hoguera; también puede ordenar la censura de sus libros. Una vez más, las circunstancias se prestan a ataques contra la carmelita. En la década de 1580, en efecto, formas degeneradas de iluminismo se extienden por la baja Andalucía, especialmente en Jaén. También en este caso el personaje principal es un cura, Gaspar Lucas, que tiene mucho predicamento entre las beatas. En 1585, una de ellas lo denuncia a la Inquisición. Aunque su libro de cabecera sea el Ruysbroek —el gran maestro de la mística del Norte—, no lo acusan tanto de desviaciones doctrinales como de depravación moral: Gaspar Lucas comprobaba personalmente si sus penitentas eran vírgenes; cuando se acostaba con una beata, la convencía de que era la mejor forma de alcanzar la santidad: ¡Dios le concedía esta merced a las almas que amaba mucho a fin de comprobar su castidad! El 21 de enero de 1590, Lucas es condenado a diez años de reclusión en un convento.

Este es el momento que elige un dominico obsesionado con el iluminismo, Alonso de la Fuente, inquisidor en Llerena y gran perseguidor de alumbrados, para denunciar las obras de Teresa de Jesús, obras que considera susceptibles de perturbar gravemente las almas y de alentar una espiritualidad de baja ley. Desde 1570, el hombre se ha especializado en la caza de alumbrados, recorriendo toda Extremadura para desenmascararlos. El 26 de agosto de 1589 le escribe al Consejo de la Inquisición; según él, Teresa es una maestra del iluminismo; sus libros no pueden más que engañar a las almas sencillas; es urgente prohibir su difusión. El Consejo le pide que precise los pasajes que considera sospechosos, pero no le concede ninguna importancia a sus acusaciones, así como tampoco a las que formulan, unos años más tarde, un dominico, Juan de Lorenzana, un agustino, Antonio de Sosa, y, en 1598, el canónigo Francisco de Pisa, conocido hoy día como el honorable historiador de la ciudad de Toledo. En cada ocasión la Inquisición archiva el asunto sin más. Para el Santo Oficio nada permite dudar de la ortodoxia de Teresa de Jesús, una religiosa cuya beatificación se está pidiendo.

Estos son los hechos. Sin embargo, muchos de nuestros contemporáneos —y, entre ellos, algunos lectores avezados— siguen creyendo que Teresa de Ávila fue perseguida por la Inquisición; incluso están tentados de interpretar este hecho como una prueba más de su libertad de espíritu y de su valor: se había enfrentado con los inquisidores sin renunciar a ser ella misma. Existe la tendencia, en nuestros días, de achacarle a la Inquisición la mayoría de las persecuciones de que fueron víctimas algunos españoles en el siglo XVI. Es verdad para muchos de ellos; no todos. En determinado número de casos, su entorno fue el causante de su perdición. Nunca se insistirá lo suficiente en los estragos que pudo provocar lo que los escolásticos llamaban el *odium theologicum*, los celos que inspiran un compañero de promoción cuya carrera es rápida y brillante; los sinsabores que pueda padecer no irritan demasiado; llegado el caso, no se vacila a la hora de causarle problemas. En la España del siglo XVI esta disposición mental cobra aspectos dramáticos. Para librarse de un rival, ¡es tan fácil denunciarlo a la Inquisición! Luis de León pagará las consecuencias de este tipo de rencores, en Salamanca, en 1576; lo acusaron sus propios colegas. Resentimientos parecidos fueron los que, veinticinco años antes, en 1558-1559, provocaron la caída en desgracia del arzobispo de Toledo, Carranza: sus colegas no soportan que sea un teólogo brillante; sus éxitos despiertan celos...

Teresa tuvo más suerte; la Inquisición la dejó tranquila. Fueron religiosos de su orden, unos carmelitas, los que intentaron perjudicarla; no les gustaba una mujer que daba la sensación de estar aleccionándolos al querer recuperar la regla primitiva del Carmelo, cuando ellos estaban tan bien acomodados en la regla mitigada, una mujer que parecía saber más que los doctores en materia de contemplación. Para desembarazarse de ella o, sencillamente, para desacreditarla, nada más fácil que hacerla pasar por una alumbrada o por una farsante como tantas otras. En 1575 fueron sus superiores —no los inquisidores— los que le prohíben seguir con sus fundaciones y la obligan a retirarse a un monasterio; las órdenes vienen del padre Juan Bautista Rossi, prior general del Carmelo, y del padre Ángel Salazar, provincial de los carmelitas mitigados. En 1577, cuando las cincuenta y cinco carmelitas del convento de la Encarnación de Ávila quieren elegir priora a Teresa, son amenazadas de excomunión por el provincial de los carmelitas calzados, delegado por el vicario general del Carmelo español, el padre Jerónimo Tostado. Las dificultades con que Teresa efectivamente se topó no vinieron, pues, de la institución considerada como la más intransigente. Lo que es cierto en el caso de Teresa también lo es en el de san Juan de la Cruz: fueron unos carmelitas calzados los que lo raptaron y encarcelaron nueve meses en condiciones extremadamente duras; no fue en los calabozos de la Inquisición donde padeció privaciones y flagelaciones: fue en una celda del convento de los carmelitas calzados de Toledo.

Si la Inquisición no encontró nada reprensible en las obras de Teresa, es porque, al igual que san Juan de la Cruz, no cuestiona ni el dogma ni la disciplina religiosa. Muy lejos de repudiar la ciencia de los doctores, su misticismo es un esfuerzo para ponerlo al servicio de la experiencia. Se trata no de refugiarse en una ensoñación difusa y afectiva, sino de someter a la crítica de la razón las aprehensiones obtenidas durante el éxtasis. La contemplación no tiene nada que ver con el sentimiento; es un esfuerzo para purificar el pensamiento de todo lo que no sea Dios. Santa Teresa no rechaza el punto de vista de los doctores; lo solicita. Semejante actitud no tenía nada que ver con la posición de los alumbrados. La Inquisición no se equivocó al respecto, a pesar de lo vigilante que se mostraba con todo lo que podía asemejarse al iluminismo. Esta desconfianza contribuyó a darle al catolicismo español su exuberancia en el aspecto exterior del culto, que permanecerá como una de sus características. Desde este punto de vista, Teresa de Jesús y Juan de la Cruz no tendrán sucesores. Tras ellos, la tendencia que se impondrá será la de desconfiar de toda espiritualidad que se aparte de las vías tradicionales. Quedan lejos la riqueza y las investigaciones de la primera mitad del siglo XVI. La Iglesia de España, o al menos los que hablan en su nombre, dan la impresión de alentar las formas más populares de piedad: el gusto por las escenas en que son representadas la vida y la Pasión de Cristo, las ceremonias religiosas espectaculares..., en detrimento de la vida interior. El iluminismo propiamente dicho no desapareció, pero se pervierte en formas degeneradas en las que buscaríamos en vano reconocer el impulso de una religión espiritual. Será preciso esperar a la segunda mitad del siglo XVII para ver cómo el iluminismo —bajo la forma del quietismo de Molinos— recupera una calidad comparable a la de sus primeras manifestaciones, cuando las fronteras entre ortodoxia y heterodoxia aún no estaban tan nítidamente trazadas[261].

---

[261] Publicada en 1675, la *Guía espiritual* de Molinos conoce un gran éxito en toda Europa; se traduce al italiano, al francés, al alemán, al inglés, al holandés... hasta que es condenada por Roma en 1687. Por esa misma época, en Francia se desarrolla la querella del quietismo que enfrenta, entre otros, a Fénelon y Bossuet.

Capítulo IX

La gloria póstuma de Teresa de Ávila

EL pueblo y las élites de España admiraban a Teresa de Ávila. Quiroga, el inquisidor general, se contaba entre sus adeptos. Felipe II se preocupaba de que sus manuscritos estuviesen a buen recaudo en la biblioteca de El Escorial. Esta popularidad se acrecienta aún más tras la muerte de la carmelita, en octubre de 1582. La ex emperatriz María de Austria (1528-1603), hermana de Felipe II, lee la autobiografía de Teresa y de inmediato desea verla publicada. Quiroga no se opone. La más alta autoridad del Estado, el Consejo Real, le encarga a Luis de León editar el libro junto con el *Camino de perfección* y las *Moradas del alma*. También, a petición de la emperatriz, Luis de León empieza a redactar una historia «*de la vida, muerte, virtudes y milagros de la santa madre Teresa de Jesús. Libro primero*». La obra —nunca terminada— no será publicada hasta 1883, pero circula en forma de manuscrito. No tardan en aparecer otras biografías. Las dos primeras datan de 1590; llevan el mismo título: *Vida de la madre Teresa de Jesús*, y sus autores son jesuitas: Pedro de Ribadeneyra y Francisco de Ribera, viejo profesor de Escritura Sagrada en la Universidad de Salamanca y antiguo director espiritual de Teresa[262]. En 1606, el jerónimo Diego de Yepes, futuro obispo de Tarazona, publica la *Vida, virtudes y milagros de la bienaventurada virgen Teresa de Jesús*, libro que en el acto se convierte en un éxito[263]. En 1609, en Roma, aparece en latín un *Compendio de la*

---

[262] *Vida de la madre Teresa de Jesús*. Al parecer, la biografía de Ribera estaba terminada tres años antes, en 1587. Será reeditada en 1602 y traducida al francés ese mismo año, y, luego, en 1607. El padre Gracián tenía un ejemplar anotado para corregir ciertos puntos, aclarar otros y aportar precisiones. Estas observaciones fueron el tema de un trabajo del propio Gracián: *Escolios y adiciones* a la *Vida* de Ribera.

[263] El libro fue publicado en Zaragoza en 1606. Yepes firmó la biografía, pero el texto parece ser del padre Tomás de Jesús, que plagió el breve relato de Luis de León.

bienaventurada virgen Teresa de Jesús, obra de un tal Juan de Jesús María[264]. El padre Gracián, que fue el amigo más fiel de la carmelita, publica en Bruselas, en 1611, una *Declamación en que se trata de la perfecta vida y virtudes heroycas de la B. Madre Theresa de Jesús y de las fundaciones de sus monasterios*.

La canonización

Estos biógrafos no tienen ningún escrúpulo en calificar a Teresa de bienaventurada. Luis de León va más lejos: para él, Teresa es una santa. Sin duda no hay que darle a estas expresiones su sentido técnico; Luis de León, Ribera, Yepes y los demás no ignoran lo que implica la beatificación y la canonización. Pero no les importa. Desde hace tiempo, el pueblo ha emitido su veredicto: la reformadora es una santa. Gran parte de las élites piensan lo mismo, aunque están obligadas a ser prudentes. Muy pronto, se piensa en lograr que se reconozca oficialmente lo que el rumor público ha anticipado: Teresa debe subir a los altares. Las gestiones con miras a la beatificación empiezan en 1591. Es el obispo de Salamanca, Jerónimo Manrique, quien toma la iniciativa, como es normal, puesto que Teresa murió en su diócesis, en Alba de Tormes[265]. Felipe II apoya las gestiones por vía diplomática. El papa Pablo V lee el *Compendio* de Juan de Jesús María corregido por el padre Gracián. Se recogen todos los testimonios que se consideran útiles para instruir la causa[266]. En 1614 Roma decide beatificar a Teresa de Jesús junto con otros españoles contemporáneos suyos: Tomás de Villanueva, Francisco de Borja, Pedro de Alcántara, Juan de Dios...

---

[264] *Compendium vitae B. Theresiae Virginis a Jesu*.

[265] Para la intrahistoria, cabe destacar que este Jerónimo Manrique era hijo natural de Alonso Manrique, arzobispo de Sevilla e inquisidor general que, en tiempos de Carlos V, pasaba por ser el protector de los humanistas. Jerónimo había empezado su carrera de inquisidor en Murcia, hacia 1560. Creyó haber descubierto un gran foco de judaísmo y, para acabar con él, se entregó a todo tipo de irregularidades; sus superiores tuvieron que intervenir para poner orden. Esto no le impidió a Manrique llegar a ser obispo y terminar su carrera ocupando el cargo de inquisidor general, como su padre...

[266] Estos documentos representan tres volúmenes que fueron publicados en 1934-1935, por el padre Silverio de Santa Teresa: *Procesos de beatificación y canonización de Sta. Teresa de Jesús (1591-1610)*.

El acontecimiento viene acompañado de festejos públicos (procesiones, sermones, bailes, corridas de toros, fuegos artificiales), representaciones teatrales y justas literarias donde participan dos de los más grandes escritores de la época: Cervantes con un soneto (*Los éxtasis de la bienaventurada madre de Jesús*), leído en el castillo de los duques de Alba, en Alba de Tormes [267], y Góngora con un romance (*De la semilla caída*), presentado bajo el seudónimo del vicario de Trassierra, durante las justas literarias organizadas en Córdoba en octubre de 1614 [268].

Los admiradores de Teresa no piensan contentarse con esto; quieren la canonización. El 12 de marzo de 1622 el papa Gregorio XV los complace. Teresa comparte esta gloria con varios compatriotas: Ignacio de Loyola —muerto en 1556, beatificado en 1609—, Francisco-Javier —muerto en 1552, beatificado en 1619— y un oscuro labrador del siglo XII, Isidro, al que querían nombrar patrono de Madrid, nuevamente capital de España tras un breve eclipse entre 1601 y 1605 [269].

Antes de este resultado, los admiradores de Teresa habían obtenido otro aún más resonante. El 24 de octubre de 1617, en efecto, las Cortes de Castilla, reunidas en Madrid, habían decidido que Teresa sería, a partir de ese momento, «patrona de todos los reinos de España». Felipe III aprueba la deliberación y fija el 5 de octubre como fecha para la fiesta de la nueva patrona. Solo que España ya tenía un patrono, y no era un cualquiera, sino Santiago, uno de los doce apóstoles. Según la leyenda, después de Pentecostés, el apóstol Santiago viajó a España para evangelizarla y luego volvió a Jerusalén, donde fue decapitado. Entonces, dos de sus discípulos depositaron su cuerpo en una barca que, empujada por los vientos, terminó encallando en un estuario, en Galicia, donde lo enterraron. Allí, en Iria Flavia, a comienzos del siglo IX, se descubre milagrosamente su cuerpo y se construye una basílica que rápidamente se convierte en uno de los lugares de peregrinación más famosos de la cristiandad. El culto del apóstol Santiago se explica más por consideraciones políticas que religiosas. Santiago se

---

[267] Ver Manuel Rivero Rodríguez, *La España de Don Quijote. Un viaje al Siglo de Oro*, Alianza, Madrid, 2005.

[268] Diego de San José publica, en 1615, una compilación de más de trescientos folios que recoge el conjunto de estas manifestaciones: *Compendio de las fiestas celebradas en España con motivo de la beatificación de la madre Teresa de Jesús*.

[269] Se supone que Isidro vivió entre 1130 y 1192. Felipe III estaba convencido de haber recobrado la salud por su intercesión, de ahí que en 1619 pidiese su beatificación.

convierte en el paladín de la guerra contra el islam; es, por excelencia, el «matamoros»; se le ve combatir espada en mano junto a los cristianos, en circunstancias difíciles, a lomos de su caballo blanco. Santiago es el equivalente del san Miguel francés. En el siglo XII, naturalmente, se convierte en patrono de una orden militar y, más adelante, en patrono de toda España.

En 1617 las Cortes se cuidaron bien de precisar que su intención no era reemplazar al apóstol Santiago por santa Teresa; simplemente, a partir de entonces, España tendría dos patronos. No por ello muchos españoles dejaron de escandalizarse de que se pusiera, al mismo nivel, a un hombre y a una mujer, a un soldado y a una escritora. Algunos prelados se muestran reticentes, empezando por los arzobispos de Granada y Sevilla. El primero, Pedro de Castro, acepta la fiesta, pero no el copatronato. En 1622 Gregorio XV canoniza a Teresa, pero evita pronunciarse sobre el patronato. Los partidarios de la carmelita saben que pueden contar con las más altas autoridades del Estado, con el rey Felipe IV y con su primer ministro, el todopoderoso conde-duque de Olivares, que sentía especial devoción por santa Teresa[270]. Se invita a las Cortes a que confirmen su deliberación. En 1627 el Papa acepta por fin firmar un Breve en que se da por enterado de la decisión de la Corona de España: santa Teresa será patrona de España junto con Santiago apóstol.

Sin embargo, el asunto no está terminado. El arzobispo de Santiago de Compostela protesta, pero es la intervención de Quevedo, el gran escritor, la que llama la atención por la celebridad del personaje. En el otoño de 1627, Quevedo, caballero de la Orden de Santiago, escribe un panfleto: *Su espada por Santiago, solo y único patrón de las Españas*, que manda imprimir al año siguiente en Madrid y en Barcelona. ¿Por qué se meten las Cortes en lo que no les importa?, se pregunta Quevedo. No tienen por qué decidir quién debe de ser el patrono de España. Fue Dios quien convirtió a Santiago en patrono de una España que había dejado de existir —desde la invasión musulmana del

---

[270] Tenía razones personales para interesarse por santa Teresa. Esta, en 1571, en Salamanca, estuvo en casa de los condes de Monterrey, Jerónimo de Fonseca y Zúñiga e Inés de Velasco y Tovar. Su hija, María Pimentel de Fonseca, que por entonces tenía veintitrés años, agonizaba. Teresa va a verla y le pide a sus padres que le pongan, durante un año, el hábito de santo Domingo. La joven sanó; era la madre del futuro conde-duque de Olivares.

año 711— para que pudiese renacer gracias a su intercesión y a su espada. La España del siglo XVII, como antiguamente la de la Reconquista, tiene enemigos; en calidad de abogados ante Dios, necesita guerreros, no monjas. ¿Hay que ver un relente de antisemitismo en la negativa de Quevedo a admitir a santa Teresa como patrona de España? Es poco probable. Quevedo ignoraba los orígenes judíos de Teresa; el hecho no se conocerá hasta 1945. De haberlo sabido, no habría dejado de utilizar este argumento, él, que nunca ocultó su antipatía hacia los judíos. Por afán de provocación, Quevedo dedicó su escrito a Olivares. Sin duda no fue por eso que, poco después, Quevedo fue expulsado de la corte y encerrado en la Torre de Juan Abad; su defensa de Santiago apóstol y su oposición a Teresa confirman, sin embargo, unas posiciones políticas radicalmente contrarias a las de Olivares.

El panfleto de Quevedo reaviva la polémica. Una sobrina de santa Teresa, Beatriz de Jesús, responde con firmeza que a los santos poco les importan los reconocimientos mundanos; toda esta querella le parece vana y lamentable. El 8 de enero de 1630, un nuevo Breve del Papa parece dar marcha atrás y no admitir más que un solo patrono para España, Santiago apóstol, pero la causa parece decidida: España tiene dos patronos que velan por ella desde el cielo.

¿Cómo explicar la pasión que ponen los dos campos para que prevalezca su punto de vista? A finales del siglo XVI algunos eruditos católicos cualificados, empezando por los cardenales Bellarmín y Baronio, sometían a la crítica los orígenes del cristianismo y señalaban que muchos de los elementos transmitidos por la tradición no eran más que leyendas o falsificaciones. El culto a Santiago no se libra de este examen. Ahora se duda de que el apóstol viniese a España y peleara al lado de los cristianos. Mariana, autor de una *Historia de España* que aparece entre 1592 y 1605, obra de referencia durante mucho tiempo, retoma estas críticas. Quevedo calculaba que, durante la Reconquista, los españoles habían librado cuatrocientas mil setecientas batallas y que habían matado a algo más de once millones quince mil moros; añadía que las victorias y las bajas causadas al enemigo se debían a la intervención personal y visible del apóstol Santiago... Un carmelita —Gaspar de Santa María, que escribía con el seudónimo de Valerio Villavicencio— replica: si Santiago, como dicen, está enterrado en Galicia, ¿cómo pudo montar a caballo y participar en tantos combates? ¿Fueron sensibles las Cortes a estas críticas y a estas precisiones? Es probable. Tal vez tenían mala conciencia al ver a España bajo la protección de un guerrero. La rivalidad entre el apóstol Santiago y santa Teresa es comparable con la querella entre las armas y las letras que atraviesa toda la historia social de la España moderna. ¿A quién se debe recurrir para formar los cuadros del Estado: a los que tienen diplomas (letrados) o a los caballeros?, ¿a los civiles o a los militares? Desde la entronización de los Reyes Católicos, los letrados se imponen; los encontramos en todos los cargos importantes, donde han sustituido a los nobles; los estudios le permiten a jóvenes salidos de las capas medias obtener una promoción social insospechada. Este expansionismo se basa en la idea de que el poder implica un saber, el que se adquiere en las universidades. Nunca se insistirá lo suficiente: el soldado —que casi siempre es un mercenario— está lejos de ser bien visto en la España de los Habsburgo[271]. Carlos V mandaba en persona a sus ejércitos. Ninguno de sus sucesores lo imitará; todos serán más bien hombres de gabinete. Es de sobra conocido que Felipe II prefería la biblioteca de El Escorial a los campos de batalla. Felipe IV tiene pretensiones literarias: traduce la *Historia de Italia* de Guichardin y mantiene correspondencia con algunas religiosas a las que consulta asuntos de Estado. Su primer ministro, Olivares, sin duda se preocupaba de mantener la preponderancia de España, pero también soñaba con convertirla en una nación de mercaderes, como Holanda.

Por todas estas razones, a los dirigentes no les disgustaba ofrecer para veneración de los españoles a alguien distinto a un soldado. Al ponerse bajo la protección de una religiosa, España no buscaba afirmar su militancia religiosa. De ser esta la intención de sus dirigentes, no habrían propuesto a santa Teresa como patrona, sino, por ejemplo, a dos de los santos que fueron canonizados el mismo año que ella: Ignacio de Loyola, más representativo de la Contrarreforma en sus aspectos más militantes, o Francisco Javier, que abandonó España para predicar el Evangelio en Goa, Malaca, las Molucas, China y Japón. Por otra parte, Teresa estaba lejos de ser una beata. Su espiritualidad no excluía un esfuerzo de la inteligencia, al contrario, lo postulaba; Teresa, finalmente, alcanzaba como escritora un grado difícil de igualar, tal como Luis de León acababa de demostrar. Todos estos elementos debieron de tener su importancia cuando se abordó el nombrar a Teresa de Jesús

---

[271] Los conquistadores sufren especialmente esta desconsideración; se les ve como a hombres con las manos manchadas de sangre; en este punto, Las Casas se convirtió en el portavoz de sus contemporáneos.

segunda patrona de España. No diremos que representaba una España distinta a la de Quevedo, sino más bien otra faceta de España.

La querella resurge dos siglos más tarde, durante la guerra de Independencia. Los españoles rechazan de forma masiva el régimen que quiere imponerles Napoleón, pero unos —los que empiezan a ser denominados «liberales»— quieren romper con el Antiguo Régimen, mientras que otros —los «serviles»— siguen apegados a la monarquía de derecho divino y al absolutismo. Los segundos creen librar una guerra santa contra los invasores franceses, calificados de gentes sin Dios o, peor aún, de herejes; el apóstol Santiago «matamoros» les parece el defensor ideal de esta cruzada. Los primeros no se reconocen en la España de los Habsburgo, cuya tiranía e intolerancia denuncian —persecución de las minorías religiosas, ataques a la libertad de pensamiento...—, en cambio, admiran a los Reyes Católicos porque restauraron la autoridad del Estado y convirtieron a España en una gran potencia; por eso les perdonan el haber creado la Inquisición y expulsado a los judíos; Santiago apóstol les parece anacrónico; prefieren a santa Teresa[272]. Finalmente, las Cortes, incapaces de decidir, confirman, el 28 de junio de 1812, el doble patronato del apóstol Santiago y de santa Teresa.

Santa Teresa en Francia

No es solo España, su patria, quien rinde honores a santa Teresa; en el extranjero también la admiran y se inspiran en sus enseñanzas. El *Dictionnaire* de Bayle recuerda el boato con que París celebró, en 1622, su canonización; algunos se escandalizaron y acusaron a la reina Ana de Austria de haber querido honrar a una compatriota[273].

---

[272] Ver René Andioc, «Las reediciones del Auto de fe de Logroño en vida de Moratín», en *Del siglo XVIII al XIX. Estudios histórico-literarios*, Prensas universitarias de Zaragoza, 2005, p. 296, que remite a Ramón Solís, *El Cádiz de las Cortes*, Imprenta del Instituto de Estudios Políticos, Madrid, 1958, p. 309.

[273] Ver la nota CC del artículo consagrado a Adriano VI: «En 1622, en París, todo el mundo se sintió ultrajado al ver la pompa con que los carmelitas descalzos celebraron la canonización de santa Teresa. Ese mismo año apareció un librito en que, supuestamente, unas mujeres murmuraban de lo lindo. Una se quejaba de haber sufrido quemaduras: "Como mi prima, respondía una recién casada, estaba usted en ese fuego, nunca había visto semejante desorden, ni tantos daños, uno de mis hermanos también perdió media cara y todavía no tiene visos de curación. Y para qué todas

En realidad, el interés por santa Teresa empezó a manifestarse mucho antes, a los pocos años de la muerte de la reformadora. Conocemos bien a las personalidades que introdujeron el Carmelo en Francia: Pierre de Bérulle (1575-1629), la señora Acarie (1566-1618) y sobre todo Jean de Quintanadoine (1555-1634). Según el abad Brémont, Bérulle es ante todo el fundador del Oratorio, en 1611; en cuanto a la reforma carmelitana, al parecer se limitó a apoyar las gestiones de su prima, la señora Acarie. Esta, cuyo nombre de soltera era Barbe Avrillot, desechó las novelas de caballerías, por recomendación apremiante de su marido, para empezar a leer libros espirituales, especialmente las obras de Teresa de Ávila que Jean de Quintanadoine acababa de traducir al francés. Los que frecuentaban su salón —que eran muchos— se convirtieron a su vez en lectores de la carmelita. Entonces se le ocurrió la idea de fundar en Francia carmelos semejantes a los de Teresa. Pensó en traer a carmelitas españolas para introducir en Francia la reforma teresiana en toda su pureza. Aquí es donde interviene Jean de Quintanadoine.

No hace falta ser ningún hispanista para reconocer en Quintanadoine la forma afrancesada de un apellido español: Quintanadueñas. Hablamos, en efecto, de uno de los miembros de la colonia española de Ruán, una más de las tantas colonias que había en las grandes ciudades y puertos de Francia: Toulouse, Burdeos, La Rochelle, Nantes, Ruán... Estos españoles, la mayoría originarios de Castilla, llegaron a Francia muy pronto, a veces en el siglo XV. Son hombres de negocios especializados

---

estas superfluidades, dijo entonces una vieja desdentada, en mi juventud, nunca oí hablar de canonizar así a los santos, antes cañonearlos que canonizarlos. Despacio, tía, dijo una vendedora de la calle Saint-Denis, en Roma hicieron mucho más, son festejos públicos, no hay ningún peligro en hacer de vez en cuando estas superfluidades cuando el impulso es un afecto puro y sincero; y además, lo que los carmelitas descalzos hicieron fue por orden de la reina, que corrió con los gastos, debido a que santa Teresa era española. No obstante, con ello, más que honrar a Dios lo ofendieron mil veces, dijo una burguesa de Saint-Leu, os juro que por lo que a mí respecta, no apruebo de ningún modo estas cosas, ¿cuántas chicas pensáis que fueron raptadas?, todas las aldeas de los alrededores están asoladas y quemadas. Mi opinión, dijo la mujer de un abogado del gran consejo, es que mejor hubiese sido poner todas esas superfluidades en la decoración de su iglesia, al menos eso habría quedado y los habríamos apreciado más, sin evaporar tanta riqueza en humo, eso hubiese encendido la llama de la devoción en el corazón de los visitantes, y no, al contrario, prender todo el aire y todos los campos de los alrededores con sus cohetes, aún tengo un encopetado de cinco pisos que está completamente perdido, y si todavía hubiesen encendido los fuegos a las ocho, no se hubieran perdido tantos abrigos, todos los escolares estaban en armas"».

en el comercio de importación y exportación: introducen en Francia productos españoles; venden en España artículos franceses, un comercio floreciente, pues España es por entonces una de las primeras potencias económicas y el mercado americano ofrece numerosas perspectivas de enriquecimiento. Estos españoles terminaron integrándose en la sociedad francesa. Ganaron fortunas; se enraizaron y se casaron con las hijas del país; ahora forman parte de la burguesía local. Incluso cuando se han naturalizado —lo que ocurre en la mayoría de los casos— conservan vínculos con su antigua patria; en concreto, siguen hablando, leyendo y escribiendo en español, e interesándose por la literatura española. Disponemos de datos precisos sobre la colonia española de Ruán a finales del siglo XVI y principios del XVII. Sabemos en especial que un murciano, Ambrosio de Salazar, se había establecido como maestro de escuela y había publicado varios manuales[274]. En estas circunstancias, se comprende mejor el conocimiento que Corneille podía tener de España.

Muchos de estos descendientes de españoles eran judíos. ¿Lo eran los padres de Quintanadoine? No es seguro. Suponiendo que lo fueran, formaban parte de los que «habían decidido vivir, a partir de entonces, como ardientes católicos»[275]. El abuelo de Jean de Quintanadoine —que se llamaba igual— era originario de Sevilla; se estableció en Normandía a principios del siglo XVI. Le fue tan bien en sus negocios que compró el señorío de Brétigny-sur-Brionne —Jean de Quintanadoine usará el título de señor de Brétigny—, lo que le permitió fundirse con la población normanda. Su hijo mayor, Fernand, sirvió en el ejército de Carlos IX, pero pronto renunció a la carrera militar para ocuparse de los negocios familiares. En 1552 se casó con una rica heredera. Tres años más tarde, nacía Jean de Quintanadoine.

A Fernand le hubiese gustado que Jean, al igual que su padre y que su abuelo, se ocupase del negocio. Por eso lo envió a España en varias oportunidades, la primera vez a casa de un tío de Sevilla, donde permanecerá diez años; la segunda, para una estancia de cuatro años (1582-1586). Fue en el transcurso de este segundo viaje cuando Jean

---

[274] *Principes pour apprendre l'espagnol, Trois Traités pour ceux qui désirent connaître l'espagnol*, más un compendio que pretendía indicar lo que había que saber de España: historia, geografía, hombres ilustres, producción, situación administrativa, estado de las carreteras... Luis XIII contrató a Salazar como profesor de español.

[275] I. S. Révah, *Antonio Enríquez Gómez. Un écrivain marrane (v. 1600-1663)*, Chandeigne, París, 2003, p. 240.

de Quintanadoine conoció a un tal Pedro de Tholosa, que le pide un día que lo acompañe al convento de las carmelitas. Jean, que nunca había oído hablar de Teresa de Jesús, conoce a la priora del carmelo de Sevilla, María de San José. De inmediato, cae rendido. Se informa de lo que significa la reforma teresiana. Durante tres meses, pasa horas y horas con el padre Gracián; hace los ejercicios de los carmelitas. Se identifica tanto con el Carmelo descalzo que, cuando se habla de fundar un carmelo femenino en Lisboa, le confían a él la tarea de acompañar a las religiosas elegidas para esta fundación. Según el abad Brémond, al saber que la madre Ana de Jesús se ocupaba de publicar las obras de su santa Madre, Jean de Quintanadoine le entregó una suma importante para contribuir a los gastos de esta primera edición (1588).

Jean de Quintanadoine regresa a España en 1592; permanece dos años. Planea introducir en Ruán carmelos regidos por las Constituciones y el espíritu de Teresa de Ávila, pero el contexto político no se presta a una colaboración franco-española, ni siquiera limitada a los intercambios espirituales. Desde el ascenso al trono de Carlos V, en efecto, Francia se considera amenazada por los Habsburgo españoles. Las guerras de religión agravan esta hostilidad. Felipe II interviene en las disputas francesas; apoya y financia la Liga católica, cuyo objetivo es impedir que un protestante suba al trono de Francia. En dos ocasiones —durante el segundo semestre de 1590, y luego a principios de 1592— le ordena a Alejandro Farnesio y al ejército de Flandes que acuda en auxilio de la Liga que, derrotada por Enrique IV, está en serias dificultades; la primera vez, se trataba de impedir que Enrique IV tomase París; la segunda, de levantar el sitio de Ruán. Felipe II ordena que entre en París una guarnición española, que permanecerá en la ciudad hasta marzo de 1594. Subestima el sentimiento patriótico de los franceses al imaginar que puede darles a su hija, Isabel Clara Eugenia, como reina, con el pretexto de que es una Valois, nieta de Enrique II. Es esta tentativa la que se denuncia en la *Satyre Ménippée* (1593). Este panfleto se burla del «catholicón», una droga milagrosa compuesta del lorenés —el duque de Mayenne, jefe de la casa de Lorena— y del español Felipe II. Enrique IV nunca olvidará estos ataques. A pesar de la paz de Vervins (1598), seguirá odiando a España[276]. Una vez fallecido Enrique IV, la regenta María de Médi-

---

[276] Véase esta carta de Enrique IV a su amante, la marquesa de Verneuil, en 1608: «Esta mañana, en misa, vi en manos de nuestro hijo unas oraciones en español; me dijo que vos se las habíais dado. No quiero que sepa ni aun que hay una España».

cis confía en la política de los «matrimonios españoles» para acercar a Francia y España: Luis XIII se desposará con la infanta Ana de Austria y el futuro Felipe IV con la princesa Isabel de Borbón. A este proyecto se oponen los hugonotes y todo un clan de grandes señores, encabezados por Condé, príncipe de la sangre; la guerra civil está a punto de estallar de nuevo. Los matrimonios se celebran en 1615, pero, en Francia, se sigue desconfiando de España. Hay que decir que motivos no faltaban: los dos países están enfrentados en casi toda Europa, especialmente en Holanda, en Italia y en Navarra. En 1617, un emigrado español, Carlos García, publica en versión bilingüe, francés-español, un librito titulado *La oposición y la conjunción de dos grandes luminarias de la Tierra o Antipatía de españoles y franceses*. Es un panegírico en honor de los matrimonios españoles, de los que se esperan resultados venturosos. La idea esencial es: Francia y España son dos modelos opuestos, pero igual de nobles; por tanto, su pugna natural es buena, como es bueno para la tierra ser iluminada por el Sol y por la Luna; de la «conjunción de estas dos luminarias» puede surgir la felicidad de la cristiandad[277]. La rivalidad entre Francia y España perdurará hasta fines del siglo XVII.

En estas circunstancias, se entiende que el proyecto de traer carmelitas españolas a Ruán, en 1592, fuese juzgado inoportuno o prematuro. Quintanadoine no pierde la esperanza. Ordenado sacerdote en 1598, se consagra a dar a conocer a Teresa en Francia. Manda imprimir su retrato en estampas que distribuye generosamente por todo el reino. Traduce sus obras. El 31 de enero de 1601 aparece en París la *Vida*, y, poco después, el *Camino de perfección* y el *Castillo interior*. Esta campaña logra su propósito: personas de toda condición descubren las sutilezas de la oración y de la vida interior; algunas jóvenes contemplan la idea de entrar en el Carmelo. Así es como la señora Acarie, rica burguesa de París, con muchas relaciones en la corte y en la ciudad, se interesa por la carmelita española; es conquistada de inmediato y se entrega a la misión de importar la espiritualidad de Teresa de Ávila. Le habla de su plan a Bérulle. Quintanadoine se hace a un lado ante estas personalidades tan influyentes. Ahora es en París, y no en Ruán, donde se piensa fundar el primer carmelo.

Los obstáculos políticos no habían desaparecido. Era preciso lograr que Enrique IV admitiese que había que ir a España en busca de ins-

---

[277] J. M. Pelorson, «El doctor Carlos García...», en *Bulletin hispanique*, LXXI.

piración religiosa. Tarea que emprendió Louise de Bourbon, princesa de Longueville[278]. Príncipes de la sangre, doctores de la Sorbonne y altos magistrados también abogaron en favor del proyecto. El 18 de julio de 1602, Enrique IV concede su licencia. Ya estaba previsto que el primer carmelo francés se construiría en la calle Saint-Jacques, en el lugar donde antes estaba un priorato de la Orden de San Benito llamado Notre-Dame-des-Champs; el proyecto seguiría las líneas que la propia santa Teresa había trazado para los conventos españoles. El 29 de marzo de 1603, ante una concurrencia de notables, la duquesa de Nemours, en representación de la reina María de Médicis, puso la primera piedra, la princesa de Longueville y la princesa d'Estouteville, su hermana, la segunda. Por precaución, se juzgó conveniente pedir la autorización del papa Clemente VIII, que la concedió el 3 de noviembre de 1603.

Solo faltaban las carmelitas, pues se había decidido que no se limitarían a retomar la Regla y las Constituciones fijadas por santa Teresa, sino que se pediría a unas religiosas españolas que viniesen ellas mismas a fundar el primer convento francés. No era cosa fácil. Si los franceses veían en España a un enemigo, los españoles consideraban a Francia como un país infectado de herejes; se exageraba el número y la importancia de los hugonotes; incluso se dudaba de la ortodoxia del clero católico. Para convencer a las carmelitas, se confiaba en Quintanadoine, que conocía el país y tenía amigos. Quintanadoine se embarcó en Nantes, en noviembre de 1603, con algunas damas de la nobleza francesa: la señora Jourdain —la futura Luisa de Jesús, una de las tres primeras postulantas, la señora du Pulcheu, cuyo hermano era doctor en teología en España, y Rose Lesgue, que también será carmelita.

La travesía hasta Laredo duró diez días. El 30 de diciembre los viajeros llegan a Valladolid. Las negociaciones fueron largas y difíciles. Los carmelitas de España se mostraban reticentes. Para superar los obstáculos, se decidió que acudiese una personalidad que imponía. Bérulle viajó a España, en febrero de 1604, acompañado por un consejero de Estado, el señor Gauthier, encargado de intervenir ante el rey de España en nombre de Enrique IV. El general de los descalzos convocó en Segovia un capítulo en que participaron las personalidades más importantes del Carmelo español, además de Bérulle,

---

[278] «Princesa de eminente virtud», según Racine (*Abrégé de l'histoire de Port-Royal*); fue la primera esposa de Henri d'Orléans, duque de Longueville.

Gauthier y Quintanadoine[279]. El 12 de agosto de 1604 se llegó a un acuerdo sobre el número y la identidad de las seis religiosas que debían viajar a Francia. Estarían dirigidas por Ana de Jesús, sin duda la discípula más fiel de santa Teresa. Había tomado el hábito en Ávila, el 1 de agosto de 1570; por entonces se llamaba Ana de Lobera y tenía veinticinco años; la propia Teresa le sugirió que adoptase el mismo nombre religioso que ella. Había sido sorda y muda hasta los siete años. Fue Ana de Jesús la que hizo las gestiones con vistas a la publicación de las obras de santa Teresa en 1588. También fue ella la que le pidió a san Juan de la Cruz que redactase el comentario del *Cántico espiritual*[280]. Participó con santa Teresa en la fundación del carmelo de Beas, luego, con san Juan de la Cruz, en la fundación de los conventos de Granada y de Madrid. Tras la muerte de Teresa, defendió con valor y tenacidad la obra de la reformadora, que los superiores del Carmelo querían desnaturalizar, lo que le costó sanciones disciplinarias. La segunda personalidad del grupo era Ana de San Bartolomé. Nacida en 1549, entró en el carmelo de Ávila en 1570 como hermana conversa. A partir de 1574 no vuelve a separarse de santa Teresa; es su enfermera, la sigue en todos sus desplazamientos; ella, que era analfabeta, aprende a leer y escribir para ser su secretaria. En Alba de Tormes, Teresa murió en sus brazos. Las demás religiosas (Eleonora de San Bernardo —la más joven y la única que hablaba francés—, Isabel de San Pablo, Isabel de los Ángeles y Beatriz de la Concepción) no son tan conocidas.

La pequeña expedición abandonó Valladolid el 24 de agosto de 1604. Se había decidido que harían el viaje por tierra. De Bayona a París, las carmelitas veían herejes por todas partes; todos los franceses lo son, escribía Ana de Jesús, no hay más que verlos: ¡parecen réprobos! El 15 de octubre las religiosas llegan a París. La señora Acarie las esperaba en el Petit Châtelet; de allí las acompaña a la abadía de Saint-Denis. Ana de Jesús, olvidadas ya sus reticencias, no oculta su entusiasmo. Se muestra maravillada por la arquitectura del lugar, por sus reliquias, por el fervor de los religiosos; exclama: ¡Es mejor que El Escorial! Al día siguiente, en Montmartre, en la abadía de las benedictinas, Ana de Jesús se admira ante unas religiosas que se reformaron solas, gracias a la lectura de los libros de santa Teresa;

---

[279] Las intervenciones de Bérulle fueron en latín, las de Quintanadoine en español.
[280] El libro, escrito en 1584, le está dedicado.

le parecen dignas de ser descalzas; se sorprende ante la asistencia a los sacramentos: era como estar en la Iglesia primitiva; ahora incluso el rey le parece muy católico.

El 17 de octubre de 1604 las religiosas se instalan en su nuevo monasterio. Las siete primeras carmelitas francesas toman el hábito el 1 de noviembre. Entre ellas figura una joven de la familia de Quintanadoine que, al saber español, servirá de secretaria e intérprete a la priora Ana de Jesús. De la formación espiritual se encargarán unos padres capuchinos. Jean de Quintanadoine expone las costumbres que rigen en los carmelos descalzos de España. Bérulle es el confesor. Gracias al ejemplo de las religiosas españolas, las carmelitas francesas van a vivir, en pleno París, como si estuvieran en un carmelo español. Tras la muerte de su marido (1613), la señora Acarie se reunirá con sus tres hijas en el carmelo, bajo el nombre de María de la Encarnación.

El éxito es rápido. Al cabo de menos de un año desde la fundación de París, se funda un carmelo en Pontoise; Ana de Jesús le pide a Ana de San Bartolomé que sea la priora; con este motivo, le impone a la antigua enfermera de santa Teresa el velo negro de las coristas —hasta entonces vestía de blanco, como las hermanas conversas—. Los carmelos se suceden: Dijon, Amiens, Tours, Ruán, Burdeos, Châlons, Besançon, Dieppe. En 1644, al morir Isabel de los Ángeles —la última española que quedaba en Francia—, el Carmelo francés tenía cincuenta y cinco monasterios, sin contar los conventos de los carmelitas descalzos: el primero se fundó en París, en la calle Vaugirard, en 1611. A pesar del éxito, las carmelitas españolas nunca se sintieron a gusto en Francia. Ana de Jesús era autoritaria, y la acusaron de autoritarismo. Le hubiese gustado que los carmelos franceses fuesen de todo punto idénticos a los españoles. Ahora bien, Bérulle quería inspirarse en la obra de santa Teresa y conservar su espíritu, pero también tener en cuenta el temperamento francés; quería un carmelo francés, no un enclave español en Francia. A Ana de Jesús le costaba admitir semejante pretensión. Cuando Bérulle hablaba de *adaptación*, Ana de Jesús entendía *traición*. En 1614 Bérulle se hizo nombrar visitador perpetuo de los carmelos franceses; no ocultó que, después de él, esta función estaría reservada a los futuros generales del Oratorio, pretensión que terminó de sublevar a los españoles en su contra: la polémica durará hasta 1623[281].

---

[281] Henri Bremond, *Histoire littéraire du sentiment religieux en France*. Tomo II: *L'Invasión mystique. 1590-1620*, Librairie Armand Colin, París, 1967, p. 264.

Por esa época, ya hacía varios años que las carmelitas españolas habían abandonado Francia. La ocasión se presentó gracias a una invitación de la princesa Isabel Clara Eugenia, hija de Felipe II. Esta gobernaba Flandes —la Bélgica actual—, autónoma desde 1598. En 1606 la princesa decide fundar un carmelo reformado en Bruselas. Se dirigió a Ana de Jesús, que aceptó en el acto. A Ana no le importaba dejar Francia donde todo, empezando por la lengua, le era extraño. En Bruselas, por el contrario, Ana de Jesús estaría en territorio conocido; podría retomar el contacto con sus compatriotas[282]. Bérulle no se opuso a su partida; tal vez incluso se alegró. La autorizó a que la acompañasen las religiosas españolas que desearan seguirla. Todas se marcharon menos una: Isabel de los Ángeles, que moriría en Limoges en 1644. A partir de Bruselas, el Carmelo reformado se multiplicó por otras ciudades: Lovaina, Mons, Amberes...[283].

Port-Royal

A pesar de la partida de las carmelitas españolas, Francia siguió interesándose por santa Teresa. Es lo que se deduce por el número y la calidad de las traducciones. Hemos visto que Brétigny —alias Quintanadoine— fue, en 1601, el primero en dar a conocer al público francés, en su lengua, los libros de la mujer que estaban a punto de canonizar; esta primera traducción está directamente en el origen de los carmelos reformados de Francia. Es a uno de los primeros carmelitas franceses, el padre Cyprien de la Nativité de la Vierge, a quien le debemos las más hermosas traducciones de las obras de Juan de la Cruz y de santa Teresa, publicadas, respectivamente, en 1641 y en 1644[284]. Se

---

[282] Allí, en efecto, se encontrará con el gran amigo de santa Teresa, el padre Jerónimo Gracián de la Madre de Dios.

[283] Hace diez años se publicó una parte de la correspondencia de Ana de Jesús; Concepción Torres, *Ana de Jesús. Cartas (1590-1621)*, Universidad de Salamanca, 1995, pero esta edición deja bastante que desear.

[284] *Œuvres spirituelles du bienheureux Père Jean de la Croix, premier carme déchaussé; Sainte Thérèse de Jésus, Œuvres nouvellement traduites d'espagnol en françois par le R. Père Cyprien de la Nativité de la Vierge, carme déschaussé*. Alphonse Vermeylen señala otra traducción de las obras de santa Teresa, la de Elisée de Saint-Bernard, pero no da más información; ver Alphonse Vermeylen, «Sainte Thérèse et Port-Royal», en *Les Lettres romanes*, t. XII, 1958, p. 145.

sabe poco de él: se llamaba André de Compans; nació en París, en 1605; tomó el hábito de los carmelitas en 1633, en el convento de la calle Vaugirard; murió en 1680 tras recorrer varios países de Oriente y publicar veinticinco libros. La traducción del padre Cyprien de la Nativité es fiel al original; además, está escrita elegantemente y aún conserva todo su encanto a pesar de sus arcaísmos[285]. Desde el punto de vista de la historia de las ideas, sin embargo, es otra traducción la que suscita nuestro interés, la de Arnauld d'Andilly: *Les Œuvres de sainte Thérèse divisées en deux parties*. Esta traducción, en efecto, da fe del crédito de santa Teresa en los ambientes próximos a Port-Royal[286].

«A principios del siglo XVII —escribe Sainte-Beuve en su *Port-Royal*—, la Iglesia —la Iglesia católica— se hallaba en un estado de peligro y de relajación que exigía, desde todos los puntos de vista, una reparación activa.» La fundación de carmelos inspirados en la obra de santa Teresa, el Oratorio y otras iniciativas del mismo estilo, forman parte de esos esfuerzos para restaurar la vida religiosa y renovar la espiritualidad. Port-Royal es sin duda la tentativa más ambiciosa. Todas estas empresas le deben mucho a Teresa, la historia de Port-Royal tanto como las otras: sus renovadores no dejaron de profundizar en los libros de la santa de Ávila.

En Port-Royal, en el valle de Chevreuse, había desde 1204 un monasterio de mujeres que dependía de la Orden del Císter. Con el tiempo, la disciplina y la vida conventual se habían relajado mucho. En 1599, Port-Royal acoge a una niña de ocho años, Jacqueline Arnauld, nacida en una reputada familia de togados. Gracias a sus relaciones, Antoine Arnauld, abogado del rey, logró que la admitiesen como coadjutora de una abadesa cuya sucesión pronto le correspondería, en 1602, a pesar de que el derecho canónigo prohibía nombrar a una abadesa de tan corta edad. Jacqueline no sentía la menor vocación por la vida conventual; para ella, Port-Royal no era más que un medio de hacer carrera en las órdenes igual que hubiese podido hacerla en el mundo. Los sermones y las lecturas le abrieron los ojos. En 1609 —tiene entonces dieci-

---

[285] Paul Valery juzgaba muy favorablemente la traducción de las obras de san Juan de la Cruz: «Le propongo a los amantes de las maravillas de nuestra lengua considerar a partir de ahora al R. P. Cyprien de la Nativité de la Vierge como uno de los poetas más perfectos de Francia».

[286] La primera parte aparece en 1659; incluye, entre otras, el *Camino de perfección*. La *Vida* y el *Castillo interior* figuran en la segunda parte, publicada en 1670.

siete años—, la madre Angélique, su nombre a partir de ese momento, decide restablecer la regla primitiva en la abadía de Port-Royal. Lo consigue tras muchos esfuerzos para convencer a unas religiosas apegadas a sus costumbres y para lograr que sus propios padres acepten la reforma; estos, pasando por alto la regla de clausura, entraban en el monasterio a su antojo y se consideraban en él como en su casa. El episodio más conocido de esta lucha contra su propia familia tiene lugar el 25 de septiembre de 1609; es el célebre día de la reja: la madre Angélique le prohíbe a su padre quebrantar la clausura y solo acepta hablar con él a través de la reja del locutorio[287]. Que los libros de santa Teresa figuran entre los que provocaron la «conversión» de la madre Angélique es algo que no cabe dudar. La traducción de Brétigny-Quintanadoine se había publicado unos años antes con el éxito que ya hemos mencionado; al igual que santa Teresa, la madre Angélique insistía mucho en dos puntos de la regla: la pobreza y la clausura. En Port-Royal se estudiaba el *Camino de perfección*; se rezaba según el método de santa Teresa, hasta el punto que, en todo el Císter, se llamaba a la madre Angélique «Teresa de la orden». La celda de la madre Agnes, hermana pequeña de Angélique, llevaba el nombre de santa Teresa. En 1625 la madre Angélique había fundado el Port-Royal de París. En mayo del año siguiente fue a buscar a las religiosas que había dejado en Champs. Su director, Zamet, que también frecuentaba el Oratorio y el Carmelo, le sugirió en esta oportunidad que visitase a las carmelitas de la calle Saint-Jacques. Pasó allí casi un día entero. Las carmelitas estaban encantadas; llamaban a Angélique *Madre Teresa* porque encontraban muchos parecidos entre las dos reformadoras, no solo en espíritu, sino también en el rostro; incluso se decía que «tenían unas verrugas en los mismos sitios». La joven Ana, hermana de la madre Angélique, entró en Port-Royal como novicia en octubre de 1616; para consolarla de sus penas espirituales y de sus dudas, «le dieron a leer la vida de santa Teresa tal como la santa la escribió, y este ejemplo la guio» (Sainte-Beuve).

---

[287] Esta escena recuerda la historia de Casilda de Padilla tal como santa Teresa la cuenta en las *Fundaciones*, pero la madre Angélique no podía conocerla: las *Fundaciones* no se publicaron hasta un año más tarde, en 1610, y los editores habían censurado todo lo referido a Casilda que, por entonces, aún vivía y no quería que se divulgasen sus desventuras. La madre Angélique pudo tener conocimiento de este pasaje por algunos amigos que habían leído el manuscrito de santa Teresa o que habían oído hablar del episodio.

No solo la priora admira a santa Teresa; es todo lo que gravita en torno a Port-Royal. A partir de 1635, Jean du Vergier de Hauranne, abad de Saint-Cyran, aporta a la comunidad, como director espiritual, una doctrina sobria y clara, una ciencia religiosa impresionante y la exigencia de un cristianismo intransigente que rechaza todo compromiso con el mundo; llega a juzgar severamente la corrupción de la Iglesia contemporánea e incluso el amoralismo político de Richelieu. Estas opiniones seducen a las almas exigentes, primero, a la madre Angélique, luego a uno de sus sobrinos, el abogado Antoine Le Maistre, que, en 1637, decide retirarse en soledad. Alrededor de él se forma entonces una comunidad original, la de los «solitarios de Port-Royal», que se instalaron en los locales abandonados de la abadía de Champs. Richelieu se preocupa; teme que el grupo de los solitarios intente combatirlo. En 1638 ordena encarcelar a Saint-Cyran en la torre de Vincennes; el abad no saldrá de allí hasta 1643, tras la muerte de Richelieu. Este arresto se explica ante todo por motivos políticos, pero, si le hacemos caso al abad, también había motivos religiosos; el 26 de junio de 1642 escribe que lo han encarcelado «por haber practicado la teología de santa Teresa»[288]. Por otra parte, ¿en qué emplea Saint-Cyran este tiempo de ocio forzado? En leer las obras de santa Teresa.

El hermano de la madre Angélique, Antoine, llamado el Gran Arnauld (1612-1694), es uno de los alumnos más brillantes del abad de Saint-Cyran. Ingresó en Port-Royal en 1641, después de defender su tesis en la Sorbona y ordenarse sacerdote. Dos años más tarde publica el tratado *De la comunión frecuente*. En él se cita a santa Teresa junto con Francisco de Sales, Juan de Ávila, Luis de Granada y la *Imitación de Jesucristo*. Lo que más le llama la atención al autor son las advertencias de santa Teresa —en el *Camino de perfección* o en la *Vida*— sobre la elección del confesor: es importante que sea realmente versado; en el peor de los casos, es mejor un ignorante que un «medio letrado».

A uno de estos «solitarios» le debemos una de las traducciones en francés de las obras de santa Teresa: Robert, de nombre Arnauld d'Andilly, hermano de la madre Angélique, al que Saint-Cyran designó como su legatario universal. En 1657 la duquesa de Montpensier, llamada la Gran Señorita, llegó de improviso a Port-Royal. Encuentra a Arnauld d'Andilly ocupado en su traducción y lo felicita. Ella misma,

---

[288] Carta a la Madre de Puylaurens, citada por Alphonse Vermeylen, «Sainte Thérèse et Port-Royal», en *Les Lettres romanes*, t. XII, 1958, p. 143.

unos años antes, en 1647, había pensado en hacerse carmelita. Durante toda su vida seguirá interesándose en el pensamiento de santa Teresa. En 1660, en San Juan de Luz, adonde había acompañado a la corte con motivo de la boda del rey, la Gran Señorita se quedó pensativa contemplando los Pirineos; se acordaba de su visita a Port-Royal, de Arnauld d'Andilly afanado en su traducción de las obras de santa Teresa; ¿se lamentó entonces de no haber entrado en el Carmelo[289]?

Pascal, lector de santa Teresa

Pascal es una de las personalidades fascinadas con Port-Royal. En 1646, en Ruán, donde su padre había sido nombrado comisario en la percepción de impuestos, unos amigos dieron a conocer a su familia las obras de Saint-Cyran. Su hermana Jacqueline quedó tan impresionada que ingresó en Port-Royal en la primavera de 1653. Año y medio más tarde, en la noche del 23 de noviembre de 1654, Pascal vive la experiencia mística que le hace cambiar de vida. En enero de 1655 se convierte en uno de los «solitarios» de Port-Royal de Champs. Entonces tiene la oportunidad de conocer mejor a los místicos españoles, de los que ya había oído hablar. Su padre, Étienne Pascal, había trabado amistad con uno de sus familiares, Jacques Chardon, cuyo hijo Blaise pronto profesará en los carmelitas descalzos de la calle Vaugirard (15 de agosto de 1634). Ahora bien, los Pascal vivían a seiscientos metros del convento. Es más que probable que Blaise Pascal comenzase entonces a iniciarse en la mística carmelitana. Al calor de los contactos con el carmelo, lee las obras de san Juan de la Cruz en la traducción del padre

---

[289] «Hacia mediados de mayo de 1660, estando la corte en San Juan de Luz para la boda del rey, Madame de Motteville no se cansaba de admirar la belleza imprevista de los Pirineos [...]. La Señorita, a su manera, y más confusamente, sentía lo mismo. Un día, estando junto a una ventana del apartamento del cardenal desde donde se veía el río y las montañas, Madame de Motteville y ella empezaron a intercambiar sus ensoñaciones, como diríamos hoy, y a hablar de la soledad de los desiertos. Al volver a su casa, la Señorita escribió una larga carta para fijar su plan. La antigua visita a Port-Royal se reflejó en ella; ese volumen de santa Teresa entreabierto sobre la mesa del señor d'Andilly, y publicado el año anterior, dejó su huella. En este desierto de fantasía, en efecto, donde el matrimonio debe permanecer ignorado, donde la galantería quiere reinar con inocencia, al fondo se veía, a través de la espesura, un monasterio de mujeres según santa Teresa de Ávila» (Sainte-Beuve, *Port-Royal*).

Cyprien de la Nativité, que le son muy provechosas; en los *Pensamientos* encontramos su huella [290]. En cuanto a los libros de santa Teresa, Pascal no podía desconocer las traducciones que circulaban desde 1601, además de que uno de los maestros más eminentes de Port-Royal, Arnauld d'Andilly, había añadido una nueva. Algunos eruditos han señalado la deuda de Pascal con santa Teresa [291]. Nos limitaremos a retomar las conclusiones y aportar algunos detalles.

En los *Pensamientos* encontramos cuatro referencias explícitas a santa Teresa. En la primera, el fragmento 499 [292], titulado *Obras exteriores*, Pascal previene a su lector: hay motivos sobrados para admirar a santa Teresa, pero no hay que equivocarse; no basta con «imitar sus discursos»; hay que amar en ella lo que complace a Dios, a saber «su profunda humildad en sus revelaciones»; es ahí donde radica «la grandeza de santa Teresa».

Los otros tres fragmentos que hacen referencia a la carmelita de Ávila parecen ser notas preparatorias para las *Provinciales*, notas que no se recogieron en la redacción definitiva.

Hoy se mira a san Atanasio y a santa Teresa como «coronados de gloria y... como a dioses» (868), pero en su tiempo, «ese gran santo era un hombre que se llamaba Atanasio, y santa Teresa, una joven»; los acusaban de crímenes contra la fe; los condenaban; «sin embargo, salvaron a la Iglesia».

El fragmento 917 (*Probabilidad*) parece atacar el laxismo: «El fervor de los santos al buscar lo auténtico era inútil, si lo probable es seguro. El miedo de los santos que siempre habían perseguido lo más seguro (como santa Teresa siempre siguió a su confesor)». Lo más seguro, nos dice santa Teresa, es obedecer a su confesor. ¿No es lo que expresa Pascal en las últimas líneas del *Memorial* de 1654 [293] y en el *Misterio de Jesús* [294]?

---

[290] Ver André Bord, *Pascal et Jean de la Croix*, Beauchesne, París, 1987.

[291] Alphonse Vermeylen, *Sainte Thérèse en France au XVIIe siècle*, Lovaina, Publicaciones de la universidad de Lovaina, 1958; ver también el libro ya citado de André Bord y el artículo de Robert Ricard, Pascal, «Santa Teresa y los santos», en *Studia hispanica in honorem R. Lapesa*, t. I, Gredos, Madrid, 1972, pp. 439-442.

[292] Aquí, como en todo este desarrollo, citamos siguiendo la edición Brunschvicg de los *Pensamientos*.

[293] «Sumisión total a Jesucristo y a mi director.»

[294] «Interroga a tu director cuando mis propias palabras son motivo de mal, de vanidad o de curiosidad.»

En la edición Lafuma (nº 808) también se lee una lacónica referencia: «Santa Teresa, 474». Tal vez Pascal hace alusión a un pasaje de las obras de la carmelita, ¿pero a cuál?

En otros pasajes de los *Pensamientos* Pascal retoma ideas, incluso palabras, sacadas de las obras de santa Teresa, aunque no la mencione explícitamente.

«El hombre no es ni ángel ni bestia» (fragmento 358). Según Brunschvicg, esta reflexión en forma de proverbio está inspirada por una frase de los *Ensayos* de Montaigne: «Quieren salir de ellos mismos y escapar al hombre; es una locura; en vez de transformase en ángeles, se transforman en bestias». Esta es una idea que se repite al menos tres veces en la pluma de Teresa. Leemos en la *Vida* (cap. XXII): «Nosotros no somos ángeles, sino tenemos cuerpo. Querernos hacer ángeles estando en la tierra —y tan en la tierra como yo estaba— es desatino». En el *Camino de perfección* (cap. III) Teresa exhorta a las religiosas a rezar por los que defienden a la Iglesia en el mundo, pues tienen tanto mérito como los carmelitas de clausura: «¿Pensáis, hijas mías, que es menester poco para tratar con el mundo y vivir en el mundo y tratar negocios del mundo y hacerse, como he dicho, a la conversación del mundo, y ser en lo interior extraños del mundo y enemigos del mundo y estar como quien está en destierro y, en fin, no ser hombres sino ángeles?». Más próxima al pensamiento de Pascal parece esta recomendación del *Camino de perfección* (cap. XXVI): «Dios nos libre, hermanas, cuando algo hiciéremos no perfecto decir: "no somos ángeles", "no somos santas". Mirad que, aunque no lo somos, es gran bien pensar, si nos esforzamos, lo podríamos ser, dándonos Dios la mano; y no hayáis miedo que quede por Él, si no queda por nosotras. Y pues no venimos aquí a otra cosa, manos a labor, como dicen: no entendamos cosa en que se sirve más el Señor, que no presumamos salir con ella con su favor. Esta presunción querría yo en esta casa, que hace siempre crecer la humildad: tener una santa osadía, que Dios ayuda a los fuertes y no es aceptador de personas». Estas líneas nos recuerdan la argumentación del fragmento 418: «Es peligroso hacerle ver al hombre en demasía cuán parecido es a las bestias, sin mostrarle su grandeza...».

Los fragmentos 82 y 308 sobre la necesidad que tienen los reyes y algunas profesiones (magistrados, médicos...) de recurrir a artificios para hacer que se les reconozca una autoridad que les falta, recuerdan los pasajes de Teresa sobre los medios que emplean los reyes para imponerse a sus súbditos: «Con mirar vuestra persona, se ve luego que es solo el que merecéis que os llamen Señor, según la majestad mostráis. No es menester gente de acompañamiento ni de guarda para que conozcan que sois Rey. Porque acá un rey solo mal se conocerá por sí. Aunque él más quiera ser conocido por rey, no le creerán, que no tiene más que los otros; es menester que se vea por qué lo creer, y así es razón tenga estas autoridades postizas, porque si no las tuviese no le tendrían en nada. Porque no sale de sí el parecer poderoso. De otros le ha de venir la autoridad» (*Vida*, cap. XXXVII). Santa Teresa retoma la misma idea en las *Moradas*: «No es menester aquí preguntar cómo sabe quién es sin que se lo hayan dicho, que se da bien a conocer que es Señor del cielo y de la tierra; lo que no harán los reyes de ella, que por sí mismos bien en poco se tendrán, si no va junto con él su acompañamiento, o lo dicen» (*Sextas Moradas*, cap. IX)[295].

Sabemos, finalmente, cuanto apreciaba Teresa a los confesores que habían recibido una sólida formación universitaria; esos hombres que, en la España del siglo XVI, llamaban «letrados», sabios si se prefiere. También conocemos el recelo que le inspiraban los «medio letrados» que tanto daño le hicieron (*Vida*, cap. V); muy a su pesar, aprendió lo que supone confiar en ellos (*Quintas Moradas*, I). Mirándolo bien, más vale un ignorante que un medio letrado. ¿Se acordaba Pascal de estas observaciones cuando contrapone «al pueblo» con los «medios letrados» (fragmento 324) o a los «hábiles» con los «medio hábiles» (fragmento 337[296]). Me inclino a creerlo, sobre todo si observamos que Arnauld d'Antilly traduce «letrado» por «hábil» y «medio letrado» por «medio hábil»[297].

---

[295] Comparar con los *Pensamientos*. Para parecer tales, los reyes «se hacen acompañar por guardias, por alabardas. Esos rubicundos armados que solo tienen manos y fuerza para ellos, los clarines y los tambores que marchan por delante, y esas legiones que los rodean y atemorizan hasta a los más valientes [...]. Hay que tener un juicio muy depurado para mirar como a un hombre cualquiera al Gran Señor rodeado, en su magnífico serrallo, por cuarenta mil jenízaros» (fragmento 82). «La costumbre de ver a los reyes acompañados por guardias, tambores, oficiales y por todas las cosas que inclinan al respeto y al terror hace que su rostro, cuando a veces está solo y sin sus acompañantes, imprima en sus súbditos el respeto y el terror (fragmento 308).

[296] «El pueblo honra a las personas de noble cuna. Los mediohábiles las desprecian, diciendo que el nacimiento no es una cualidad de la persona, sino del azar. Los hábiles las honran, no por lo que piensa el pueblo, sino porque tienen segundas intenciones. Los devotos que tienen más celo que ciencia, las desprecian...»

[297] El adjetivo «hábil» sugiere un saber unido a la experiencia. Littré lo define así (tercera acepción): «El que sabe hacer, capaz de aplicar lo que sabe», con un ejemplo de Voltaire: «El hombre hábil es el que utiliza muy bien lo que sabe».

Conclusión

¿TIENE algo que decirles Teresa de Ávila a los hombres de hoy? Si no estuviera convencido de ello, no habría escrito este libro. Al proclamarla Doctora de la Iglesia universal, el papa Pablo VI animó a los creyentes a tomarla por modelo y guía. En cuanto a los agnósticos, los que admiran a la mística sin compartir su fe, deberían ser sensibles a una obra que, más allá de sus cualidades literarias, da fe de una alianza excepcional entre la contemplación y la acción, la sensibilidad y la inteligencia, la humildad bien entendida y el valor de ser uno mismo.

Los libros que Teresa escribió iban destinados por igual a unos directores espirituales exigentes y a unas religiosas de clausura (la mayoría sin formación). Al dirigirse a eruditos, pero también a incultos, Teresa tuvo que esforzarse por evitar los malentendidos. Nada más explícito que el pasaje de la *Vida* sobre las tres mercedes[1]: no basta con experimentar sentimientos elevados; también hay que ser capaz de analizarlos y exponerlos. La primera merced designa la experiencia mística y, de forma general, el fervor que se puede sentir ante una causa noble. Teresa era muy dada a esa especie de entusiasmo que se parece a la exaltación, pero sabía volver atrás y examinar ese impulso con la mirada fría de la inteligencia para no dejarse engañar por su corazón. Esta lucidez viene acompañada por un esfuerzo de expresión: comprender y hacerse comprender. No es solo por prudencia respecto a censores e inquisidores por lo que Teresa intenta describir lo más exactamente posible lo que le pasa, aun tratándose de experiencias que son, hablando con propiedad, inefables; necesita ver con

---

[1] «Una merced es dar el Señor la merced y otra es entender qué merced es y qué gracia; otra es saber decirla y dar a entender como es» (*Vida*, XVII).

claridad en sí misma; el análisis no será completo si no consigue dar cuenta de él de la forma más precisa posible. Así se explica el recurso de las metáforas, las repeticiones, las fórmulas del tipo: «quisiera que me entendieran bien»; «me gustaría expresarme con más claridad», etc. En su esfuerzo para diferenciar la experiencia del amor de su comprensión y de su expresión, Teresa logró la proeza de iluminar las realidades más complejas de la vida psicológica[2].

Es lo que tanto sorprendía a Huysmans: «Que [Teresa] es una admirable psicóloga, no cabe dudarlo; pero qué singular mezcla ofrece también de mística ardiente y de mujer de negocios fría. Así, en conclusión, es de doble fondo; es una contemplativa apartada del mundo y es igualmente un hombre de Estado; es el Colbert femenino de los claustros. En suma, nunca mujer alguna fue una obrera de precisión tan perfecta y una organizadora tan eficiente. Cuando se piensa que fundó treinta y dos [*sic*] monasterios, que los sometió a la obediencia de una regla que es un modelo de sabiduría, de una regla que prevé, que rectifica los errores más velados del corazón, causa perplejidad ver que algunos descreídos la tratan de ¡histérica y de loca!»[3]. Teresa se elevó hasta la cima de la vida espiritual, pero siempre conservó la cabeza fría y los pies en la tierra.

En un mundo de hombres, reivindicó el derecho de las mujeres a tener su personalidad y, entre sus contemporáneos, supo convencer a los mejores —Francisco de Borja, Juan de Ávila, Juan de la Cruz, el profesor Báñez...—, a los más temibles —el inquisidor general Quiroga—, a los más poderosos —el rey Felipe II—. No solo los convenció; los sedujo. Teresa tenía encanto; ella lo sabía; y lo utilizaba. Casi siempre, sus superiores le ordenaron lo que ella ya había decidido hacer; creían tener la iniciativa; no se dieron cuenta de que trataban con una mujer tanto más voluntariosa cuanto que hacía profesión de humildad.

Teresa no es solo una contemplativa; es también una mujer que marcó su época. Marcelle Auclair lo ha señalado con toda razón: Teresa estaba dotada con ese tipo de imaginación que se traduce inmediatamente en actos; era una mujer de impulsos; la chispa de un sentimiento inflamaba un proyecto y su realización se concretaba sin demora. Era un carácter dado a la acción, lo que se demuestra por la frecuencia

---

[2] Luis de León le reconoce este mérito: «La luz que pone en las cosas oscuras» (prefacio a las *Obras completas*).

[3] *En route*, Gallimard, Folio classique, 1996, pp. 166-167.

que surge de su pluma la palabra: *determinación*. En español, la palabra tiene el mismo significado que en francés —decisión que excluye cualquier vacilación—, pero con un matiz añadido: el valor que se necesita para pasar a la acción. Una vez tomada la decisión, no hay vuelta atrás; es una cuestión de principios y de amor propio; Teresa irá hasta el final a pesar de los obstáculos y de las advertencias de los prudentes o de los pusilánimes: lo que me da miedo, decía, no es el demonio; son los que le temen al demonio.

Teresa, por último, no es ninguna santurrona. Le horripilan las beaterías. Su primer impulso es desconfiar de los éxtasis; tiende a verlos como una consecuencia de la mala alimentación, de penitencias excesivas o, peor aún, de la flaqueza de espíritu. Se niega a confundir *arrobamientos* y *abobamientos*, ascesis y masoquismo, humildad y menosprecio de uno mismo. No le gusta ver en torno a ella caras largas; se ríe, canta y quiere que las religiosas también rían y canten. Lo más sorprendente, es que este ánimo es el de una mujer que, desde los veinte años, siempre ha estado enferma; eso no le hizo perder la alegría y el sentido del humor[4].

Elevación del pensamiento y profundidad psicológica, rigor en el análisis, precisión en la expresión, sentido de la medida, humor, estas son algunas de las lecciones que Teresa de Ávila es capaz de darle a los hombres de nuestro tiempo.

---

[4] Claire Brétécher supo poner en evidencia este conjunto de cualidades en su cómic, de 1980, la *Vida apasionada de santa Teresa*. Claire Brétécher, que se documentó a fondo sobre la vida de su heroína, captó muy bien su complejidad y su riqueza: la experiencia mística no excluye las preocupaciones cotidianas; la humildad de la religiosa no es incompatible con el orgullo de la escritora; la seriedad de la empresa no impide mantener el buen humor.

Bibliografía

La siguiente lista recoge los títulos esenciales para conocer la vida, las obras y el pensamiento de santa Teresa de Ávila. En las notas a pie de página, hemos indicado otras obras que nos han sido útiles para la preparación de este libro.

1) Obras

Obras completas. Edición manual, ed. Efrén de la Madre de Dios y Otger Steggink, Ed. Católica, 2ª edición, Madrid, 1967.

Œuvres complètes, texte français par Marcelle Auclair, Desclée de Brouwer, París, 1964.

2) Fuentes

Gracián, Jerónimo: *Declamación en que se trata de la perfecta vida y virtudes heroycas de la B. Madre Theresa de Jesús y de las fundaciones de sus monasterios*, Bruselas, 1611.

Juan de Jesús María: *Compendium vitae B. Theresiae Virginis a Jesu*, Romae, apud Steph. Paulinum, 1609.

León, fray Luis de: *De la vida, muerte, virtudes y milagros de la Santa Madre Teresa de Jesús. Libro primero*, edición y estudio al cuidado de María Jesús Mancho y Juan Miguel Prieto, Universidad de Salamanca, 1991.

Procesos de beatificación y canonización de Sta. Teresa de Jesús (1591-1610), ed. Silverio de Santa Teresa, ed. 3 vols, El Monte Carmelo, Burgos, 1934-35.

Ribadeneyra, Pedro de: *Vida de la madre Teresa de Jesús*, Madrid, 1590.

Ribera, fray Francisco de: *Vida de la madre Teresa de Jesús*, Salamanca, 1590.

Yepes, Diego de: *Vida, virtudes y milagros de la bienaventurada virgen Teresa de Jesús*, Zaragoza, 1606.

3) Estudios

Álvarez Vázquez, José Antonio: *"Trabajos, dineros y negocios". Teresa de Jesús y la economía del siglo XVI (1562-1582)*, Trotta, Madrid, 2000.

Auclair, Marcelle: *La Vie de sainte Thérèse d'Avila. La dame errante de Dieu*, Ed. du Seuil, París, 1950.

Bruno de Jesus-Marie: *L'Espagne mystique au XVIe siècle*, París, 1946.

Courcelles, Dominique de: *Thérèse d'Avila: Femme d'écriture et de pouvoir dans l'Espagne du Siècle d'Or*, Éditions Jérôme Million, collection «Golgotha», Grenoble, 1993.

Efrén de la Madre de Dios y Steggink, Otger: *Tiempo y vida de santa Teresa*, Ed. Católica, Madrid, 1968.

Egido, Teófanes: *El linaje judeoconverso de santa Teresa*, Ed. de Espiritualidad, Madrid, 1986.

Etchegoyen, Gaston: *L'Amour divin. Essai sur les sources de sainte Thérèse*, Féret & Fils, Burdeos, 1923.

García de la Concha, Víctor: *El arte literario de Santa Teresa*, Ariel, Barcelona, 1978.

——: *Al aire de su vuelo*, Círculo de Lectores, Barcelona, 2004.

Legendre, Maurice: *Sainte Thérèse d'Avila*, Marsella, 1929.

Lepee, Marcel: *Sainte Thérèse d'Avila. Le réalisme chrétien*, Desclée de Brouwer, París, 1947.

Llamas Martínez, Enrique: *Santa Teresa de Jesús y la Inquisición española*, CSIC, Madrid, 1972.

Márquez Villanueva, Francisco: «Santa Teresa y el linaje», en *Espiritualidad y literatura en el siglo XVI*, Alfaguara, Madrid-Barcelona, 1968.

Márquez Villanueva, Francisco: «La vocación literaria de Santa Teresa», en *Nueva Revista de Filología Hispánica*, 32, 1983, 355-379.

Mir, Miguel: *Santa Teresa de Jesús. Su vida, su espíritu, sus fundaciones*, 2 tomos, Establecimiento tipográfico de Jaime Ratés, Madrid, 1912.

Morel-Fatio: «Les Lectures de sainte Thérèse», en *Bulletin hispanique*, 1908.

Poutrin, Isabelle: *Le voile et la plume: Autobiographie et sainteté féminine dans l'Espagne moderne*, Casa de Velázquez, Madrid, 1995.

Renault, Emmanuel: *Sainte Thérèse d'Avila et l'expérience mystique*, Editions du Seuil, collection Maîtres spirituels, París, 1970.

Ricard, Robert: «Notes et matériaux pour l'étude du "socratisme chrétien" chez sainte Thérèse et les spirituels espagnols», en *Bulletin hispanique*, XLIX, 1947, pp. 5-37, 170-204, y L, 1948, pp. 2-26.

Ricard, Robert: «Sainte Thérèse et le socratisme chrétien», en *Bulletin de littérature ecclésiastique*, XLVI, 1945, pp. 139-158.

Rossi, Rosa: *Teresa de Ávila. Biografía de una escritora*, Icaria Editorial, Barcelona, 1984.

Vermeylen, Alphonse: *Sainte Thérèse en France au XVIIe siècle. 1600-1660*, Lovaina, 1958.

Werrie, Paul: *Thérèse d'Avila*, Mercue de France, París, 1971.

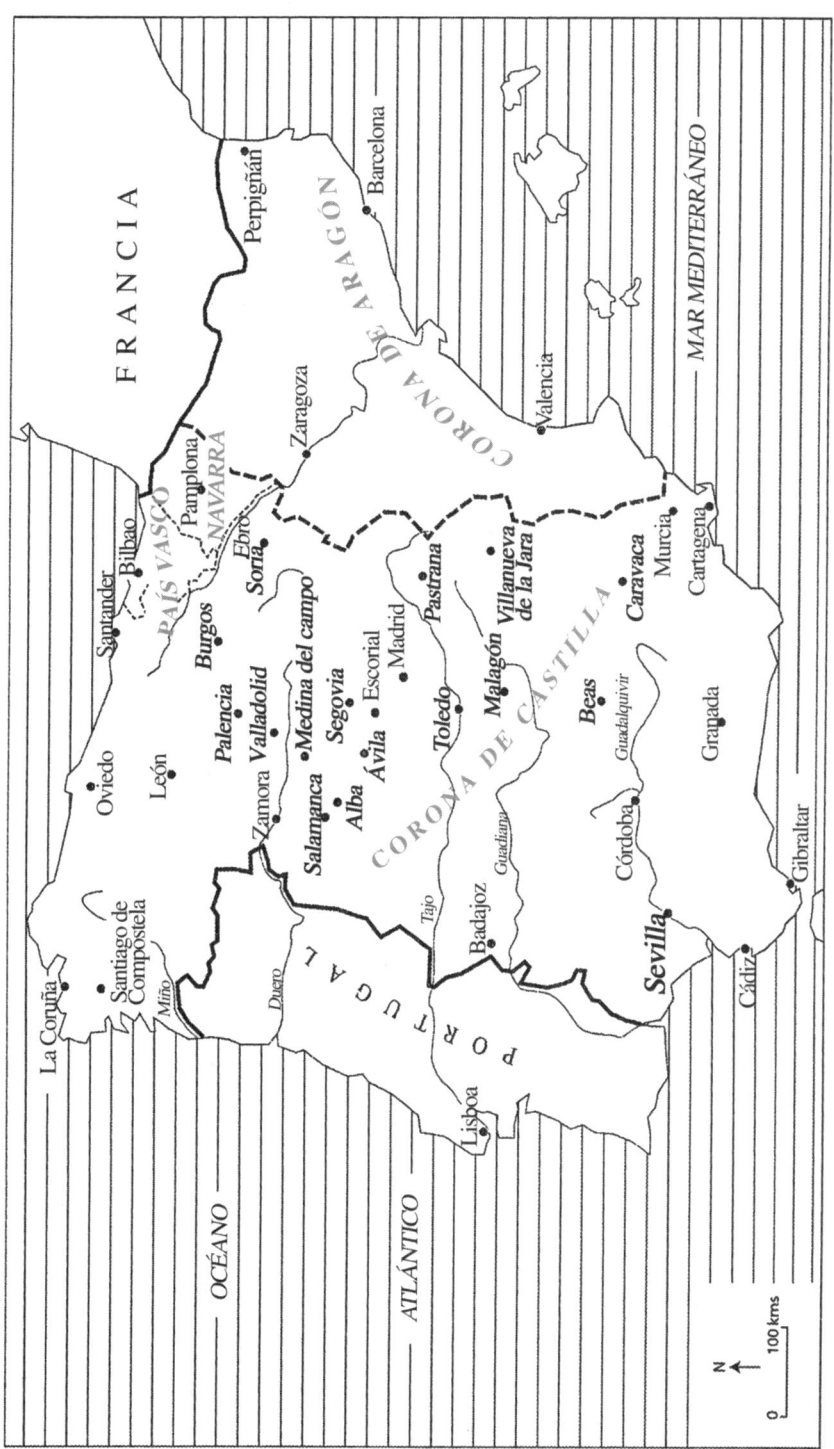

LOS CARMELOS FUNDADOS POR TERESA DE ÁVILA

Cronología

Fecha	Vida y obra de Teresa de Ávila	Acontecimientos históricos	Panorama cultural
1515	28 de marzo: Nacimiento de Teresa de Ávila	Francisco I, rey de Francia Batalla de Marignan	
1516		Enero: muerte de Fernando el Católico, rey de Aragón y regente de Castilla En Bruselas, Carlos de Gante se proclama rey de Castilla y de Aragón	
1517			31 de octubre: Publicación de las tesis de Lutero contra las indulgencias
1519		28 de junio: Carlos de Gante es elegido emperador del Sacro Imperio Romano Germánico Hernán Cortés desembarca en México	
1520		Mayo: sublevación de las Comunidades de Castilla	
1521		21 de abril: derrota de las Comunidades de Castilla en Villalar	27 de enero: Dieta de Worms

Fecha	Vida y obra de Teresa de Ávila	Acontecimientos históricos	Panorama cultural
1525		24 de febrero: batalla de Pavía. Francisco I cautivo en Madrid	
1527		Mayo: el ejército imperial saquea Roma. Nacimiento del futuro Felipe II	La Inquisición publica un edicto contra los alumbrados de Toledo
1528	Muerte de Beatriz, la madre de Teresa		
1529		Los turcos asedian Viena	
1531	Teresa en el convento de Nuestra Señora de Gracia de Ávila		
1532	Enfermedad de Teresa	En Perú, Pizarro captura al inca Atahualpa	
1533		Pizarro se apodera de Cuzco	
1534			15 de agosto: en Montmartre, Ignacio de Loyola pronuncia sus votos
1535	2 de noviembre: Teresa entra en el carmelo de la Encarnación de Ávila	Creación del virreinato de la Nueva España (México)	
1538	Enfermedad de Teresa		
1539			Fundación de la Compañía de Jesús
1541			Ignacio de Loyola, general de los jesuitas
1542		Creación del virreinato de Perú	Nacimiento del futuro san Juan de la Cruz

Fecha	Vida y obra de Teresa de Ávila	Acontecimientos históricos	Panorama cultural
1543	Muerte del padre de Teresa		
1545			13 de diciembre: apertura del Concilio de Trento
1547		31 de marzo: muerte de Francisco I, rey de Francia Enrique II, rey de Francia 24 de abril: Carlos V gana la batalla de Mühlberg	Nacimiento de Cervantes
1556		Abdicación de Carlos V Felipe II, rey de Castilla y de Aragón	Muere Ignacio de Loyola
1557		10 de agosto: Felipe II gana la batalla de San Quintín	
1558		21 de septiembre: muerte de Carlos V en Yuste	
1559		Tratado de Cateau-Cambrésis Muerte de Enrique II, rey de Francia Francisco II, rey de Francia	Autos de fe de Valladolid y Sevilla contra los luteranos La Inquisición detiene a Carranza, arzobispo de Toledo El inquisidor general Valdés publica un *Índice* de libros prohibidos
1560		5 de diciembre: muerte de Francisco II, rey de Francia Carlos IX, rey de Francia	
1561		Felipe II decreta la capitalidad de Madrid	

Fecha	Vida y obra de Teresa de Ávila	Acontecimientos históricos	Panorama cultural
1562	24 de agosto: fundación del primer carmelo reformado (San José de Ávila)		Nacimiento de Lope de Vega
1563			Felipe II da inicio a la construcción del monasterio de El Escorial 14 de diciembre: fin del Concilio de Trento
1564			Felipe Neri funda el Oratorio
1565			Nacimiento de la señora Acarie
1566		Empieza la sublevación de los Países Bajos	
1567	Fundación del carmelo de Medina del Campo	Felipe II envía al duque de Alba a los Países Bajos	
1568	Fundación de los carmelos de Malagón y de Valladolid		
1569	Fundación de los carmelos de Toledo y de Pastrana		
1569-1571		Guerra de Granada: revuelta de los moriscos	
1570	Fundación del carmelo de Salamanca		
1571	Fundación del carmelo de Alba de Tormes	7 de octubre: batalla de Lepanto	
1572		24 de agosto: matanza de San Bartolomé	

Fecha	Vida y obra de Teresa de Ávila	Acontecimientos históricos	Panorama cultural
1574	Fundación del carmelo de Segovia	30 de mayo: muerte de Carlos IX, rey de Francia Enrique III, rey de Francia	
1575	Fundación de los carmelos de Beas y de Sevilla		
1576	Fundación del carmelo de Caravaca		
1580	Fundación de los carmelos de Villanueva de la Jara y de Palencia	Felipe II, rey de Portugal	
1581	Fundación del carmelo de Soria		
1582	Fundación del carmelo de Burgos 4 de octubre: muerte de Teresa de Ávila		El papa Gregorio XIII reforma el calendario
1583	Publicación de *Camino de perfección* en Évora (Portugal)		
1588	Fray Luis de León publica en Salamanca la primera edición, incompleta, de las obras de Teresa de Ávila	La Armada Invencible	
1589		Asesinato de Enrique III, rey de Francia Enrique IV, candidato al trono	
1591			Muerte de Juan de la Cruz

Fecha	Vida y obra de Teresa de Ávila	Acontecimientos históricos	Panorama cultural
1598		Tratado de Vervins Edicto de Nantes Muerte de Felipe II, rey de España Felipe III, rey de España	
1601	Jean de Quintanadoine traduce al francés la *Vida* de Teresa, luego *Camino de perfección* y el *Castillo interior*		
1604	Fundación del carmelo reformado de París		
1605			Cervantes publica la primera parte de *Don Quijote*
1609			Reforma de Port-Royal
1610		Asesinato de Enrique IV, rey de Francia Luis XIII, rey de Francia	
1611		«Matrimonios españoles»	
1613			Bérulle introduce el Oratorio en Francia
1614	Beatificación de Teresa de Ávila		
1615			Segunda parte de *Don Quijote*
1617	Las Cortes de Madrid proclaman a Teresa patrona de España, a la par con el apóstol Santiago		
1620			Duvergier de Hauranne, abad de Saint-Cyran

Fecha	Vida y obra de Teresa de Ávila	Acontecimientos históricos	Panorama cultural
1621		Muerte de Felipe III, rey de España Felipe IV, rey de España	
1622	Canonización de Teresa de Ávila		Muerte de san Francisco de Sales
1623			Nacimiento de Pascal
1643		Muerte de Luis XIII, rey de Francia Luis XIV, rey de Francia	
1644	El padre Cyprien de la Nativité de la Vierge traduce al francés las obras de santa Teresa		
1655			Dispersión de los Solitarios de Port-Royal
1659	Arnauld d'Andilly publica la primera parte de su traducción de las *Œuvres de sainte Thérèse*		
1662			Muerte de Pascal
1670	Arnauld d'Andilly publica la segunda parte de su traducción de las *Œuvres de sainte Thérèse*		
1970	Pablo VI proclama a Teresa Doctora de la Iglesia		

Índice onomástico

Acarie, Barbe Avrillot, señora, 276, 279, 281-282, 293
Águila, María del, 15
Águila, Mencía del, 50
Agustín, san, 15n, 59, 198, 203-204, 208, 216, 237
Ahumada, Beatriz de, 26, 28, 31, 36n
Alba, duquesa de, 105, 107-108, 139, 140, 176, 212
Alba, duques de, 102-103, 141, 143, 149, 271
Alburquerque, duque de, 33
Alcántara, Pedro de, 60, 62, 65-66, 117, 126, 155, 158, 159, 161n, 172, 187, 197n, 199, 207, 209, 232-23, 235, 247, 270
Alejandro VI, papa, 165
Alemán, Mateo, 112
Alfonso X, 111
Almagro (clan de los), 32
Álvarez de Cepeda, Francisco, 36
Álvarez de Toledo, Alonso, 204
Álvarez de Toledo, Fernando, duque de Alba, 37n, 103, 176, 185, 231, 294
Álvarez, Alonso, 85, 93
Álvarez Ramírez, Alonso, 90, 92
Álvarez, Hernando, 262
Álvarez, padre Baltasar, 63, 83-84, 164, 166
Andrada, Alonso, 93
Andrés, san, 219
Ana de Austria, 275, 279

Ana de Jésus, sor, 135, 174, 210, 212-213, 216-217, 222, 255n, 261, 278, 281-283, 283n,
Ana de la Encarnación, sor, 252
Ana de San Bartolomé, sor, 139-141, 141n, 281-282
Ana de los Ángeles, sor, 252
Antonio de Jesús, padre (Antonio de Heredia), 107, 139-141, 154
Antonio de Portugal, 184
Aranda, Gonzalo de, 66
Aristóteles, 256
Arnauld (padre de Roberto y Angélique), 189
Arnauld, Ana, 285
Arnauld, Antoine, 284
Arnauld, Jacqueline, madre Angélique, 284-285
Arnauld, madre Agnes, 285
Arnauld, Roberto, conocido como d'Andilly, 284, 286-288, 290, 296
Asín Palacios, Miguel, 238
Atanasio, san, 288
Auclair, Marcelle, 43, 128, 128n,
Avicena, 46
Ávila, Alonso de, 93
Ávila, Juan de, 87, 152n, 153-154, 167, 207, 211, 233-234, 245, 259, 260, 286
Ávila, Julián de, 72, 77, 84, 113, 128n, 143-144, 156
Azorín, José Martínez Ruiz, 221
Azpilcueta, Martín de, 81

Azzaro de Bitonto, Mariano, hermano Mariano de San Benito (Ambrosio Mariano Azzaro), 97, 117, 168-170

Balma, Hugo de, 202
Balmaseda, Cristóbal de, 120
Báñez, padre Domingo, 56, 67, 85, 98, 103, 154, 163, 172, 209, 211, 213, 260, 262
Baronio, 273
Barrón, padre Vicente, 54, 58, 162
Baruzi, Jean, 173, 210, 210n
Basilio, san, 72, 167
Bataille, Georges, 256, 256n
Bataillon, Marcel, 27, 82n, 161n, 197, 197n, 208n, 228
Bayle, Pierre, 275
Beatriz de Jesús, 273
Beatriz de la Concepción, 281
Beatriz de la Madre de Dios, 263-264
Beamonte, Beatriz de, 119
Beauvoir, Simone de, 257, 257n
Beirnaert, padre, 256
Bellarmin, 273
Beltrán, Luis, 62
Benavente, condesa de, 49, 216
Bernini, 53
Bernuy, Diego de, 122
Bernuy, familia, 121-122
Bérulle, Pierre de, 276, 279-280, 281n, 282-283
Boecio, 195
Bonaparte, Marie, 257
Buenaventura, san, 199, 202
Borbón, Isabel de, 279
Bourbon, Louise de, princesa de Longueville, 280
Bourbon, Señora de, princesa d'Estouteville, 280
Brabant, Siger de, 244
Braganza, Juan, duque de, 184-185
Braganza, Teutonio de, 158, 184-185, 214
Brémond, abad, 278
Briceño, María de, 42-43, 57
Brocar, Juan de, 201

Brunschvicg, 289
Buñuel, Luis, 147

Cabrera, Alonso, 154
Canavaggio, Juan, 193, 193n, 213n
Cano, Melchor, 162-163, 173, 208, 210, 230
Cardona, Catalina de, 116-117, 169, 232, 247
Carleval, Bernardino de, 259
Carleval, Tomás de, 87
Carlos V, 15n, 28n, 30, 38-39, 41, 69, 86, 89, 91, 95, 97, 114, 157, 165, 170, 176n, 183, 208, 229, 231, 233, 270n, 274, 278
Carlos IX, 182, 277
Carranza, Bartolomé, 92
Carranza, Miguel de, 69
Carrillo, Juan, 143
Castilla y Mendoza, Beatriz de, 139
Castillo, Hernando del, 260
Castro, Américo, 27, 254
Castro, Pedro de, 248n, 272
Catalina de Alejandría, santa, 219
Catalina de Austria, 168
Catalina de San Ángelo, sor, 146, 148
Catalina de Siena, santa, 202, 262
Catalina de Cristo, sor, 120
Catalina de Portugal, 184
Catherine-Baptiste, sor, 149, 149n
Cazal, Edmond, ver Espie de La Hire Cazalla, 148, 148n, 149, 149n, 150
Cazalla, María, 41
Cepeda y Ahumada, Agustín de, 32
Cepeda y Ahumada, Antonio de, 31-32
Cepeda y Ahumada, Fernando de, 31-32, 32n
Cepeda y Ahumada, Jerónimo de, 31-32
Cepeda y Ahumada, Juan de, 31-32, 44
Cepeda y Ahumada, Juana de, 31-32, 36n, 50, 54, 60, 64, 102,
Cepeda y Ahumada, Lorenzo de, 30-33, 49, 105, 112, 128n, 130, 139, 192n, 201n, 215, 217-218, 222n, 255n
Cepeda y Ahumada, Pedro de, 31-32, 48, 205

Cepeda y Ahumada, Rodrigo de, 35-36, 43, 43n
Cepeda, Beatriz de, 54
Cepeda, Elvira de, 39, 40n
Cepeda, Francisco de, 54
Cepeda, hermanos, 23-25, 29
Cepeda, Inés de, 16n, 19, 26
Cepeda, Leonor de, 53, 66
Cepeda, Lorenzo de, 128n
Cepeda, María de, 54
Cepeda, María de, 29n, 31-32, 42, 48
Cerda, familia de la, 16
Cerda, Luisa de la, 56-57, 64, 86-88, 92, 94, 158, 177-178, 211, 261
Certeau, Michel de, 123, 124n, 230n
Cervantes, Miguel de, 35, 197, 208, 220-221, 271
Cetina, padre Diego de, 164, 204, 209, 211
Chamizo, Cristóbal, 262
Chardon, Blaise, 287
Chardon, Jacques, 287
Cicerón, 195
Ciruelo, Pedro, 47
Cisneros, cardenal, 47, 96, 152, 154, 200n, 202, 205, 228, 231, 248
Cisneros, fray García de, 202
Clemente VIII, papa, 167, 171, 280
Cobos, Francisco de los, 89, 157
Colón, Fernando, 74
Compans, André de, 284
Condé, príncipe de, 279
Contreras, Francisco, 144
Corneille, Pierre, 277
Corro, María del, 262, 263n
Cortés, Hernán, 34
Cortés, Narciso Alonso, 17-18, 18n
Covarrubias y Leyva, Diego de, 108, 156
Covarrubias, Alfonso de, 91, 156
Curiel, 212
Cyprien de la Nativité de la Vierge, 256n, 283, 283n, 284, 284n, 288

Dantiszek, Johannes Dantiscus, 170
Dávila, Francisco, 56
Daza, Gaspar, 66, 155, 211, 234

Dionisio Areopagita, 202, 237
Díaz, Marie, 234
Díaz de la Costana, Pedro, 20
Dios, Juan de, 270
Doria, padre Nicolás, 135, 173-174
Dostoievski, Fedor, 52
Dueñas, Francisco de, 84
Du Vergier de Hauranne, Jean, abad de Saint-Cyran, 286

Eckhart, maestro, 237
Eiximems, Francesc, 199
Elvira, 40
Erasmo, 41, 152, 152n, 166, 166n, 224
Espie de La Hire, Adolphe d' (seudónimo, Jean de La Hire, Edmond Cazal), 149-150
Enrique II, 278
Enrique IV, 278, 278n, 279-280
Enrique de España, cardenal, 184
Escoto, Duns, 205
Etchegoyen, Gaston, 14n, 82, 82n, 148, 198, 201, 223, 223n, 254-255, 255n
Eugenio IV, papa, 65

Fajardo, Luis, marqués de los Vélez, 113
Farnesio, Alejandro, 183n, 278
Fecet, Diego, 137
Feijoo, 220
Felipe II, 12, 25n, 39, 46, 68-69, 88-89, 91, 95, 100n, 108-109, 112, 114, 116, 147, 154, 156-157, 166, 170-171, 173, 176, 177n, 178, 183-185, 192, 212, 217, 229, 231-233, 269-270, 274, 278, 283
Felipe III, 271, 271n
Felipe IV, 272, 274, 279
Fernando de Aragón, 165
Fernando I de Habsburgo, 168
Fernández de Temiño, padre Pedro 105, 107-108, 115, 135, 144
Fonseca, Alonso de, 22
Fontecha, Isabel (Isabel de Jesús), 84
Foquel de Salamanca, Guillermo, 212
Franco Bahamonde, Francisco, 12, 12n, 18, 18n, 36n, 96, 118, 146

Francisco de Borja, san, 39, 60, 62-63, 151, 155, 165-166, 192, 204, 209, 233, 270
Francisco I, 165
Fuente, Alonso de la, 261-262, 265
Fuente, Mateo de la, 167
Fuente, Vicente de la, 219
Fülöp-Miller, René, 51, 51n

Gaitán, Antonio, 77
Galeno, 46
García-Albea, Esteban, 51, 52n
García de la Concha, Víctor, 22n, 224
García Rodríguez de Montalvo, 195
Garciálvarez, 263-264
Gasca, Pedro de la, 33
Gauthier, 280
Gerson, 202
Godínez, Catalina, 109, 188, 260
Gómez da Silva, Ruy, príncipe de Éboli, 95, 117, 169-170, 176
Gómez Dávila, familia, 39
Góngora, Luis de, 271
González de Medina, Elvira, 53
González de Mendoza, Pedro, 101
González, Alonso, 106
Goya, Francisco de, 147
Gracián de la Madre de Dios (Jerónimo), 30, 110, 115-116, 121, 170-171, 171n, 185, 202, 209-210, 214-215, 218, 283n
Gracián de Alderete, Diego, 30, 170
Granada, fray Luis de, 117, 126, 162, 183, 199, 202n, 205-208, 209n, 220, 230, 232-233, 286
Gregorio, san, 203, 208
Gregorio XIII, papa, 116, 141
Gregorio XV, papa, 271-272
Groote, Gerhart, 237
Guerrero, Pedro de, 207
Guevara, Antonio de, 126, 203, 274,
Guise, Charles de, duque de Mayenne, 278
Gutiérrez, Martín, 212
Gutiérrez, Nicolás, 101
Guyon, Señora, 12, 240
Guzmán y Barrientos, Martín de, 29, 29n, 32

Guzmán, Aldonza de, 65
Guzmán, fray Diego de, 26, 194

Heredia, Antonio de (padre Antonio de Jésus), 83, 106-107
Hernández, padre Pablo, 91
Hernández, Pedro, 48
Higuera, Beatriz, 53
Hilarión, san, 219
Hipócrates, 46
Höfen, Jan von, conocido como Dantyszek, 30
Hurtado de Mendoza, Diego, príncipe de Melito, 177
Huysmans, Joris-Karl, 292

Ibáñez, padre Pedro, 62-63, 65, 162, 211, 216
Ignacio de Loyola, san, 164, 165, 194n, 204, 208, 213n, 216, 271, 274
Inés de Jesús, sor, 104, 120
Inocencio IV, papa, 65, 125
Isabel de Portugal, emperatriz, 39, 91n, 165, 231
Isabel de los Ángeles, sor, 84n, 104, 281-283
Isabel la Católica, 12, 12n, 96
Isabel Clara Eugenia, infanta, 278, 283
Isidro, 271

Juan Clímaco, san, 202
Juan de Jésus María, 270
Juan de la Cruz, san (hermano Juan de San Matías), 84, 107-108, 115-116, 128n, 131n, 151, 154-155, 162, 167, 171-174, 192n, 205, 208-210, 212, 219, 235, 238, 240, 242n, 247, 251, 253, 255, 258, 266, 281, 283, 284n, 287
Juan III de España, 184
Juan III de Portugal, 97, 184
Juan IV de Portugal, 185
Juan Manuel de Portugal, 97, 185
Juana de Arco, 52
Juana de Austria, infanta, 97, 114, 183, 233

Juana la Loca, 165
Jerónimo, san, 43, 198, 203
Jiménez de Préjano, Pedro, 199
Jourdain, Luisa de Jesús, 280
Jovellanos, Melchor Gaspar de, 220

Kempis, Tomás de, 202, 237

Laguna, 144
Lannoy, Horacio de, 168
Laredo, Bernardino de, 205-206
Las Casas, Bartolomé de, 15n, 34, 81n, 161-162, 274n
Las Navas, marqués de, 33
Layz, Teresa de, 79, 102, 102n, 141, 187
León, Diego de, 84
León, fray Luis de, 11, 15n, 38n, 41, 158, 186, 1886n, 193, 212-218, 220, 222, 224-225, 261, 265, 269, 269n, 270, 274
Lépée, Marcel, 51, 51n, 210n, 247n
Lesgue, Rose, 280
Leuba, James, 255, 255n, 257
Lobera, Ana de, 281
López, doña Mencía, 42
López-Baralt, Luce, 238, 238n
Lorenzana, Juan de, 265
Luis XIII, 277n, 279
Luis XIV, 147
Lucas, Gaspar, 264
Lutero, Martín, 152

Magdalena de la Cruz, sor, 84, 231, 260
Madrid, Alonso de, 97, 204-205
Maldonado, padre Alonso, 162
Malebranche, 223
Manobel, Mosén Jaime, 47
Manrique de Padilla, Casilda, 188
Manrique, Gómez, 20
Manrique, Jerónimo, 145, 270, 270n
Manrique, Pedro, 156
Manso de Zúñiga, Pedro, 156
Mariana, 273
Mariano Azzaro, Ambrosio, 97, 168-169, 173
María de Austria, 212, 269

María de la Visitación, 183, 232
María de Médicis, 279-280
María de San Alberto, sor, 149, 149n
María de San José, 174, 193n, 246, 263, 264, 278
Martín de la Cruz, fray, 93
Martínez, Gregorio, 77
Mascareñas, Leonor de, 97, 167-169, 169n
Maximiliano II, 212
Matilde, santa, 202
Medina, Bartolomé de, 186n, 212
Medina, Blas de, 86
Medinaceli, duque de, 94
Mejía, Diego de, 39
Mejía, Francisco de, 39
Mejía, Hernando de, 39
Mejía, Vasco de, 39
Melito, condesa de, 95
Mena, Juan de, 194
Mendoza y La Cerda, Ana de, princesa de Éboli, posteriormente sor Ana de la Madre de Dios, 94, 95, 99n, 100, 100n, 108, 169, 176, 212, 260
Mendoza, Álvaro de, 66, 68, 118-120, 128n, 143, 155, 157-158, 212, 260
Mendoza, Antonio de, 163
Mendoza, Bernardino de, 88
Mendoza, cardenal, 95
Mendoza, Diego de, príncipe de Melito, 95
Mendoza, fray Íñigo de, 199
Mendoza, María de, marquesa de Camarasa, 89-90, 94, 131, 157, 212
Mendoza, Pedro de, 32
Menéndez Pidal, Ramón, 221
Meneses, Alonso de, 74
Mercado, Tomás de, 81
Molina, Juan de, 203
Molinos, 267, 268n
Montesino, padre Ambrosio de, 161, 200
Montmorand, Maxime de, 51, 51n
Montpensier, duquesa de, también la Gran Señorita, 286
Monzón, Francisco de, 203, 203n
Moratín, Leandro Fernández de, 220, 275n

Napoléon Bonaparte, 275
Narducci, Juan/Giovanni (Juan Narduch, hermano Juan de la Miseria), 39n, 97, 168-169, 169n, 170
Nazianze, padre Gregorio, 143-144
Nemours, duquesa de, 280
Nicodemo, 168
Nicolás de Jesús María, padre, 145

Ocampo, María de, 54, 61
Olivares, conde-duque de, 272, 272n, 273-274
Ormaneto, nuncio, 115
Orozco y Covarrubias, Juan de, 156, 159
Osuna, Francisco de, 26, 48, 57, 97, 159, 198, 205-206, 208, 222-223, 223n, 227, 237, 253n, 255
Ovalle, Juan de, 32, 56-57, 64, 101-102

Pablo IV, papa, 69
Pablo V, papa, 270
Pablo VI, papa, 11
Padilla Manrique, Juan de, 26, 188, 194, 199
Padilla, Casilda de, 217, 217n, 285n
Pajares, Francisco, 15
Palafox, Juan de, 219
Palma, Ana de, 130
Pantoja, Hernando de, 166
Pardo de Saavedra, Antonio Arias, 177
Pardo de Tavera, Juan, 177
Pascal, Blaise, 163, 179, 182, 236, 237n, 287-288, 288n, 289-290
Pascal, Étienne, 287
Pedro de la Purificación, 219
Peña, Isabel de la, 64
Pérez de Guzmán, Fernán, 26, 194
Pérez, Francisco, 19
Peso, Catalina del, 26, 28, 31
Peyrefitte, Alain, 181, 181n
Pío IV, papa, 63, 69, 132-133
Pío V, papa, 105
Pisa, Francisco de, 265
Pizarro, Francisco, 16n, 32, 32n, 34
Plotino, 237
Porreño, Baltasar, 185

Portonariis, Andrés de, 204
Prádanos, padre Juan de, 164
Pulcheu, Señora du, 280

Quevedo, 25, 55, 272-273, 275
Quintanadoine, Fernand, 277
Quintanadoine, Jean de, señor de Brétigny, 276-280, 281n, 282-283, 285
Quiroga, Gaspar de, 158-159, 183n, 212, 260-261, 269

Rainucio, cardenal, 65
Ramírez de Ribera, D. Busto, 19
Ramírez de Ribera, Vasco, 19-20, 90-91, 93, 180
Ramírez, Martín, 90-91, 93, 180
Ribadeneyra, Pedro de, 269
Ribera, Francisco de, 149, 269
Ribera, padre Juan de, 136, 214
Richelieu, Armand du Plessis de, 2866
Ripalda, padre Jerónimo de, 118, 163n, 212, 217
Riquelme, Villalba, 146
Rojas, Ana Enríquez de, 233
Rossi, padre Juan-Baptiste, 69-70, 84, 106, 109, 132-133, 171, 266
Ruiz, Simón, 83-84, 104, 130
Ruysbroeck, Juan de, 237

San-Albert, padre Christophe de, 142, 142n
San Bernardo, Eleonora de, 281
Santo Domingo, sor María de, 37n, 231
Saínte-Beuve, 78n, 147n, 189, 284, 285, 287n
San Jerónimo, Isabel de, 262-263
San José, padre Antonio de, 219
San Matías, Juan de, hermano, ver Juan de la Cruz, san
San Pablo, Isabel de, 54, 281
Salamanca, Francisco de, 89
Salazar, Ambrosio de, 277
Salazar, padre Ángel de, 56, 63, 66, 104-106, 177
Salazar, padre Gaspar de, 64-65

Salcedo, Francisco de, 66, 128n, 130, 159, 166, 211, 234
Sales, Francisco de, 237n, 286
San Pablo, Isabel de, 54, 281
Sánchez de Cepeda, Alonso, 16, 16n, 17-19, 23, 23n, 28, 28n, 29-31, 39n, 43, 45-47, 49, 97n
Sánchez de Cepeda, Pedro, 26, 43, 193, 198
Sánchez, Juan (también llamado Juan de Toledo), 16n, 19, 21-23, 31
Santa María, Gaspar de, 273
Sajonia, Ludolfo de, también llamado el Cartujo, 126, 200
Sebastián de España, 98, 184
Séneca, 172, 195, 219
Siena, Catalina de, 202, 262
Segismundo II, 168
Silverio de Santa Teresa, padre, 148, 270n
Sixto V, papa, 136, 145
Sosa, Antonio de, 265
Soto Salazar, Francisco de, 211
Speciano, César, 135-136
Suárez, sor Juana, 48, 54, 56
Suso, 237

Talavera, fray Hernando de, 199
Tapia, Ana de, 54
Tapia, Inés de, 54
Tauler, 237
Téllez Girón, Gómez, 93
Teresa de las Cuevas, 15
Tholosa, Pedro de, 278
Tomás de Aquino, santo, 256
Toledo, Antonio de, 144
Toledo, García de, 163, 211, 216
Toledo, Hernando de, 144
Toledo, Juan de, ver Sánchez, Juan
Toledo, María de, 212
Tolosa, Catalina de, 122
Toscano, fray Sebastián, 204

Tostado, padre Jerónimo, 266
Turriano, Juanelo, 91

Ulloa, Guiomar de, 50, 56, 5963-65, 159, 164, 234-235
Ulloa, Pedro de, 56
Unamuno, Miguel de, 76

Valdés, Juan de, 224
Varela Osorio, María, 41
Vargas, padre Francisco, 115
Vázquez de Cepeda, Juan, 16n, 31-32
Vega, Garcilaso de la, 165
Vega, Lope de, 27, 262n
Vega, Pedro de la, 201, 201n
Vela Núñez, 15
Vela Núñez, Blasco, 15, 120
Vela Núñez, Francisco, 15,
Vela, Cristóbal, 120
Velázquez, Alonso, 120, 158
Velázquez, Francisco, 102-103
Vercelletto, Pierre, 52n
Vergara, Juan de, 41
Vicente Ferrer, san, 202, 205-206
Vilar, Pierre, 82
Villarroel, doctor, 23
Villanueva, Tomás de, 270
Villuga, Pedro Juan de, 74
Virgilio, 195
Virués, Alonso de, 41
Vitoria, Francisco de, 161, 209
Vives, Juan Luis, 27, 41, 193
Voltaire, 147, 147n, 185, 290n
Vorágine, Jacques de, 126, 201

Xuárez, doña María, 106

Yáñez de Ovalle, Beatriz, 101
Yanguas, 218
Yepes, Diego de, 130, 132, 144, 269
Yepes, María de Jesús, 64

Zamet, 285